Dieter Schön,
Praktische
Pferdezucht

Dieter Schön

Praktische Pferdezucht

Sportpferde und Ponys

16 Farbfotos
58 Schwarzweißfotos
104 Zeichnungen

Verlag Eugen Ulmer Stuttgart

Meiner Frau,
ohne deren Hilfe die Grundlagen
dieses Buches nicht geschaffen worden wären

CIP-Kurztitelaufnahme der Deutschen Bibliothek

Schön, Dieter:
Praktische Pferdezucht, Sportpferde und Ponys /
Dieter Schön. – Stuttgart : Ulmer 1983
ISBN 3-8001-7079-5

Wollgrasweg 41, 7000 Stuttgart 70 (Hohenheim)
Printed in Germany
Umschlaggestaltung: Alfred Krugmann mit
einem Foto von Rolf Drygala, Hude
Zeichnungen: Bianca Simon-Schön, Wentorf
Satz: Setzerei Lihs, Ludwigsburg
Druck: ara-druck, Stuttgart-Vaihingen
Bindung: Koch, Tübingen

Vorwort

Die allgemeine „Pferdewelle“ der letzten 20 Jahre hat – mit gewisser Phasenverschiebung – eine „Pferdebuch-Welle“ ausgelöst, die Pferdefreunde aller Art zunächst erfreut, dann aber auch mehr und mehr verwirrt hat. Der Entschluß von Verlag und Verfasser, in dieser Situation ein weiteres Werk für diesen Leserkreis herauszubringen, ist deshalb nicht leichtgefallen. Er wurde schließlich gefaßt, weil nach der täglichen Erfahrung des Verfassers trotz aller verfügbaren Informationsmöglichkeiten bei vielen Züchtern und Zuchtinteressenten Bedarf an beratenden Hinweisen allgemeiner und spezieller Art besteht.

Viele Pferde- oder Ponyzüchter sind heute zwar mit großer Passion tätig, oft jedoch ohne die im allgemeinen nur auf bäuerlichen Züchterhöfen gegebene, in generationenlanger Tradition begründete Sachkenntnis und Erfahrung. Andere Pferdefreunde tragen sich mit der Absicht, die Zucht aufzunehmen. Ziel dieses Buches ist es, eine Beratung anzubieten, wie sie sich in der Berufspraxis des Verfassers – Berater und Zuchtleiter in einem traditionsreichen Zuchtgebiet – als erwünscht und notwendig erwiesen hat. Pferdezucht in größeren, von geschulten Fachleuten geleiteten Gestüten wurde dabei bewußt ausgeklammert, ebenso Spezialgebiete wie Rennpferde- oder Kaltblutzucht.

Grundlage dieses Werkes ist die praktische Erfahrung des Verfassers, zunächst aus seiner mehrjährigen Tätigkeit in bäuerlichen Pferdezuchtbetrieben sowie in einem Landgestüt, später als selbständiger Züchter, Aufzüchter und Ausbilder, als Reiter und Fahrer, als Richter auf Pferdeschauen und Turnieren, aber auch aus über 30jährigem Kontakt mit praktischen Züchtern des In- und Auslandes. Diese Praxiserfahrung wurde ergänzt durch ein wissenschaftliches Studium mit Tierzucht-Spezialausbildung, ständig fortgesetzte wissenschaftliche Forschung sowie langjährige berufliche Tätigkeit auf dem Gebiet der Pferdezucht-Beratung und -Organisation.

Die wertvollen Hinweise vieler erfahrener Zuchtpraktiker, denen der Verfasser einen großen Teil seiner Ausbildung verdankt, sollen mit diesem Buch einem breiten Interessentenkreis zugänglich gemacht werden.

Hude, im Frühjahr 1983 — Dieter Schön

Inhaltsverzeichnis

Einleitung

In dem vorliegenden Buch soll versucht werden, Fragen zu beantworten, die sich im Zusammenhang mit der praktischen Pferdezucht ergeben. Auf eine umfassende Darstellung der biologischen und historischen Entwicklung des Pferdes bzw. der Pferdezucht wird bewußt verzichtet. Während der erste Teil die Frage „Was züchten wir?“ mit kurzen Darstellungen der wesentlichen Sportpferde- und Pony-Rassen der Bundesrepublik behandelt, werden im zweiten Teil unter dem Thema „Wie züchten wir?“ Zuchtverfahren, Fütterung, Haltung, Pflege und sonstige Einzelheiten der züchterischen Praxis dargestellt.

Zuvor jedoch ein paar Gedanken zur Frage

„Warum züchten wir?“

Züchter – Motive

Diese Frage ist nicht leicht zu beantworten. Die Notwendigkeit, Pferde als Zugkraft und Transportmittel für Wirtschaft und Landwirtschaft, Verkehr und Militär bereitzustellen, gehört der Vergangenheit an. Dagegen finden die vielen Spielarten des mit Pferden auszuübenden Sports in immer breiteren Bevölkerungsschichten begeisterte Anhänger. Die sich darin ausdrückende Passion für das Pferd kann als das alle praktischen Pferzüchter umfassende Band angesehen werden. Innerhalb dieser Gemeinsamkeit aber gibt es heute eine große Zahl sehr unterschiedlicher, oft auch miteinander vermischter Motive. Diese reichen vom professionellen Erwerbsstreben über die Bewahrung alter Tradition, die Verwirklichung von Jugendträumen und die Ausnutzung vorhandener Möglichkeiten bis zur Befriedigung ästhetischer Bedürfnisse. Entsprechend unterschiedlich sind Herkunft und fachliche Vorbildung der Züchter. Aus diesem Grunde werden manche Einzelheiten zu erläutern sein, die erfahrenen Landwirten und Züchtern selbstverständlich erscheinen mögen.
Die oben gestellte Frage nach dem „Warum“ sollte jeder Züchter oder Zuchtinteressent sich selbst stellen und auch beantworten. Dabei ist jedes Motiv ernstzunehmen und anzuerkennen, wenn es

mit **Passion** für das Pferd und **Verantwortungsbewußtsein** gegenüber dem neu zu schaffenden Lebewesen verbunden ist. Die Verantwortung für das Schicksal der von uns gezüchteten Pferde verlangt, die in der Definition des Begriffes „Züchten" festgelegten Forderungen konsequent zu befolgen:

Definition „Züchten"

Züchten ist die **Auswahl von Paarungspartnern**, verbunden mit der **Auslese unter den Paarungsprodukten**, beides **im Hinblick auf ein bestimmtes Zuchtziel!**

Fehlt eines der hier geforderten Kriterien, so kann nur von „Vermehrung", nicht aber von „Zucht" im eigentlichen Sinne gesprochen werden. Werden sie dagegen verantwortungsbewußt erfüllt, dann ist „Züchten" eine schöpferische Tätigkeit, der eines Künstlers vergleichbar. Mit der Auswahl und Zusammenführung von Hengst und Stute wird in dem daraus entstehenden Fohlen immer wieder etwas Einmaliges geschaffen. Wenn dieses den Zielvorstellungen nahekommt, kann es seinen Schöpfer, den Züchter, mit tiefer Freude und Befriedigung erfüllen. Für diesen Genuß sind viele Menschen bereit, körperliche, gedankliche und finanzielle Belastungen auf sich zu nehmen. Ihnen gilt dieses Buch.

1 Was züchten wir?

Für die Zucht von Sportpferden und Ponys kommen in der Bundesrepublik Deutschland zahlreiche Rassen bzw. Zuchtrichtungen in Frage. Soweit diese z. Zt. im Gesamtbestand eine nennenswerte Rolle spielen oder wegen ihres Einflusses auf andere Rassen Bedeutung erlangt haben, werden sie im folgenden in Kurzform vorgestellt. Sinn der Rassen-Vorstellung soll es sein, bei eventueller Wahlmöglichkeit Entscheidungshilfen zu liefern.
Eingehendere Informationen sind Spezialwerken zu entnehmen, die in großer Zahl zur Verfügung stehen.
Die Reihenfolge der Besprechung stellt keine Rangfolge dar.

Bestand – eingetragene Zuchtpferde

Vor der Besprechung der verschiedenen Rassen soll zunächst mit einem statistischen Überblick über den Bestand an eingetragenen Zuchtpferden (Hengsten und Stuten) die Bedeutung der verschiedenen Rassen bzw. Zuchtrichtungen für die Zucht von Sportpferden und Ponys dargestellt werden.
Der Bestand an eingetragenen Zuchtpferden und seine Verteilung auf die verschiedenen Rassen bzw. Zuchtrichtungen nach dem Stand von 1982 sind der folgenden Übersicht zu entnehmen (teilweise geschätzt).
Bei dieser Zusammenstellung wurden die den Haupt-Rassen angehörenden, jedoch nicht beim jeweiligen Rasse- bzw. Regionalverband, sondern in anderen Verbänden oder unter anderen Rassegruppen registrierten Zuchttiere nach vorsichtigen Schätzungen den Bestandszahlen der Stamm-Verbände bzw. -Rassen zugeschlagen. –

	ungefährer Bestand im Bundesgebiet (Hengste + Stuten)
Sportpferde:	
Holsteiner	3500
Hannoveraner	18000
Westfalen	12000
Oldenburger	3000
sonstige Regionalzuchten	15800
Trakehner	4100
Araber (Arab. Vollblut, Shagya-Araber, Anglo-Araber)	2000
	58500
Ponys:	
Haflinger	5300
Fjordpferde	1200
Islandpferde	2100
Connemara-Ponys	400
New Forest-Ponys	400
Welsh-Ponys	2600
Dartmoor-Ponys	100
Shetland-Ponys	1800
Deutsche Reitponys	6000
sonstige Rassen	100
	20000

Rassen-Aufteilung

Die vorstehende Rassen-Aufteilung zeigt zunächst ein Bild großer Vielfalt. Zusammenfassend ergibt sich folgendes:

Der **Großpferdebestand** für die Sportpferdezucht besteht zu mehr als 50% aus Pferden hannoversch-westfälischer Abstammung. Weitere ca. 28% stammen aus jüngeren Zuchtgebieten und sind gemischtrassiger Herkunft. Auf Stutenstämme der traditionsreichen Rassen Holsteiner und Oldenburger gehen zusammen ca. 11% der Zuchttiere zurück, der Rest von weiteren ca. 10% umfaßt die Edelrassen Trakehner und Araber.

Die **Ponyzucht** ist mit ca. 25% am Zuchtpferde-Gesamtbestand beteiligt. Bei aller Vielfalt, die auf diesem Sektor besonders ausgeprägt ist, haben sich doch einige Rassen bzw. Zuchtrichtungen deutlich in den Vordergrund geschoben. Neben der vorläufig noch nicht als Rasse konsolidierten Zuchtrichtung „Deutsches Reitpony" (ca. 30%) sind dabei vor allem Haflinger (ca. 27%), Welsh-Ponys (ca. 13%), Islandpferde (ca. 10%) sowie die nach wie vor ziemlich stark verbreiteten Shetlandponys (ca. 9%) zu nennen.

Im Gegensatz zur weitgehend einheitlichen Nutzungsrichtung der Sportpferderassen läßt sich bei den Ponyrassen eine verhältnismäßig klare Aufteilung nach drei Verwendungsschwerpunkten vornehmen. Dabei ist ein deutliches Übergewicht der für den Kinder-Leistungssport gezüchteten bzw. geeigneten Rassen zu erkennen. Diese stellen insgesamt ca. 48% der Zuchttiere, während ca. 43% der Gruppe der schwereren Familien-Freizeitponys zuzurechnen sind. Der Rest wird von den Shetlandponys gestellt, die in der Hauptsache als Kinder-Erstponys mehr spielbetont genutzt werden.

1.1 Großpferde-Zuchten

1.1.1 Holstein

Zuchtgebiet: Schleswig-Holstein mit Schwergewicht im Landesteil Holstein, daneben Zuchtinseln in anderen Bundesländern, vor allem in Süddeutschland.

Zuchtentwicklung: Schon im 17. Jahrhundert war der Holsteiner bekannt als Prunk- und Kutschpferd. Auf der Basis des schweren nordwesteuropäischen Marsch-Pferdes wurden zunächst andalusische bzw. neapolitanische Hengste, ab ca. 1800 auch zahlreiche englische Vollblüter eingekreuzt. Ihnen folgte eine Reihe von Hengsten der Kutschpferde-Rassen „Cleveland Bay“ und „Yorkshire Coach Horse“. Einige von diesen erreichten großen Einfluß und sorgten für die starke Verbreitung der bis vor ca. 20 Jahren rassetypischen hellbraunen Farbe. Gleichzeitig prägten sie Halsung, Rahmen, Knochenstärke und Bewegungsmanier sehr stark in Richtung des vor 100 Jahren hochgeschätzten Kutschpferdes, das auch für die Landwirtschaft geeignet war.

Basis – Marsch-Pferd

Der später folgende Einsatz verschiedener Hannoveraner Hengste sowie einiger Ostpreußen, Araber und Vollblüter hat bis zum Beginn der großen Umstellungsperiode nach dem letzten Kriege keine wesentliche Veränderung dieser rassetypischen Merkmale herbeigeführt.

Die dann einsetzende Umzüchtung strebte eine Verbesserung der Reitpferdeeigenschaften, insbesondere für den Springsport, an. Sie wurde im wesentlichen über speziell dafür ausgewählte Vollbluthengste, zunächst aus deutscher, später fast ausschließlich aus englisch-irischer Zucht vollzogen. Daneben erlangte der Anglo-Araber Ramzes über zahlreiche Söhne und Töchter großen Einfluß bei der Erzüchtung des modernen Holsteiner Leistungspferdes.

Umzüchtung

Rassetypische Form- und Bewegungseigenschaften:
Vorwiegende Größenklasse 165–170 cm Widerristhöhe (Stockmaß), hoch aufgesetzter, langer Hals mit natürlicher Genickwölbung,

Carneval, dunkelbrauner Hengst, geb. 4. 4. 1974, v. Cor de la Bryère (Anglo-Normanne) – Farnese – Lokstedt, Züchter M. Magens, Langenhals, Besitzer Verband der Züchter des Holsteiner Pferdes.

Moderner **Holsteiner** in großem Rahmen mit ausdrucksvollem Gesicht, langem, hoch aufgesetztem Hals, „sanfter" Oberlinie und mittelstarkem, korrektem Fundament; vereinigt in seiner Abstammung die bekannten Leistungsvererber Cor de la Bryère und Farnese.

manchmal etwas kantige Körperformen, viel Muskulatur, starkes Fundament;
etwas „runder" Gang, d.h. leichte Knieaktion mit entsprechender Aktivität der Hinterhand.

Rassetypischer Verwendungszweck:
Nervlich robustes Leistungspferd für alle Sport-Disziplinen mit besonderer Eignung als Spring- und Fahrpferd, aber auch für schwere Dressur- und Vielseitigkeitsprüfungen sehr gut geeignet.

Haupt-Vererber ab 1950 (nach kombinierter Form- und Leistungsbewertung):
Ramzes AA, Schimmel, v. Rittersporn xx – Shagya X-3, geb. 1937
Anblick xx, Dunkelbraun, v. Ferro – Herold, geb. 1938
Cottage Son xx, Schwarzbraun, v. Young Lover – Cottage, geb. 1944
Manometer xx, Schimmel, v. Abendfrieden – Magnat, geb. 1953
Marlon xx, Braun, v. Tamerlane – Fairford, geb. 1958
Ladykiller xx, Braun, v. Sailing Light – Loaningdale, geb. 1961
Farnese, Braun, v. Fähnrich – Loretto, geb. 1960

Komtessin, braune Stute, geb. 7. 3. 1973, v. Fasolt – Marlon xx, Züchter und Besitzer O. Marks, Gr. Nordende.

Solide **Holsteiner** Stute mit weiblichem Ausdruck, leichtem Genick, guter Sattellage und Rumpftiefe mit dazu passender Fundamentstärke; abstammungsgemäß Verbindung der Leistungsträger Farnese (V. des Fasolt) und Marlon xx.

Herausragende Leistungsvererber 1971–82
(nach korrig. Gewinnsummen-Durchschnitt 6-, 7- und 8jähriger Nachkommen im Turniersport, registriert in den Jahrbüchern der Deutschen Reiterlichen Vereinigung (FN) 1971–82)

Capitano, Schimmel, v. Corporal – Ramzes AA, geb. 1968
Cor de la Bryère (Anglo-Norm.), Dunkelbraun, v. Rantzau xx – Lurioso, geb. 1968
Fantus, Schimmel, v. Farnese – Herrscher (Schwed.), geb. 1964
Farnese (s. oben)
Fasolt, Braun, v. Farnese – Heidefreund I, geb. 1969
Ladykiller xx (s. oben)
Landgraf I, Dunkelbraun, v. Ladykiller xx – Aldato, geb. 1966
Leporello, Braun, v. Ladykiller xx – Heidelberg, geb. 1970
Lord, Braun, v. Ladykiller xx – Cottage Son xx, geb. 1967
Maestose xx, Schimmel, v. Sovereign Path – Cagire, geb. 1962
Manometer xx (s. oben)
Marlon xx (s. oben)
Moltke I, Schimmel, v. Maximus – Faust, geb. 1967

Raimond, Schimmel, v. Ramzes AA – Fanatiker, geb. 1960
Ramiro, Braun, v. Raimond – Cottage Son xx, geb. 1965
Roman, Schimmel, v. Ramzes AA – Monarch, geb. 1960
Sable Skinflint xx, Dunkelbraun, v. Arctic Star – Signal Light, geb. 1958
Sacramento Song xx, Dunkelbraun, v. Sicambre – Sayajirao, geb. 1967
Tumbled xx, Braun, v. Pandofell – Fairford, geb. 1964
Wahnfried, Braun, v. Waldenser xx – Heilbutt, geb. 1962

1.1.2 Hannover

Zuchtgebiet: Niedersachsen; daneben starke Verbreitung in allen anderen Bundesländern außer Schleswig-Holstein.
Zuchtentwicklung: Wie beim Holsteiner bildet auch beim Hannoveraner das verhältnismäßig schwere Pferd der Küsten- und Flußmarschen die Zuchtgrundlage. Durch Einsatz von edleren Hengsten, zunächst – im 18. Jahrhundert – aus der damals stark andalusisch-neapolitanisch geprägten Holsteiner Zucht, später – ab etwa 1830 – aus der englischen Vollblut- und Halbblutzucht, wurde ein für Reit- und Wirtschaftszwecke verwendbares, vielseitiges Warmblutpferd entwickelt. Seit etwa 1850 wurden in zunehmender Zahl Hengste aus eigener Zucht bzw. aus den züchterisch verwandten Gebieten Mecklenburg und Vorpommern eingesetzt, allerdings wegen der Gefahr zu starker Veredelung vereinzelt auch Hengste aus englischen Kutsch- bzw. Arbeitspferderassen. Gegen Ende des vorigen Jahrhunderts gelangten einige Hengste aus Ostpreußen, Beberbeck (Hauptgestüt in Hessen, Pferde dem Trakehner Typ nahestehend) und Graditz (Hauptgestüt in Sachsen, Pferde im Kaliber zwischen Trakehner und Hannoveraner) nach Hannover und erreichten teilweise züchterischen Einfluß.

Zuchtgrundlage

Ab 1900 lag dann das Schwergewicht stets bei Hengsten aus eigener Zucht, vor allem in der Zeit nach dem ersten Weltkrieg, als der Remonte-Bedarf der Kavallerie fast ganz wegfiel und eine Verstärkung der Pferde zur Verwendung als landwirtschaftliche Zugtiere angestrebt wurde. Allerdings waren auch in dieser Zeit ständig Vollbluthengste im Zuchteinsatz, daneben weiter einige Ostpreußen sowie vereinzelt auch Araber.

Im Zuge der Umstellung der Landwirtschaft nach dem letzten Kriege auf die Vollmotorisierung ergab sich auch in Hannover der Zwang zu verstärkter Veredelung der Pferde, um Rittigkeit, Schönheit und Leistungsbereitschaft zu fördern. Bei dieser Umstellung haben in Hannover sowohl Vollblut-Hengste (vorwiegend aus deutscher Zucht) als auch Hengste der Ostpreußen- bzw. Trakehner Zucht wesentlich mitgewirkt.

Veredelung

Immer wieder eine Freude für das Züchterherz – Stuten mit Fohlen, deren Entwicklung mit Sorgfalt und Stolz begleitet wird. ▷

Als besondere Spezialität der hannoverschen Zucht muß die weitgehend von der allgemeinen Sportpferdezucht getrennt betriebene Zucht von Halbblut-Rennpferden im Gebiet des Landkreises Verden und daran angrenzender Bezirke genannt werden. Die Zuchtpferde dieser Spezial-Richtung weisen in ihrer Abstammung eine mehr oder weniger große Zahl von Vollblutahnen auf, deren rechnerischer Anteil oft 15/16 oder noch mehr beträgt. Das ursprüngliche Ziel dieser seit Mitte des 19. Jahrhunderts bestehenden Zuchtrichtung war die Erzeugung von Pferden für den Amateur-Rennsport, damals vorwiegend von Offizieren und auf Hindernisbahnen ausgeübt. Die fortlaufende Benutzung von Vollblutahnen ließ jedoch die gewünschten Eigenschaften des großen, viel Gewicht tragenden, dabei schnellen und ausdauernden Rennpferdes mehr und mehr verschwinden. Heute ähnelt das hannoversche Halbblut-Rennpferd weitgehend dem Vollblut. Einzelne Vertreter dieser Zuchtrichtung sind in Rennen auch gegen reine Vollblüter erfolgreich. Die vereinzelte Paarung von Halbblut-Rennstuten mit konsolidiert, d. h. ohne Vollblut in den ersten Ahnenreihen, gezogenen Hannoveraner-Hengsten hat einige vielversprechende Sport- und Zuchtpferde geliefert.

Halbblut-Rennpferde

Die Zuchtentwicklung im heute zum hannoverschen Zuchtgebiet rechnenden Bezirk Ostfriesland weicht von der aller anderen Bezirke dieser Zucht deutlich ab. Hier bestand bis etwa 1960 die traditionsreiche Zucht des „Ostfriesen“, einer schweren Warmblutrasse mit ähnlicher Zuchtgeschichte wie die benachbarte Oldenburger Zucht. Nach 1945 versuchte man, diese zeitweise stark von Oldenburg beeinflußte Wirtschaftspferde-Rasse durch Einsatz der Vollblutaraber-Hengste Wind, Jason und Haladin sowie des Shagya-Arabers Gazal auf das Zuchtziel des modernen Sportpferdes umzustellen. Dieser Versuch mußte nach erfreulichen Anfangserfolgen schließlich als gescheitert aufgegeben werden, da es — von Ausnahmen abgesehen — nicht gelang, Größe, Halsung und Sattellage im gewünschten Maße zu erhalten bzw. zu verbessern. Ab 1965 wurden in zunehmender Zahl Hannoveraner Hengste, später auch einige Vollblüter und Trakehner in Ostfriesland eingesetzt. Außerdem wanderten zahlreiche hannoversche Stuten bzw. Stutfohlen in diesen Bezirk. Damit verdrängt man zielstrebig die Ostfriesen-Grundlage. Auf den Einsatz von Hengsten mit ostfriesischer Abstammung wird bewußt verzichtet. Mit dem 1975 erfolgten Anschluß des aufgelösten Ostfriesischen Stutbuchs als Bezirksverband an den Verband Hannoverscher Warmblutzüchter hat eine alte deutsche Pferderasse aufgehört zu bestehen.

Ostfriesen

In jüngster Zeit sind Bestrebungen zu beobachten, das „schwere Warmblut“ der Ostfriesen- und Oldenburger Rasse des alten Wirtschaftstyps vor dem Untergang zu bewahren. Wieweit diese Bestrebungen Erfolg haben werden, bleibt abzuwarten.

Grenadier,
Fuchs-Hengst,
geb. 7. 3. 1974,
v. Grunewald – Valentino xx – Athos,
Züchter H. Nolting,
Großdornberg,
Besitzer Landgestüt Celle.

Rahmiger, solider **Hannoveraner** der mittelschweren Sorte mit eleganter Halsung, hervorragender Sattellage und kräftigem, korrektem Fundament; seine Abstammung verbindet die Leistungsvererber Grande und Duellant (V. u. MV. des Grunewald) über Valentino xx mit dem im allgemeinen leistungsfördernden Vollblut-Einschlag.

Rassetypische Form- und Bewegungseigenschaften:
Vorwiegende Größenklasse 165–170 cm Widerristhöhe (Stockmaß), besondere Harmonie der Körperformen, mittelstarkes Fundament; flacher, raumgreifender, elastischer Gang.

Rassetypischer Verwendungszweck:
Elegantes Reit- und Fahrpferd, in allen Disziplinen für Spitzenleistungen geeignet.

Hauptvererber ab 1950 (nach kombinierter Form- und Leistungsbewertung, innerhalb der Jahrgangsgruppen rangmäßig geordnet):

Geburtsjahrgänge 1938 und älter:
Kurde x, Schimmel, v. Koheilan I ox – Bafur xx
Flügeladjutant, Braun, v. Flügelmann I – Albeck
Futurist I, Braun, v. Flak – Christian de Wet xx
Goldfisch II, Rappe, v. Goldammer II – Flugfeuer II

Elli, braune Stute, geb. 5. 4. 1969, v. Eindruck II – Senator – Friesenkönig, Züchter H. Böhack, Altenbruch, Besitzer H. Sturke, Wischhafen.

Modell der großrahmigen **Hannoveraner** Stute mit etwas länglichem, dabei ausgeprägt weiblichem Gesicht, leichtem Genick, passend aufgesetztem Hals mit idealer Länge und natürlicher Wölbung der Oberlinie, harmonischer Rumpfeinteilung mit sehr guter Schulter- und Kruppen-Länge, mittelstarkes Fundament mit seitlich leichtem Knick in der Vorderbeinachse; ihre Abstammung verbindet mit Eindruck II und Senator zwei als Leistungs- und Formvererber bewährte Hengste.

1939–43:
Duellant, Fuchs, v. Dolman – Foliant
Abglanz (Trak.), Fuchs, v. Termit – Poseidon
Lateran (Trak.), Schimmel, v. Helikon – Fetysz ox
Adlerschild xx, Braun, v. Ferro – Alchimist
Hansakapitän (Trak.), Rappe, v. Bussard – Pythagoras
Poet xx, Fuchs, v. Janitor – Herold
Ferdinand, Braun, v. Ferrara – Helgoland I
Frustra II, Braun, v. Futurist I – Tanera
Cyklon (Trak.), Fuchs, v. Helikon – Landgraf
Fernjäger, Braun, v. Feiner Kerl – Almjäger
Agram, Schimmel, v. Alkoven – Amateur I
Frühsport, Rappe, v. Fiat I – Sportland

1944–48:
Dömitz, Braun, v. Dollart – Altlobitz
Marcio xx, Braun, v. Aventin – Janus
Maigraf xx, Braun, v. Gundomar – Janus

Astflug, Dunkelbraun, v. Astral – Flügelmann I
Jonkheer xx, Dunkelbraun, v. Magnat – Indus

1949–53:
Senator, Fuchs, v. Semper idem (Trak.) – Alljeder
Wöhler, Dunkelfuchs, v. Flügeladjutant – Flotow
Kurier, Schimmel, v. Kurde x – Detektiv
Steinpilz xx, Braun, v. Blasius – Janitor
Abhang I, Fuchs, v. Abglanz (Trak.) – Aktionär I
Obermaat (Trak.), Braun, v. Hansakapitän – Wildbach
Pik As xx, Braun, v. Abendfrieden – Mirza II
Hassan (Araber), Braun, v. Hazard ox – Amurath Sahib ox
Eindruck II, Braun, v. Astflug – Denksport
Traumgeist xx, Braun, v. Goody – Aventin
Gotthard, Schimmel, v. Goldfisch II – Amateur I

1954–58:
Marconi, Braun, v. Marcio xx – Duellant
Sender, Fuchs, v. Senator – Abendsport
Lugano I, Fuchs, v. Der Löwe xx – Albaner
Grande, Fuchs, v. Graf – Duellant
Duft II, Braun, v. Duellant – Gote
Duft I, Dunkelbraun, v. Duellant – Gote
Sesam I, Fuchs, v. Senator – Abendsport
Einglas, Braun, v. Athos – Flintglas
Abdulla, Fuchs, v. Abhang I – Flügeladjutant
Weingau, Braun, v. Weiler – Goldfisch II
Ernö, Rappe, v. Astflug – Fermor I
Wohlan, Braun, v. Frustra II – Frio
Ehrenschild, Braun, v. Eindruck II – Adlerschild

1959–63:
Waidmannsdank xx, Schwarzbraun, v. Neckar – Alchimist
Duden II, Fuchs, v. Duellant – Der Löwe xx
Absatz, Fuchs, v. Abglanz (Trak.) – Landeck
Don Carlos, Schwarzbraun, v. Dominik – Farina
Lasso, Schimmel, v. Lateran (Trak.) – Faruk
Sudan xx, Dunkelbraun, v. Nizam – Arjaman
Lukas, Fuchs, v. Lugano I – Dwinger

Herausragende Leistungsvererber 1971–82
(nach korrig. Gewinnsummen-Durchschnitt 6-, 7- und 8jähriger Nachkommen im Turniersport, registriert in den Jahrbüchern der Deutschen Reiterlichen Vereinigung (FN) 1971–82)

Absatz (s. oben)
Aderlaß, Braun, v. Absatz – Farina, geb. 1969
Adlerfarn I, Fuchs, v. Adlerschild xx – Anfeinder, geb. 1958
Altenwalde, Dunkelbraun, v. Adlerschild xx – Eberswalde, geb. 1960
Argentan, Braun, v. Absatz – Wohlan, geb. 1967
Arsenik, Fuchs, v. Absatz – Sender, geb. 1967
Busoni xx, Dunkelbraun, v. Alizier – Tehran, geb. 1966
Cardinal xx, Dunkelbraun, v. Off Key – Prince Chevalier, geb. 1964
Dagobert, Fuchs, v. Dünkel – Dominus, geb. 1964
Daimyo xx, Dunkelbraun, v. Kaiseradler – Neckar, geb. 1964
Derby, Schimmel, v. Duellant – Shagya XXII-2, geb. 1963
Diplomat, Braun, v. Duft I – Senator, geb. 1963
Diskant, Braun, v. Dwinger – Altmärker, geb. 1957
Domspatz, Rappe, v. Dömitz I – Graf, geb. 1952
Don Carlos (s. oben)
Duden II, Fuchs, v. Duellant – Der Löwe xx, geb. 1960
Eisenherz I, Fuchs, v. Einglas – Valentino xx, geb. 1968
Escort xx, Schimmel, v. Pantheon – Damasco, geb. 1967
Ferdinand (s. oben)
Fürst Ferdinand, Dunkelbraun, v. Ferdinand – Abel, geb. 1967
Gabriel, Dunkelbraun, v. Grande – Hassan (Ar.), geb. 1968
Gotthard (s. oben)
Gralsritter, Braun, v. Grande – Frustra II, geb. 1965
Grande (s. oben)
Graphit, Braun, v. Grande – Frustra II, geb. 1964
Grunewald, Fuchs, v. Grande – Duellant, geb. 1968
Hessenstein (Trak.), Hellbraun, v. Komet – Famulus, geb. 1958
Joachim, Dunkelbraun, v. Jonkheer xx – Frio, geb. 1958
Kursus, Hellbraun, v. Kurde x – Groll, geb. 1957
Landrat, Schimmel, v. Lasso – Domänenrat I, geb. 1966
Lavendel, Schimmel, v. Lateran (Trak.) – Welf, geb. 1960
Lombard, Rappe, v. Lugano II – Landeck, geb. 1969
Luchs, Schimmel, v. Lugano I – Eindruck II, geb. 1970
Luckner, Schwarzbraun, v. Lugano I – Wotan, geb. 1966
Marmor, Braun, v. Marcio xx – Duellant, geb. 1962
Matrose, Braun, v. Marcio xx – Athos, geb. 1966
Novum xx, Fuchs, v. Tabriz – Nuvolari, geb. 1957
Partisan, Fuchs, v. Poet xx – Senator, geb. 1965
Perser xx, Braun, v. Abendfrieden – Mirza II, geb. 1952
Pik König, Braun, v. Pik As xx – Abhang II, geb. 1968
Pikör, Schimmel, v. Pik As xx – Drusus, geb. 1969
Presto, Fuchs, v. Perser xx – Wöhler, geb. 1966
Rosenberg (Trak.), Schimmel, v. Sterndeuter – Famulus, geb. 1962
Saloniki, Dunkelbraun, v. Sender – Wohlauf, geb. 1963
Saluto, Braun, v. Sudan xx – Dominus, geb. 1969
Sendbote, Braun, v. Sender – Wohlauf, geb. 1966

Sender (s. oben)
Senussi, Fuchs, v. Sender – Alljeder, geb. 1962
Servus, Fuchs, v. Sesam I – Dominus, geb. 1961
Steinpilz xx (s. oben)
Steppenwolf, Rappe, v. Steinpilz xx – Wolfgang, geb. 1965
Sternjäger xx, Fuchs, v. Pluchino – Abendfrieden, geb. 1964
Waidmannsdank xx (s. oben)
Waldhorn, Rappe, v. Waidmannsdank xx – Lugano II, geb. 1968
Watzmann, Fuchs, v. Weingau – Flachsmann, geb. 1968
Wedekind, Braun, v. Ferdinand – Athos, geb. 1966
Weingau (s. oben)
Wendekreis, Braun, v. Ferdinand – Domspatz, geb. 1967
Wicht, Braun, v. Freischärler – Wüstensohn xx, geb. 1960
Widerhall, Schimmel, v. Florentiner II – Frühsport, geb. 1964
Wiesenbaum xx, Braun, v. Birkhahn – Neckar, geb. 1963
Winnetou, Rappe, v. Ferdinand – Goldfisch II, geb. 1964
Wohlklang, Braun, v. Wöhler – Der Löwe xx, geb. 1962
Woldemar, Braun, v. Wohlan – Jason AV, geb. 1965
Wolfsburg, Rappe, v. Florentiner II – Tropenwald (Trak.), geb. 1963

1.1.3 Westfalen

Zuchtgebiet: Ehemalige Provinz Westfalen mit angrenzenden Gebieten; daneben Zuchtinseln in Süddeutschland

Zuchtentwicklung: In Westfalen haben sich an verschiedenen Stellen Überreste des ponyartigen Germanenpferdes in wilder bzw. halbwilder Haltung bis in das 19. Jahrhundert hinein erhalten, im Wildgestüt des Merfelder Bruchs bei Dülmen sogar noch bis in unsere Zeit. Aus diesen Wildgestüten, deren Bestand teilweise durch edle Hengste aus dem Ausland verbessert und vergrößert worden war, sind laufend Zuchtpferde in die bäuerliche Pferdezucht übernommen worden, wo sie die Zuchtbasis wesentlich beeinflußt haben. Daneben existierte noch in der ersten Hälfte des 19. Jahrhunderts die Rasse des „Münsterländer Kleipferdes" mit ca. 145 cm Widerristhöhe, abgerundeten, stark muskulösen Formen, dunkler Farbe und flotter Bewegung, im Rassetyp dem Haflinger ähnlich. Auch diese Rasse hat einen wesentlichen Teil der ursprünglichen Zuchtbasis des westfälischen Warmblutpferdes gestellt. Bis zur Entwicklung einer konsolidierten Zucht verging allerdings noch geraume Zeit, in der Einfuhren von Zuchtpferden aus allen Himmelsrichtungen das Bild des Stutenbestandes immer bunter werden ließen. Bis zum Ende des 19. Jahrhunderts war Westfalen nicht in der Lage, nennenswerte Zahlen von Heeres-Remonten zu stellen.

Wildgestüte

Münsterländer Kleipferd

Um die Jahrhundertwende begann man, die Zucht nach Warm- und

Oldenburger Kaltblut zu trennen. Dabei wurde zunächst die Oldenburger Rasse zum Zuchtziel in der Warmblutzucht erklärt. Die eingeführten Hengste dieser Rasse und auch die vorübergehend eingesetzten Anglo-Normannen konnten die steigenden Ansprüche der Züchter jedoch auf die Dauer nicht befriedigen. Mit der allgemeinen Neu-Orientierung nach dem ersten Weltkrieg wurde das Zuchtziel 1920 umgestellt auf den mittelschweren Wirtschafts-Typ hannoverscher

Hannoveraner Prägung. In enger Anlehnung an die Hannoveraner-Zucht ist diese Ausrichtung dann sehr konsequent und schnell durchgeführt worden, so daß die Abstammung westfälischer Pferde heute zum großen Teil Hannoveraner Hengste aufweist.

Umzüchtung Die ab 1950 beginnende Umzüchtung vom mittelschweren Wirtschafts-Typ zum vielseitigen Sportpferd wurde in Westfalen im wesentlichen mit Hilfe von Vollbluthengsten sowie veredelten Hannoveranern durchgeführt. Vertreter der Trakehner Rasse spielten im Gegensatz zur Hannoveraner-Zucht in Westfalen nur eine untergeordnete Rolle. Der auch in Holstein benutzte Anglo-Araber Ramzes trug in Westfalen ebenfalls zur Modernisierung der Zucht bei. Allgemein wurde die Veredelung mit großer Vorsicht betrieben. Dadurch blieben Rahmen und Knochenstärke weitgehend erhalten.

Rassetypische Form- und Bewegungseigenschaften:
Vorwiegende Größenklasse 165–170 cm Widerristhöhe (Stockmaß), langer, manchmal etwas eckiger Hals, allgemein etwas stärker und kantiger als der Hannoveraner, mittelstarkes bis starkes Fundament;
kraftvoller Gang mit viel Raumgriff.

Rassetypischer Verwendungszweck:
Robustes Reit- und Fahrpferd, sowohl für Spitzenleistungen als auch für den Freizeitreiter hervorragend geeignet.

Hauptvererber ab 1950 (nach kombinierter Form- und Leistungsbewertung, innerhalb der Jahrgangsgruppen rangmäßig geordnet):

„Colorado“ (Hann.), v. Cardinal xx – Agram, unter Monika Theodorescu – als Dressurpferd Verbindung athletischer Kraft und geschmeidigen Gehorsams.

Disco-Star, schwarzbrauner Hengst, geb. 6. 2. 1977, v. Discont – Grünberg – Lucius xx, Züchter F. Meier-Bultmann, Harsewinkel, Besitzer Landgestüt Warendorf.

Westfalen-Hengst aus altem westfälischem Stutenstamm, auch im Stand ein „Bergauf-Pferd" mit viel Hengstausdruck, ideal geformtem Hals und stark bemuskelter Sattellage, etwas kurz in der Kruppe, mittelstarkes Fundament mit kräftigen Gelenken; als bekannte Vererber finden sich in der Abstammung Duellant (2mal), Lucius xx, Sinus xx, Der Löwe xx und Abglanz (Trak.).

Geburtsjahrgänge 1943 u. älter:
Ramzes AA, Schimmel, v. Rittersporn xx – Shagya X–3
1944–48:
Grünspecht, Braun, v. Gründer I – Abendsport
1949–53:
Radetzky, Schimmel, v. Ramzes AA – Oxyd (Beberbeck)
Flietner, Braun, v. Flitter I – Feierabend
Pluchino xx, Braun, v. Niccolo dell'Arca – Holywell
1954–58:
Remus I, Braun, v. Radetzky – Friedländer
Aar, Braun, v. Abschaum (Trak.) – Flugpaß
Cyrus (Hann.), Fuchs, v. Cyklon (Trak.) – Dominant
Frühbote (Hann.), Rappe, v. Frühsport – Fron
Frühlicht I (Hann.), Braun, v. Frühsport – Almjäger I
1959–63:
Lucius xx, Fuchs, v. Antonio Canale – Ticino
Frühling, Braun, v. Frühschein – Fesch
Romulus I, Braun, v. Remus I – Fabriano

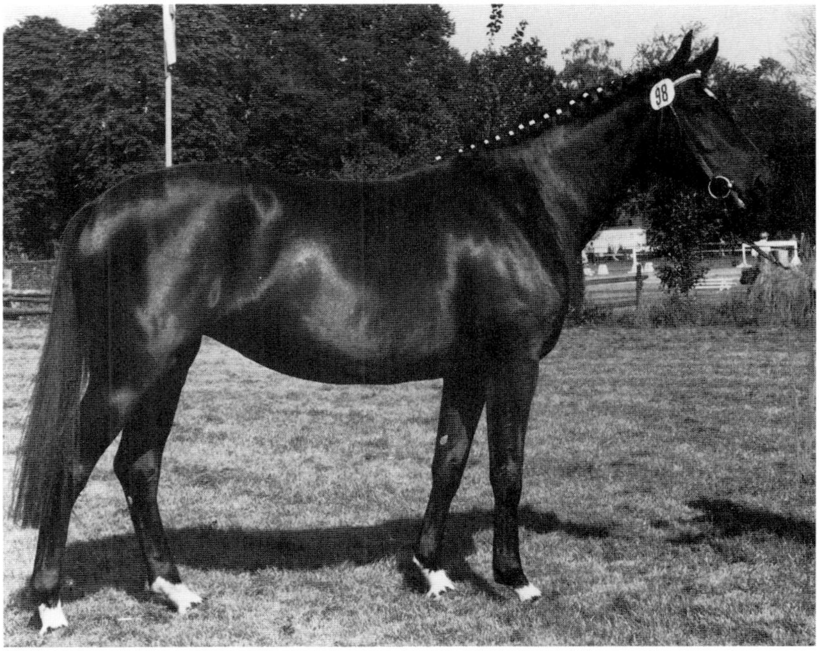

Wunderbare, schwarzbraune Stute, geb. 2. 4. 1978, v. Wunderlich – Frühling – Fabriano, Züchter und Besitzer Frz. Schnitker-Pöhling, Lippstadt-Overhagen.

Solide **Westfalen**-Stute, etwas eckig im Hals, Sattellage noch in der Entwicklung (3jährig), hervorragende Kruppenlänge und Rumpftiefe, mittelstarkes Fundament mit erstklassigen Sprunggelenken; in ihrer Abstammung verbinden sich über Wunderlich die Leistungsvererber Wedekind – Ferdinand und Waidmannsdank xx mit dem bewährten Frühling auf der Mutterseite.

Herausragende Leistungsvererber 1971–82
(nach korrig. Gewinnsummen-Durchschnitt 6-, 7- und 8jähriger Nachkommen im Turniersport, registriert in den Jahrbüchern der Deutschen Reiterlichen Vereinigung (FN) 1971–82)

Aar (s. oben)
Aarstein, Braun, v. Aar – Fechtwart (Hann.), geb. 1960
Adlerorden (Hann.), Braun, v. Adlerhorst – Forstmann, geb. 1962
Angelo xx, Braun, v. Oliveri – Neckar, geb. 1962
Arianer (Hann.), Braun, v. Aristides – Jonkheer xx, geb. 1967
Bariton, Dunkelbraun, v. Blauspecht xx – Abendwind, geb. 1967
Ben Shirin xx, Schimmel, v. Niederländer – Le Grand Duc, geb. 1961
Cyrian, Fuchs, v. Cyrus (Hann.) – Duellant (Hann.), geb. 1966
Damhirsch (Hann.), Fuchs, v. Duft I – Marabou xx, geb. 1962
Dergel, Braun, v. Dorn (Hann.) – Flitter I (Hann.), geb. 1968
Ehrenfried (Hann.), Fuchs, v. Ehrenschild – Dorilas, geb. 1966
Ehrensold (Hann.), Braun, v. Ehrenschild – Fronvogt, geb. 1969
Freimut (Hann.), Schwarzbraun, v. Frustra II – Friesenkönig, geb. 1966

Fröhlich, Schimmel, v. Frühlicht I (Hann.) – Pluchino xx, geb. 1964
Frühling (s. oben)
Frühlingsball, Fuchs, v. Frühling – Radetzky, geb. 1970
Frühlingsduft I, Braun, v. Frühling – Dorado II (Hann.), geb. 1964
Frühlingstraum I, Braun, v. Frühling – Altist (Hann.), geb. 1964
Frühlingstraum II, Fuchs, v. Frühling – Altist (Hann.), geb. 1968
Goldberg (Hann.), Schimmel, v. Gotthard – Elsaß, geb. 1963
Goldlack (Hann.), Fuchs, v. Goldfalk – Keith (Trak.), geb. 1968
Gottschalk (Hann.), Rappe, v. Gotthard – Lugano I, geb. 1969
Grünhorn III, Dunkelbraun, v. Grünschnabel – Ducker (Hann.), geb. 1965
Mato Grosso xx, Schwarzbraun, v. Orsini – Goody, geb. 1963
Milian (Hann.), Dunkelbraun, v. Marconi – Goldmann, geb. 1966
Octavo xx, Schimmel, v. Miralgo – Olein's Grace, geb. 1966
Paradox I, Fuchs, v. Papayer xx – Almfreund, geb. 1964
Parenzo xx, Dunkelbraun, v. Pfalzteufel – Schwarzkünstler, geb. 1966
Perlkönig, Dunkelbraun, v. Pilatus – Lavendel (Hann.), geb. 1970
Perseus, Schimmel, v. Pluchino xx – Ramzes AA, geb. 1959
Picasso, Fuchs, v. Pilatus – Obermaat xx, geb. 1969
Ramiro (Holst.), Braun, v. Raimond – Cottage Son xx, geb. 1965
Raubritter, Schimmel, v. Ramzes AA – Dompfaff (Hann.), geb. 1964
Remus II, Dunkelbraun, v. Radetzky – Friedländer, geb. 1963
Renaldo, Braun, v. Remus I – Lohengrin (Hann.), geb. 1968
Roderich (Holst.), Schimmel, v. Ramzes AA – Fangball, geb. 1964
Romadour II, Braun, v. Romulus I – Grünfink, geb. 1969
Romulus I (s. oben)
Sinus xx, Schwarzbraun, v. Ticino – Magnat, geb. 1950
Taipan xx, Braun, v. Darling Boy – Taboun, geb. 1968
Waidmann (Hann.), Rappe v. Waidmannsdank xx – Ferdinand, geb. 1969

1.1.4 Oldenburg

Zuchtgebiet: Ehemaliges Großherzogtum Oldenburg sowie angrenzende Gebiete.

Zuchtentwicklung: Wie in Hannover und Holstein bildete auch in Oldenburg das nordwesteuropäische Marschpferd – im Rassetyp dem heutigen „Friesen" vergleichbar – die Grundlage der Zucht. Durch Einsatz der im 16. Jahrhundert besonders hoch geschätzten andalusisch-neapolitanischen Rasse sowie von Hengsten aus orientalischen Ländern wurde zunächst vorwiegend in Adels-Gestüten, nach 1600 von diesen ausstrahlend im gesamten Lande ein Warmblut-Pferd erzüchtet, das während des 17. Jahrhunderts als Prunk- und Kutschpferd in ganz Europa sehr geschätzt war.

Marschpferd

Prunkpferd

„Fire" (Westf.), v. Frühlingstraum II – Romulus II, Weltmeister-Springpferd von Norbert Koof – trotz mächtiger Größe elastisch, dabei reaktionsschnell und intelligent.

Figaro,
Fuchs-Hengst,
geb. 3. 3. 1972,
v. Futuro (Anglo-Normanne)
– Goertz – Edelbert,
Züchter Cl. Meyer,
Döllerdamm,
Besitzer
H. Ahlers,
Oldenburg

Etwas bunt geratener **Oldenburger** Hengst der soliden Sorte, viel Hengstausdruck, leichtes Genick, gut aufgesetzter, genügend langer Hals, Sattellage ausreichend markiert, tiefe Bemuskelung der Hinterhand, starkes Fundament mit kräftigen Gelenken; die Abstammung vom Leistungsvererber Futuro spricht für gute Reit- bzw. Spring-Qualität, während der Einfluß der Original-Oldenburger Mutterseite die Erhaltung von starken Nerven sowie guter Bemuskelung und Futterverwertung erwarten läßt.

Einem Rückgang des Zuchtniveaus im 18. Jahrhundert folgte ab etwa 1820 die Einfuhr von Hengsten verschiedener Herkunft nach Oldenburg. Unter diesen gelangten vor allem einige englische Halbblüter sowie Hengste der englischen Kutschpferd-Rasse „Cleveland Bay“ zu Einfluß.

Um 1860 folgten diesen dann mehrere stark vom Vollblut geprägte Hengste aus hannoverscher Zucht, außerdem ein ebenfalls viel Vollblut führender Anglo-Normannen-Hengst, der eine zeitweise besonders starke Hengstlinie gründete.

Kutschpferd

Die etwa 1890 einsetzende konsequente Reinzucht ohne weitere Fremdblut-Zufuhr strebte ein mittelschweres bis schweres, elegantes Kutschpferd in vorwiegend dunkler Farbe an. Sie führte in kurzer Zeit zu einer großen Ausgeglichenheit innerhalb der Rasse. Die ursprünglich durch Bodenunterschiede begründete Trennung in nördliches Zuchtgebiet (schwere Zuchtrichtung) und südliches Zuchtgebiet (mittelschwere Zuchtrichtung) wurde im Jahre 1923

Fichu, braune Stute, geb. 9. 5. 1976, v. Furioso II (Anglo-Normanne) – Miracolo xx – Condor (Anglo-Normanne), Züchter E. Schuling, Hausstette, Besitzer Jos. Skutta, Castrop-Rauxel.

Moderne **Oldenburger** Stute der leichten Variante, rahmig und elegant, ausgeprägter Reitpferd-Typ, feines Fundament mit etwas knapper Gelenk-Ausprägung; starker Vollbluteinschlag in der Abstammung, teilweise über die französischen Leistungsvererber Furioso II und Condor, nur noch geringer Anteil des alten Original-Oldenburger Mutterstammes.

aufgehoben. Damit konnte diese Ausgeglichenheit noch weiter verstärkt werden. Bis etwa 1960 galt die Oldenburger Zucht als die am stärksten ausgeglichene deutsche Warmblutzucht.
Wie in allen anderen Zuchtgebieten kam auch in Oldenburg nach dem letzten Kriege mit der Umstellung der Landwirtschaft auf motorische Zugkraft der Zwang zur Umstellung der Pferdezucht auf die Ansprüche des Reitsports. Die starke Konsolidierung der Rasse im Typ des schweren Wirtschaftspferdes stand einer raschen Umzüchtung erschwerend entgegen. Zwar war bereits vor 1945 der Vollbluthengst Lupus xx in vorsichtiger Dosierung zu einer gewissen Veredelung der Zucht eingesetzt worden. Durch Selektion unter seinen Nachkommen in Richtung Wirtschaftspferd war diese Zufuhr von Edelblut jedoch ziemlich schnell absorbiert worden. Auch die Einfuhr des Anglo-Normannen-Hengstes Condor im Jahre 1950 hatte noch nicht die Umstellung auf den Reitpferd-Typ, sondern lediglich die vom schweren zum leichteren, vielseitiger verwendbaren Wirt-

schaftspferd zum Ziel. Allerdings gelangten bereits einige Oldenburger Nachkommen von Lupus xx wie auch von Condor im aufblühenden Reitsport der Nachkriegszeit zu sportlichen Ehren.

Der entscheidende Durchbruch mit klarer Zielsetzung, nämlich Umstellung der Zucht vom Wirtschafts- zum Reitpferd-Typ, begann 1959 mit der Aufstellung des Vollblüters Adonis xx, dem ab 1962 eine große Zahl weiterer Vollbluthengste folgte. Großen Anteil an der Umzüchtung erlangten auch verschiedene ab 1965 eingesetzte Hannoveraner und Trakehner Hengste.

Umzüchtung

Ab 1968 griff man zusätzlich auch auf Anglo-Normannen-Hengste mit hohem Vollblut-Anteil zurück, die in der modernen Oldenburger Zucht inzwischen starken Einfluß erlangt haben. Schließlich wurden ab 1972 auch noch verschiedene Hengste aus der französischen Anglo-Araber-Zucht eingesetzt, deren züchterische Auswirkung seit einigen Jahren ebenfalls spürbar wird.

Die Vielfalt der zur Umzüchtung verwendeten Rassen bedingt eine zur Zeit noch verhältnismäßig große Variationsbreite hinsichtlich Form, Rahmen und Kaliber. Andererseits ist jedoch die Sporteignung des modernen Oldenburgers in allen Sparten der Reiterei, die in den letzten Jahren zunehmende Anerkennung gefunden hat, als Erfolg der entschlossenen Fremdblutzufuhr zu betrachten.

Rassetypische Form- und Bewegungseigenschaften:
Vorwiegende Größenklasse 160–165 cm Widerristhöhe (Stockmaß), Kaliber sehr unterschiedlich, allgemein gute Bemuskelung und abgerundete Körperform;
schwungvoll-elastische Bewegung, teilweise etwas „runde“ Aktion.

Rassetypischer Verwendungszweck:
Nervlich robustes Reit- und Fahrpferd sowohl für Freizeitreiter als auch für den Spitzensport.

Haupt-Vererber ab 1950 (nach kombinierter Form- und Leistungsbewertung):

Adonis xx, Braun, v. Magnat – Oleander, geb. 1952
Furioso II (Anglo-Norm.), Dunkelfuchs, v. Furioso xx – Talisman, geb. 1965

Herausragende Leistungsvererber 1971–82
(nach korrig. Gewinnsummen-Durchschnitt 6-, 7- und 8jähriger Nachkommen im Turniersport, registriert in den Jahrbüchern der Deutschen Reiterlichen Vereinigung (FN) 1971–82)

Apollo xx, Dunkelfuchs, v. Panaslipper – His Highness, geb. 1962
Ballyboy xx, Dunkelbraun, v. Ballymoss – My Babu, geb. 1965
Bucephalos xx, Braun, v. Agio – Magnat, geb. 1966
Furioso II (s. oben)
Futuro (Anglo-Norm.), Fuchs, v. Furioso xx – Hedjaz od. Vert Galant, geb. 1966
Inschallah AA, Schimmel, v. Israel – Nithard, geb. 1968
Löwen-As (Hann.), Dunkelfuchs, v. Lugano II – Pik As xx, geb. 1966
Makuba xx, Dunkelbraun, v. Goody – Gundomar, geb. 1956
Nachtflug xx, Dunkelbraun, v. Orsini – Asterios, geb. 1962
Praefectus xx, Rappe, v. Primera – Major Portion, geb. 1967
Vierzehnender xx, Braun, v. Neckar – Widerhall, geb. 1956
Vollkorn xx, Dunkelbraun, v. Neckar – Ansitz, geb. 1961
Waidmannsheil (Hann.), Rappe, v. Waidmannsdank xx – Ferdinand, geb. 1967

1.1.5 Sonstige Regional-Zuchten

Definition des Rassebegriffs

Die vorstehend besprochenen Warmblutzuchten des nordwestdeutschen Raumes stellen nach wie vor Rassen im Sinne der tierzüchterischen Definition dar, nämlich Bestände von Zuchttieren, die sich in bestimmten Eigenschaften ähneln bzw. von den Angehörigen anderer Zuchtbestände unterscheiden und im wesentlichen durch Paarung innerhalb des Bestandes weiterentwickelt werden. Diese Definition trifft zwar z. Zt. auf das Oldenburger Pferd nur in begrenztem Maße zu. Die Zahl von Hengsten mit Oldenburger Abstammung wächst jedoch von Jahr zu Jahr. Damit ist zu erwarten, daß die zur Bildung bzw. Erhaltung einer Rasse erforderliche Paarung innerhalb des vorhandenen Zuchtbestandes in Oldenburg ebenfalls zunimmt und damit bestimmte typische Rassemerkmale wieder deutlicher hervortreten. Die Auffassung, daß es sich bei den genannten Zuchten um „Rassen“ im traditionellen Sinne handelt, wird auch gestützt durch deren klare Differenzierung unter Pferdezuchtfachleuten im internationalen Sprachgebrauch. So gibt es im benachbarten Westeuropa, aber auch in Übersee zahlreiche Anhänger bzw. Nachzucht-Inseln der Hannoveraner, Holsteiner, Trakehner oder Oldenburger Pferde, z. T. sogar als entsprechend benannte Züchterverbände organisiert. Auch wird in englischen, französischen oder amerikanischen Fachblättern bei allen Erwähnungen des züchterischen Hintergrundes deutscher Pferde von Holsteinern, Hannoveranern, Trakehnern oder Oldenburgern gesprochen.

Deutsches Reitpferd

Versuche, den Begriff „Deutsches Reitpferd“ als Rassebezeichnung zu interpretieren, können deshalb nicht mit besserer Verständlichkeit bei der Absatzförderung im Ausland begründet werden. Dagegen sprechen auch die intensiven Werbemaßnahmen der betreffenden Zuchtverbände, denen es in jahrzehntelanger Arbeit gelungen ist, im In- und Ausland ein hohes, mit ihrer jeweiligen Rasse als Markenzeichen verknüpftes Ansehen aufzubauen. Die Neigung, dieses ohne zwingenden Grund aufzugeben und ein bisher wenig aussagefähiges Schlagwort dafür einzutauschen, ist bei den Betroffenen verständlicherweise gering. Andererseits werden die Bemühungen um gegenseitige Anerkennung von Zuchttieren, wie sie für einen freien Austausch von Erbanlagen erforderlich ist, von allen Zuchtverbänden unterstützt (Ausnahme: der Trakehner Verband mit seiner „Spezialrasse“). Damit ist sichergestellt, daß die nordwestdeutschen Sportpferderassen auch in Zukunft keine „geschlossenen Populationen“ werden, sondern sich durch Austausch von Zuchttieren in erforderlichem Umfang gegenseitig fördern können.

Neben den bisher besprochenen, auf Nordwestdeutschland konzentrierten Zuchten sind in den letzten zwanzig Jahren in den übrigen Teilen der Bundesrepublik ebenfalls Sportpferde-Zuchtgebiete entstanden. Die Bestände dieser Regionen können jedoch noch nicht als Rassen betrachtet werden, da ihr züchterischer Aufbau sehr stark gemischte Erbanteile zeigt und ihnen spezielle, „rassetypische“ Eigenschaften vorläufig noch fehlen. Zuchttiere mit Hannoveraner-, Westfalen-, Holsteiner- oder Trakehner-Abstammung stellen sehr wesentliche Bestands-Anteile. Es handelt sich also um vorläufig noch wenig konsolidierte Rassemischungen auf sehr unterschiedlicher Basis. Diese Regional-Zuchten werden im folgenden kurz vorgestellt.

1.1.5.1 Rheinland

Zuchtgebiet: Landesteil Nordrhein des Landes Nordrhein-Westfalen

Zuchtgrundlage: Noch vor 40 Jahren waren die Pferdezüchter des Rheinlandes fast ausschließlich mit der Zucht des Rheinisch-Deutschen Kaltblutpferdes befaßt. Daneben bestanden dort zahlreiche Vollblutgestüte.

Grundlage

Eine nennenswerte Warmblutzucht entwickelte sich erst nach dem letzten Kriege. Als Grundlage dienten vor allem Stuten hannoversch-westfälischer Herkunft sowie Trakehner. Durch Benutzung von Hengsten der gleichen Stammrassen sowie einigen Vollblütern bildete sich in den letzten 30 Jahren eine Zuchtrichtung heraus, die

Konsolidierung

bereits Ansätze zur Konsolidierung auf bestimmte Eigenschaften

Rembrandt, brauner Hengst, geb. 7. 4. 1976, v. Rubin (Trak.) – Burnus (Angloaraber) – Feuerland (Hann.), Züchter W. Bergmann, Goch, Besitzer G. Hoogen, Kevelaer.

Vertreter des Zuchtgebietes **Rheinland** mit für diese Zucht typischer Ausprägung von Eleganz, Adel und Reitpferd-Qualität, mit hübschem Kopf, leichtem Genick und feinem Fundament, deutlich „Bergauf-Pferd“ in der Bewegung; abstammungsgemäß eine für das Rheinland typische Mischung von Trakehner Erbgut, ergänzt durch Angloaraber-Anteil, mit hannoverscher Basis, wobei ein kleiner Anteil von englischem Vollblut über Rubins Muttervater Poet xx hinzutritt.

zeigt. So erregen die vom Rheinischen Pferdestammbuch bei überregionalen Ausstellungen gezeigten, meistens schon recht ausgeglichenen Pferdegruppen im allgemeinen durch besonderen Adel, Harmonie und Elastizität der Bewegung, verbunden mit mittlerer Größe, viel Aufsehen. Die Abstammung dieser als Zuchtziel-Demonstration vorgeführten Tiere enthält im Durchschnitt etwa je zur Hälfte hannoversch-westfälische und Trakehner Vorfahren.

Herausragende Leistungsvererber 1971–82

Ehrenfried (Hann.), Fuchs, v. Ehrenschild – Dorilas, geb. 1966
Ehrensold (Hann.), Braun, v. Ehrenschild – Fronvogt, geb. 1969
Garamond (Trak.), Rappe, v. Gabriel – Pindar xx, geb. 1963
Insterfeuer (Trak.), Rotschimmel, v. Pelion – Hansakapitän, geb. 1967
Romadour II (Westf.), Braun, v. Romulus I – Grünfink, geb. 1969
Salut (Hann.), Rappe, v. Sender – Gong, geb. 1966
Waldfried (Hann.), Braun, v. Waidmannsdank xx – Duellant, geb. 1969

Marquise,
Schimmel-Stute,
geb. 6. 4. 1977,
v. Marcus (Hann.) –
Lotse (Hann.),
Züchter und Besitzer B. Lauer,
Gemünden.

Solide **Hessen**-Stute hannoverscher Abstammung, weiblicher Ausdruck, leichtes Genick, Bemuskelung an Hals und Hinterhand noch schwach entwickelt (3jährig), mittelstarkes Fundament mit kräftigen Gelenken; über Marconi (V. des Marcus) und Lotse Verbindung interessanter Leistungsvererber.

1.1.5.2 Hessen

Grundlage

Zuchtumstellung

Zuchtgrundlage: Die Warmblutzucht Hessens beruhte bis ca. 1960 im wesentlichen auf Oldenburger- bzw. Ostfriesen-Grundlage. Daneben fanden sich vereinzelt Holsteiner Zuchtinseln in Hessen. In den letzten 20 Jahren wurden im Zuge der Zuchtumstellung vom Wirtschafts- auf das Sportpferd vorwiegend Hannoveraner Hengste, daneben einige Westfalen sowie verschiedene Vollblüter, Trakehner und Araber in der Zucht eingesetzt. Außerdem führte man zahlreiche Stuten aus anderen Gebieten ein, vor allem aus Hannover und Westfalen.
Verschiedene in Hessen gezüchtete Spitzenpferde des Leistungssports zeigen, daß die Zuchtumstellung von Erfolg begleitet ist.

Herausragende Leistungsvererber 1971–82

Imperial (Hann.), Dunkelbraun, v. Impuls (Trak.) – Frustra II, geb. 1976

Lotse (Hann.), Fuchs, v. Lugano I – Dwinger, geb. 1960

Erle I, braune Stute, geb. 1. 3. 1974, v. Einstein (Hann.) – Feuerwerk, Züchter A. Röller, Zweibrükken, Besitzer R. Dirk, Heltersberg.

Elegante Vertreterin des Zuchtgebietes **Rheinland-Pfalz/Saar**, guter Stutentyp, leichtes Genick mit natürlicher Wölbung, langer, hoch aufgesetzter Hals, harmonische Rumpfeinteilung mit auffallend guter Sattellage, mittelstarkes Fundament; Hannoveraner Erbgut mit Vollblut-Einschlag (M. des Einstein v. Valentino xx) ist hier verbunden mit altem Zweibrücker Stutenstamm, der durch den Trakehner Fantast (V. des Feuerwerk) schon etwas modernisiert wurde.

Lützow (Hann.), Dunkelbraun, v. Lugano I – Dwinger, geb. 1961
Mandant (Trak.), Dunkelfuchs, v. Thor – Reinald xx, geb. 1964
Raphael (Westf.), Schimmel, v. Radetzky – Schwall (Hann.), geb. 1965
Ratsherr (Westf.), Braun, v. Radetzky – Fechtmeister, geb. 1960
Thor (Trak.), Dunkelbraun, v. Humboldt – Totilas, geb. 1959

1.1.5.3 Rheinland-Pfalz/Saar

Zweibrücker

Zuchtgrundlage: Im 18. Jahrhundert hatte der „Zweibrücker", ein im Pfälzer Gestüt gleichen Namens gezüchtetes edles Reitpferd, der Pferdezucht der Pfalz einen guten Ruf erworben. Der Rückgang des Zuchtniveaus dieser Rasse infolge Kriegswirren zog die gesamte Warmblutzucht im heutigen Bundesland Rheinland-Pfalz sowie im angrenzenden Saarland in Mitleidenschaft. Somit begann nach dem letzten Kriege mit kaum noch nenneswerten Resten der einheimischen Zucht unter Zukauf von Zuchttieren aus den verschiedenen nordwestdeutschen Zuchtgebieten und aus der Trakehner-Zucht

Neu-Aufbau

der Neu-Aufbau einer Sportpferdezucht. Dabei stehen heute Hannoveraner Hengste züchterisch im Vordergrund.

Halbblutrennpferde

Einige Vollblüter werden neben ihrem Einsatz für die allgemeine Warmblutzucht auch im Spezial-Zuchtzweig Halbblutrennpferde-Zucht verwendet, der in diesem Bereich zahlreiche Anhänger hat.

Herausragende Leistungsvererber 1971–82

Arato xx, Fuchs, v. Madjar – Alchimist, geb. 1956
Duellfürst (Hann.), Fuchs, v. Duellant – Fratz, geb. 1966
Praefectus xx, Rappe, v. Primera – Major Portion, geb. 1967

1.1.5.4 Baden-Württemberg

Württemberger

Zuchtgrundlage: Bis ca. 1960 wurde im Landesteil Württemberg ein solides, für die Bedürfnisse vorwiegend bäuerlicher Landwirtschaft auf zum großen Teil hängigen Flächen ausgerichtetes Warmblutpferd gezüchtet. Diese verhältnismäßig alte Rasse des „Württembergers" war in jüngeren Zuchtabschnitten durch einzelne Hengste aus der Normandie sowie aus der Brandenburger Zucht (Mischung von Hannoveraner und Trakehner) beeinflußt worden. Auch eine gewisse Ausstrahlung der staatlichen Araberzucht des Hauptgestütes Marbach machte sich in der Landespferdezucht bemerkbar.

Umstellung

Trakehner

Die Umstellung vom Wirtschafts- zum Sportpferd erfolgte ab 1961 zunächst mit starkem Einsatz von Trakehner Hengsten, unter denen der als erster Veredler auftretende Julmond mit zahlreichen Söhnen besonderen Einfluß erlangte. In jüngster Zeit werden vermehrt hannoversche Hengste eingesetzt; daneben tragen auch einige Holsteiner zur Umformung des Württemberger Pferdes bei. Außerdem sind zur Beschleunigung dieses Prozesses zahlreiche Stuten bzw. Stutfohlen aus norddeutschen Zuchten eingeführt worden.
Im Landesteil Baden existierte bis zum Beginn der Umzüchtungsperiode eine verhältnismäßig kleine Warmblutzucht auf vorwiegend oldenburgisch-ostfriesischer Grundlage, die ab etwa 1960 in ähnlicher Weise wie in Hessen umgestellt wurde.

Haupt-Vererber ab 1950 (nach kombinierter Form- und Leistungsbewertung):

Julmond (Trak.), Fuchs, v. Julianus – Padischah, geb. 1938
Taifun (Trak.), Fuchs, v. Julmond – Sonnentau, geb. 1957

Alida, braune Stute, geb. 13. 4. 1979, v. Amor II (Trak.) – Lothar (Trak.), Züchter und Besitzer Haupt- und Landgestüt Marbach.

Stute aus dem Zuchtgebiet **Baden-Württemberg,** hübscher Kopf, leichter, genügend langer Hals, viel Widerrist, etwas feste Niere, Fundament mittelstark, seitlich schwacher Knick der Vorderbeinachse, Gelenke wenig markiert; abstammungsgemäß stark von Trakehner Erbgut geprägt, Verbindung der bekannten Vererber Maharadscha (V. des Amor II) und Julmond (V. des Lothar).

Herausragende Leistungsvererber 1971–82

Gabriel (Hann.), Dunkelbraun, v. Grande – Hassan (Ar.), geb. 1968
Jugol, Dunkelbraun, v. Julmond (Trak.) – Golddollar (Trak.), geb. 1964
Karat (Trak.), Dunkelbraun, v. Kompaß – Gobelin, geb. 1964
Landgraf I (Holst.), Dunkelbraun, v. Ladykiller xx – Aldato, geb. 1966

1.1.5.5 Bayern

Zuchtgrundlage: Neben einer auch heute noch verhältnismäßig starken Kaltblutzucht hat die Warmblutzucht in Bayern früher nur eine untergeordnete Rolle gespielt. Die Warmblutrasse Bayerns war bis ca. 1960 der „Rottaler", ein schweres Wirtschaftspferd, das unter teilweiser Verwendung von Oldenburger- und Ostfriesen-Hengsten entwickelt worden war.

Rottaler

Blume, braune Stute, geb. 4. 4. 1976, v. Rasso – Imi xx, Züchter und Besitzer M. Niedermair, Grub.

Moderne **Bayern**-Stute, auffallend edel, eleganter Hals mit leichtem Genick, stark ausgeprägte Sattellage, Hinterhand etwas kurz und schwach bemuskelt, leichtes Fundament mit genügend kräftigen Gelenken; als Tochter einer Vollblutstute durch Verbindung mit dem Erbgut des Leistungshengstes Ramiro (V. des Rasso) besonders interessant.

Die heutige Sportpferdezucht Bayerns baut nur zum geringen Teil auf Stuten dieser Herkunft auf. Zum größeren Teil bilden Stuten norddeutscher Rassen, Trakehner und aus Ostblockländern stammende Warmblutpferde die Basis dieser Zuchtrichtung. Nach anfänglichem Einsatz einiger Trakehner-Hengste wird der Hengstbestand heute vorwiegend aus Hannover und Westfalen rekrutiert. Vereinzelt tragen auch Vollblüter und Holsteiner zur Formung der modernen bayerischen Sportpferdezucht bei.

Hauptvererber ab 1950 (nach kombinierter Form- und Leistungsbewertung):

Amor (Poln. Trak.), Braun, v. Amadeusz – Szczecin xx, geb. 1961

Herausragender Leistungsvererber 1971–82

Makuba xx, Dunkelbraun, v. Goody – Gundomar, geb. 1956

Neben den in den verschiedenen Gebieten der Bundesrepublik entstandenen Regional-Rassen bzw. -Zuchten werden in bundesweiter Verbreitung sogenannte „Spezialrassen" gezüchtet, deren teilweise recht bedeutender Einfluß auf die gesamte deutsche Sportpferdezucht in den verschiedenen Beschreibungen der Regional-Rassen bereits deutlich wurde. Es handelt sich dabei um die Ostpreußen-Rasse, heute allgemein – auch international – nach ihrem früheren Zuchtzentrum, dem preußischen Hauptgestüt Trakehnen, als „Trakehner" bezeichnet, ferner um die Araber mit ihren besonderen Abteilungen „Arabisches Vollblut", „Shagya-Araber" und „Anglo-Araber" sowie um die aus England stammende Vollblut-Rasse.

Spezialrassen

1.1.6 Trakehner

Zuchtentwicklung: Während die nordwestdeutschen Regionalzuchten auf der Basis von verhältnismäßig großen, schweren Küsten- bzw. Marschpferden, im Typ den holländischen „Friesen" ähnlich, aufgebaut wurden, hat sich die bis 1945 als Regionalzucht in der preußischen Provinz Ostpreußen beheimatete Trakehner-Zucht seit dem 18. Jahrhundert auf der Grundlage eines kleinen, tarpanähnlichen Bauernponys entwickelt, der litauischen „Schweike". Die meisten Stuten dieser Art hatten eine Widerristhöhe von weniger als 140 cm Stockmaß und waren wahrscheinlich mit dem heute noch bekannten polnischen „Panjepferd" verwandt. Der Einfluß der zur Zeit des Ritterordens in Ostpreußen vorhandenen schweren „Ritterpferde" scheint nach allen Quellen beim Aufbau der Landespferdezucht nur gering gewesen zu sein. Von den seit 1779 zur Förderung der Landeszucht eingesetzten Staatshengsten war zunächst nur ein Teil im 1732 gegründeten Hauptgestüt Trakehnen gezüchtet. Um den Bedarf zu decken, hatte man auch Hengste aus den damals in Blüte stehenden Zuchtgebieten Holstein und Zweibrücken geholt. Diese traten jedoch recht bald in den Hintergrund und wurden durch Original-Trakehner ersetzt. Damit entwickelte sich Trakehnen zum Haupthengstlieferanten für die Landeszucht, die daneben nur noch Hengste aus der eigenen Zucht verwendete und auf Importe aus anderen Zuchtgebieten weitgehend verzichtete. Das Hauptgestüt Trakehnen hat also für die Ostpreußen-Zucht eine Bedeutung erlangt, die weit über die von zentralen Zuchtstätten in anderen deutschen Rassen hinausgeht und zu einer starken züchterischen Festigung der rassetypischen Form- und Leistungseigenschaften geführt hat.

Schweike

Panjepferd

Hauptgestüt Trakehnen

Die Zuchtentwicklung im Staatsgestüt Trakehnen ist auf diese Weise maßgeblich für die Entwicklung der gesamten Landeszucht geworden. Als wesentlichste Zuchtmaßnahme ist der ab 1817 erfolgende, zeitweise sehr starke Einsatz orientalischer Hengste und englischer Vollblüter in Trakehnen zu nennen. Dagegen wurden ab Beginn des 19. Jahrhunderts keine Vertreter sonstiger Rassen, wie Holsteiner, englische Halbblutrassen o. ä., mehr benutzt. Der versuchsweise Einsatz einiger Anglo-Normannen in Trakehnen wurde jeweils nach kurzer Zeit als Mißerfolg abgebrochen. Andererseits erwies sich der aus Frankreich geholte Anglo-Araber „Nana Sahib“ als besonders glücklicher Griff.

Orientalen

Bei den in Trakehnen eingesetzten Orientalen handelte es sich neben echten Arabern teilweise wahrscheinlich auch (z. B. bei „Turcmainatti“) um Turkmenen, die dem heutigen Achal-Tekkiner entsprechende Rasse. Die vorwiegend aus England und Frankreich stammenden Vollbluthengste erlangten ab etwa 1850 in Trakehnen vorherrschenden Einfluß und deckten im Durchschnitt bis zum Ende des ersten Weltkrieges mehr als 50% aller Stuten. Auf diese Weise gelang es, die ursprünglich sehr unterschiedliche Stutengrundlage Trakehnens weitgehend auf einen bestimmten Rassetyp auszurichten, der den Bedürfnissen des Militärs als Hauptabnehmer angepaßt war. Allerdings blieb durch Aufteilung der Stuten in verschiedene Herden mit etwas unterschiedlicher Zielsetzung in Format und Kaliber eine gewisse Variationsbreite erhalten.

Vollbluthengste

Mit dem starken Rückgang des Bedarfs an Kavalleriepferden nach dem ersten Weltkrieg ergab sich für die ostpreußischen Pferdezüchter die Notwendigkeit, die Ansprüche der Landwirtschaft, d. h. die Verwendung als vielseitiges Wirtschaftspferd, in der Zuchtzielgestaltung zu berücksichtigen. Ab 1920 kam es zur sogenannten „Verstärkungsperiode“ mit einigen Nachteilen für bestimmte rassetypische Eigenschaften, wie Adel und Schönheit, die jedoch bald weitgehend ausgeglichen werden konnten. Nach wie vor stellte das ostpreußische Pferd die edelste deutsche Warmblutrasse dar, mit besonderer Eignung für die Verwendung unter dem Reiter.

Verstärkung

Mit Kriegsende 1945 und dem Verlust Ostdeutschlands brach die regionale Landeszucht-Basis für die Ostpreußen-Rasse zusammen. Die unter größten Schwierigkeiten aus dem Zusammenbruch nach Westdeutschland geretteten Zuchtreste wurden von passionierten Anhängern dieser Rasse zusammengesucht. Unter Verbreitung auf das gesamte Bundesgebiet gelang es, einen zahlenmäßig gerade noch ausreichenden Bestand an Stuten und Zuchthengsten zur Erhaltung der Rasse einzusetzen.

Zusammenbruch

Erhaltung der Rasse

In den ersten Nachkriegsjahren fiel noch manches wertvolle Zuchttier den materiellen Schwierigkeiten seines Besitzers zum Opfer und ging der Zucht verloren. Andererseits war für viele Züchter die Versuchung groß, auf Selektion unter den verfügbaren Tieren weitgehend zu verzichten, um den zunächst sehr knappen Bestand an Zuchttieren zu steigern. Diese Umstände wirkten sich teilweise nachteilig auf die Zucht aus, da sie nicht geeignet waren, die Durch-

schnittsqualität der jetzt allgemein als „Trakehner“ bezeichneten Pferde zu verbessern.
Dank intensiver Bemühungen der Zuchtleitung ist diese zeit- und zahlenbedingte „Durststrecke“ inzwischen überwunden. Der Bestand an Zuchttieren hat eine Größe erreicht, die strenge Selektion ermöglicht. Durch Hereinnahme verschiedener fremdblütiger Hengste, vorwiegend Vollblüter, aber auch einiger Araber bzw. Hengste mit anglo-arabischen Erbgut-Anteilen, ist der Gefahr zu starker Inzucht entgegengewirkt worden, wie sie sonst bei einem kleinen geschlossenen Zuchttierbestand erwartet werden muß. Auch die Aufnahme von Stuten der genannten fremden Herkünfte trägt zu erbmäßiger Auflockerung bei. Allerdings sind Angehörige anderer deutscher oder ausländischer Warmblutrassen nach wie vor von einer Aufnahme in das Trakehner Zuchtbuch ausgeschlossen.

Unterschiede in der Zuchtentwicklung

Die wesentlichen Unterschiede in der Zuchtentwicklung zwischen der Trakehner Rasse und den nordwestdeutschen Warmblutrassen lassen sich wie folgt zusammenfassen:

	Trakehner	nordwestdeutsche Rassen
Zuchtgrundlage	leichtes, kleines Bauernpony ähnlich dem polnischen „Panje“	schweres, großes Marschpferd ähnlich dem niederländ. „Friesen“
Am Zuchtaufbau beteiligte Fremdrassen	Orientalen (Araber, Turkmenen), engl. Vollblut	Andalusisch-neapolitanisch beeinflußte Holsteiner, engl. Halbblutrassen, Anglo-Normannen, engl. Vollblut, Trakehner
Zuchtziel in der Hauptentwicklungszeit	Soldaten-Reitpferd	Schweres Reit- und Wagenpferd für Militär, Wirtschaft und Landwirtschaft
Zur Zuchtbucheintragung heute zugelassene Fremdrassen	Englisches Vollblut, Araber (einschl. Anglo-Araber), sonst geschlossenes Zuchtbuch	Engl. Vollblut, Araber sowie Pferde im Reitpferd-Typ, offenes Zuchtbuch

Schwalbenherbst, schwarzbrauner Hengst, geb. 2. 4. 1979, v. Herzbube – Impuls – Traumgeist xx, Züchter und Besitzer B. Engels, Jüchen.

Trakehner Hengst mit besonders ausgeprägtem Rassetyp, kluges, ausdrucksvolles Gesicht, mittellanger Hals mit natürlicher Wölbung, sehr gute Sattellage. Hinterhand-Muskulatur noch in der Entwicklung (2½jährig), mittelstarkes Fundament mit kräftigen Gelenken; seine Abstammung weckt durch die Verbindung der beiden züchterisch hochbewährten Totilas-Töchter Herbstgold (M. des Herzbube) und Schwalbe (mütterliche Urgroßmutter) besondere Erwartungen.

Rassetypische Form- und Bewegungseigenschaften:
Vorwiegende Größenklasse 160 bis 165 cm Widerristhöhe (Stockmaß), hübscher, kleiner Kopf mit großem Auge, eleganter, langer Hals mit natürlicher Genickwölbung, harmonische Rumpfeinteilung mit langer, schräger Schulter, leichtes, trockenes Fundament, kleine Hufe;
federnd-tänzerische, flache Bewegung.

Rassetypischer Verwendungszweck:
Sensibles Dressurpferd, aber auch ausdauerndes Freizeitpferd; vereinzelt auch recht gute Springanlage; im Vielseitigkeitssport nach 1945 nur wenig eingesetzt, früher gerade in dieser Sparte hohes Leistungsniveau.

Herzchen, Fuchs-Stute, geb. 19. 3. 1977, v. Ginster – Komet – Bussard, Züchter und Besitzer V. v. Schöning, Neversfelde.

Solide, dabei sehr rassetypische **Trakehner** Stute mit auffallend hübschem Kopf, ideale Hals- und Genick-Form, Sattellage gut entwickelt, Hinterhand noch etwas schwach bemuskelt (3jährig), mittelstarkes Fundament; sie entstammt wie Herzbube (V. des Schwalbenherbst) der bewährten Herbstzeit-Familie und verbindet deren Erbgut mit den Leistungs- und Form-Vererbern Pregel, Hansakapitän und Lateran (V., MV. und MMV. des Ginster).

Haupt-Vererber ab 1950 (nach kombinierter Form- und Leistungsbewertung):

Geburtsjahrgänge 1938 und älter:
Julmond, Fuchs, v. Julianus – Padischah
1939 bis 43:
Abglanz, Fuchs, v. Termit – Poseidon
Lateran, Schimmel, v. Helikon – Fetysz ox
Humboldt, Dunkelbraun, v. Hutten – Paradox xx
Hansakapitän, Rappe, v. Bussard – Pythagoras
Cyklon, Fuchs, v. Helikon – Landgraf
Altan, Fuchs, v. Hirtensang – Dampfroß
1944 bis 48:
Major, Dunkelbraun, v. Jocus – Alarm
1949 bis 53:
Komet, Rappe, v. Goldregen – Cancara
Obermaat, Braun, v. Hansakapitän – Wildbach
Stern xx, Braun, v. Berggeist – Ebro

Gabriel, Rappe, v. Gigant – Hanno
Impuls, Braun, v. Humboldt – Eichendorf
Traumgeist xx, Braun, v. Goody – Aventin
1954 bis 58:
Boris, Rappe, v. Gabriel – Indra
Maharadscha, Schimmel, v. Famulus – Markvogt
Pregel, Schimmel, v. Tropenwald – Hirtensang
Carajan, Fuchs, v. Herbstwind – Trara
Golddollar, Rappe, v. Hansakapitän – Polarstern
Hessenstein, Hellbraun, v. Komet – Famulus
Handelsherr, Dunkelbraun, v. Totilas – Heidedichter
Sterndeuter, Hellbraun, v. Stern xx – Ekkehard
Ilmengrund, Fuchs, v. Humboldt – Humboldt
Anteil, Braun, v. Stern xx – Altan
1959 bis 63:
Schabernack, Dunkelbraun, v. Schöner Abend – Totilas
Flugsand, Fuchs, v. Altan – Totilas
Malachit, Fuchs, v. Major – Altan

Herausragende Leistungsvererber 1971–82

Donauwind, Braun, v. Pregel – Boris, geb. 1965
Garamond, Rappe, v. Gabriel – Pindar xx, geb. 1963
Hessenstein, Hellbraun, v. Komet – Famulus, geb. 1958
Insterfeuer, Rotschimmel, v. Pelion – Hansakapitän, geb. 1967
Karat, Dunkelbraun, v. Kompaß – Gobelin, geb. 1964
Mandant, Dunkelfuchs, v. Thor – Reinald xx, geb. 1964
Rosenberg, Schimmel, v. Sterndeuter – Famulus, geb. 1962
Thor, Dunkelbraun, v. Humboldt – Tortilas, geb. 1959

1.1.7 Araber

1.1.7.1 Arabisches Vollblut

Ursprungs-Zuchtgebiet: Die Halbinsel Arabien und angrenzende Gebiete.
Zuchtentwicklung: In den Oasen Innerarabiens begann – wahrscheinlich aufbauend auf von Norden eingeführten Pferden turkmenischen Typs (dem heutigen Achal-Tekkiner verwandt) – etwa im 6. Jahrhundert unserer Zeitrechnung die Zucht des arabischen Vollblut-Pferdes. Bis dahin waren Pferde vorwiegend in den Randgebieten Arabiens zu finden und noch nicht als besondere Rasse differenziert.

Mohammed

Der 570 geborene Mohammed erkannte nach Niederlagen seiner Kamelreiter gegen mit Pferden berittene Feinde den großen militärischen Wert schneller, ausdauernder Pferde. Er erließ deshalb reli-

Monarch, Schimmel-Hengst, geb. 1977, v. Farouss – Ghazal, Züchter und Besitzer D. v. Kameke, Grabau.

Vollblut-Araber mit stark ausgeprägtem Rassetyp, kleiner Kopf mit breiter Stirn, langer, hoch aufgesetzter Hals, besonders gute Sattellage, noch wenig Rippe (3jährig), leichtes, vorn etwas geschliffen wirkendes Fundament; seine Abstammung zeigt Inzucht auf den ägyptischen Stempelhengst Nazeer (GV. des Farouss, V. des Ghazal).

giöse Gebote zur Förderung der Pferdezucht, die sich bei dem großen Religionseifer seiner Anhänger sehr segensreich auswirkten. Die isolierte Lage des Zuchtgebietes bzw. der Zuchtinseln sowie die strenge Selektion auf Schnelligkeit, Ausdauer und Anspruchslosigkeit in häufigen Kriegs- und Raubzügen führten zu einer starken genetischen Konsolidierung dieser Zucht. Dabei verfolgten die Beduinen das Prinzip strenger Reinzucht, um die Überlegenheit ihrer Rasse gegenüber Artgenossen anderer Herkunft nicht zu gefährden.

Religiöse Gebote

Reinzucht

Die Eroberung Nordafrikas und Südwesteuropas im Zuge der Ausbreitung des Islam sowie die Kreuzzüge und die türkische Eroberung Südosteuropas führten zu ersten Kontakten europäischer Pferdefreunde mit dem arabischen Pferd. Der Ruf seiner besonderen Schönheit, Schnelligkeit und Ausdauer verbreitete sich rasch. Allerdings war es mit den vereinzelt erbeuteten Tieren zunächst nicht möglich, diese Rasse außerhalb Arabiens weiterzuzüchten. Erst ab etwa 1800 brachten zielbewußte Ankäufe verschiedener europäischer Zuchtinteressenten bei den Beduinen Innerarabiens Zuchttiere guter Qualität zum Aufbau eigener Reinzucht-Gestüte nach

Gestüte

Deutschland, Polen und England. Eine weitere Quelle reinblütiger Araberpferde mit Wüstenabstammung stellte Ägypten dar, dessen Herrscher zu Beginn des 19. Jahrhunderts Arabien erobert und zahlreiche wertvolle Zuchtpferde zum Aufbau eigener Gestüte nach Ägypten gebracht hatten.

Ägypten

Als Folge von Motorisierung und Aufgabe des Nomadentums kam die Pferdezucht Innerarabiens in den letzten Jahrzehnten weitgehend zum Erliegen. Deshalb sind Tiere reiner Wüstenabstammung heute fast nur noch in Ägypten sowie in den Nachzucht-Gestüten in anderen Teilen der Welt zu finden.

Selektionskriterien

Die unterschiedlichen Selektionskriterien in verschiedenen Nachzuchtländern haben zu gewissen Form-Unterschieden geführt. So steht der Vollblutaraber Polens, selektiert mit Hilfe von Rennprüfungen, häufig mehr im Reitpferd-Typ bei teilweisem Verzicht auf höchsten „Wüsten-Adel", während z. B. der in England gezüchtete Vollblutaraber im allgemeinen eine besonders abgerundete Körperform aufweist und manchmal den Ausdruck besonderer Härte vermissen läßt.

Definition – Arabisches Vollblut

Die Definition des „arabischen Vollbluts" (abgekürzt AV oder ox) ist unter den Anhängern dieser Rasse noch umstritten. Allgemein kann gesagt werden, daß man darunter Pferde versteht, deren Abstammung lückenlos auf aus der arabischen Wüste stammende bzw. als Vollblutaraber in anerkannten Stutbüchern registrierte Vorfahren zurückgeht.

Rassetypische Form- und Bewegungseigenschaften:

Vorwiegende Größenklasse 150 bis 155 cm Widerristhöhe (Stockmaß), häufig quadratisches Format.

Kleiner, keilförmiger Kopf mit geradem bis konkavem Nasen-Profil, breiter Stirn, großen Augen und kleinen Ohren,

mittellanger, hoch aufgesetzter Hals mit natürlicher Genickwölbung, abgerundete Oberlinie, Rücken und Kruppe verhältnismäßig kurz, Schweif hoch angesetzt und getragen,

trockenes, leichtes Fundament, häufig zehenweite Stellung,

seidiges Fell und Langhaar;

Bewegung tänzelnd, elastisch, schwebend.

Rassetypischer Verwendungszweck:

Angenehmes Freizeitpferd, besonders geeignet für Distanz- und Wanderritte sowie für das Reiten im „Western-Stil".

„Fireball“ (Oldbg.), v. Furioso II – Manolete xx, unter Wolfgang Mengers – Vielseitigkeitspferd mit Intelligenz und Härte.

Siglavya, Schimmel-Stute, geb. 14. 7. 1978, v. Siglavy – Shagya XXXVI – O'Bajan VII, Züchter K. Harster, Speyer, Besitzer Cl. Conradty, Neuhaus.

Shagya-Araber mit deutlicher Ausprägung des Typ-Unterschieds zum Vollblut-Araber, vor allem im etwas derberen Gesamteindruck, der einen soliden Reitpferd-Typ erkennen läßt, mit genügend langem, gut aufgesetztem Hals, viel Schulter und Sattellage, guter Rumpftiefe, deutlich geneigter Kruppe und mittelstarkem Fundament; die Abstammung geht in bewährter Mischung auf Stamm-Hengste des ungarischen Gestüts Babolna zurück.

1.1.7.2 Shagya-Araber

Ursprungs-Zuchtgebiet: Ungarn

Zuchtentwicklung: Neben Vollblutarabern wurden im ungarischen Staatsgestüt Babolna seit seiner Gründung im Jahre 1789 Pferde arabischen Typs gezüchtet, deren Vorfahren nicht ausschließlich Wüstenaraber waren. Bei den Stammstuten dieser seit 1978 von der Welt-Araberzüchter-Vereinigung (WAHO) als Rasse anerkannten Zuchtrichtung handelte es sich teilweise um Stuten unbekannter Abstammung aus der Bukowina, einem zwischen Rumänien und Galizien liegenden, damals als Pferdezuchtland bekannten Gebiet. Andere Stammstuten sind rein arabischer Herkunft. Auch der Namensgeber, ein Schimmelhengst „Shagya", wird als 1810 geborener, besonders großer Beduinen-Araber beschrieben.

Stammstuten

Namensgeber

Diese früher auch als „Araberrasse" bezeichnete Zuchtrichtung verfolgte von Anfang an das Ziel der Lieferung leistungsfähiger Soldaten-Reitpferde mit vielen Araber-Eigenschaften, aber mit mehr

Soldaten-Reitpferde

Größe und Kaliber, als es der Vollblutaraber bieten konnte. Shagya-Araber erlangten im 19. Jahrhundert von Babolna aus in Österreich-Ungarn und anderen Ländern Südost- und Osteuropas weite Verbreitung und wurden in zahlreichen Staats- bzw. Militär-Gestüten weitergezüchtet.
Der letzte Weltkrieg und seine Folgen haben die Shagya-Zucht Südosteuropas stark beeinträchtigt. Die verstreuten Reste dieser Zucht wurden zum Teil wieder zusammengesucht und in den Staatsgestüten Babolna (Ungarn) und Topolcianky (Tschechoslowakei) züchterisch weitergeführt. Dabei gingen diese beiden Zuchtstätten unterschiedliche Wege. Topolcianky strebt weiter die Verbindung von Araber-Adel und Leistung mit für Reitzwecke erforderlichem Rahmen und Kaliber an. In Babolna dagegen werden in größerer Zahl Vollblutaraber aus Ägypten benutzt. Damit ist naturgemäß häufig eine Verkleinerung des Rahmens verbunden, die besonders scharfe Gegenselektion erfordert.

Topolcianky

Babolna

Seit Mitte der 60er Jahre sind Shagya-Araber (im allgem. mit A bezeichnet) in größerer Zahl in die Bundesrepublik Deutschland eingeführt und hier als Rasse weitergezüchtet worden.

Rassetypische Form- und Bewegungseigenschaften:
Vorwiegende Größenklasse 155 bis 160 cm Widerristhöhe (Stockmaß),
ausdrucksvoller Kopf mit großen Augen und geradem Nasenprofil,
mittellanger Hals mit natürlicher Genickwölbung, ausgeprägter Widerrist mit schräger, langer Schulter, harmonische Rumpfeinteilung, mittellange, schräge Kruppe,
mittelstarkes Fundament.

Rassetypischer Verwendungszweck:
Umgängliches, vielseitiges Sportpferd für nicht zu große Reiter, Freizeitpferd, auch für Distanz- und Wanderritte.

Hauptvererber ab 1950 (nach kombinierter Form- und Leistungsbewertung):
Gazal VII, Schimmel, v. Gazal II – Shagya XXV, geb. 1944 Babolna

1.1.7.3 Anglo-Araber

Anglo-Araber stellen eine Mischung von arabischem und englischem Vollblut dar, wobei teilweise auch Halbblut-Erbgut mit eingeflossen ist. Sie werden in Frankreich als Spezialrasse seit mehr als 100 Jahren gezüchtet und spielen in der französischen Sportpferdezucht eine Rolle, die der der Trakehner in der Bundesrepublik vergleichbar ist. Allerdings werden Anglo-Araber in Frankreich darüber

Mischung

Spezialrasse in Frankreich

Matcho, Rapp-Hengst, geb. 1978, v. Pancho II – Karikal IV – Chamberet, Züchter R. Martinez, Grenadesur-Adour (Frankr.), Besitzer Landgestüt Celle.

Französischer Anglo-Araber im Modell des edlen, vielseitigen Leistungspferdes; kluges Gesicht, langer Hals mit idealer Genickwölbung, harmonische Rumpfeinteilung mit mächtiger Schulter und langer Kruppe, nach erfolgreicher Rennlaufbahn in der Rippenwölbung noch nicht voll entwickelt (3½jährig), leichtes, trokkenes Fundament. Er vertritt abstammungsgemäß eine eigene Rasse mit seit vielen Generationen konsolidierter Mischung von englischem Vollblut, Orientalen vorwiegend arabischer Herkunft und (infolge vorübergehender Stutbuch-Öffnung für Halbblut-Angloaraber) südfranzösischen Landpferden mit Orientalen-Einschlag aus der Zeit der Maurenbesetzung, die im Reit- und Rennsport Frankreichs zu hohem Ansehen gelangt ist, unter anderem durch den Leistungsvererber Nithard (V. des Pancho II).

Rennpferde

hinaus auch als Rennpferde, speziell in Hürden- und Jagdrennen, eingesetzt. Dieser französischen Rasse entstammen z. B. der in Trakehnen mit großem Erfolg eingesetzte „Nana Sahib" (geb. 1900) sowie der z. Zt. in Oldenburg wirkende „Inschallah" (geb. 1968). Daneben gibt es auch in Polen eine Anglo-Araber-Zucht gewissen Umfangs, aus der z. B. der berühmte „Ramzes" (geb. 1937) kommt.
In der Bundesrepublik existiert diese Mischzucht bisher nur in begrenzter Zahl ohne klar definierte Zielsetzung und züchterische Konsolidierung, kann hier also nur als „Zuchtrichtung" bezeichnet werden. Diese muß jedoch im Rahmen der für die Sportpferdezucht in Frage kommenden Rassen wegen ihres Einflusses auf andere Zuchten gesondert erwähnt werden.

Ganz allgemein kann als Ziel dieser Zuchtrichtung die züchterische Verbindung positiver Erbanlagen des Arabers und des englischen Vollbluts zur Erzeugung vielseitiger Sportpferde angesehen werden. Wieweit diese möglich ist, zeigt das Beispiel der auf sportlichem Gebiet sehr erfolgreichen französischen Anglo-Araber-Zucht. — Zuchtrichtung – Ziel

Wegen der fehlenden Ausgeglichenheit der beim deutschen Araber-Zuchtverband als Abteilung „Anglo-Araber" (abgekürzt AA oder – soweit ohne Halbblut-Beimischung – x) registrierten Pferde wird hier auf eine weitergehende Beschreibung verzichtet.

1.1.8 Englisches Vollblut

Ursprungs-Zuchtgebiet: England

Zuchtentwicklung: Bereits zur Zeit der römischen Besetzung Englands gelangten Pferde aus dem Mittelmeerraum nach England. Später – etwa ab 1100 – führte man spanische, vereinzelt auch arabische Pferde nach England ein. Diese Orientalen wurden mit den vorhandenen Landpferden gekreuzt, welche teilweise im Typ des schweren nordwesteuropäischen Marschpferdes, teilweise aber auch – vor allem in den bergigen Gebieten – im Typ des dem heutigen Exmoor-Pony ähnlichen Keltenponys standen. Die große Wettleidenschaft der Engländer ließ ab etwa 1200 Pferderennen zu einem beliebten Zuschauer-Sport werden. Für diesen Verwendungszweck wurden sehr bald geeignete Pferde gesondert gehalten und als Spezial-Zuchtrichtung weiterentwickelt. Ab etwa 1600 folgten weitere Importe von orientalischen Pferden, welche in der bereits vorhandenen Rennpferde-Zucht eingesetzt wurden. Im ersten Band des englischen Gestütbuches für Vollblutpferde, erschienen 1793, werden über 100 orientalische Zuchthengste namentlich erwähnt. Diese Hengste stammten aus Arabien, Persien, Syrien, der Türkei und Nordafrika. Es handelt sich also nicht nur um echte Araber im heutigen Sinne. Neben diesen Hengsten führte man auch orientalische Stuten ein, die teilweise als „royal mares" bezeichnet bzw. registriert wurden. Die seit etwa 1200 bestehende Zucht der englischen Rennpferde ist also nach 1600 ziemlich stark von erneuten Importen aus dem Orient beeinflußt worden. Unter den 50 Stamm-Stuten, auf die sämtliche englischen Vollblüter zurückzuführen sind, können 16 mit gewisser Sicherheit als Orientalen identifiziert werden. Die restlichen Stuten entstammen wahrscheinlich zum großen Teil der einheimischen Zucht.

Orientalen

Marschpferd

Keltenpony

Pferderennen

Gestütbuch

Orientalen-Hengste

„royal mares"

Durch intensiven Einsatz orientalischer Hengste, verbunden mit teilweise starker Inzucht, wurde der Einfluß der altenglischen Stutenbasis seit Beginn der stutbuchmäßig erfaßten Zucht stark zurückgedrängt. Gleichzeitig erfolgte eine strenge Selektion nach Rennleistung. Seit 1709 liegen Aufzeichnungen über Renn-Ergebnisse vor.

Inzucht

Selektion

1793 wurde mit Erscheinen des 1. Bandes das Stutbuch für englisches Vollblut geschlossen. Allerdings blieb es noch lange Zeit für die Aufnahme von reinrassigen Arabern weiterhin offen. So findet sich bei zahlreichen arabischen Vollblütern englischer Zucht die Bezeichnung G. S. B. = General Stud Book (Vollblut-Stutbuch) zusätzlich zu den Buchstaben A. H. S. B. (Arabisches Stutbuch) hinter dem Namen. Die Rennleistung von Produkten einer erneuten Araber-Einkreuzung ist jedoch im allgemeinen deutlich schwächer als bei reingezogenen Nachkommen von englischen Vollblütern. Deshalb ist in den letzten 100 Jahren kein wesentlicher Araber-Einfluß in der Zucht des englischen Vollblutpferdes mehr festzustellen. Praktisch handelt es sich also um Reinzucht innerhalb einer geschlossenen Population ohne Fremdblut-Zufuhr.

Die damit unumgänglich verbundene Verwandtschaftszucht hat wie bei der Erzüchtung des Arabers konsolidierend gewirkt und die

Durchschlagskraft

Durchschlagskraft bei der Zuchtverwendung von Vollblütern in anderen Rassen sehr gestärkt. Dagegen wurden die an sich zu erwartenden Inzuchtschäden durch die konsequente Zuchtwahl nach Rennleistung vermieden. Diese führte selbstverständlich zur Ausschaltung aller leistungsschwachen Produkte. Auch hier zeigt sich also eine Parallele zur Entstehung des arabischen Vollbluts, bei dem die Zuchtwahl nach Ausdauer, Schnelligkeit und Anspruchslosigkeit in Kriegs- und Raubzügen inzuchtgeschwächte Tiere ausmerzte.

Der trotz gewisser Entwicklungsparallelen sehr deutliche Unterschied in der rassetypischen Körperform und Bewegungsmechanik zwischen dem Araber und dem englischen Vollblut erklärt sich aus

Zuchtziel-Teile

der unterschiedlichen Betonung der Zuchtziel-Teile Schnelligkeit, Ausdauer und Anspruchslosigkeit. So steht z. B. die Schnelligkeit, geprüft über im allgemeinen verhältnismäßig kurze Strecken, bei der Zucht des englischen Vollbluts seit Anbeginn im Vordergrund, während andererseits die beim Wüsten-Araber stets notwendige Anspruchslosigkeit angesichts der günstigen Futterverhältnisse bei englischen Vollblutzüchtern kaum berücksichtigt worden ist.

Allerdings muß darauf hingewiesen werden, daß Umgänglichkeit und Gehorsam in der englischen Vollblutzucht nicht so stark vernachlässigt worden sind, wie dies manchmal – besonders im Vergleich mit der Araberzucht – behauptet wird. Auch ein englisches Vollblutpferd bleibt normalerweise in einer längeren Rennlaufbahn trotz guter Schnelligkeitsanlage erfolglos, wenn es sich stets ungehorsam und nervös zeigt. Insofern findet also keine Gegenselektion in dieser Richtung statt. Natürlich muß man andererseits damit rechnen, daß englische Vollblüter als Rennpferde deutlichen Kampf- und Siegeswillen zeigen und im allgemeinen nur ungern am Ende eines Jagdfeldes in Ruhe einhergaloppieren.

Arato, Fuchs-Hengst, geb. 1956, v. Madjar – Alchimist – Oleander, Züchter Gestüt Schlenderhan, Besitzer Landgestüt Zweibrücken.

Englischer Vollblüter, Vertreter der für die Entwicklung der Sportpferdezucht bedeutendsten Edelrasse; harter, männlicher Gesichtsausdruck, mittelhoch aufgesetzter, mittellanger, gut gewölbter Hals, Quadratformat mit etwas kurzer Schulter, „sanfte" Rückenlinie, mittellange Kruppe in passender Schräglage, verhältnismäßig starkes, trockenes Fundament mit kräftigen Gelenken. Er entstammt einem durch Lieferung zahlreicher Spitzen-Rennpferde bekanntgewordenen Stutenstamm, brachte es bei 28 Starts auf 8 Siege und 14 Plätze und wurde einer der führenden Leistungsvererber in der rheinland-pfälzischen Sportpferde-Zucht.

In der ersten Hälfte des 19. Jahrhunderts begann die Ausbreitung der Zucht des englischen Vollbluts in anderen Ländern, darunter auch in Deutschland. Heute werden in allen wichtigen Pferdezuchtländern der Welt Stutbücher dieser Rasse geführt.

Verwendung – Sportpferd

Die Verwendung des englischen Vollbluts als Sportpferd im Sinne von Turnierpferd ist in Deutschland – im Gegensatz z. B. zu England und den U.S.A – nur in Einzelfällen festzustellen. Seine Bedeutung für die deutsche Sportpferdezucht liegt fast ausschließlich in der züchterischen Ausnutzung der in dieser Rasse verankerten Leistungseigenschaften bei der Schaffung und Verbesserung der sonstigen deutschen Rassen.

Rassetypische Form- und Bewegungseigenschaften:
Vorwiegende Größenklasse 160 bis 165 cm Widerristhöhe (Stockmaß);

häufig etwas langer, schmaler Kopf mit großem Auge, langer, oft ziemlich tief angesetzter Hals, lange, schräge Schulter, mittellanger Rücken, lange, schräge Kruppe mit tiefer und breiter Bemuskelung der Hinterhand;
leichtes trockenes Fundament mit manchmal etwas schwach ausgeprägten Sprunggelenken;
lässige, flache Bewegung mit viel Raumgriff.

Rassetypischer Verwendungszweck:
Vor allem Rennpferd, daneben nach entsprechender Ausbildung bei passendem Gebäude auch sensibles Dressurpferd oder – bei genügender Stärke des Fundaments – ausdauerndes Gelände- und Springpferd der Spitzenklasse für erstklassige Reiter.

Haupt-Vererber in der deutschen Sportpferdezucht ab 1950 (nach kombinierter Form- und Leistungsbewertung):

Geburtsjahrgänge 1938 und älter:
Magnat, Schwarzbraun, v. Astérus – Wallenstein
Abendfrieden, Braun, v. Ferro – Herold
Orator, Braun, v. Athanasius – Augias
1939 bis 43:
Ticino, Schwarzbraun, v. Athanasius – Aditi
Goody, Schwarzbraun, v. Admiral Drake – Teddy
Masetto, Braun, v. Olymp – Indus
1944 bis 48:
Neckar, Rappe, v. Ticino – Arjaman
Alizier, Braun, v. Téléférique – Coronach
Nebelwerfer, Schwarzbraun, v. Magnat – Arjaman
Bürgermeister, Dunkelbraun, v. Herold – Cappiello
1949 bis 53:
Pluchino, Dunkelbraun, v. Niccolo dell'Arca – Holywell
Chief, Braun, v. Nearco – Vatellor
1954 bis 58:
Orsini, Schwarzbraun, v. Ticino – Nuvolari
Kaiseradler, Dunkelbraun, v. Nebelwerfer – Bubbles

Herausragende Leistungsvererber 1971–82 (nach korrig. Gewinnsummen-Durchschnitt 6-, 7- und 8jähriger Nachkommen im Turniersport)
siehe Angaben bei den verschiedenen Sportpferderassen bzw. -zuchtgebieten

Der Vierspänner
von Michael Quinkler
in der Geländestrecke
einer Vielseitigkeitsprüfung –
moderner Fahrsport
mit höchsten Anforderungen
an Leistungsbereitschaft,
Durchlässigkeit, Ausdauer
und Nervenstärke der Pferde.

1.1.9 Ausländische Sportpferderassen in der Bundesrepublik Deutschland

Neben den vorstehend beschriebenen werden seit einigen Jahren verschiedene weitere, aus dem Ausland stammende Rassen – nach anfänglichen Importen für Sportzwecke – zur Zucht verwendet. Da es sich dabei jeweils um zahlenmäßig unbedeutende Bestände mit weniger als 100 Zuchttieren handelt, wird hier auf eine nähere Beschreibung dieser Rassen verzichtet. Zu nennen sind in diesem Zusammenhang vor allem Quarter Horses, Appaloosas und Paints (Schecken) aus den USA, Friesen aus den Niederlanden, Lipizzaner aus Österreich und Jugoslawien, Sarvarer aus Ungarn (seit Kriegsende im Gestüt Leutstetten/Bayern weitergezüchtet), Andalusier aus Spanien sowie Achal-Tekkiner aus der Sowjet-Union. Alle diese Rassen weisen eine sehr interessante Zuchtgeschichte auf. Ihre speziellen Vorzüge haben ihnen einen engagierten Liebhaberkreis verschafft. Für die allgemeine deutsche Sportpferdezucht sind sie jedoch vorläufig noch ohne Bedeutung.

Quarter Horses
Appaloosas, Paints
Friesen, Lipizzaner
Sarvarer
Andalusier
Achal-Tekkiner

Tyronhill Starlight, Rapp-Hengst, geb. 1965, v. Topper of Berry, Züchter P. T. Foubister, Fraserburgh b. Aberdeen (Schottland), Besitzer W. G. Shillibeer, Yelverton/Devon (England).

Shetland-Hengst im Rasse-Typ des Ursprungszuchtgebietes, ausdrucksvoller, kleiner Kopf, harmonisches Verhältnis von Rumpftiefe zu Fundamentstärke und Beinlänge.

1.2 Pony-Zuchten

1.2.1 Shetland-Pony

Ursprungs-Zuchtgebiet: Shetland-Inseln (nordöstlich von Schottland).

Ursprung

Zuchtentwicklung: Der Ursprung der Shetlandpony-Zucht verliert sich im Dunkel der Vorzeit. Seit Menschengedenken hat es diese Zwergexemplare der Gattung Pferd auf den Shetland-Inseln gegeben. Einige Forscher schreiben ihre Entstehung der Verkleinerung ursprünglich größerer Ponys durch natürliche Selektion bei äußerst ungünstigen Umweltverhältnissen zu. Demgegenüber halten andere die Entstehung dieser Rasse bereits auf dem europäischen Festland für wahrscheinlich, da Höhlenzeichnungen in Südfrankreich neben großen Pferdetypen auch Zwergpferde im Typ des heutigen Shetlandponys zeigen.

Die absolute Freilandhaltung im Nordatlantik-Klima auf kargem Inselboden hat diese Ponyrasse äußerst wetterhart und anspruchslos werden lassen. Dabei dienten diese Ponys auf den Shetland-Inseln

Tragtiere und später auch in Schottland teilweise als Tragtiere für Menschen und Agrarprodukte im unwegsamen Berggelände. Etwa Mitte des 19.
Zugtiere Jahrhunderts wurden Shetland-Ponys in größerer Zahl als Zugtiere in englischen Bergwerken eingesetzt, wo sie sich bestens bewährten. Den dadurch drohenden Ausverkauf im Ursprungsgebiet stoppte Lord Londonderry durch Zusammenfassung guter Zuchttiere in einem Gestüt. Auf dieses 1870 gegründete Gestüt lassen sich fast alle heutigen Zuchttiere zurückführen.

Nach vereinzelten Einkreuzungen fremdrassiger Hengste bis zum vorigen Jahrhundert ist die Rasse seit Gründung des englischen Stut-
Reinzucht buchs 1890 im wesentlichen in Reinzucht weiterentwickelt worden.
Unterschiede in den Nachzuchtgebieten Allerdings kam es zu gewissen nutzungsbedingten Unterschieden der Körperform in den verschiedenen Nachzuchtgebieten. So bevorzugte z. B. die holländische Shetland-Zucht lange Zeit den mehr kaltblütigen, derben und kurzbeinigen Typ. Dagegen entwickelte sich in den USA für die Verwendung als Trabrenn-Pony im Sulky ein besonders edler, langbeiniger Typ mit entsprechend größerem Raumgriff in der Bewegung.

Die deutsche Shetlandpony-Zucht wurde ursprünglich aus Zirkus- bzw. Tierpark-Importen aufgebaut. Seit Ende des letzten Krieges ist sie stutbuchmäßig erfaßt. Lange Zeit war die Zucht auf den briti-
Original-Typ schen Original-Typ ausgerichtet und wurde – vor allem in den westlichen Grenzgebieten – mehr oder weniger stark durch Importe aus den Niederlanden beeinflußt. Vor ca. 10 Jahren aus den USA impor-
Amerikaner-Typ tierte Zuchttiere im „Amerikaner-Typ“ gewinnen in jüngster Zeit zunehmend an Bedeutung und tragen in verschiedenen Zuchtgebieten zu einer gewissen Umformung des Rassetyps bei. Daneben sind
Miniponys einige Züchter um die Erzeugung besonders kleiner „Miniponys“ auf Shetland-Basis bemüht.

Rassetypische Form- und Bewegungseigenschaften:
Vorwiegende Größenklasse 95 bis 105 cm Widerristhöhe (Stockmaß) – 107 cm WH gelten in verschiedenen Zuchtgebieten als Obergrenze für Hengste und Hauptstammbuch-Stuten;
kleiner, breiter Kopf mit großen Augen und kleinen Ohren, verhältnismäßig kurzer, keilförmiger Hals;
tiefer, langer, gut bemuskelter Rumpf mit abgerundeter Oberlinie;
mittelstarkes Fundament mit ausgeprägter Kurzbeinigkeit;
fleißige, genügend raumgreifende Bewegung;

Hengstkörung – Auslese und Beratung, aber auch Teil der Vererbungs-Bewertung von Hengstvätern. ▷

Jutta, Schimmel-Stute, geb. 1. 3. 1974, v. Iltis – Goldfax – Whisky, Züchter und Besitzer R. Mengers, Abbehausen (Weser-Ems).

Shetland-Stute der soliden, mittelgroßen Sorte, hübscher Kopf mit klugem Auge, etwas tief und breit aufgesetzter, genügend langer Hals, harmonische Rumpfeinteilung, mittelstarkes Fundament.

viele besondere Farben bzw. Farbkombinationen wie Platten- oder Tigerschecken, Graufalben, Palominos, Füchse mit hellem Langhaar.

Rassetypischer Verwendungszweck:
Erstpony für Kinder im Vorschul-Alter, Freizeitbeschäftigung für Ponyfreunde jeden Alters, ausdauerndes, leistungsstarkes Fahrpony.

1.2.2 Dartmoor-Pony

Ursprungs-Zuchtgebiet: Das „Dartmoor", ein Moorgebiet in Devon/ Südwest-England.

Zuchtentwicklung: Durch natürliche Selektion sehr stark an eine karge Umwelt angepaßt lebte das Dartmoor-Pony seit alten Zeiten in seinem Ursprungsgebiet. Ab etwa 1900 wurde es züchterisch erfaßt und durch Teilnahme an Schauen in England mehr und mehr bekannt. Neben vorwiegender Reinzucht wurden vereinzelt auch edle Großpferdehengste (vor allem Araber und englisches Vollblut) sowie Welshponys eingekreuzt. Auf diese Einkreuzungen sind die ab und zu auftretenden Schimmel zurückzuführen. Im ganzen blieb aber der ursprüngliche Rassetyp, eine besonders ausgeprägte Form

Reinzucht

Einkreuzungen

Kilbees Mr. Jingle, Rapp-Hengst, geb. 1970, v. Jentyl – Janus, Züchter Marchioness of Willingdon, Windsor Forest, Besitzer R. M. Taylor, Christian Malford b. Chippenham (England).

Rassetypischer **Dartmoor**-Hengst mit viel Hengstausdruck, hoch aufgesetzter, starker Hals, der die Sattellage etwas kurz erscheinen läßt, elastischer Rücken, runde Kruppe, solides Fundament.

des allgemeinen „Ponytyps“, weitgehend erhalten. Besonderen Ruhm erlangte das Dartmoor-Pony in England als Grundlage von Kreuzungen mit Vollblut-Hengsten zur Erzeugung größerer, dabei robuster und nervenstarker Kinder-Reitponys.
In Deutschland finden sich Dartmoor-Zuchtinseln vor allem in Schleswig-Holstein und Baden-Württemberg.

Rassetypische Form- und Bewegungseigenschaften:
Vorwiegende Größenklasse 120 bis 125 cm Widerristhöhe (Stockmaß) – 127 cm WH gelten in England als Obergrenze für die Zuchtbuch-Eintragung;
kurzer, breiter Kopf mit großen Augen und kleinen Ohren;
hoch aufgesetzter, natürlich gewölbter, langer Hals, schräge Schuler, elastischer Rücken, abgerundete, stark bemuskelte Kruppe;
mittelstarkes Fundament;
verhältnismäßig flache, elastische Bewegung;
vorwiegend braune oder schwarze Farbe mit wenig Abzeichen.

Rassetypischer Verwendungszweck:
Besonders umgängliches, nervenstarkes Reitpony für Kinder von 6 bis 10 Jahren.

1.2.3 Welsh-Pony

Ursprungs-Zuchtgebiet: Wales (Großbritannien).

Zuchtentwicklung: Wie viele andere Pony-Rassen ist auch das Welsh-Pony in seiner ursprünglichen Form im wesentlichen durch natürliche Auslese auf hügeligem bis bergigem Weidegebiet mit spärlicher Futtergrundlage und rauhem Klima entstanden und seit uralten Zeiten in Wales heimisch.

Welsh-Mountain Sektion A

Einfluß orientalischer Pferde

Welsh-Cobs Großpferde-Einschlag

Aus der gemeinsamen Wurzel des alten „Welsh-Mountain"-Pony, das heute als Sektion A im englischen Stutbuch und auch in verschiedenen Nachzuchtgebieten registriert wird, haben sich unter wiederholter gegenseitiger Beeinflussung verschiedene Zuchtrichtungen entwickelt. Während im Welsh-Mountain-Pony der zum Teil sehr weit zurückliegende Einfluß orientalischer Pferde zu erkennen ist, zeigen die aus der gleichen Familie hervorgegangenen Welsh-Cobs eindeutig Großpferde-Einschlag anderer Art. Dabei haben Hackneys, Norfolk-Trotter und wohl auch das dem niederländischen „Friesen" ähnliche nordwesteuropäische Marschpferd eine Rolle gespielt.

Unterschiedliche Zuchtrichtungen

Die ursprünglich wenig geordnete Erzeugung von Gebrauchspferden bzw. -ponys, die je nach Eignung und Größe sowohl zum Reiten als auch zum Fahren, als Armeepferd, landwirtschaftliches Zugtier, als Grubenpferd oder Tragtier verwendet wurden, entwickelte sich in Wales erst vor etwa 100 Jahren zu einer auf bestimmte Ziele ausgerichteten Zucht in getrennten Herden. Diese unterschiedlichen Zuchtrichtungen wurden mit Gründung des Stutbuchs der Welsh-Pony-and-Cob-Society 1901 in verschiedenen Sektionen festgelegt:

Sektion A = Welsh-Mountain-Pony
Sektion B = Welsh-Pony (oder Welsh-Riding-Pony)
Sektion C = Welsh-Pony im Cob-Typ
Sektion D = Welsh-Cob

Da der Welsh-Cob in seiner rassetypischen Form heute als Zwischenglied zwischen Pony und Großpferd steht, wird er in einem gesonderten Abschnitt der Rassenbeschreibung weiter behandelt.

Gegenseitige Beeinflussung

Zu Beginn der Stutbuchführung war eine gegenseitige Beeinflussung der verschiedenen Sektionen noch deutlich sichtbar. So führt z.B. der berühmte Stempelhengst der Sektion A „Coed Coch Glyndwr" Cob-Vorfahren in seiner Ahnentafel. Auch bei dem Spitzenvererber der Sektion B „Criban Victor" ist das der Fall. Andererseits finden sich bei manchen Spitzenponys der Sektion A auch Araber- oder Berber-Vorfahren in der Abstammung. Inzwischen ist für die Sektion A, das „Mountain Pony", die erneute Zufuhr von Erbgut aus anderen Sektionen ausgeschlossen, um diesen Inbegriff des Rassetyps rein zu erhalten.

Kidwell Pipson, Schimmel-Hengst, geb. 1965, v. Clan Pip – Revel Springlight – Brierwood Tom Thumb, Züchter W. Evans, Llantarnam (Wales), Besitzer S. Thompson, Winston b. Darlington (England).

Welsh-Mountain-Hengst (**Sektion A**), ideale Verbindung von rassetypischer Schönheit und Hengstausdruck mit solider Bemuskelung und Fundamentstärke, langer, natürlich gewölbter, hoch aufgesetzter Hals, schräge Schulter, elastischer Rücken, rassetypisch hoher Schweifansatz bei genügend langer, schräger Kruppe, kräftiges Fundament.

Sektion B

Die etwas größere Sektion B ist betont auf Reiteignung ausgerichtet. Sie zeigt naturgemäß stärkeren Einfluß von Großpferdehengsten, vorwiegend Vollblüter und Orientalen, die seit mehr als 200 Jahren immer wieder in Wales zur Zucht benutzt worden sind. Nach dem ersten Weltkrieg erlangte der ursprünglich als Jagdpferd benutzte, später in Wales zur Zucht eingesetzte Berberhengst „Sahara" erhebliche Bedeutung, vor allem über seinen Enkel und gleichzeitigen Urenkel „Coed Coch Berwynfa" (Produkt einer Vater-Tochter-Paarung). Neben dem Einfluß von Hengsten der genannten Rassen muß auch die in der Nachkriegszeit häufiger vorgenommene Einkreuzung von kleineren Vollblutstuten und Polo-Ponys erwähnt werden, die zur Schaffung einer besonders edlen Richtung in der Sektion B-Zucht geführt hat. Als Hauptvertreter dieser Zuchtrichtung ist das „Downland"-Gestüt zu nennen.

Sektion C

Die zahlenmäßig verhältnismäßig kleine Zucht in der Sektion C ist auf die zielbewußte Mischung von Welsh-Cobs mit Ponys der Sektionen A und B und deren konsolidierte Weiterentwicklung ausgerichtet. Sie hat die Erzeugung stabiler Gebrauchsponys im Maß der B-Sektion zum Ziel.

Coed Coch Siaradus, Schimmel-Stute, geb. 1942, v. Coed Coch Glyndwr – Bowdler Brightlight – Grove Sharp Shooter, Züchter und Besitzer Coed Coch-Gestüt, Abergele (Wales).

Welsh-Mountain-Stute (**Sektion A**) im „klassischen" Rassetyp, weiblicher Gesichts-Ausdruck, leicht gewölbter, genügend langer Hals, ausgeprägte Sattellage, elastischer Rücken, etwas steil abfallende Kruppe, mittelstarkes Fundament mit kräftigen Gelenken.

In der Bundesrepublik fand die Welsh-Ponyzucht seit Mitte der 60er Jahre rasch zunehmende Verbreitung. Sie ist heute in allen Bundesländern mit größeren Beständen vertreten. Dabei dient sie in vielen Fällen – wie auch in England – als Basis für die Erzeugung größerer Reitponys (der sog. „Partbreds") durch Einkreuzung von Vollblut, Arabern, Anglo-Arabern oder Trakehnern.

Partbreds

Rassetypische Form- und Bewegungseigenschaften:

Sektion A

Vorwiegende Größenklasse 117 bis 122 cm Widerristhöhe (Stockmaß) – 122 cm WH gelten in Großbritannien als Obergrenze für die Schau-Teilnahme, in einigen Nachzuchtgebieten als Obergrenze für die Zuchtbuch-Eintragung; andere Nachzuchtgebiete (z. B. USA und Südafrika) setzen 127 cm WH als Obergrenze der Sektion A an;
kleiner, keilförmiger Kopf mit breiter Stirn, großen Augen und besonders kleinen, nicht zu breit angesetzten Ohren;
hoch aufgesetzter, langer Hals mit natürlicher Wölbung, schräge

Weston Glimpse, Schimmel-Stute, geb. 1969, v. Chirk Crogan – Kirby Cane Shuttlecock – Revel Popcorn, Züchter J. A. Edwards, Llangollen (Wales), Besitzer P. Johns-Powell, Bonvilston (Wales).

Welsh-Stute (**Sektion B**) im gegenüber der Sektion A deutlich verfeinerten Rassetyp; auffallend kleiner, hübscher Kopf, langer, passend aufgesetzter Hals, wenig ausgeprägte Sattellage, verhältnismäßig kurze Kruppe, mittelstarkes Fundament mit genügend großen Gelenken.

Schulter, gerundete Oberlinie von den Ohren bis zum verhältnismäßig hoch angesetzten Schweif, runde, stark bemuskelte Kruppe;
mittelstarkes Fundament mit leichtem, seidigem Fesselbehang;
energische, dabei elastische, raumgreifende Bewegung mit etwas Knieaktion;
alle Farben außer Platten-Schecken (früher viele dunkle Farben, seit einigen Jahrzehnten starker Schimmel-Anteil).

Sektion B

Vorwiegende Größenklasse 128 bis 135 cm Widerristhöhe (Stockmaß) – 137 cm WH gelten in Großbritannien und in vielen Nachzuchtgebieten als Obergrenze für die Schau-Teilnahme;
Kopf häufig im Verhältnis zum Körper etwas schmaler und länger als bei der Sektion A, oft auch etwas längere Ohren;
Oberlinie deutlich gestreckter, d. h. weniger abgerundet in Hals, Widerrist, Rücken und Kruppe, Schweif häufig etwas tiefer angesetzt;
Fundament mittelstark bis leicht mit wenig Behang;
elastische, raumgreifende, vorwiegend flache Bewegung.

Keston Royal Occasion, Fuchs, geb. 1972, v. Downland Mandarin – Solway Master Bronze – Coed Coch Blaen Lleuad, Züchter J. Meyer, Leatherhead (England), Besitzer M. E. Mansfield, Ashby-de-la-Zouch (England).

Welsh-Hengst (**Sektion B**) des eleganten, in Richtung Schaupony verfeinerten Typs; kleiner Kopf, langer, natürlich gewölbter Hals, genügende Schulterlänge, elastischer Rücken, schräge Kruppe, leichtes Fundament.

Sektion C

Vorwiegende Größenklasse 132 bis 137 cm Widerristhöhe (Stockmaß) – 137 cm WH gelten allgemein als Obergrenze, darüber hinaus beginnen die „Cobs";
Kopf durch Cob-Einschlag etwas kräftiger als bei Sektion B;
Oberlinie ähnlich der Sektion A verhältnismäßig rund;
besonders stark ausgeprägte Bemuskelung;
mittelstarkes Fundament mit stärkerem, aber seidigem Fessel-Behang;
energische, raumgreifende Bewegung mit etwas Knieaktion.

Rassetypischer Verwendungszweck:

Sektion A

besonders attraktives, williges und umgängliches Reitpony für Kinder von 6 bis 10 Jahren, ausdauerndes, elegantes Fahrpony, Schaupony für Liebhaber.

Menai Welsh Patriot, brauner Hengst, geb. 1973, v. Menai Fury – Teify Brightlight – Caradog Llwyd, Züchter P. Jones, Llandysul (Wales), Besitzer B. u. C. Tschoepke, Schönborn (Rheinland-Pfalz).

Vertreter der **Welsh-Sektion-C – Welsh-Pony im Cob-Typ –** (allerdings ein wenig über das obere Größenmaß hinausgewachsen); rassetypischer Kopf, viel Aufsatz, ausgeprägte Stattellage, etwas kurze Kruppe, solides Fundament, im Gesamteindruck leistungsbereites, starkes Reitpony.

Sektion B
Elegantes, vielseitiges Leistungspony für Kinder von 8 bis 12 Jahren, erstklassiges Fahrpony.

Sektion C
Solides Sportpony für größenmäßig passende Kinder und Erwachsene, besonders geeignet als Allzweck-Familienpony, auch zum Fahren.

1.2.4 New Forest-Pony

Ursprungs-Zuchtgebiet: Der „New Forest", ein Wald- und Weidegebiet in Hampshire/Südengland.

Zuchtentwicklung: Seit altersher lebten diese Ponys frei, d. h. ohne Aufstallung und Beifütterung, im Gemeinschafts-Weidegebiet des in königlichem Besitz befindlichen „New Forest". Bis zum Ende des 19. Jahrhunderts wurden sie züchterisch kaum bearbeitet. Die

Tomatin Golden Gorse, hellbrauner Hengst, geb. 1967, v. Durley Sovereign, Züchter R. M. Taylor, Christian Malford b. Chippenham (England), Besitzer H. H. Tjarks, Neuschoo (Weser-Ems).

Solider **New Forest**-Hengst im englischen Rasse-Typ, viel Hengstausdruck, starke Bemuskelung an Hals und Rumpf, stämmiges Fundament.

Natürliche Selektion

Zuchtentwicklung blieb weitgehend der natürlichen Selektion überlassen. Allerdings waren bereits früher, vor allem ab etwa 1850, Hengste verschiedener fremder Herkünfte, darunter Welsh-, Dartmoor-, Exmoor-, Highland- und andere Ponys, aber auch Orientalen und Vollblüter zum Decken der wild lebenden Stuten verwendet worden.

Zuchtschauen

Ab 1900 begann man mit der Durchführung von Zuchtschauen. Seit 1910 wird ein Stutbuch geführt. Mit der Registrierung und Zuchtbuchführung begann die planmäßige Reinzucht innerhalb des zunächst noch nicht als einheitliche Rasse anzusprechenden Stutenbestandes.

Rassetyp

Nach langjährigen Bemühungen kann heute von einem ziemlich klaren Rassetyp gesprochen werden, der auf englischen Schauen deutlich erkennbar nach vorne gestellt wird. Allerdings gibt es aufgrund der verhältnismäßig kurzen Zeitspanne züchterischer Konso-

Variation

lidierung auch heute noch eine relativ weite Variation in Größe und Körperform bzw. Kaliber. Dies wird besonders deutlich, wenn man englische Spitzentiere mit den bevorzugten Exemplaren der Nachzuchtgebiete Holland und Deutschland vergleicht. Hier werden im

Lawnhill Princess, braune Stute, geb. 1970, v. Newton Tim, Züchter H. F. Peckham, Besitzer M. Brain, Salisbury (England).

New Forest-Stute im Rassetyp des Ursprungsgebietes; weiblicher Ausdruck, nicht besonders kleiner Kopf, genügend langer, mittelhoch aufgesetzter, starker Hals, verhältnismäßig kurze Schulter, „sanfte" Rückenlinie, trotz kurzem Abstand Kruppenspitze – Schweifansatz gute Kruppenlänge, tiefe, volle Bemuskelung, besonders ausgeprägte Rippenwölbung und Flankentiefe, solides Fundament mit verhältnismäßig schwach ausgeprägten Gelenken.

Gegensatz zu England deutlich leichtere und elegantere Ponys der oberen Größenklasse bevorzugt.
Als Schwerpunkte der New-Forest-Zucht in der Bundesrepublik sind Schleswig-Holstein und Bayern zu nennen.

Rassetypische Form- und Bewegungseigenschaften:
Vorwiegende Größenklasse (in Deutschland) 135 bis 140 cm Widerristhöhe (Stockmaß) – in England häufig auch kleiner;
Kopf teilweise etwas derb oder pferdeartig, ziemlich starker, mittellanger Hals, oft etwas kurze Schulter mit mäßig ausgeprägtem Widerrist, schräge bis abfallende Kruppe; mittelstarkes Fundament, teilweise auch leicht;
Elastische Bewegung mit genügendem Raumgriff;
vorwiegend dunkle Farben.

Rassetypischer Verwendungszweck:
Vielseitiges Leistungspony für Kinder von 10 bis 14 Jahren, besonders nervenstark und umgänglich, auch als Fahrpony sowie als Freizeitpony für leichtere Erwachsene brauchbar.

Lewcombe Piccolo, Schimmel-Hengst, geb. 1969, v. Macnamara, Züchter und Besitzer A. Mc Craith, Evershot/Dorset (England).

Solider **Connemara**-Hengst mit klarer Ausprägung des Reittyps; ausdrucksvoller Kopf, langer, natürlicher gewölbter, passend aufgesetzter Hals, ausgeprägte Sattellage, harmonische Rumpfeinteilung mit auffallend langer Kruppe in idealer Schräglage, mittelstarkes Fundament.

1.2.5 Connemara-Pony

Ursprungs-Zuchtgebiet: Die Landschaft „Connemara" an der Westküste Irlands nördlich der Galway-Bucht, ein karges, steiniges Hügelgebiet mit geringem Futterwuchs.

Keltenpony

Unterschiedliche Zuchteinflüsse

Zuchtversuche

Zuchtentwicklung: Der einheimische, dem Keltenpony verwandte Landschlag wurde seit dem Mittelalter durch verschiedene Fremdrassen, wie Orientalen, Andalusier, vereinzelt auch englische Vollblüter, aber auch schwere Arbeitspferde beeinflußt. Die gleichzeitige Selektion durch die sehr kargen Umwelt- und Haltungsverhältnisse führte trotz der unterschiedlichen Zuchteinflüsse zur Ausprägung eines vorherrschenden Rassetyps, der seit Gründung der irischen Connemara-Züchtervereinigung 1923 durch Schauen und Hengstprämiierungen als Leitbild herausgestellt wird. Neben der Reinzucht innerhalb der Rasse sind im Laufe der letzten Jahrzehnte begrenzte Zuchtversuche mit Arabern und englischen Vollblütern unternommen worden, um die Reiteignung des Connemara-Ponys zu verbessern bzw. einer zu engen Inzucht entgegenzuwirken. Ver-

Kirtling Brigadoon, Schimmel-Hengst, geb. 1973, v. Leam Bobby Finn, Züchter R. Millet, Newmarket (England), Besitzer T. Simpson, Highfield (Schottland).

Connemara-Hengst der mittelstarken Sorte, etwas derb im Kopf, leicht gewölbter, hoch aufgesetzter Hals, genügend lange Schulter, trotz kurzer Kruppen-Oberlinie gute Kruppenlänge, solides Fundament mit kräftigen Gelenken.

schiedentlich werden Connemara-Ponys in Anpaarung mit Vollblütern zur Erzeugung erstklassiger kleiner Leistungspferde für den Springsport herangezogen.

Rassetypische Form- und Bewegungseigenschaften:

Allgemein noch etwas unausgeglichen; vorwiegende Größenklasse 140 bis 148 cm Widerristhöhe (Stockmaß) – bei guter Aufzucht teilweise auch über 148 cm;
Kopf edel bis grob, bei besseren Exemplaren mittelgroß, mit großen, ruhigen Augen und kleinen Ohren;
Hals allgemein ziemlich lang, gewölbt und hoch aufgesetzt, mit leichtem Genick und guter Ganaschenfreiheit;
Schulter lang und schräg, ausgeprägter Widerrist mit guter Sattellage, Rücken mittellang, elastisch, Kruppe unterschiedlich, bei besseren Exemplaren schräg, aber nicht abgeschlagen, gut bemuskelt;

Draublakken, Falb-Hengst, geb. 13. 4. 1953, v. Draug – Blidar – Nordalv, Züchter F. Franzius, Rodenkirchen/Wesermarsch, Besitzer (z. Z. des Fotos) W. Wieting, Berne (Weser-Ems).

Mittelstarker **Fjord**-Hengst mit hübschem, kleinem Kopf, schräger Schulter, guter Bemuskelung und trockenem Fundament.

Fundament leicht bis schwer, erwünscht mittelstark, mit schwachem Behang und genügend großen, festen Hufen;
Bewegung elastisch, genügend raumgreifend, besonders angenehmer Galopp, teilweise etwas runde Aktion;
Farben – häufig Schimmel, daneben Braune, Rappen und Falben; Füchse selten, meist nicht reinrassig; bei Paarung von Schimmeln und Falben können „blauäugige Isabellen“ auftreten.

Rassetypischer Verwendungszweck:
Vielseitiges, im allgemeinen sehr umgängliches und robustes Leistungspony für Kinder ab etwa 12 Jahren und leichtere Erwachsene mit besonders guter Springanlage, auch als Fahrpony geeignet.

1.2.6 Fjordpferd

Ursprungs-Zuchtgebiet: Westküste Norwegens

Zuchtentwicklung: Als eine der ältesten Pferde- bzw. Ponyrassen Europas ist das Fjordpferd in seiner heutigen Form seit vielen Jahr-

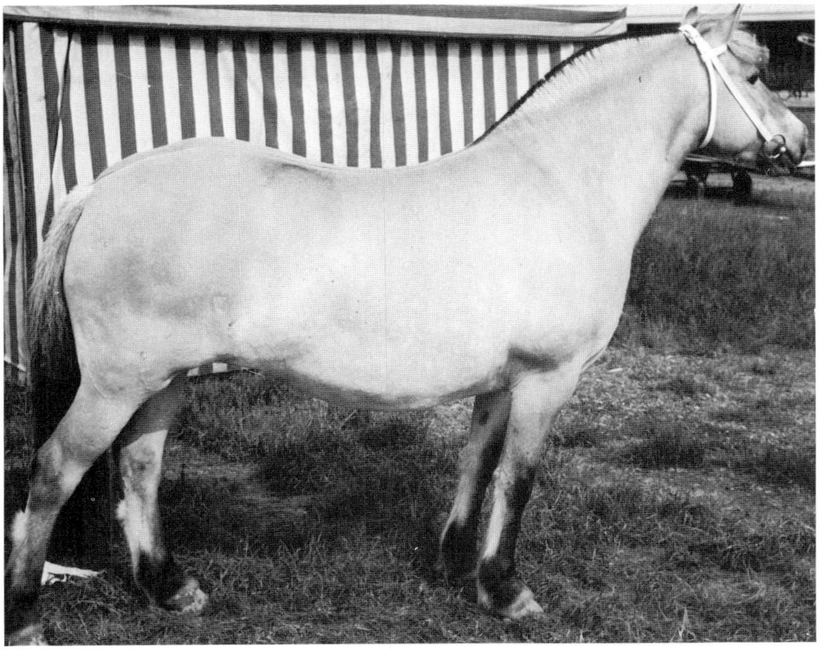

Jane, Falb-Stute, geb. 24. 4. 1958, v. Draublakken – Jarl Birkely – Morsø Jarnung, Züchter W. Asche, Sage, Besitzer W. von Aschwege, Kl. Scharrel (Weser-Ems).

Rassetypische **Fjord**-Stute; ausdrucksvoller Kopf, mittellanger Hals, sanft geschwungene Rückenlinie mit schwach ausgeprägter Sattellage, gute Rumpftiefe, starke Bemuskelung, mittelstarkes Fundament.

hunderten in Norwegen heimisch. Seine wildfarbene Zeichnung läßt enge Verwandtschaft zum Przewalskipferd vermuten. Allerdings war es bis etwa 1850 im allgemeinen ziemlich klein und damit für die Ansprüche der Landwirtschaft in der Zeit der Intensivierung der Bodenbearbeitung nicht mehr stark genug. Durch Einkreuzung der als leichtes Kaltblut anzusprechenden ostnorwegischen Dölepferd-Rasse versuchte man das Fjordpferd zu vergrößern und zu verstärken. Die Gefahr einer Auflösung der Rasse konnte nur durch heftigen Widerstand einiger Anhänger abgewendet werden. Diese erreichten mit staatlicher Unterstützung 1864 die Einrichtung eines Zuchtbuches und die Festigung des Rassetyps in etwas größerem Rahmen mit Hilfe von Prämiierungen und Schauen. Der starke Einfluß eines einzigen Stammhengstes, „Njal 166“, auf den sämtliche Hengstlinien der heutigen Fjordpferdezucht zurückgehen, hat zu einer starken Vereinheitlichung und genetischen Konsolidierung der rassetypischen Eigenschaften geführt.

Przewalskipferd

Dölepferd

Konsolidierung

Die deutsche Fjordpferdezucht ist ab etwa 1950 durch starke Importe aus Norwegen und dem Nachzuchtgebiet Dänemark aufgebaut worden. Zunächst wurde ein auf landwirtschaftliche Verwendung als Ergänzungs-Zugkraft (neben dem Traktor) ausgerichtetes

Ergänzungs-Zugkraft

Zuchtziel angestrebt. Mit dem Fortfall dieser Verwendungsrichtung infolge der Vollmotorisierung geriet die deutsche Fjordpferdezucht in eine Absatzkrise, aus der sie sich nach Umstellung des Zuchtziels auf die Verwendung als Familien-Freizeitpony heute allmählich etwas erholt. In verschiedenen Gebieten sind zur Erhaltung der Stutenbasis Gebrauchskreuzungen mit Arabern, Vollblütern und Anglo-Arabern durchgeführt worden, die teilweise sehr leistungsfähige Sportponys brachten. Daneben wurden in Hessen mit einem Connemara-Falbhengst und in Weser-Ems mit dem falbfarbigen Sohn eines Araberhengstes aus einer erstklassigen Fjordstute begrenzte Zuchtversuche durchgeführt, um die Umstellung des Zuchtziels zu beschleunigen. Die Ergebnisse dieser Versuche sind z. Zt. noch nicht abschließend zu beurteilen.

Familien-Freizeitpony

Gebrauchskreuzungen

Zuchtversuche

Zuchtschwerpunkte in der Bundesrepublik sind heute die Länder Hessen und Baden-Württemberg.

Rassetypische Form- und Bewegungseigenschaften:
Vorwiegende Größenklasse 138 bis 142 cm Widerristhöhe (Stockmaß);
Kopf kurz, breit in der Stirn, keilförmig, mit großen Augen und kleinen Ohren;
Hals verhältnismäßig kurz und stark mit wenig Genickwölbung, ziemlich kurze Schulter mit schwach ausgeprägtem Widerrist, langer, elastischer Rücken, schräge, gut bemuskelte Kruppe;
mittelstarkes Fundament mit wenig Behang;
Bewegung unterschiedlich, bei besseren Exemplaren flach, elastisch und genügend raumgreifend;
Farbe stets Falbe mit Aalstrich, in Anpassung an die Grundfarben als Fuchs- bzw. Rot-, Braun- oder Grau-Falbe auftretend, dabei häufig Karpal-(Quer-)Streifen; weiße Abzeichen unerwünscht;
im allgemeinen Mähne durch Beschneiden zur zweifarbigen Stehmähne frisiert.

Rassetypischer Verwendungszweck:
Sehr ruhiges, robustes und besonders anspruchsloses Familien-Freizeitpony mit Leistungswillen und Ausdauer, auch von Erwachsenen zu reiten, besonders für Wanderritte und zum Fahren geeignet.

1.2.7 Haflinger

Ursprungszuchtgebiet: Südtirol mit dem Bergdorf Hafling bei Meran

Zuchtentwicklung: Der im Ursprungsgebiet seit langem vorhandene Landschlag anspruchsloser Bergponys wurde im 19. Jahrhun-

Bergponys

Afghan, Fuchs-Hengst, geb. 24. 4. 1969, v. Artist – Adler – Stromer, Züchter G. Thaler, Oberau/ Tirol, Besitzer Haflinger Pferdezuchtverband Tirol (Österreich).

Haflinger Hengst im modernen Rassetyp, männlicher Gesichtsausdruck, hoch aufgesetzter, langer Hals mit natürlicher Wölbung, wenig ausgeprägte Sattellage, elastischer Rücken, runde Kruppe, mittelstarkes, trockenes Fundament.

dert, vereinzelt wohl auch schon früher, mit norischem Kaltblut, aber auch mit orientalischen Hengsten gekreuzt. Aus einer diesen Kreuzungen entstand der Hengst „249 Folie", ein Sohn des 1868 geborenen Araber-Hengstes „133 El Bedavi XXII". Er wurde der Stammvater der Rasse, auf den sämtliche heutigen Hengstlinien zurückgehen. Mit Gründung der ersten Zuchtgenossenschaft 1904 begann die systematische Zuchtbearbeitung, die in dem verhältnismäßig kleinen Zuchtgebiet sehr bald zu einem einheitlichen, an die Verwendung als Tragtier im Gebirge angepaßten Rassetyp führte.

Norisches Kaltblut
Orientalische Hengste

Zuchtgenossenschaften

Tragtier

Nach dem ersten Weltkrieg dehnte sich die Zucht nach Österreich, insbesondere nach Nordtirol aus, wo heute der stärkste Haflinger-Zuchtverband arbeitet. Durch einschneidende Maßnahmen wie das Verbot der privaten Hengsthaltung, die Verhinderung einer Aufzucht von Wallachen zu Reitzwecken und die Auslese von Junghengsten aus der Gemeinschafts-Aufzucht im Hochgebirge unter der Regie des Zuchtverbandes ist es nach dem letzten Kriege in Nordtirol gelungen, die auch beim Haflinger als Folge der Vollmotorisierung in der Landwirtschaft auftretende Absatzkrise zu überwinden und den Rassetyp den geänderten Käuferwünschen in Richtung auf ein Familien-Freizeitpony sehr schnell anzupassen.

Familien-Freizeitpony

Haflinger, Junghengst, Fuchs, geb. 1975, Besitzer Haflinger Pferdezuchtverband Tirol (Österreich).

Modell des modernen **Haflingers**; schöner Kopf, passend aufgesetzter, genügend langer Hals, gut ausgeprägte Sattellage, harmonische Rumpfeinteilung, trockenes Fundament.

Die deutsche Haflingerzucht begann zunächst 1935 mit der Einfuhr von über 100 Zuchtstuten nach Bayern mit dem Ziel der Tragtierzucht für Bergbauern und Militär. Weitere Einfuhren sowie Ankäufe in Bayern führten nach dem letzten Kriege zur Ausbreitung der Rasse auch in anderen Bundesländern, zunächst vorwiegend als Ergänzungs-Zugkraft neben dem Traktor. Die Umstellung von der landwirtschaftlichen Nutzung zum Freizeit-Pony mit Reiteignung erfolgt in der Bundesrepublik teilweise durch Auslese innerhalb der Reinzucht, teilweise auch durch Einsatz farblich passender Araberhengste. Die Produkte der ersten Kreuzungsgeneration lassen häufig die rassetypische helle Langhaar-Farbe vermissen und ähneln in der Form meistens mehr dem allgemeinen Reitpony-Typ. Wieweit es gelingen wird, in späteren Generationen die mit der Einkreuzung von Arabern angestrebte Verbesserung der Reiteignung des ursprünglich ja als Bergpferd gezüchteten Haflingers mit den als rassetypisch anzusehenden und erhaltenswerten sonstigen Eigenschaften des Haflingers zu verbinden, bleibt abzuwarten.

Reinzucht

Einkreuzung von Arabern

Die Schwerpunkte der Zucht in der Bundesrepublik liegen in Bayern und Westfalen.

Rassetypische Form- und Bewegungseigenschaften:
Vorwiegende Größenklasse 135 bis 140 cm Widerristhöhe (Stockmaß);
Kopf trocken, breit, manchmal etwas schwer, mit großen Augen und kleinen Ohren;
Halsung mittellang, teilweise mit recht guter Genickwölbung;
Schulter verhältnismäßig kurz, wenig ausgeprägter Widerrist, Rükken mittellang, breit bemuskelt, Kruppe lang, abfallend, stark bemuskelt;
Fundament mittelstark mit seidigem Behang;
Bewegung unterschiedlich, teilweise elastisch und schwungvoll, teilweise deutliche Knie-Aktion;
Farbe überwiegend Fuchs (in allen Schattierungen) mit hellem, möglichst weißem Langhaar, aber auch Isabell und Stichelfuchs; manchmal auch Aalstrich sichtbar;
Fußabzeichen unerwünscht, ebenso meliertes, d. h. mit schwarzen Haaren durchwachsenes Langhaar.

Rassetypischer Verwendungszweck:
Farblich besonders ansprechendes, solides Familien-Freizeitpony, auch von Erwachsenen zu reiten, sehr interessant als Fahrpony.

1.2.8 Welsh-Cob

Ursprungs-Zuchtgebiet: Wales (Großbritannien)

Zuchtentwicklung: Auf der Basis des in Wales seit Jahrtausenden heimischen Mountain-Ponys (s. Seite 64) entwickelte sich durch Zufuhr des Erbguts größerer und stärkerer Arbeits- bzw. Kutschpferde-Rassen aus dem englischen Nachbarzuchtgebiet ein stämmiges, nicht zu großes Allroundpferd (das nämlich bedeutet „Cob“). Dieses Großpony wurde in der Landwirtschaft sowie im Transportwesen, aber auch als Militärpferd und zu Reitzwecken genutzt. Vor Festlegung der verschiedenen Stutbuch-Sektionen stand es in häufigem Zuchttier-Austausch mit den übrigen Sektionen der Welsh-Pony-Zucht. Seit der letzten Jahrhundertwende ist ein erneuter Einfluß von Welsh-Cobs in der Welsh-Pony-Zucht unterbunden. Umgekehrt wird jedoch nach wie vor Welsh-Pony-Blut der anderen Sektionen A bis C (s. Seite 64f.) in der Abstammung von Welsh-Cobs akzeptiert.

Allroundpferd

Die vor ca. 100 Jahren beginnende Intensivierung der Landwirtschaft brachte mit ihrem Verlangen nach mehr Zugkraft eine gewisse Verstärkung des Kaltblut-Einflusses in der Welsh-Cob-Zucht, der nur durch Gegenhalten mit rassetypischen Welsh-Mountain-Ponys ausgeglichen werden konnte.

Kaltblut
Welsh-Mountain-Ponys

Rhystyd Frenin, Fuchs-Hengst, geb. 1972, v. Rhosfarch Frenin – Brenin Gwalia – Pentre Eiddwen Comet, Züchter D. Rowlands Harris, Llanrhystyd (Wales), Besitzer H. Coldewey, Sage (Weser-Ems).

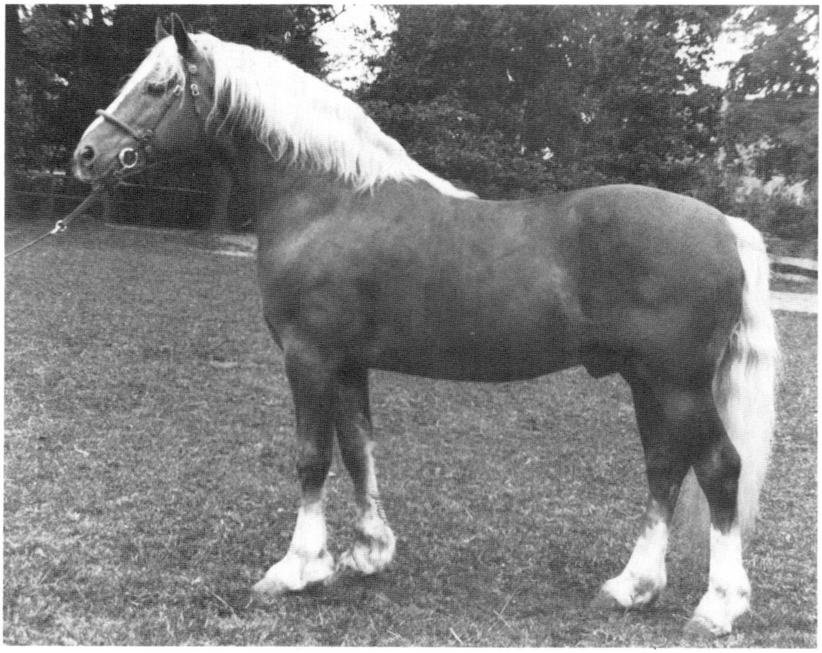

Welsh-Cob mit viel Hengstausdruck, hoch aufgesetzter Hals mit natürlicher Wölbung, schräge Schulter, lange, schräg liegende Kuppe mit hohem Schweifansatz und etwas kurzer Behosung, mittelstarkes Fundament, Vorderbein leicht geschnürt, seidiger Fesselbehang.

Mit dem Übergang zur Vollmotorisierung in der Landwirtschaft geriet der Welsh-Cob wie alle anderen schweren Großpony-Rassen in eine ernste Absatzkrise, die aber durch das Festhalten idealistischer Anhänger an dieser Rasse überstanden wurde.
In den letzten Jahren hat die zunehmende Verbreitung von Reiten und Fahren als Familien-Freizeitsport dem Welsh-Cob ein breites Absatzgebiet geöffnet und die Zucht erneut aufblühen lassen.
In der Bundesrepublik finden sich Welsh-Cobs bereits in allen Ländern, jedoch noch nicht so dicht, daß man schon von Zucht-Schwerpunkten sprechen könnte.

Rassetypische Form- und Bewegungseigenschaften:
Vorwiegende Größenklasse 140 bis 150 cm Widerristhöhe (Stockmaß) – der „Cob“ gilt in Großbritannien nicht als Pony und ist in seiner Größe nach oben nicht begrenzt;
Kopf manchmal etwas derb, bei besseren Exemplaren kurz und trokken, breit in der Stirn, mit großen Augen und kleinen Ohren;
Hals lang, gut gewölbt und bemuskelt, hoch aufgesetzt, dadurch wenig ausgeprägter Widerrist, aber schräge, lange Schulter und gute

Gerrig Brenin (Balthasar), schwarzbrauner Hengst, geb. 1975, v. Hewid Cardi – Derwen Black Magic – Heather Royal Eiddwen, Züchter Foster & Baltz, Abergavenny (Wales), Besitzer J. D. Heidkroß, Gießelhorst (Weser-Ems).

Rassetypischer **Welsh-Cob-**Hengst mit verhältnismäßig kleinem Kopf; hoch aufgesetzter, stolz gewölbter Hals, schräge Schulter, elastischer Rücken, schräge Kruppe, mittelstarkes Fundament mit rassetypischem Behang, etwas herausgestelltes Hinterbein.

Sattellage, elastischer, mittellanger Rücken, schräge, teilweise etwas runde, gut bemuskelte Kruppe mit verhältnismäßig hohem Schweifansatz;
Fundament mittelstark, große, trockene Gelenke, ziemlich starker, aber seidiger Behang, gesunde, nicht zu kleine Hufe;
Bewegung sehr energisch, schwungvoll und raumgreifend trotz deutlicher Knie-Aktion;
alle Farben außer Schecken.

Rassetypischer Verwendungszweck:
Robustes Freizeit-Reitpferd für Erwachsene ohne Turnier-Ehrgeiz, erstklassiges Gespann-Pferd mit Spitzenleistungen im Turniersport, aber auch vielseitiges Sportpferd mit ausgeprägtem Springtalent für größenmäßig passende Reiter ab ca. 14 Jahren.

1.2.9 Islandpferd

Ursprungszuchtgebiet: Island

Zuchtentwicklung: Mit der Besiedlung Islands durch nordeuropäische Landnehmer gelangten Ponys norwegischer und schottisch-englischer Herkunft dorthin, die seit etwa 800 Jahren ohne erneute Zufuhr fremden Blutes auf dieser Insel unter sehr harten Umweltverhältnissen bei größtenteils ganzjähriger Freilandhaltung weitergezüchtet wurden. Ohne Festlegung auf ein eng umschriebenes Zuchtziel wurden diese Ponys vor allem als Verkehrsmittel, d. h. Tragtier für Menschen und Güter, im unwegsamen Berggelände der Insel genutzt und durch Umwelteinflüsse und Leistungsansprüche selektiert.

Freilandhaltung

Verkehrsmittel

Seit Beginn dieses Jahrhunderts wird die Zucht in Island durch Schauen und Wettbewerbe unter dem Reiter systematisch gefördert. Dabei züchtet man betont auf Leistungsveranlagung, während die Körperform nach wie vor in ziemlich weiten Grenzen variiert.

Die deutsche Isländer-Zucht begann vor ca. 20 Jahren mit dem Import einer größeren Zahl von Ponys, die vor der in Island seit altersher üblichen Schlachtung der nicht benötigten Überschußproduktion gerettet werden sollten. Mit der Ausbreitung von Kenntnissen über die speziellen Gang-Eigenarten dieser Rasse, insbesondere Tölt und Rennpaß, in Verbindung mit ihrer Anspruchslosigkeit und Tragfähigkeit für Erwachsene wuchs die Zahl der Anhänger des Islandpferdes. In der Folgezeit wurden gezielte Zuchttier-Importe organisiert und spezielle Ausbildungsstätten für Islandpferde und deren Reiter aufgebaut. Die gesamte Zucht wird als Reinzucht ohne Fremdrassen-Zufuhr betrieben.

Spezielle Gang-Eigenarten

Reinzucht

Heute finden sich Islandpferde-Zuchtstätten in allen Teilen der Bundesrepublik, schwerpunktmäßig vor allem im Verband Rheinland-Pfalz-Saar und im Rheinland.

Rassetypische Form- und Bewegungseigenschaften:
Vorwiegende Größenklasse 130 bis 135 cm Widerristhöhe (Stockmaß);
Kopf manchmal verhältnismäßig schwer, mit großem, aufmerksamem Auge;
Hals kurz bis mittellang, tief angesetzt, oft mit gewissem Unterhals, der der rassetypischen Reitweise entspricht;
Schulter mittellang, genügend schräg, mäßig ausgeprägter Widerrist, verhältnismäßig kurzer, straff bemuskelter Rücken, abfallende Kruppe;
Fundament mittelstark, mit mittlerem Behang und festen, ziemlich kleinen Hufen;
Bewegung energisch, im Schritt guter Raumgriff, Trab und Galopp etwas kurz und eilig, daneben als Besonderheit Tölt, eine Viertakt-

Tölt

Sindri, Fuchs-Hengst, geb. 1976, v. Njördur f. Kirkjubae – Faxi f. Artun – Gloi f. Artun, Züchter und Besitzer W. Feldmann, Aegidienberg (Rheinland).

Island-Hengst mit edlem, ausdrucksvollem Kopf im Typ des vielseitigen Leistungsponys.

Gangart zwischen Schritt und Galopp im Trab-Tempo, die keine Schwebephase enthält und deshalb ein sicheres Fußen in unebenem Gelände ermöglicht sowie einen Reiter verhältnismäßig erschütterungsfrei sitzen läßt. Neben Naturtöltern, die diese Gangart bereits als Fohlen zeigen, gibt es Isländer, die erst für den Tölt ausgebildet werden müssen. Zur Erhaltung der Tölt-Fähigkeit ist im allgemeinen auch eine gewisse Ausbildung der Reiter für diese Spezial-Gangart erforderlich. Die Anlage zum Tölten wird offensichtlich vererbt.

Jarpur, dunkelbrauner Hengst, geb. 1973, v. Hylur f. Kirkjubae – Vördur f. Kyrholti – Skuggi f. Bjarnanesi, Züchter U. Marth, Sandholaferju (Island), Besitzer W. Feldmann, Aegidienberg (Rheinland).

Rassetypischer **Island**-Hengst im ausgeprägten Rechteck-Format, kleiner Kopf, starker, breit aufgesetzter Hals mit verdeckter Sattellage, elastischer Rücken, trotz kurzer Kruppen-Oberlinie genügend lange Kruppe, verhältnismäßig leichtes Fundament mit starken Gelenken.

Deshalb werden Hengste ohne Töltanlage von den meisten Züchtern dieser Rasse abgelehnt. Außer dem Tölt, der von allen Islandpferden verlangt wird, zeigen besonders begabte „Fünfgänger" nach entsprechender Ausbildung den Rennpaß, eine speziell für Kurzstreckenrennen entwickelte Gangart im Zweitakt mit Schwebephase und gleichzeitig-gleichseitigem Vortritt der Beine.

Rennpaß

Bei Islandpferden gibt es fast alle in der Pferdezucht vorkommenden Farben einschließlich Plattenschecken; am stärksten verbreitet ist die Fuchsfarbe.

Rassetypischer Verwendungszweck:
Anspruchsloses Familien-Reitpony, ruhig in der Haltung, aber energisch unter dem Reiter, besonders für ältere Reiter ohne intensive Ausbildung und für Wander- bzw. Distanzritte geeignet.

1.2.10 Sonstige Pony-Rassen in der Bundesrepublik Deutschland

Neben den vorstehend beschriebenen Rassen sind in der Bundesrepublik zahlreiche weitere Ponyrassen zu finden, die jedoch zahlenmäßig bisher noch keine nennenswerte Bedeutung erlangt haben. Während einige dieser Rassen mehr oder weniger zufällig hierher gelangt sind, haben andere auf Grund spezieller Eigenschaften Liebhaber gefunden und können eventuell in Zukunft stärker in Erscheinung treten. Zu nennen sind hier z. B. das Exmoor- und das Highland-Pony aus England, das Gotland-Pony aus Schweden, der Bosniake aus Jugoslawien und das Camargue-Pferd aus Frankreich.

Exmoor-/Highland- und Gotlandpony
Bosniake
Camargue-Pferd

Die einzige in Deutschland seit langer Zeit bodenständige Ponyzucht der Wildbahnponys aus dem Merfelder Bruch bei Dülmen (Westfalen), der „Dülmener", ist von der in Westfalen besonders früh einsetzenden Einkreuzungswelle mit Araber-Einsatz zur Erzeugung größerer Reitponys weitgehend aufgesogen worden. Wegen des Einsatzes von fremdrassigen Hengsten sehr unterschiedlicher Herkunft konnte diese Zucht auch früher nur bedingt als Rasse bezeichnet werden.

Dülmener

1.2.11 Zuchtrichtung Deutsches Reitpony

Unter dieser Bezeichnung hat sich in den letzten Jahren eine Zuchtrichtung entwickelt, die vorläufig noch nicht als Rasse bezeichnet werden kann. Praktisch werden in der Bundesrepublik alle Kreuzungsprodukte, die nicht einer bestimmten Rasse zugeordnet werden können, als „Deutsches Reitpony" bezeichnet. Dabei kann es sich also sowohl um Kreuzungen von Shetland × Welsh als auch um solche von Fjord × Vollblut oder irgendeine sonstige Phantasie-Mischung handeln. Dementsprechend bunt ist das Erscheinungsbild der Ponys dieser Zuchtrichtung.

Kreuzungsprodukte

Für viele Zuchtverbände gilt die englische Reitpony-Zucht als Vorbild einer in der Reinzucht innerhalb vorhandener Rassen nicht oder nur schwierig zu erreichenden Vollkommenheit der Verbindung von Ponygröße und -umgänglichkeit mit Adel, Eleganz und Leistungswillen leichter Großpferderassen. Diesem Vorbild entsprechend versucht man auch in Deutschland durch Kombination wichtiger Erbanlagen verschiedener Ponyrassen mit denen der Großpferderassen Araber, Englisches Vollblut, Anglo-Araber und vereinzelt auch anderer Edelrassen ein erstklassiges Kinder-Turnierpony zu erzeugen und damit den Wünschen zahlreicher Interessenten nachzukommen. Die enorme Ausweitung des Pony-Turniersports hat eine starke Zunahme der Nachfrage nach dafür geeigneten Ponys bewirkt, die z. Zt. aus deutscher Zucht nur knapp befriedigt werden kann.

Vorbild – Englische Reitpony-Zucht

Kinder-Turnierpony

Little Dream, dunkelbrauner Hengst, geb. 11. 3. 1977, v. Little Don – Zipeuwellen – Dwyfnant Xerxes WB, Züchter I. Winkler, Hude (Weser-Ems), Besitzer K. Hornhues, Stadtlohn (Westfalen).

Vertreter der Zuchtrichtung **Deutsches Reitpony**, hübscher, ausdrucksvoller Kopf, langer, natürlich gewölbter Hals mit leichtem Genick, Sattellage etwas kurz, elastischer Rücken, Kruppe leicht abgerundet, mittelstarkes Fundament.

Selektion – Konsolidierung

Trotz unterschiedlicher Vorstellungen in den einzelnen Zuchtgebieten über Wege und Möglichkeiten zur Erzeugung solcher Ponys kann generell festgestellt werden, daß man – vor allem in den nordwestdeutschen Schwerpunkt-Zuchtgebieten – bemüht ist, durch scharfe Selektion und züchterische Beratung eine genetische Konsolidierung dieser Zuchtrichtung mit dem Fernziel der Schaffung einer eigenständigen Rasse zu erreichen.
In der weiteren Beschreibung wird deshalb nicht der sehr uneinheitliche Ist-Zustand, sondern das mit gewissen Abwandlungen angestrebte Zuchtziel dargestellt.

Form- und Bewegungseigenschaften:
Vorwiegende Größenklasse 135 bis 148 cm Widerristhöhe (Stockmaß);
kurzer, breiter „Ponykopf" mit großen Augen und kleinen Ohren;
langer, hoch aufgesetzter Hals mit guter Ganaschenfreiheit und natürlicher Genickwölbung;
lange, schräge Schulter, ausgeprägter, gut bemuskelter Widerrist, mittellanger, elastischer Rücken, lange, schräge, gut bemuskelte Kruppe;

Rotherwood Peep Show, braune Stute, geb. 1967, v. Chirk Caradoc WB – Bwlch Zingaree – Dropscotch xx, Züchter und Besitzer M. E. Mansfield, Ashby-de-la-Zouch (England).

Reitpony-Stute englischer Zucht, kleiner Kopf, langer, hoch aufgesetzter Hals mit leichtem Genick, Sattellage ausreichend, ponytypisch geschwungene, elastische Oberlinie, harmonische Rumpfeinteilung mit langer, schräger Kruppe, gute Rumpftiefe, leichtes Fundament mit ausreichender Gelenkstärke.

mittelstarkes, nicht zu feines Fundament mit großen, trockenen Gelenken, wenig Behang und festen, mittelgroßen Hufen;
Bewegung reitpferdemäßig, d. h. elastisch, schwungvoll, raumgreifend, wenig Knieaktion;
ausgeprägte Umgänglichkeit, nicht zu heftiges Temperament.

Verwendungszweck:
Vielseitiges Reitpony für Turniereinsatz mit 10- bis 16jährigen Kindern, elegantes Fahrpony.

2 Wie züchten wir?

Im ersten Teil dieses Buches wurde mit einer kurzen Beschreibung der verschiedenen Rassen bzw. Zuchtrichtungen vorgestellt, welche Sportpferde oder Ponys man in der Bundesrepublik züchten kann. Dabei ergab sich ein Bild großer Vielfalt, das manchen Leser vielleicht etwas verwirrt hat. Wenn die Frage „Was züchten wir?" jedoch entschieden ist, wird es bereits etwas einfacher, denn die Grundsätze, wie man züchten soll, stimmen für alle Rassen bzw. Zuchtrichtungen weitgehend überein. Sie sollen im folgenden näher dargelegt werden.

2.1 Zuchtverfahren

2.1.1 Zuchtziele

Die auf Seite 10 angegebene Definition des Begriffes „Züchten" enthält als wesentliche Forderung das Anstreben eines bestimmten „Zuchtzieles". Vielleicht fragen Sie als Leser jetzt, ob dieses nicht mit der Beschreibung der rassetypischen Eigenschaften für jede Rasse oder Zuchtrichtung bereits festliege und der Einzelzüchter sowieso nichts weiter zu tun habe, als das offiziell festgelegte Zuchtziel seiner Züchterorganisation zu befolgen. Wenn man bei der Auswahl seiner Rasse oder Zuchtrichtung praktisch bereits das für diese geltende offizielle Zuchtziel pauschal übernommen hat, sind weitere Ausführungen zu diesem Thema überflüssig. Häufig ist jedoch festzustellen, daß Züchter mit langjähriger Erfahrung, aber auch Anfänger mit Passion und Ehrgeiz bemüht sind, in ihrer züchterischen Arbeit etwas Besonderes zu schaffen und anzubieten, um damit eigenen Ideal-Vorstellungen und/oder bestimmten Käuferwünschen nachzukommen. Grundsätzlich kann man feststellen, daß die offiziellen Zuchtziele der verschiedenen Züchter-Verbände sich trotz teilweise deutlich erkennbarer Unterschiede im Rassetyp weitgehend ähneln oder sogar völlig übereinstimmen. So streben alle deut-

Offizielles Zuchtziel

Käuferwünsche

Stutenschau – gleichzeitig Selektionshilfe für Züchter und Zuchtleitung sowie Werbegelegenheit für alle Teilnehmer.

schen Sportpferde-Zuchtverbände ein großrahmiges, leichtrittiges Modell mit elastischen Bewegungen, guter Leistungsveranlagung für alle Verwendungszwecke und besonderer Umgänglichkeit an. In allen Ponyrassen werden übereinstimmend Robustheit, Umgänglichkeit, Leistungswillen und Bewegungselastizität gefordert. Daneben gibt es noch gewisse, in der Zuchtziel-Formulierung festgehaltene Rasse-Eigentümlichkeiten. Diese erschöpfen sich aber meistens in bestimmten Farb-, Größen- oder Kaliber-Merkmalen. Ganz allgemein bleibt dem Züchter innerhalb des mit der Beschreibung des Rassetyps gegebenen Zuchtziels noch ein ziemlich breiter Spielraum zur individuellen Spezialisierung.

So züchtet der eine Hannoveraner-Züchter vielleicht vorwiegend edle Dunkelbraune mit Dressurbegabung, ein anderer im selben Verband dagegen bevorzugt beispielsweise stabile Füchse mit besonderer Veranlagung für den Springsport. Es gibt Welsh-Pony-Züchter, die sich auf die Palomino-Farbe spezialisiert haben, während bestimmte Shetlandpony-Züchter z. B. die Scheckfärbung als private Zuchtziel-Spezialität anstreben. Natürlich wird mit einer derartigen zusätzlichen Anforderung das Zuchtziel deutlich enger umgrenzt und seine Erfüllung erschwert. Andererseits erhöht man dadurch den Reiz der schöpferischen Tätigkeit und den Stolz auf ein gelungenes Produkt.

Zuchtziel-Spezialität

Die Ausübung züchterischer Individualität ist also auch im Rahmen der Einordnung in eine der bestehenden, teilweise sehr traditionsreichen Züchterorganisationen durchaus möglich. Wichtige Voraussetzung einer reibungslosen Zusammenarbeit mit den zuständigen Organen ist jedoch, daß sich die „persönliche Note“ im normalerweise ziemlich weit gesteckten Rahmen des für alle Verbandsmitglieder geltenden offiziellen Zuchtziels hält und dieses nicht in Einzelteilen mißachtet oder verläßt. Außerdem muß man im Falle der individuellen, teilweise ja auch geschmacksbedingten Ausgestaltung des Zuchtziels bereit sein, bei Wettbewerben aller Art eventuell auch einmal eine Zurücksetzung in Kauf zu nehmen, wenn der Geschmack der Richter sich nicht mit dem des Züchters deckt.

Persönliche Note

Wichtig dürfte es in jedem Falle sein, mit der „persönlichen Note“ des Zuchtziels den Geschmack bestimmter Käuferschichten zu treffen. Nur wenige Enthusiasten werden es sich finanziell leisten können, über längere Zeit nur nach eigenem Geschmack ohne Rücksicht auf den Geschmack anderer zu züchten. Zuchtprodukte, die als überzählig verkauft werden sollen, aber zu angemessenem Preis keinen Liebhaber finden, sind letzten Endes ohne das nötige Verantwortungsbewußtsein erzeugt und gehen oft einem wenig erfreulichen Schicksal entgegen.

Geschmack

Zusammenfassung
Individuelle Zuchtzielgestaltung bietet erhöhten Reiz, sollte aber nur im Rahmen des offiziellen Verbands-Zuchtziels erfolgen und Rücksicht auf Absatzchancen nehmen.

2.1.2 Beurteilung von Zuchtpferden und -ponys

Mit der Auswahl einer bestimmten Rasse oder Zuchtrichtung hat man sich für das deren Idealbild entsprechende Zuchtziel entschieden, welches in gewissem Maße innerhalb der gegebenen Grenzen je nach persönlichem Geschmack oder der eigenen Beurteilung von

Wichtige Begriffe bzw. Fachausdrücke zur Skelettmechanik des Pferdes

1. Oberlinie
2. Genick
3. Widerrist
4. Lende, „Niere“
5. Ganasche
6. Schulter
7. Buggelenk
8. Oberarm, „Querbein“
9. Ellbogenhöcker
10. Vorderfußwurzel
11. Vorderröhre
12. Fesselkopf
13. Fessel
14. Hüfthöcker
15. Sitzbeinhöcker
16. Oberschenkel
17. Knie
18. Sprunggelenk
19. Sprunggelenkshöcker, „Hacke“
20. Hinterröhre

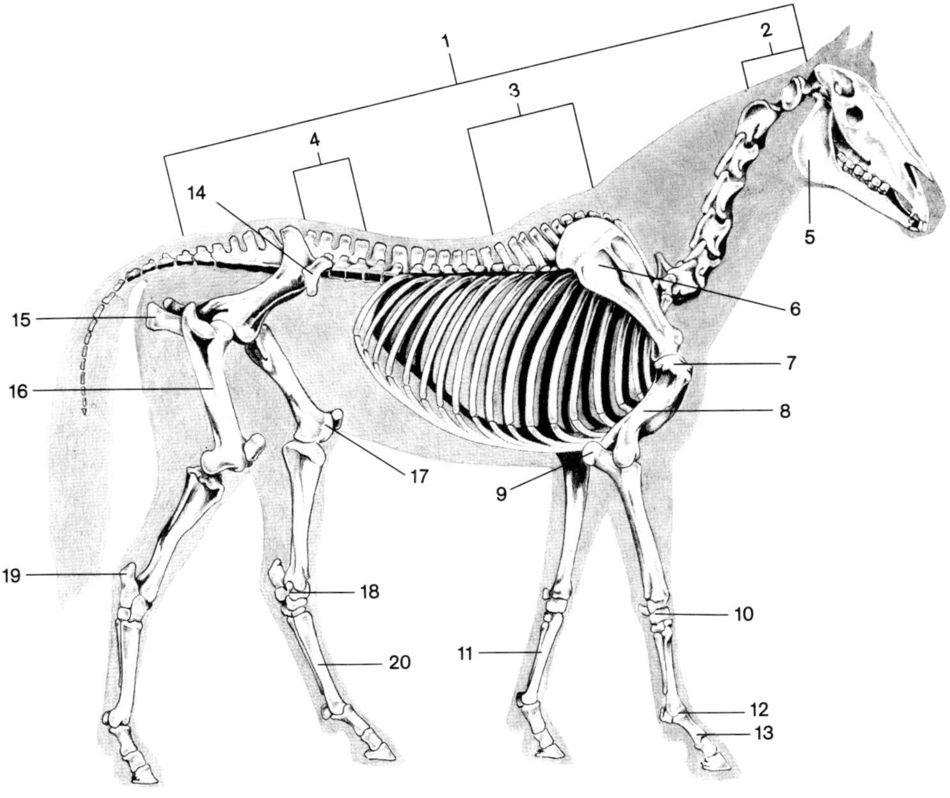

Absatzchancen modifiziert werden kann. Jetzt geht es darum, beim Ankauf von Zuchttieren bzw. bei der Auswahl im verfügbaren Hengst- und Stuten-Bestand die Tiere herauszufinden, deren Paarung mit gewisser Wahrscheinlichkeit Produkte erwarten läßt, die dem rassespezifischen Idealmodell in Form, Bewegung und Leistungsanlage nahekommen. Diese Auswahl verlangt ein erhebliches Maß an Kenntnissen und Erfahrung in der Beurteilung von Pferden bzw. Ponys. Man könnte es sich natürlich leicht machen, indem man Spitzentiere von Schau-Veranstaltungen der Züchterverbände kauft bzw. zur Zucht benutzt, denn ein mehrfach hoch prämiiertes Zuchttier entspricht im allgemeinen weitgehend dem angestrebten Ziel. Leider ist es jedoch nicht jedermann möglich, sich durch Ankauf von Spitzentieren einen sicheren Zuchtstart zu verschaffen. Diese sind entweder ziemlich teuer oder aber gar nicht verkäuflich; kein Züchter besitzt Spitzentiere im Überfluß. Wir kommen also im allgemeinen nicht um die Notwendigkeit herum, uns selbst ein Bild von der Qualität bestimmter Tiere im Hinblick auf das Zuchtziel zu verschaffen. Dazu ist es notwendig, die Grundbegriffe der Beurteilung von Zuchtpferden zu kennen und anzuwenden.

Auswahl von Zuchttieren

Grundbegriffe

Für die Beurteilung von Zuchtpferden, die man am besten in Begleitung erfahrener Züchter und Beurteiler an möglichst vielen Beispielen erlernen kann, werden im folgenden einige Hinweise gegeben, die dem weniger erfahrenen Züchter als Gerüst dienen können. Die Ausfüllung dieses Gerüstes kann nur durch intensive Übung und Erfahrung erfolgen. Dabei spielt die Kontrolle durch Abstimmung mit Fachleuten, z. B. vor und nach der Placierung bei Schauen, eine sehr wichtige Rolle. Das oft zu Unrecht kritisierte „Lästern" am Rande des Schau-Ringes ist eine gute Gelegenheit, sich in Gesellschaft von erfahrenen Züchtern in den Feinheiten der Pferdebeurteilung zu üben.

Übung und Erfahrung

Grundlage der gesamten Zuchtpferdebeurteilung ist eine klare Vorstellung vom Idealbild des Zuchtziels. Jedes zu beurteilende Einzeltier ist durch Vergleich mit diesem Idealbild zu messen bzw. zu bewerten. Dabei geht es sowohl um physische als auch um psychische Eigenschaften, die sich in manchen Punkten gegenseitig beeinflussen. Ihre bei anderen Autoren zu findende Einteilung in Exterieur- und Interieur-Eigenschaften wird hier bewußt vermieden, vor allem deshalb, weil diese Ausdrücke im internationalen Sprachgebrauch nicht verwendbar bzw. mißverständlich sind. Im einzelnen sind nachstehende Merkmale zu beurteilen.

Vergleich mit dem Idealbild

2.1.2.1 Rassetyp

Entspricht das Tier in seiner gesamten Erscheinung der Vorstellung vom Zuchtziel-Modell seiner Rasse bzw. Zuchtrichtung, ist es deut-

Hengste für die Sportpferdezucht werden in Prüfungsanstalten einem vielseitigen Test unterzogen – hier ein Gelände-Hindernis der Anstalt Klosterhof Medingen (E. Wahler).

lich als Angehöriger dieser Rasse bzw. Zuchtrichtung zu erkennen?

Zur Beantwortung dieser Frage reicht bei „vage" formuliertem Zuchtziel oder sehr breit variierendem Rassetyp meistens ein kurzer Blick aus, während man bei einem von dem ähnlicher Rassen deutlich abgesetzten Idealmodell schon etwas genauer hinsehen muß. So genügt z. B. für ein Warmblutpferd süddeutscher Zucht die Verkörperung typischer Reitpferd-Merkmale. Dagegen werden bei einem Trakehner oder Araber zusätzlich ganz bestimmte Eigenschaften verlangt, wie sie in der Rassebeschreibung niedergelegt sind. In diesem Zusammenhang verlangt im allgemeinen die Ausprägung des Kopfes besondere Beachtung. Auch bei einem Pony der Zuchtrichtung „Deutsches Reitpony" kann die oben gestellte Frage bejaht werden, wenn die für die Verwendung unter dem Reiter wichtigen Eigenschaften vorhanden sind. Bei einem Welsh-Pony dagegen sollte man die Ausprägung des Rassetyps sorgfältig prüfen und dabei Merkmale, wie Kopf- und Oberlinien-Form, Fundamentstärke und Bemuskelung, beachten. Entsprechend diesen unterschiedlichen Verhältnissen bei verschiedenen Rassen bzw. Zuchtrichtungen ist der Beurteilungs-Punkt „Rassetyp" im Verhältnis zu anderen Punkten unterschiedlich stark zu „gewichten", d. h. mit mehr oder weniger großem Anteil in die Gesamtbewertung einzufügen.

Rassebeschreibung

Kopf

Oberlinie
Fundament
Bemuskelung

Zu beachten ist noch, daß der von Beurteilungs-Experten oft an erster oder letzter Stelle angeführte Punkt „Gesamteindruck" sich bei Zuchtpferden häufig mit dem „Rassetyp" deckt und damit meistens zu einer unnötigen Doppelwertung führt.

2.1.2.2 Geschlechtstyp

Sieht der zu beurteilende Hengst wie ein Hengst bzw. die zu beurteilende Stute wie eine Stute aus, oder könnte man die Tiere ohne genaueres Hinsehen auch für einen Wallach oder einen Angehörigen des anderen Geschlechts halten?

Der Antwort auf diese Frage wird von vielen Zuchtexperten erhebliche Bedeutung beigemessen. Es geht hier in erster Linie um den durch Geschlechtshormone bedingten Ausdruck, der für eine sichere Fruchtbarkeit wichtig erscheint. Allerdings ergibt sich häufig eine Überdeckung der auf Geschlechtshormone zurückzuführenden Formeigenschaften durch konditions- bzw. fütterungsbedingte Gegenwirkungen, die zu einer Fehlbeurteilung führen können. So fehlt z. B. manchem mit etwas knapper Fütterung aufgezogenen Junghengst bei der Körung im Alter von 2½ Jahren noch jeglicher männliche Ausdruck, der bei einigen seiner Altersgenossen viel-

Geschlechts-
Ausdruck

Gegenwirkung

leicht schon mit herrischem Blick, stark bemuskeltem Halskamm und breit ausgeprägter Muskulatur sowie imponierendem Gehabe in Erscheinung tritt. Sieht man einen solchen, in der Jugend wenig männlich wirkenden Hengst nach Jahren des Zuchteinsatzes wieder, so kann der früher vermißte Hengstausdruck durchaus überzeugend vorhanden sein. Andererseits läßt manch eine Stute, die zunächst ungedeckt bleibt und bei intensiver Fütterung für den Sporteinsatz vorbereitet wird, bei guten Reitpferd-Merkmalen typisch weibliche Eigenschaften wie den etwas schmal bemuskelten Hals und die ausgeprägte Bauchwölbung vermissen. Dieselbe Stute kann ein paar Jahre später nach Trächtigkeit, Abfohlung und Weidegang sehr guten weiblich-mütterlichen Ausdruck zeigen.

Fütterung

Ganz allgemein ist festzustellen, daß der Geschlechtsausdruck normalerweise mit zunehmendem Alter stärker wird, jedoch bei Stuten durch zu mastige, bei Hengsten dagegen durch zu schwache Kondition beeinträchtigt bzw. verschleiert werden kann. Aus diesen Gründen muß vor einer Überbewertung dieses Punktes bei der Zuchttier-Beurteilung gewarnt werden.

Alter

2.1.2.3 Adel, Kaliber

Genügt das zu beurteilende Tier in diesen Punkten den im Zuchtziel-Modell festgelegten Ansprüchen?

Für die Verwendung von Pferden bzw. Ponys zu sportlichen Zwekken ist ein Mindestmaß an Leistungsbereitschaft zu verlangen. Diese Leistungsbereitschaft ist zwar nicht direkt sicht- oder meßbar, steht jedoch im allgemeinen in deutlichem Zusammenhang mit dem bei der Betrachtung eines Pferdes erkennbaren **Adel.** Woran erkennt man nun, ob ein Pferd mehr oder weniger edel ist? Diese Frage mag manchem Leser überflüssig erscheinen, soll jedoch der Vollständigkeit halber kurz erörtert werden. Als Zeichen des Adels und damit normalerweise – wenigstens bei Großpferden – eines mehr oder weniger hohen Anteils an englischem bzw. arabischem Vollblut in der Abstammung gelten folgende Einzelpunkte:

Leistungsbereitschaft

Nicht zu großer, im Seitenbild deutlich zum Maul verjüngter Kopf mit großen Augen und Nüstern; — Kopf

feine, d. h. dünne, leicht verschiebbare Haut ohne schwammiges Bindegewebe, mit deutlich erkennbarer Beaderung, vor allem in erhitztem Zustand; — Haut

klare Konturen von Knochen, Gelenken und Sehnen, soweit diese nicht von Muskeln verdeckt sind; — Konturen

feinhaariges, im Sommer kurzes Fell mit glatt und weich fallendem, seidigem Langhaar. — Fell, Langhaar

Bei der Beurteilung des Adels darf nicht übersehen werden, daß es in vielen Rassen bzw. Nutzungsrichtungen auch ein Zuviel davon geben kann. Dies kann sich in besonderer Sensibilität bis Nervosität äußern und damit – vor allem für Anfänger bzw. Laien – sehr unangenehm werden. Als Optimum ist daher stets nur das dem Rassetyp-Modell entsprechende Maß an Adel zu bewerten, nicht aber das Höchstmaß. Die in dieser Richtung liegenden Gefahren spielen vor allem beim Einsatz von Edelrassen, wie Arabern oder englischem Vollblut, in der Zucht von Sportpferden bzw. Ponys eine wichtige Rolle und sollten von Anfängern besonders beachtet werden.

Sensibilität

Im Zusammenhang mit der Beurteilung des Adels ergibt sich die Frage nach dem **Kaliber** des zu bewertenden Tieres, welches häufig zum Adel in umgekehrtem Verhältnis steht. Was versteht man eigentlich unter Kaliber? Diese Frage ist sicher leichter zu beantworten, wenn man sich darauf besinnt, daß noch vor ca. 20 Jahren Materialprüfungen bei Turnieren, zumindest in Norddeutschland, häufig nach „leichten" und „schweren" Pferden geteilt wurden. – In England werden vergleichbare Prüfungen heute noch als solche für leichte, mittlere und schwere Pferde ausgeschrieben. – Für die Einteilung ist nicht etwa das Gewicht, sondern eben das „Kaliber" maßgeblich. Damit erfaßt man in kombinierter Bewertung bzw. im Verhältnis zueinander Größe, Rumpfumfang und -länge sowie Fundament-Stärke (praktisch Röhrbeinumfang), wobei vor allem der letztgenannte Faktor erheblich ins Gewicht fällt. Ein Pferd mit schlankem Rumpf und leichtem Fundment rangiert im allgemeinen – selbst bei großem Rahmen – als leichtes Kaliber, während ein tiefrumpfiges Pferd mit stärkerer Röhre auch bei geringerer Größe im allgemeinen eher als schweres Kaliber eingestuft wird.

Verhältnis – Größe, Rumpfumfang und -länge sowie Fundament-Stärke

Das Kaliber steht häufig – nicht immer – im Gegensatz zum Adel eines Pferdes und wirkt sich demnach in entgegengesetzter Richtung aus. Bei zunehmender Stärke des Kalibers ist normalerweise Abnahme der Nervigkeit bzw. des Leistungswillens, umgekehrt aber auch Zunahme des Phlegmas („Dickfelligkeit") bzw. der Umgänglichkeit für unerfahrene Reiter zu erwarten. Allerdings hat diese Regel zahlreiche Ausnahmen!

Phlegma

Für viele Rassen wird mit Rücksicht auf die erwünschte Verbindung von hoher Leistungsbereitschaft und guter Umgänglichkeit unter dem Schlagwort „Masse mit Adel" eine Kombination von Adel und Kaliber angestrebt. Eine solche Kombination kann naturgemäß immer nur als Kompromiß erreicht werden, wobei je nach Betonung der Leistungs- oder der Freizeit-Nutzung mehr der angestrebte Adel oder das erwünschte Kaliber im Vordergrund stehen wird.

Masse mit Adel

Auf keinen Fall darf das Kaliber als Maßstab der Tragfähigkeit bzw. Haltbarkeit des Fundaments betrachtet werden. Erwiesenermaßen sind bei Pferden etwa gleicher Größe Röhrenknochen geringeren

Umfangs aufgrund höherer Dichte der Knochensubstanz mindestens ebenso bruchfest wie solche mit stärkerem Umfangsmaß. Im übrigen zeigen sich Überlastungs-Schäden des Fundaments fast immer an Sehnen und Gelenken, die auch bei viel Adel stark sein können. Der Röhrbeinumfang – als wesentliches Kaliber-Kriterium – ist also vor allem hinsichtlich der allgemeinen Harmonie, des Zusammenpassens von Rumpf und Fundament, sowie als loser Anhaltspunkt für die Umgänglichkeit eines Pferdes von Bedeutung.

Röhrbeinumfang
Harmonie
Umgänglichkeit

2.1.2.4 Rahmen

Entspricht das zu beurteilende Tier in diesem Punkt – unter Berücksichtigung seines Alters – den Anforderungen des Zuchtziels?

Angesichts der starken Bestrebungen vieler Zuchtverbände nach Vergrößerung des Rahmens, insbesondere in der Warmblutzucht, gilt diesem Punkt stets besondere Beachtung. Dabei ist zu betonen, daß man unter Rahmen nicht nur die Widerristhöhe versteht, son-

Widerristhöhe

Links: Messung der Widerristhöhe – am höchsten Punkt – mit dem Stockmaß; Voraussetzung für korrekte Messung: ebene, feste Standfläche, senkrechter Stand des Meßstocks, im rechten Winkel angesetzter, d. h. waagerechter, ohne Druck auf die Haut aufgelegter „Galgen", Pferd auf allen Beinen gleichmäßig belastet, Vorderbeine nebeneinander, Kopf in normaler Haltung.
Rechts: Messung der Widerristhöhe mit dem Bandmaß, senkrecht am Vorderbein aufsteigend bis zum höchsten Punkt des Widerristes.

Länge von Hals und Rumpf

Stockmaß

Bandmaß

dern darüber hinaus auch die Länge von Hals und Rumpf in diesen Begriff mit einbezieht. So kann ein Pferd mit kurzem Hals und Rumpf trotz mittlerer Widerristhöhe als „knapprahmig“ bezeichnet werden, während ein Pferd mit langer Oberlinie (einschließlich Hals), das, wie man sagt, „über viel Boden steht“, bei mittlerer Widerristhöhe durchaus „großrahmig“ wirken kann. Wegen der Schwierigkeit, diese zusätzlichen Begriffe in Maß und Zahl zu fassen, beschränken sich viele Zuchtverbände bei der Beurteilung des Rahmens auf die Größe, gemessen am höchsten Punkt des Widerristes (= Widerristhöhe). Dieses Maß wird zweckmäßigerweise als Stockmaß (= Stm.) mit dem galgenförmigen Meßstock gemessen bzw. angegeben, da das früher häufig verwendete Bandmaß (mit dem Meßband vom höchsten Punkt des Widerristes über die Schulter senkrecht bis zum Boden) je nach Futter- und Bemuskelungszustand in ziemlich weiten Grenzen schwanken kann. Bei Großpferden liegt das Bandmaß je nach Brustbreite ca. 9 bis 12 cm über dem zugehörigen Stockmaß.

Zur Beantwortung der Frage, ob ein Pferd oder Pony als groß-, mittel- oder knapprahmig anzusprechen ist, muß die im Zuchtziel-Modell angegebene Mittelgröße als Richtschnur gelten. Ganz allgemein kann man sagen, daß bei Warmblutpferden normalen Formats eine Widerristhöhe von weniger als 160 cm (Stm.) mit knappem Rahmen, eine solche von 160 bis 165 cm mit mittlerem Rahmen und eine über 165 cm liegende mit großem Rahmen verbunden ist.

In der Ponyzucht hat sich der Begriff des Rahmens bisher wenig verbreitet. Hier wird im allgemeinen die Widerristhöhe (als Stockmaß) stark beachtet und teilweise auch in Abstammungsnachweisen angegeben. Dies erscheint besonders wichtig, wenn Tiere sehr unterschiedlicher Größe gepaart werden, was bei der Zuchtrichtung „Deutsches Reitpony“, aber auch z. B. in der Welsh-Pony-Zucht häufig vorkommt.

2.1.2.5 Bemuskelung

Entspricht diese den Anforderungen des Zuchtziels?

Fettauflagerung

Futterzustand

Training

Neben der Beurteilung des Rahmens verdient auch der allgemeine Bemuskelungs-Zustand eines Pferdes bei der Beurteilung besondere Aufmerksamkeit. Schließlich ist die Verwendung im Sport in hohem Maße auf die Leistungsfähigkeit der Muskulatur angewiesen. Allgemein muß deshalb festgestellt werden, ob das zu beurteilende Tier im Hinblick auf das Zuchtziel-Modell gut oder weniger gut bemuskelt ist. Dabei ist in Rechnung zu stellen, daß die Muskulaturbeurteilung durch verschiedene Punkte erschwert werden kann, z. B. durch übermäßige Fettauflagerung, aber auch durch ungenügenden, d. h. zu schwachen Futterzustand. Andererseits ist neben dem richtigen Futterzustand auch ein fachgerechtes Training erforderlich, um die erblich bedingte Muskulatur-Ausprägung möglichst genau beurteilen zu können. Insgesamt kann also hinsichtlich der Anlage zur Muskelbildung häufig nur ein sehr ungenaues, durch Umwelteinflüsse verdecktes Bild der erblichen Anlagen gewonnen werden.

2.1.2.6 Entwicklungsstand

Entspricht dieser bei wachsenden Tieren – unter Berücksichtigung des Alters – den Zuchtziel-Vorstellungen?

Die beiden Eigenschaften Rahmen und Bemuskelung sind bei allen noch wachsenden Tieren stark abhängig vom jeweiligen Entwicklungsstand. Die korrekte Beurteilung des Entwicklungsstandes bei noch nicht ausgewachsenen Tieren, d. h. bis zum Alter von etwa 5 Jahren, ist häufig sehr erschwert. So ist es, wenn keine genauen Angaben über das Geburtsdatum vorliegen, schwierig zu sagen, ob der schwache Entwicklungsstand z. B. eines Zweijährigen Folge eines Alters-Rückstandes (verhältnismäßig spät geboren) oder anlagebedingter Mängel ist. Außerdem wirken sich bei allen noch wachsenden Tieren die Aufzucht-Intensität und die Aufzucht-Qualität sehr stark auf den Entwicklungsstand aus. Dabei kann ein Entwicklungsrückstand infolge extensiver Aufzucht (knappe Nährstoff-, d. h. Energieversorgung bei ausreichender Zufuhr an Eiweiß, Vitaminen, Mineralstoffen und Spurenelementen) später ohne weiteres ausgeglichen werden. Beruht der zu beobachtende Entwicklungsrückstand jedoch auf schlechter Aufzucht-Qualität (z. B. Unterschreiten der Mindest-Bedarfsmengen bei den oben genannten Nahrungs-Bestandteilen), so ist ein bleibender Schaden zu erwarten. Auch Überfütterung und Haltungsfehler aller Art können zu einem Entwicklungsrückstand führen. Darüber wird an anderer Stelle noch mehr ausgeführt (s. Seite 258ff.).

Geburtsdatum

Aufzucht – Intensität und Qualität

Überfütterung

Haltungsfehler

Das Problem für den Beurteiler liegt bei diesem Punkt darin, daß es schwierig ist, erblich – also züchterisch – bedingte Entwicklungsmängel von umweltbedingten zu unterscheiden. Außerdem erweist es sich oft als fast unmöglich, vorherzusagen, ob ein bestimmter Entwicklungsrückstand später ausgeglichen wird oder nicht. Diese letzte Frage spielt zwar auf Schauen bei der Bewertung des augenblicklichen Zustandes keine Rolle, wird aber von Kaufinteressenten immer wieder gestellt. Zu ihrer Beantwortung ist es sehr hilfreich, wenn man die Aufzuchtverhältnisse des betreffenden Betriebs sowie die Entwicklung verwandter Tiere unter ähnlichen Umweltverhältnissen kennt (weibliche Vorfahren, Geschwister, väterliche Halbgeschwister).

Entwicklung verwandter Tiere

Damit wird ein Umstand deutlich, der ganz allgemein als Voraussetzung erfolgreicher Zuchtwahl angesehen werden muß: Kenntnis nicht nur von Einzeltieren, sondern von ganzen Familien und weite-

Voraussetzung: Kenntnis und Erinnerungsvermögen

ren Verwandtschaftsverhältnissen – Kenntnis und Erinnerungsvermögen. Man sagt: „Züchten ist Denken in Generationen!“ Dem echten Züchter müssen bei wichtigen Namen in einer Abstammung gleichzeitig die wichtigsten Eigenschaften der betreffenden Tiere vor Augen stehen. Leider bieten die in der Pferdezucht üblichen Abstammungs-Nachweise in dieser Beziehung nur sehr wenig Hilfe. Das Höchste sind Angaben über Farbe und Geburtsjahr, daneben bei den Elterntieren vielleicht noch Prämiierungs- und Leistungsprüfungs-Ergebnisse. In dieser Hinsicht sind z. B. Milchvieh-Züchter sehr viel glücklicher dran, da in den Abstammungstafeln ihrer Tiere sowohl nach objektiven Maßstäben ermittelte Leistungsangaben als auch Relativ-Werte verschiedener Art selbstverständlich sind.
Die Kunst versierter Zuchttier-Käufer liegt oft darin, mehr oder weniger intuitiv oder dank besonderer Kenntnisse und Erfahrung diejenigen Tiere herauszufinden, deren Entwicklungsmängel weitgehend umweltbedingt sind und deshalb ihren Zuchtwert nicht nachteilig beeinflussen. Andererseits kann Anfängern nur dringend davon abgeraten werden, Minus-Varianten als Zuchttiere einzusetzen, deren schlechte Qualität angeblich nur auf irgendwelchen Fehlern eines untüchtigen Aufzüchters beruhen soll.

2.1.2.7 Skelettmechanik

Bietet das zu beurteilende Tier in seiner Skelettmechanik im Stand – einschließlich bestimmter die Mechanik beeinflussender Muskelpartien – gute oder weniger gute Voraussetzungen für die Verwendung im Sport?

Für die hier zu besprechenden Pferde bzw. Ponys steht die sportliche Nutzung zum Reiten und Fahren im Vordergrund. Es werden also Eigenschaften wie Gleichgewicht, Belastbarkeit, Elastizität, Schwung- und Federkraft, Durchlässigkeit im Genick und eine gute Sattellage verlangt. Diese Eigenschaften sind zum erheblichen Teil vom Körperbau, insbesondere von der Skelettmechanik, abhängig. Deshalb kommt der Beurteilung dieses Punktes überragende Bedeutung zu. Dazu ist es erforderlich, durch Studium und Übung die knöcherne Grundlage des Körperbaues gewissermaßen mit „Röntgen-Augen“ erkennen zu können. Gleichzeitig sind jedoch auch bestimmte Muskelpartien zu beurteilen, die den Einsatz der gegebenen Skelettmechanik beeinflussen und somit – getrennt vom allgemeinen Bemuskelungszustand – besonders beachtet werden müssen.

Körperbau

knöcherne Grundlage

Muskelpartien

Wie haben wir uns nun ein ideal gebautes Sportpferd vorzustellen?

Die bei sportlicher Nutzung häufig erforderlichen plötzlichen Reaktionen zwingen das Pferd zu raschen Schwerpunktverlagerungen ohne Balance-Verlust. Das dabei zu tragende Gewicht des Reiters stellt zusätzliche Anforderungen an die Fähigkeit des Pferdes, auch bei schneller Bewegung sein Gleichgewicht nicht zu verlieren. Wichtige Voraussetzungen für die Fähigkeit zu rascher Schwerpunktverlagerung ohne Verlust des Gleichgewichts sind einmal ein bestimmtes Format des Pferdes, zum anderen eine bestimmte Harmonie der Rumpf-Proportionen, d. h. genügende Länge von Schulter und Kruppe im Verhältnis zur gesamten Körperlänge.

Gleichgewicht

Mit dem Ausdruck **„Format“** bezeichnen wir das Verhältnis von Körperlänge (gemessen von der Vorderkante der Brust in Höhe des Schulter- oder Buggelenks bis zur Hinterkante der Kruppenmuskulatur in Höhe des Sitzbeinhöckers) zu Widerristhöhe. Allgemein wird bei fast allen Rassen ein mäßig ausgeprägtes Lang-Rechteck-Format als günstig angesehen, wie es z. B. bei einer Widerristhöhe von 165 cm (Stm.) und einer Rumpflänge von ca. 170 cm gegeben ist. Pferde im Quadrat-Format (genau so lang wie hoch) – beispielsweise in der Araberzucht häufig zu finden – haben im allgemeinen gewisse Vorteile in der Wendigkeit und der Tragfähigkeit des Rükkens. Sie wurden deshalb früher als Kavalleriepferde gern gesehen. Bei höheren Sprüngen oder Sprüngen im Gelände dürfte ihr Gleichgewicht jedoch eher in Gefahr geraten als das etwas längerer Pferde.

Lang-Rechteck-Format

Quadrat-Format

Mit dem Übergang zum Hoch-Rechteck-Format (Rumpf kürzer als Widerristhöhe) erhöht sich diese Gefahr noch weiter. Andererseits ist ein verhältnismäßig kurzer Rumpf mechanisch leichter vorn anzuheben als ein langer. Es gibt also auch im Leistungssport Gesichtspunkte, die für ein kürzeres Format sprechen. Erste Untersuchungsergebnisse in dieser Richtung müssen noch durch Bearbeitung größeren Materials ergänzt werden, bevor dazu eindeutig Stellung genommen werden kann.

Hoch-Rechteck-Format

In engem Zusammenhang mit dem Format steht die **Harmonie** der Rumpf-Proportionen eines Pferdes. Als harmonisch eingeteilt

Rumpf-Proportionen

Links: Lang-Rechteck-Format (Rumpflänge größer als Widerristhöhe).
Mitte: Quadrat-Format (Rumpflänge etwa gleich Widerristhöhe).
Rechts: Hoch-Rechteck-Format (Rumpflänge kleiner als Widerristhöhe).

Links: Hirschhals, übermäßig entwickelte Unterhals-Muskulatur.
Rechts: Schwanenhals, übertrieben gewölbtes, leichtes Genick mit „ausgeschnittener Kehle".

bezeichnen wir ein Pferd, dessen Rumpf sich bei Teilung durch senkrechte Linien hinter dem Schulterblatt und vor dem Hüfthöcker aus drei etwa gleich langen Teilen zusammensetzt. Erwünscht ist also eine lange, schräge, möglichst weit nach hinten reichende Schulter und eine lange, schräge Kruppe bei mittellangem Rücken. Nur ein so gebautes Pferd ist in der Lage, schnell sein Gewicht auf Vorhand oder Hinterhand zu verlagern und dort vorübergehend zu tragen. Eine gewisse Rumpflänge ist also nur günstig, wenn sie durch lange Schulter und lange Kruppe bedingt ist. Ein langes Pferd, bei dem nur der Rücken lang ist, kann man als Sportpferd kaum gebrauchen.

Hals

Bei der Prüfung der Harmonie eines Pferdes ergibt sich neben einer Betrachtung des Kopfes, die jedoch für die Bewertung von Rassetyp, Geschlechtsausdruck und Adel wichtiger ist und dort bereits erfolgt sein sollte, als weiteres die Frage, ob der **Hals** zum Pferd paßt. Ein langes Pferd mit kurzem Hals wirkt unharmonisch, ebenso ein kurzes Pferd mit langem Hals. Daß ein solches Mißverhältnis auch das Halten des Gleichgewichts unter dem Reiter beeinträchtigt, ergibt sich aus der Eigenschaft des Halses als „Balancierstange" des Pferdes. Diese Eigenschaft tritt besonders bei schwierigen Sprüngen augenfällig in Erscheinung. Grundsätzlich sollte der Hals also in seiner Länge zur Rumpflänge des Pferdes passen.

Balancierstange

Neben der Hals-Länge spielen weitere, weitgehend skelettbedingte Eigenschaften des Halses eine wichtige Rolle für die Nutzung eines Pferdes im Reitsport. Als erstes ist der Verlauf von Unter- und Oberlinie zu nennen. Bekannte Extremformen sind der „Hirschhals" und der „Schwanenhals". Beide bereiten dem Reiter erhebliche Schwierigkeiten. Der Hirschhals ist normalerweise mit steifem, undurchlässigem Genick verbunden und hat damit häufig festgehaltenen Rücken, dadurch Sitzschwierigkeiten und Verkrampfung des Reiters zur Folge. Dem Schwanenhals dagegen fehlt oft das Mindestmaß an Festigkeit im Genick, das nötig ist, um Zügeleinwirkungen durch die Wirbelsäule bis auf die Hinterhand zu übertragen. Wir haben es dabei – wie ganz allgemein bei einem sehr langen Hals – häufig mit einem sogenannten „Gummihals" zu tun, der bei Zügeleinwirkung nach allen Richtungen ausweicht, z. B. durch „Aufrollen" oder „Überzäumen" mit dem sogenannten „falschen Knick", während der Rumpf ohne Reaktion weitermarschiert.

Hirschhals
Schwanenhals

Gummihals

Falscher Knick

In diesem Zusammenhang ist auch der „Schlangenhals" als ungünstige Form zu erwähnen, der die Nachteile des Schwanenhalses in verstärkter Form erwarten läßt. Bei ihm kommt zum ungünstigen Verlauf von Unter- und Oberlinie noch ein Fehler hinzu, der auch bei sonst normalen Hälsen auftreten kann, nämlich der von der Normalform nach unten abweichende, tiefe Hals-Aufsatz. In diesem Falle kommt der Hals so tief aus der Schuler heraus, daß Aufrichtung der Vorhand und Verlagerung von Gewicht auf die Hinterhand sehr erschwert werden. Beim tiefen Hals-Aufsatz handelt es sich um eine bei englischen Vollblütern ziemlich häufig zu findende Halsform, die für den Einsatz als Rennpferd mit extremer Schwerpunktverlagerung nach vorn eher vorteilhaft als nachteilig wirkt. Für Fahrpferde

Schlangenhals

Hals-Aufsatz

Rechts: Folge des „falschen Knicks" in der Hals-Oberlinie (höchster Punkt nicht direkt hinter den Ohren): Pferd „rollt sich auf", d. h. es weicht der Hand- bzw. Zügel-Einwirkung nach hinten aus, ohne diese auf die Wirbelsäule durchzulassen.
Links: Schlangenhals, in S-Form gewölbt.

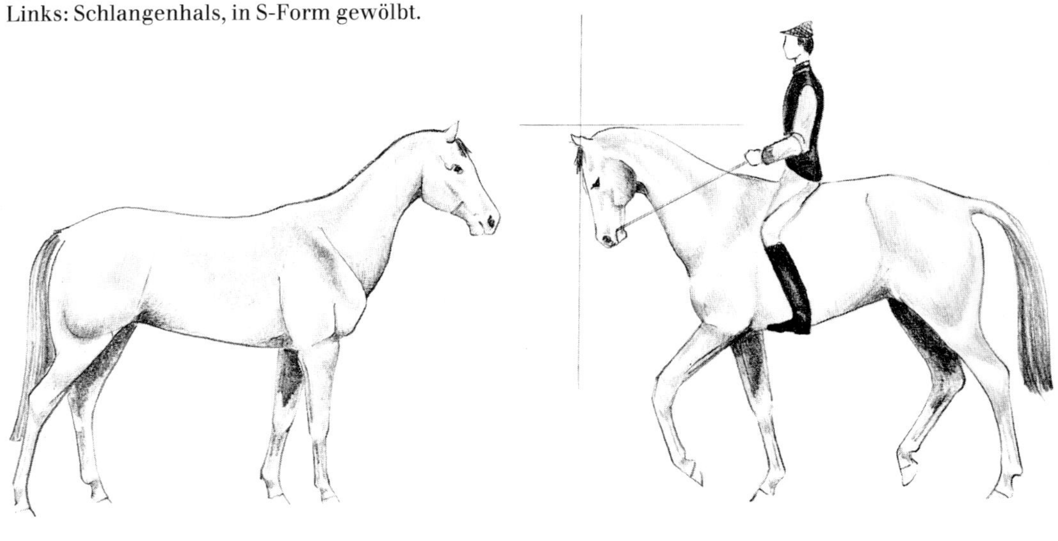

ist sie insofern besonders ungünstig, als bei Anspannung mit Brustblattgeschirr die Gefahr der Luftabschnürung durch Druck des Brustblattes auf das untere Hals-Ende besteht.

Als Gegenteil des zu tief aufgesetzten Halses findet man, bei modernen Sportpferden allerdings verhältnismäßig selten, den sehr hohen „Aufsatz", d. h. einen Hals, dessen Aufsatz an der Schulter so hoch und nach hinten gerückt erscheint, daß er den Widerrist teilweise überdeckt. Dieser für Prunk- und Kutschpferde des „barocken" Typs kennzeichnende Hals-Aufsatz erleichtert normalerweise die Gewichts-Verlagerung auf die Hinterhand, also die „Versammlung". Manchmal erscheinen derart gebaute Pferde im Raumgriff der Bewegung etwas behindert, gehen also mehr oder weniger hoch und kurz. Dieser Mangel dürfte jedoch vorwiegend auf eine „gebundene" oder „überladene", d. h. durch zu straffe Bänder, Muskeln oder Fettschichten festgehaltene Schulter und nicht auf die Halsform zurückzuführen sein.

Gebundene Schulter

Der für die Nutzung als Sportpferd im Sinne der klassischen Reitkunst ideale Hals kann wie folgt beschrieben werden:

In der Länge passend zum Pferd, im allgemeinen also mittellang;

Leichtes Genick

zum Kopf hin deutlich verjüngt („leichtes Genick") mit genügend Platz zwischen den Unterkieferästen („Ganaschen") und dem Kehlgang, um die „Beizäumung", d. h. senkrechte Kopfstellung bei aufgerichtetem Hals, nicht zu behindern („Ganaschenfreiheit");

Ganaschenfreiheit

gerade Unterlinie (am Kehlgang genügend ausgeschnitten) und leicht gewölbte Oberlinie, vor allem im oberen Drittel („natürliche Genickwölbung");

Natürliche Genickwölbung

Links: Tiefer Hals-Aufsatz mit „Axthieb" (Pfeil) vor dem Widerrist, häufig bei Rennpferden zu finden.
Rechts: Hoher Hals-Aufsatz, typisch für Andalusier und davon beeinflußte Rassen.

Oben: Mittelhoch aufgesetzter „Normal“-Hals mit leichter Wölbung der Oberlinie, genügend ausgeschnittener Kehle („Ganaschenfreiheit“), nicht hervorgewölbter Unterlinie und passender Länge (deutlich länger als der Kopf).
Links: Bretthals mit ungenügender Aufsatz-Breite und schwacher Bemuskelung.
Rechts: Speckhals, übertriebene Form des „Hengsthalses“ mit übermäßiger, oft durch Fett-Auflage bedingter Oberlinien-Wölbung und Breite.

Aufsatz in mittlerer Höhe aus der Schulter kommend, also – bei normaler Halshaltung – zwischen Schultergelenk und vorderem Ende des Widerristes aufgesetzt.

Ein so geformter Hals bietet zumindest mechanisch keine besonderen Schwierigkeiten für den Reiter. Dabei muß beachtet werden, daß neben der knöchernen Grundlage auch die Muskel- bzw. Fettbildung Einfluß auf die Halsform und -mechanik hat. So gibt es z. B. den schmalen, schwach bemuskelten „Bretthals“ und den dicken, durch starke Muskulatur und/oder Fettbildung bedingten „Speckhals“, ersteren häufiger bei Stuten und Wallachen, letzteren häufiger bei Hengsten (deshalb auch als „Hengsthals“ bezeichnet).

Bretthals
Speckhals

Die starke Biegsamkeit der Hals-Wirbelsäule erlaubt es, in Verbindung mit Fütterung und Ausbildung die Halsform in gewissen Grenzen zu beeinflussen. So kann ein schwach bemuskelter, ungewölbter Hals durch gutes Reiten in der Bemuskelung und Genickwölbung deutlich verbessert werden. Da jedoch längst nicht alle Reiter in der

Lage sind, dieses Ziel zu erreichen, müssen bei der Zuchtwahl Tiere bevorzugt werden, die von Natur aus eine günstige Halsform bieten.

Jeder Reiter wünscht sich, beim Reiten „viel vor sich zu haben“, d. h. das Gefühl zu haben, in der Mitte des Pferdes und nicht auf seinem vorderen Ende zu sitzen. Im Rahmen der dressurmäßigen Ausbildung wird eine Verschiebung der Gewichtsbelastung durch das zusätzliche Reitergewicht von der zunächst stark belasteten und damit verschleißbedrohten Vorhand auf die Hinterhand angestrebt. Außerdem ist es auch im Springsport von Vorteil, wenn das beim Absprung vor einem Hindernis mit anzuhebende Gewicht des Reiters nicht zu weit vorne auf der Wirbelsäule hängt. Es ist also von

Sattellage

erheblicher Bedeutung, daß das Pferd eine gute **„Sattellage“** hat, d. h. daß der Sattel auf dem Rücken weit genug hinten liegt. Wovon ist diese Sattellage nun abhängig?

Bei oberflächlicher Betrachtung glaubt man zunächst wohl, daß schon ein gut ausgeprägter, weit in den Rücken hineinreichender

Widerrist

Widerrist genügt, um eine gute Sattellage zu bieten. Dies ist jedoch ein Trugschluß, der bei zahlreichen Pferden durch die Gefahr eines Satteldrucks trotz oder besser sogar gerade wegen starker Ausprägung des Widerristes bestätigt wird: dann nämlich, wenn die Schulterblätter bzw. die darauf liegenden Muskeln nicht genügend weit nach hinten und oben an den Widerrist heranreichen, es somit also an der nötigen Bemuskelung neben dem hoch aufragenden Widerrist fehlt. Ein stark ausgeprägter Widerrist allein ohne eine lange,

Schulter

schräge, gut bemuskelte Schulter kann den Sattel nicht daran hindern, zu weit vorn zu liegen, und bringt die große Gefahr des Druk-

Unterschiedliche Sattellage je nach Länge und Neigungsgrad der Schulter:
Links: kürzer und steiler = Sattel liegt (auch bei langem Widerrist!) zu weit vorn.
Rechts: länger und schräger = Sattel liegt passend.

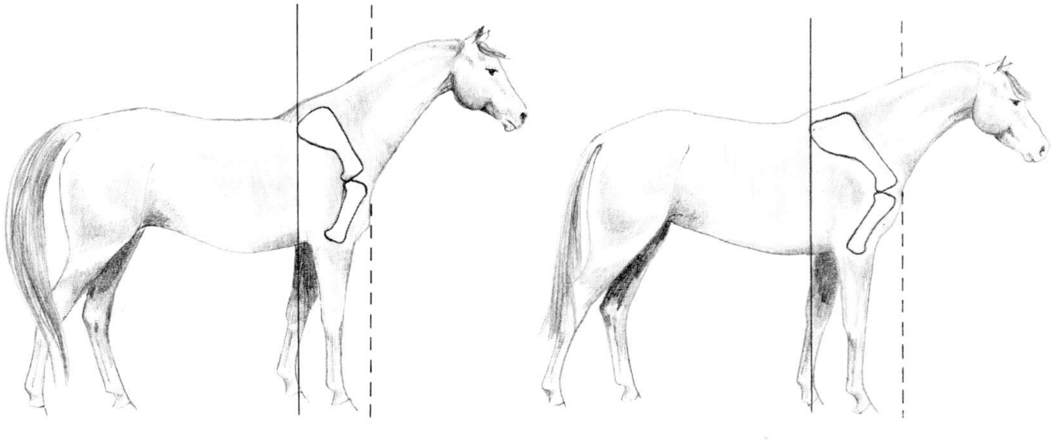

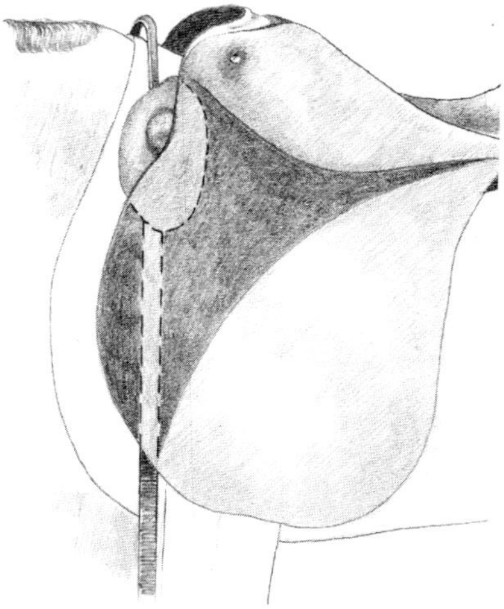

Vorgurt – durch Metallbügel verbundene Polster-Höcker auf beiden Seiten des Widerristes – verhindert das Vorrutschen des Sattels und die damit verbundene Überlastung der Vorhand bei jungen Pferden mit noch unentwickelter Schulter-Muskulatur bzw. bei Pferden mit kurzer Schulter.

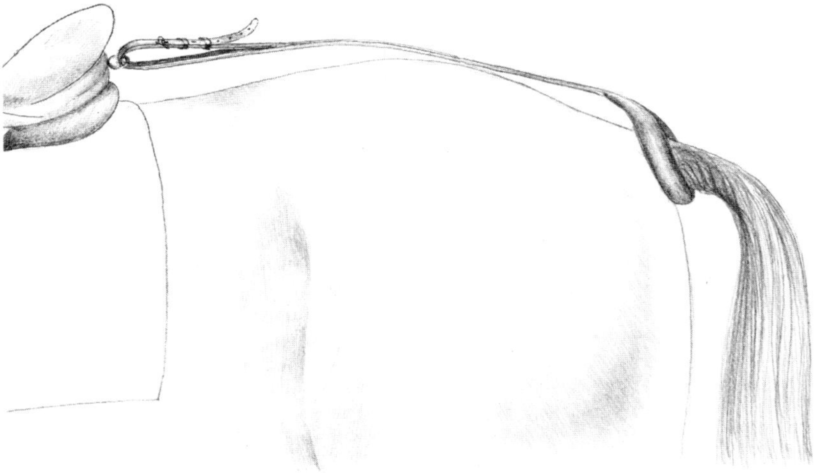

Schweifriemen – gepolsterte Öse, durch welche der Schweif hindurchgesteckt wird, mit Riemenverbindung zum Sattel – dient dem gleichen Zweck wie der Vorgurt.

kes bzw. des Aufscheuerns in der Sattelkammer, wenn diese nicht extrem hoch bzw. nach hinten ausgeschnitten ist. Hilfsmittel wie der bekannte „Vorgurt" sind dann nötig, um Schäden zu vermeiden und den Reiter passend, d. h. nicht zu weit vorn, sitzen zu lassen. Die bereits als Grundlage der Harmonie des Pferdes geforderte Länge der Schulter ist also auch im Hinblick auf eine gute Sattellage von großer Bedeutung. Im übrigen wirkt sie sich auch auf die Bewegungselastizität und die Belastbarkeit des Pferdes günstig aus, da ein langes, schräg liegendes Schulterblatt größere Muskelansatzfläche und stärkere Hebel- bzw. Federwirkung bietet.

Vorgurt

Hebel- bzw. Federwirkung

Als Gegenteil des aus schwach bemuskelter, womöglich auch noch kurzer, steiler Schulter hoch aufragenden Widerristes ist auch der sehr breit bemuskelte, in der „überladenen" Schulter weitgehend verschwindende, schwach ausgeprägte Widerrist ein wesentlicher Fehler. Dieser bei bestimmten Rassen wie z. B. Quarterhorse, Haflinger oder Fjordpferd ziemlich häufig zu findende Fehler erschwert es, dem Sattel eine genügend feste Lage hinter dem Widerrist zu verschaffen. Ihm kann meistens nur durch Benutzung eines Schweifriemens entgegengewirkt werden, der das Vorrutschen des Sattels verhindert. Bei zu starken Fettpolstern ist ein zumindest seitliches Verrutschen des Sattels auch damit nicht zu vermeiden.

Schweifriemen

Als weiterer Fehler im Hinblick auf eine gute Sattellage muß die bei Stuten bzw. Weidetieren häufig festzustellende Bauchigkeit genannt werden. Der hinter den Ellbogen deutlich breiter und tiefer werdende Brustkorb schiebt den Sattel bzw. den Sattelgurt unerwünscht weit nach vorn und beeinträchtigt somit die Reiteignung. Dieser Fehler ist im allgemeinen jedoch eindeutig konditionsbedingt und kann – von Ausnahmen bei älteren Stuten abgesehen – durch zweckmäßige Haltung, Fütterung (Verstärkung des Kraftfutter-Anteils) und evtl. Parasitenbekämpfung abgestellt werden.

Bauchigkeit

Zusammenfassend ist die ideale Sattellage wie folgt zu beschreiben:

Schräge, weit nach hinten reichende Schulter, deren oberer Rand mit guter Bemuskelung an einen ausgeprägten, genügend hohen und weit in den Rücken hineinreichenden Widerrist anschließt (verbunden mit einem hinter den Ellbogen nicht tiefer werdenden Brustkorb). Als Maß einer guten Schulterlage und -länge kann es angesehen werden, wenn eine senkrechte Linie vom hinteren Rande des Schulterblattes bzw. der darauf liegenden Muskulatur bei normalem Stand etwa eine Handbreit (bei Großpferden – bei Ponys entsprechend weniger) hinter dem Ellbogenhöcker vorbeiführt.

Links: Starke Bauchwölbung – vor allem bei alten Zuchtstuten, aber auch allgemein bei Weidepferden häufig – schiebt den Gurt und damit auch den Sattel übermäßig nach vorn.
Rechts: Bei richtiger Sattellage beträgt der Abstand zwischen Gurt-Vorderkante und Ellbogenhöcker mindestens eine Handbreite (für Großpferde, Ponys entsprechend weniger).

Während die vorstehend erörterte Sattellage darüber entscheidet, **wo** der Reiter sitzt, ergibt sich aus der Ausprägung der **Rücken-Oberlinie** ein wesentlicher Einfluß auf die Art, **wie** er beim Reiten sitzen kann. Die Forderung nach einem angenehmen Sitz auf elastisch-federndem, schwingendem Rücken wird von Reitern der verschiedenen Disziplinen sicher in unterschiedlicher Betonung gestellt. So erscheint sie z. B. für einen Springsport-Spezialisten neben anderen Eigenschaften vielleicht weniger wichtig. Dressur- und Freizeitreiter dürften jedoch gerade diesem Punkt besondere Bedeutung zumessen. Um dieser Forderung gerecht zu werden, sollte der Rücken mittellang und breit – jedoch nicht stramm – bemuskelt sein. Eine hinter dem Widerrist leicht nach unten geschwungene, „elastische" Rückenlinie wird allgemein der sehr geraden oder sogar nach oben aufgewölbten vorgezogen.

Rücken-Oberlinie

Von besonderer Bedeutung für die reiterliche Nutzung eines Pferdes ist daneben noch die Ausbildung des Übergangs vom Rücken zum Kreuz, die Lenden- oder Nierenpartie. Um eine gute Verbindung zwischen Vor- und Hinterhand in der Bewegung zu sichern, wird eine breit bemuskelte, ohne Einsenkung in den höchsten Punkt der Kruppe übergehende „Niere" gern gesehen. Eine gewisse Hochwölbung an diesem Teil des Rückens, in krasserer Form als „Karpfenrücken" bezeichnet, etwas schwächer ausgeprägt als „stramme Niere", kann eine übermäßige Festigkeit des Rückens und damit Schwierigkeiten für Lösung, Sitzbequemlichkeit und Durchlässigkeit bedeuten. Sofern die Hochwölbung der Oberlinie lediglich durch hervorstehende Wirbelfortsätze bedingt ist, wie sie z. B. als Folge jugendlichen Wurmbefalls auftreten können, muß die Elastizität des Rückens dadurch nicht unbedingt beeinträchtigt sein.

Nierenpartie

Karpfenrücken

Stramme Niere

Rechts: „Stramme Niere" bzw. Karpfenrücken (gestrichelt, Pfeil).
Links: „Matte Niere" (gestrichelt, Pfeil) bzw. Senk- oder matter Rücken.

Senkrücken Bei der Beurteilung des besonders stark nach unten durchhängenden „Senkrückens“, in schwächerer Form als „matter Rücken“ bzw.

Lose Niere – weiter hinten auftretend – „matte oder lose Niere“ bezeichnet, sind Alter und bisherige Verwendungsart des Pferdes in Betracht zu ziehen. So zeigt sich z. B. bei alten Deckhengsten und bei Mutterstuten nach häufiger Trächtigkeit eine gewisse Einsenkung der Rückenlinie hinter dem Widerrist, die nicht tragisch zu nehmen ist. Dagegen sollte ein deutliches „Hängen“ der Nierenpartie in jedem Falle als Zeichen einer geschwächten Trag- und Verbindungskraft beachtet werden, welches häufig mit ungenügendem Mittreten der Hinterhand in der Bewegung verbunden ist.

Meßpunkte der Kruppenlänge: Hüfthöcker – Sitzbeinhöcker.

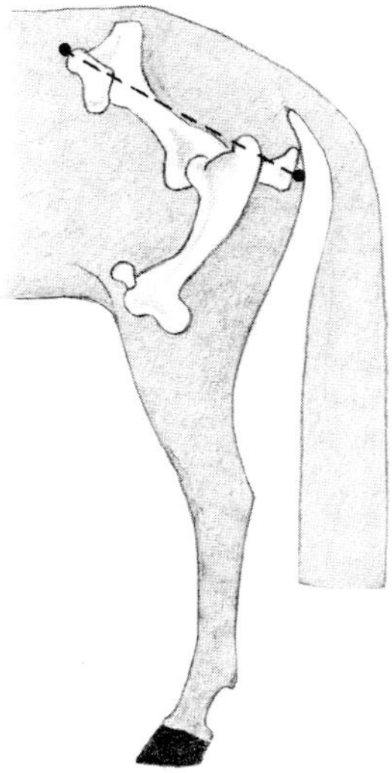

Als Sitzfläche des Reiters, aber auch als Teil der Verbindung zwischen Vor- und Hinterhand spielt der Rücken, wie bereits betont, eine entscheidende Rolle für die sportliche Nutzung von Pferden und Ponys. Er muß deshalb – zusammenfassend betrachtet – ein Mindestmaß an Tragkraft mit einem Höchstmaß an Elastizität verbinden.

Tragkraft

Elastizität

Kruppe

Die Tatsache, daß die Bewegung des Pferdes stets von der Hinterhand ausgeht, gibt der Beurteilung der **Kruppe,** ihrer Länge, Breite und Lage, besondere Bedeutung. Im Bereich der Kruppe befinden sich die stärksten Muskelpartien, sozusagen der „Motor“ des Pferdes. Ausbildung und Wirksamkeit dieser Muskeln werden von Größe

Beckenknochen
Maßpunkte

und Winkelung, d. h. Hebelstellung, der Beckenknochen beeinflußt, können dabei allerdings auch gewisse Mängel der Mechanik kompensieren. Allgemein wird die Kruppe – in Harmonie zur gesamten Rumpflänge – möglichst lang gewünscht. Dabei ist zur Beurteilung der Kruppenlänge wichtig, die Maßpunkte nicht an der Oberlinie, etwa zwischen dem Kreuz als höchstem Punkt der Kruppe und dem Schweifansatz, sondern zwischen Hüfthöcker und Sitzbeinhöcker anzusetzen. Pferde, deren Kruppenoberlinie ausgesprochen kurz wirkt (nach hinten verschobenes Kreuz, hoch sitzender Schweifansatz), können in der echten Kruppenlänge häufig durchaus befriedigen.

Sitzbein-Hebel
Platte Kruppe
Abgeschlagene Kruppe
Esel-Kruppe
Hüftige Kruppe

Die z. B. bei Arabern rassetypische, mehr oder weniger waagerechte Lage der Kruppe (meistens nur der Kruppenoberlinie) gilt bei den meisten sonstigen Sportpferde- und -ponyrassen als unerwünscht, da bei ihr eine z. B. für höhere Leistungsansprüche ungünstige Stellung des Sitzbein-Hebels (Hüftgelenk – Sitzbeinhöcker) gegeben ist. Man spricht in diesem Zusammenhang von der „geraden“ oder „platten“ Kruppe, die auch beim Oldenburger Wirtschaftspferd des alten Typs häufig zu finden war. Andererseits soll die Schräglage ein bestimmtes Maß nicht überschreiten, da dann erneut eine mechanisch ungünstige Hebelstellung auftritt, z. B. bei der für Kaltblutpferde und Traber typischen, ab und zu auch bei Haflingern oder Connemara-Ponys auftretenden „abgeschlagenen“ Kruppe. Als weitere unerwünschte Form ist die „Kamel“- oder „Esel-Kruppe“ zu nennen, die seitlich und nach hinten stark abgedacht sowie spitz zulaufend erscheint, ferner die „hüftige“ Kruppe, bei der die Hüfthöcker deutlich hervorstehen und entweder eine allgemeine

Links: Abgeschlagene, d. h. übermäßig stark geneigte Kruppe.
Rechts: Hohe bzw. gerade, d. h. fast waagerechte, kaum geneigte Kruppe.

Links: Spitze, seitlich stark abgedachte „Eselkruppe“. Mitte: Gespaltene, gleichzeitig hüftige Kruppe (Hüfthöcker hervortretend). Rechts: Melonenkruppe mit leicht gewölbter Muskulatur beidseitig neben dem Keuzbein.

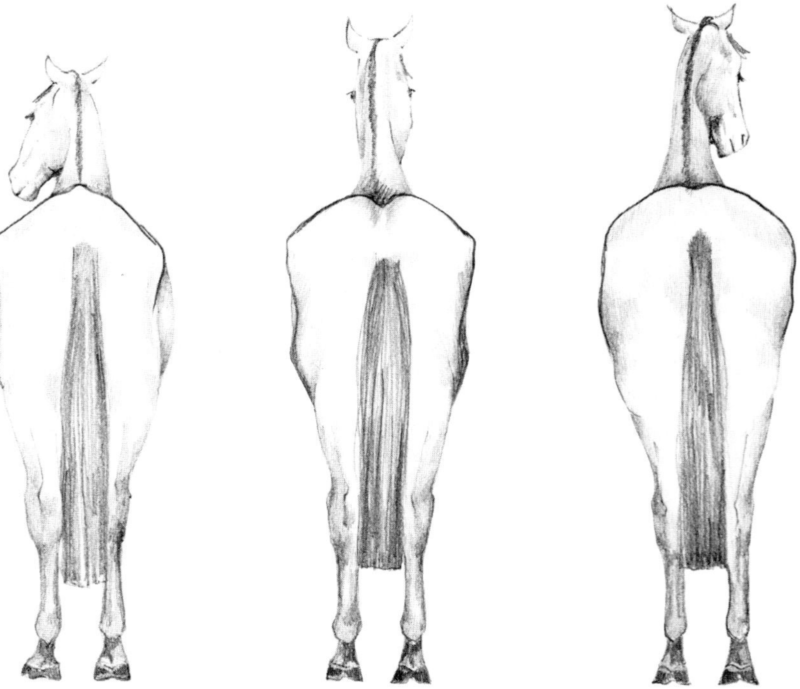

Bemuskelungsschwäche oder einen schlechten Futterzustand anzeigen. Gern gesehen wird dagegen die „Melonen-Kruppe“, bei der stark ausgeprägte Muskelbündel die Dornfortsätze des Kreuzbeins sowie die Hüfthöcker leicht gerundet überragen. Erscheint das Kreuzbein – von hinten gesehen – mit einer deutlichen Furche zwischen den Kruppenhälften, so haben wir es mit der „gespaltenen“ Kruppe zu tun, die ebenso wie die „abgeschlagene“ gewissen Kaltblut-Einfluß vermuten läßt.

Melonen-Kruppe

Gespaltene Kruppe

Neben den für bestimmte reiterliche Aspekte wichtigen Beurteilungspunkten an der Oberlinie der Pferde-Silhouette – Hals, Sattellage, Rücken, Kruppe – dürfen die mit der Ausbildung des **Rumpfes** verbundenen Beurteilungspunkte nicht vernachlässigt werden. Dabei geht es im wesentlichen um Breite, Tiefe und Länge des Brustkorbes sowie Länge bzw. „Schluß“ der Flanke. Diese Punkte sind für die sportliche Nutzung zwar manchmal nur indirekt von Bedeutung, beeinflussen jedoch die allgemeine Leistungsfähigkeit sowie die Wirtschaftlichkeit der Haltung. Ganz allgemein wird angenommen, daß ein Mindestmaß an Brustraum für die Ausbildung genügend leistungsfähiger Organe (Herz, Lunge usw.) nötig ist. Nach bisherigen Untersuchungen und Erfahrungen scheint dabei

Rumpf

Wirtschaftlichkeit

die Brusttiefe (bei ovalem Querschnitt) wichtiger zu sein als die Brustbreite oder -länge. Natürlich richtet sich die optimale Brusttiefe sehr stark nach der im Ideal-Modell des Rassetyps geforderten Lang- oder Kurzbeinigkeit. Grundsätzlich wird jedoch eine geringe Brusttiefe (verbunden mit rundem Brustkorb-Querschnitt und Hochbeinigkeit, „viel Wind unter dem Bauch") als nachteilig angesehen. Als Maß der erwünschten Brustbreite kann bei Warmblutpferden gelten, daß eine Handbreite bequem zwischen den Vorderbeinen Platz finden soll. Übermäßige Brustbreite – die „Löwenbrust" – gilt als Zeichen für Kaltblut-Einschlag und führt in Verbindung mit breiter Vorderbeinstellung zu plumpen Bewegungen.

Löwenbrust

Als weitere fehlerhafte Brustformen werden die zwischen den Buggelenken eingefallene „Ziegenbrust" sowie die dort spitz hervorragende „Habichtsbrust" genannt.

Ziegenbrust
Habichtsbrust

Hinsichtlich der Länge des Brustkorbes sind gewisse Mindestforderungen zu stellen, die in Beziehung zur gesamten Rumpf- bzw. Rükkenlänge stehen. Je weiter die letzten Rippen nach hinten reichen, umso geschlossener erscheint die Flanke, d. h. die Fläche zwischen diesen Rippen und der am Hüfthöcker beginnenden Hinterhand. Eine „geschlossene" Flanke gilt als Zeichen guter Verbindung zwischen Rücken bzw. Brustkorb und Hinterhand, aber auch einer gewissen Anspruchslosigkeit in der Fütterung.

Geschlossene Flanke

Im Gegensatz dazu läßt die vor allem bei reichlich langen Pferden zu findende „offene" Flanke mit einem verhältnismäßig großen Abstand zwischen den letzten Rippen und der Hinterhand ähnlich wie die „lose" oder „hängende" Niere gewisse Verbindungsschwierigkeiten zur Hinterhand erwarten. Sie wird außerdem als Zeichen für höhere Futteransprüche angesehen.

Offene Flanke

Links: Gute (gestrichelt) bzw. geringe Brusttiefe.
Rechts: Gute (gestrichelt) bzw. geringe Flankentiefe, offene Flanke (Pfeil).

Aufzucht

Ganz allgemein ist für die Entwicklung des Brustkorbes in seinen genetisch bedingten Ausmaßen eine zweckmäßige Aufzucht mit ausreichender Fütterung und Bewegung erforderlich. In späterem Alter kann das Training sich nur noch in begrenztem Umfang auswirken, und zwar vorwiegend auf die allgemeine Bemuskelung sowie die Form der hinteren Brustkorbteile. Andererseits kann ständige Zuchtverwendung von Stuten bei vorwiegendem Weidegang bzw. starker Rauhfutter-Gabe eine Ausweitung der hinteren Brustkorbhälfte verursachen, die zwar die Sattellage stört (s. o.), aber nicht erblich veranlagt und deshalb kaum nachteilig zu bewerten ist.

Fundament
Stärke,
Länge, Winkelung
und Stellung

Als weiterer wichtiger Teil der Skelettmechanik ist das **Fundament** mit Stärke (Knochen sowie Gelenke), Länge, Winkelung und Stellung zu bewerten. Betrachten wir zunächst die Vorderbeine. Hier gelten als wesentliche Forderungen hinsichtlich der Stellung:

Senkrechte, ungebrochene Stellung der Knochenachsen von Unterschenkel und Röhrbein, sowohl von vorn als auch von der Seite betrachtet;

Querbein

Schräglage des möglichst langen Oberarmbeines (auch als „Querbein“ bezeichnet) mit einem Winkel von ca. 45° Abweichung von der Waagerechten;
Schräglage der mittellangen Fessel (Winkel zur Waagerechten ca. 50°) mit – seitlich betrachtet – ungebrochener Verlängerung der Knochenachse parallel zur Zehenwand des korrekt geformten bzw. entsprechend korrigierten Hufes, dabei von vorn betrachtet senkrechter Stand von Fessel- und Hufachse unter der Röhre.

Links: Korrekt stehendes Vorderbein von vorn.
Rechts: Korrekt stehendes Vorderbein von der Seite.

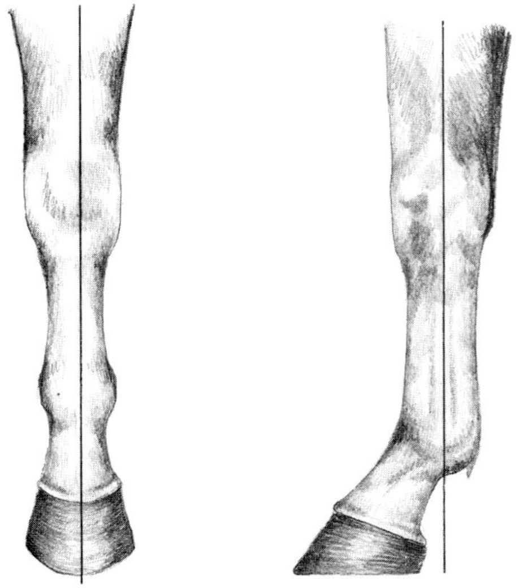

Zur Länge und Stärke des Fundaments ist ganz allgemein zu sagen, daß sie den Vorstellungen des Rassetyp-Modells entsprechen sollen. Angesichts der deutlichen Schwankungsbreiten in verschiedenen Rassen ist zu fordern, daß das Fundament in seiner Stärke (gemessen z. B. am Röhrbeinumfang unter der Vorderfußwurzel) zu Größe und Gewicht des Pferdes passen muß.

Röhrbeinumfang

Die Länge der Beinknochen beeinflußt in wesentlichem Maße die Widerristhöhe und ist somit in ihrer Beurteilung eindeutig zuchtzielabhängig. Generell sind Extreme unerwünscht.

Als weitere Beurteilungspunkte an den Vorderbeinen müssen die Gelenke in Ellbogen, Vorderfußwurzel und Fesselkopf genannt werden. Beim Ellbogengelenk ist neben einer deutlich nach hinten hervortretenden Ausprägung vor allem wichtig, daß der Ellbogenhöcker nicht zu eng an den Brustkorb angedrückt erscheint. Hierdurch würde sowohl die Bewegung der Vorderbeine als auch die Lage des Sattelgurts behindert. Andererseits ist ein zu breites Abstehen ebenfalls unerwünscht, da es auf einen reichlich schmalen, schwach bemuskelten Brustkorb schließen läßt. Grundsätzlich sollen zwischen Ellbogenhöcker und Brustwand etwa zwei Fingerbreiten Platz haben.

Ellbogengelenk

Im Gegensatz zu anderen Bein-Gelenken ist das Vorderfußwurzelgelenk, weil eine stoßdämpfende Winkelung fehlt, besonders starken Belastungen, insbesondere bei Sprüngen, ausgesetzt. Es soll besonders kräftig ausgeprägt sein, da der Druck je Flächeneinheit um so geringer wird, je größer die gesamte belastete Fläche ist. Die kräftige Ausprägung dieses Gelenks zeigt sich neben einem deutli-

Vorderfußwurzelgelenk

Vorderbein. Links: normal. Mitte: geschnürt. Rechts: geschliffen.

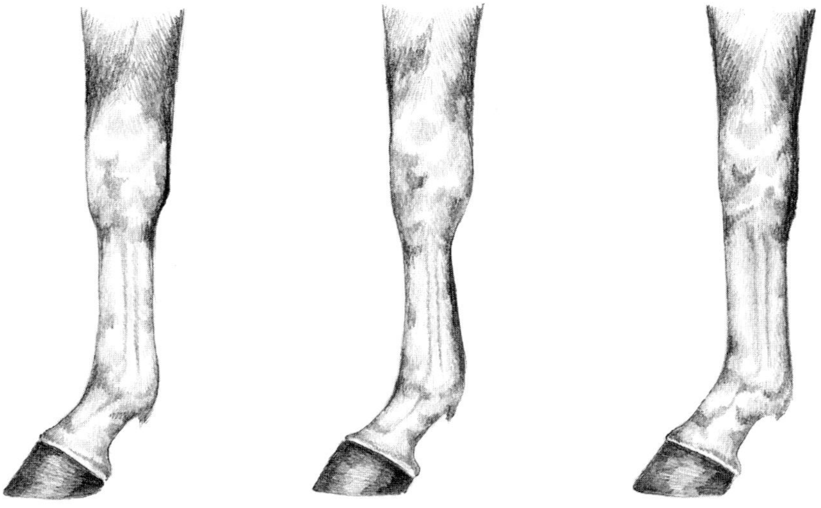

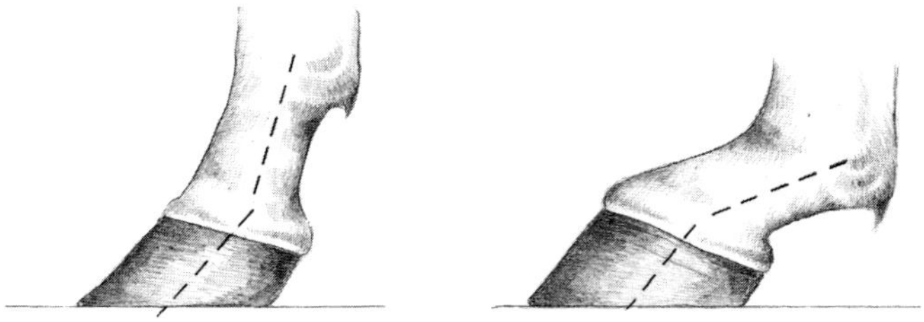

Fesselung. Links: zu steil. Rechts: zu weich.

chen Hervorstehen der hinteren Begrenzung vor allem in dem klar erkennbaren Hervortreten seiner Umrisse an der Vorderseite des Vorderbeines. Zu einer guten Ausprägung des Vorderfußwurzelgelenks gehört auch ein nicht eingeschnürter Übergang in der Vorderröhre („Einschienung"), deren vordere und hintere Kante von oben nach unten parallel verlaufen und nicht etwa nach unten auseinanderweichen sollen.

Einschienung

Vorderröhre

Die Vorderröhre selbst, über deren korrekte Stellung wir bereits gesprochen haben, soll im Vergleich zum darüberliegenden Unterarm verhältnismäßig kurz sein, um flache, kräftesparende Bewegung mit gutem Raumgriff zu erzielen. Im übrigen ist ein querovaler Querschnitt erwünscht, der den Knochen seitlich flach erscheinen läßt, mit nach hinten deutlich angesetzten, klar erkennbaren Sehnen.

Fesselkopf

Auch beim Fesselkopf, der als wichtige Federungsstelle enorme Belastungen zu tragen hat, wird bei guter Größe eine deutliche Ausprägung nicht nur nach hinten, sondern – mit einer leichten Vorwölbung – auch nach vorn gewünscht.

Fehlerhafte Vorderbeinstellung. Links: rückbiegig. Rechts: vorbiegig.

Die Fessel selbst kann bei zu geringer Länge leicht steil und steif, bei zu großer Länge dagegen schnell zu weich („durchtrittig") erscheinen. Allgemein ist eine etwas weichere Fessel als der geringere Fehler zu betrachten, da sie ein angenehmes Sitzen ermöglicht, während eine steile, „stramme" Fessel Reiter und Pferd übermäßig strapaziert.

Durchtrittige Fessel

Stramme Fessel

Als fehlerhafte Eigenschaften am Vorderbein seien hier zusammenfassend genannt:

Steiler, kurzer Oberarm – geringe Federwirkung;

angedrückter Ellbogen – Störung der Bewegungsfreiheit und der Gurtlage;

kurzer Unterarm mit langer Röhre – hoher Gang mit wenig Raumgriff;

vorbiegige Stellung – normalerweise durch Sehnenverkürzung infolge Narbenbildung bedingt, in geringem Maße unbedenklich;

rückbiegige Stellung – starke Überlastung beim Auffußen;

geschnürter Vorderfuß – Schwachstelle am Übergang zwischen Gelenk und Röhre;

geschliffener Vorderfuß – ungenügende Gelenkausprägung;

vorständige Stellung – Zeichen für Empfindlichkeit der Vorderbeine bzw. -hufe, evtl. beidseitige Lahmheit;

rück- oder unterständige Stellung – abnorm, Ursachen in Verbindung mit anderen Punkten zu klären;

Fehlerhafte Vorderbeinstellung. Links: rückständig. Rechts: vorständig.

Stellungsfehler von vorn. Von links: bodeneng, bodenweit, knieeng, knieweit, zeheneng, zehenweit.

bodenenge, bodenweite, knieenge bzw. knieweite Stellung – ungleichmäßige Gelenkbelastung;

zehenenge Stellung – ungleichmäßige Gelenkbelastung, häufig verbunden mit „bügelndem" Gang;

zehenweite Stellung – ungleichmäßige Gelenkbelastung, häufig verbunden mit „knieweitem" Gang.

Bei der Beurteilung des Hinterbeins gelten viele Punkte der Vorderbein-Beurteilung sinngemäß. Zu ergänzen ist folgendes:

Kniegelenk

Das Kniegelenk sollte möglichst weit vorn liegen, d. h. etwa unter dem Hüfthöcker. Auf diese Weise wird eine gute Knochenlänge von Ober- und Unterschenkel – mit entsprechender Muskelansatzfläche – verbunden mit einer genügend starken, für die Federung günstigen Winkelung.

Unterschenkel Behosung

Den Unterschenkel selbst wünschen wir uns gut bemuskelt, wobei auch die hintere Bemuskelung, die „Hose" oder „Behosung", sowohl von der Seite als auch von hinten gesehen gut ausgeprägt sein und weit herunterreichen sollte.

Korrekte Winkelung

Die korrekte Winkelung im Knie- und Sprunggelenk ist nicht exakt in Graden festzulegen, da sie sich im wesentlichen nach der Kruppenlänge und der Lage des Knies richtet. Grundsätzlich sollte bei geschlossener Aufstellung des Pferdes eine am Sitzbeinhöcker bzw. Rumpfende angelegte Senkrechte an der hinteren Kante der Hinterröhre entlang laufen bzw. sich mit dieser decken. Damit ist gleichzeitig gesagt, daß die Hinterröhren bei geschlossener Aufstellung senkrecht stehen sollen. Zur sicheren Beurteilung des Sprunggelenk-Winkels muß im übrigen die Aktivität dieses Gelenks in der Bewegung herangezogen werden. Bei Beobachtung des im Schritt gehenden Pferdes ist leicht festzustellen, ob das Sprunggelenk „arbeitet", d. h. also der Gelenkwinkel sich dem Bewegungsverlauf angepaßt im Wechsel öffnet und schließt oder ob das Gelenk in sich mehr oder weniger steif bleibt. Letzteres muß selbst bei korrekter Winkelung als fehlerhaft bewertet werden, umsomehr bei zu starker oder zu schwacher Winkelung zwischen Unterschenkel und Hinterröhre.

Die wichtigsten Kruppenmuskeln setzen über in der Achillessehne zusammengefaßte Sehnenenden am Sprunggelenkshöcker an. Aus diesem Grunde ist die korrekte Ausbildung des Sprunggelenks für die Bewertung eines Sportpferdes von besonders großer Bedeutung. Wir verlangen neben besonderer Größe, d. h. Länge und Breite, vor allem ausgeprägte „Trockenheit" (klar hervortretende Umrisse von Knochen und Sehnen) sowie eine starke Ausprägung des Sprunggelenkhöckers, der „Hacke". Diese soll der am weitesten nach hinten ragende Begrenzungspunkt des Gelenks sein. Daneben gilt analog zum Vorderfußwurzelgelenk die Forderung nach einem nicht eingeschnürten oder „abgesetzten" Übergang zur Hinterröhre.

Sprunggelenk

Trockenheit

Hinterbeinstellung. Von links: normal (Verlängerung der Röhren-Hinterkante trifft auf Sitzbeinhöcker-Kante); herausgestellt (hier verbunden mit kurzem Oberschenkel, zurückgeschobenem Knie und ausgeschnittener Behosung); steil (zu geringer Winkel im Sprunggelenk, „offenes" Gelenk); stark gewinkelt (im Extremfall bei schwach ausgeprägter Hacke = „Säbelbein").

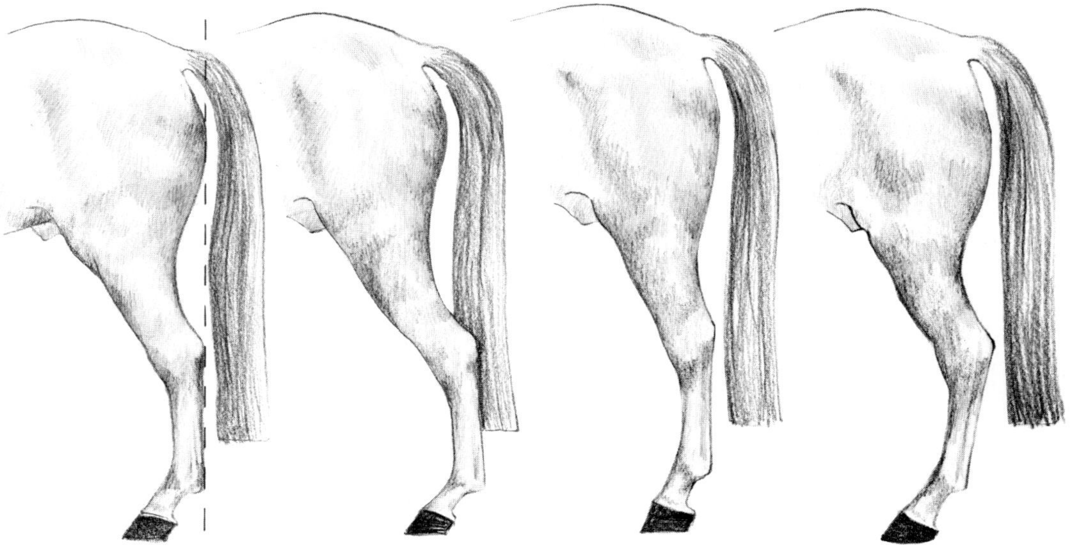

Als besondere Fehler des Hinterbeins sind ergänzend zu den beim Vorderbein erwähnten Fehlern zu nennen:

Weit zurückliegendes Knie – geringe Muskelmasse, schwache Federwirkung;

kurze bzw. ausgeschnittene „Behosung" – Mangel an Schub- bzw. Tragkraft der Hinterhand;

Offenes Sprunggelenk

„offenes", d. h. steiles Sprunggelenk – schwache Federwirkung, Steifheit der Bewegung;

Säbelbein

stark gewinkeltes Sprunggelenk (im Extrem „Säbelbein") – starke Belastung von Sehnen und Bändern, jedoch gute Federwirkung;

rückständige Stellung – teilweise rasse- bzw. ausbildungsbedingt, sonst abnorm;

unterständige Stellung – abnorm, Ursachen in Verbindung mit anderen Punkten zu klären;

faßbeinige Stellung – ungleichmäßige Gelenkbelastung, Ausweichen vor der Belastung;

kuhhessige Stellung – bei Natur- bzw. Bergrassen häufig, geringer Fehler, falls Bewegung nicht gestört;

zehenenge Stellung – ungleichmäßige Gelenkbelastung, häufig verbunden mit „drehendem" Gang;

zehenweite Stellung – in gewissen Grenzen tragbar, da Gegenwirkung gegen Ausweichen von Fesselkopf und Sprunggelenk nach außen.

Fehlerhafte Hinterbeinstellung. Links: unterständig. Rechts: rückständig.

Weitere am Fundament auftretende Fehler, die bei einer Beurteilung ins Auge fallen, sind:

Galle

Galle – weiche Gelenkkapsel-Überdehnung, vor allem am Sprunggelenk, Zeichen für gewisse Schwäche des Bindegewebes oder übermäßige Belastung;

Piephacke

Piephacke – im allgemeinen weiche Auftreibung am Sprunggelenkhöcker, meistens Schlagfolge, Schönheitsfehler; bei beidseitigem Auftreten Verdacht auf Selbstverletzung durch starken Futterneid, Transportschwierigkeiten o. ä.;

Überbein

Überbein – Knochenauftreibung, im allgemeinen infolge Reizung der Knochenhaut durch geringfügige Verletzung, unbedeutend, soweit Sehnen und Bänder nicht berührt werden;

Ringbein oder Schale

Ringbein oder Schale – ring- oder halbkreisförmige Knochenauftreibung über der Hufkrone infolge Überlastung, teilweise Lahmheitsursache;

Spat

Spat – Knochenauftreibung am inneren unteren Sprunggelenkrand, verursacht durch Überlastung bzw. mangelhafte Belastbarkeit (Zugbeanspruchung durch dort ansetzende Sehnen), führt zur Lahmheit;

Hasenhacke

Hasenhacke – unterer Sprunggelenkteil deutlich nach hinten herausragend, oft verbunden mit schwacher Ausprägung des Sprunggelenkhöckers („angedrückte Hacke"), manchmal auch mit nach hinten verschobener „Einschienung" der Hinterröhre, meist anlagebedingt – z. B. bei Vollblut-Nachkommen häufiger auftretend –, manchmal auch Verletzungsfolge, Zeichen gewisser Verschiebun-

Fehlerhafte Hinterbeinstellung. Links: hackeneng oder kuhhessig. Rechts: faßbeinig.

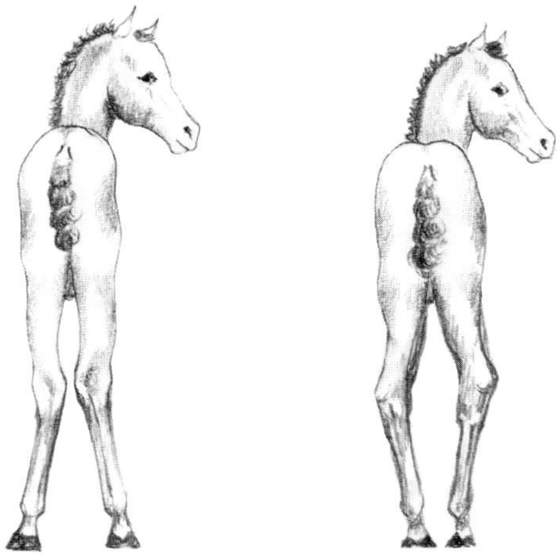

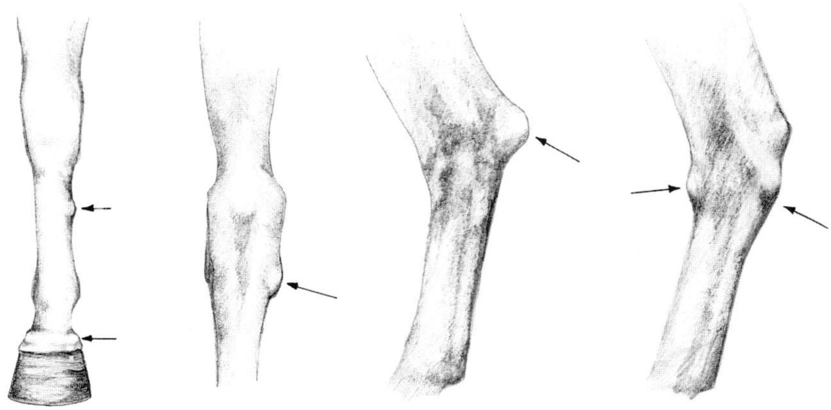

Links: Überbein (oberer Pfeil) bzw. Schale, auch „Ringbein“ (unterer Pfeil).
Mitte links: Spat (am unteren Bereich der Sprunggelenks-Innenkante, Pfeil).
Mitte rechts: Piephacke.
Rechts: Galle (Pfeil Vorderkante) bzw. Hasenhacke, in schwächerer Ausprägung „Rehbein“ bzw. „verletzte Linie“ (Pfeil Hinterkante).

gen im Gelenkaufbau und dadurch verringerter Belastbarkeit, bei schwächerer Ausprägung oder nur leichter Auswölbung nach hinten als „verletzte Linie“ bezeichnet.

Verletzte Linie

Zusammenfassend ist zum Beurteilungspunkt **Skelettmechanik** die Berücksichtigung der folgenden Einzelteile zu fordern:

Format – im allgemeinen Lang-Rechteck erwünscht;

Harmonie – etwa gleichmäßige Rumpfeinteilung in Schulter – Rükken – Kruppe;

Hals – genügend lang (passend zur Rumpflänge), mit natürlicher Genickwölbung, nicht durchhängender Unterlinie und mittelhohem Aufsatz;

Sattellage – lange, schräge Schulter, verbunden mit gut bemuskeltem, genügend hohem, weit in den Rücken reichendem Widerrist;

Rücken – mittellang, genügend fest (breit bemuskelt), aber elastisch, ohne Absatz in die Kruppe übergehend;

Kruppe – lang, schräg (nicht zu steil abfallend), breit und tief bemuskelt;

Rumpf – tiefer, genügend breiter Brustkorb mit geschlossener Flanke;

Fundament – Knochenstärke passend zu Größe und Gewicht des Tieres, große, trockene Gelenke mit korrekter Winkelung, senkrechte Stellung der Beine (von vorn bzw. hinten betrachtet), senkrechte Stellung der Röhren (von der Seite betrachtet).

2.1.2.8 Hufe

Sind die Hufe optimal in Größe, Form und Festigkeit?

Jedes Pferd ist bestenfalls nur so gut wie sein schlechtester Huf. Diese Tatsache darf bei der Beurteilung nie außer Acht gelassen werden. Dabei geht es in der Hauptsache um für alle Größen und Rassen geltende Kriterien und kaum um rassespezifische Besonderheiten.

Hufgröße

Grundsätzlich sollen die Hufe im Verhältnis zu Größe und Kaliber des Pferdes bzw. Ponys groß genug sein, d. h. sowohl eine Mindesthöhe der Hufwand als auch einen Mindest-Querdurchmesser der Hufsohle aufweisen. Bei übermäßig kleinen Hufen kann es leicht zu Fehlern bzw. Erkrankungen, wie Zwanghuf, Quetschung innerer Hufteile u. ä., kommen, da in solchen Fällen die Belastung auf sehr kleiner Fläche mit entsprechend höherem Druck getragen werden muß. Bei großen Hufen dagegen ist mit einer besseren Druckverteilung zu rechnen. Allerdings kann bei schwach ausgeprägter Festigkeit des tragenden Gewebes ein großer Huf leichter zum „Platthuf" werden, dessen Belastbarkeit begrenzt ist.

Hufform

Die ideale Form des Hufes kann wie folgt beschrieben werden:

In Seitenansicht – Winkel zwischen Zehenwand und Boden etwa 50°, an den Vorderhufen allgemein etwas steiler als an den Hinterhufen; Trachten etwa halb so hoch wie Zehen.

In Vorderansicht – Huf kegelstumpfförmig, d. h. vom Tragerand zum Kronenrand deutlich verjüngt, nicht parallelwandig.

In Untenansicht – Vorderhufe stumpf eiförmig, Hinterhufe spitz eiförmig; leicht eingewölbte Sohle, kräftig ausgeprägtes Strahlpolster mit Bodenkontakt in unbeschlagenem Zustand.

Hufformen, von links: Normalhuf, Flachhuf, Bockhuf
Hufteile (links): 1 = Hufkrone, 2 = Ballen, 3 = Hufwand
mit folgenden Teilen: 4 = Zehe, 5 = Seitenwand, 6 = Trachten

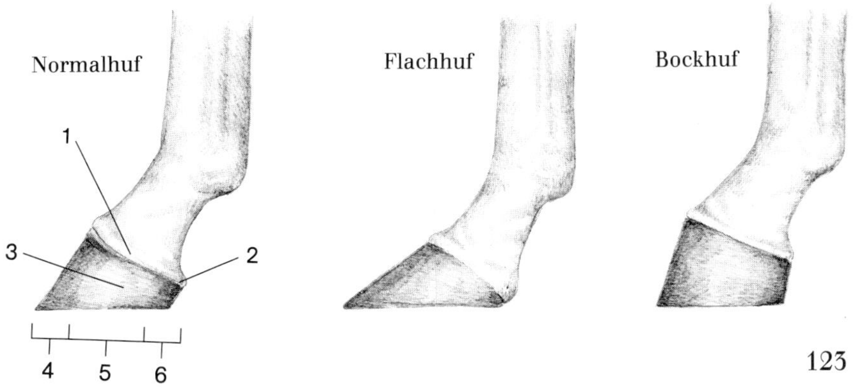

Normalhuf von unten. Vorderhuf; 1 = Ballen, 2 = Strahl, 3 = Strahlfurche, 4 = Eckstreben, 5 = Tragerand, 6 = Hufsohle.

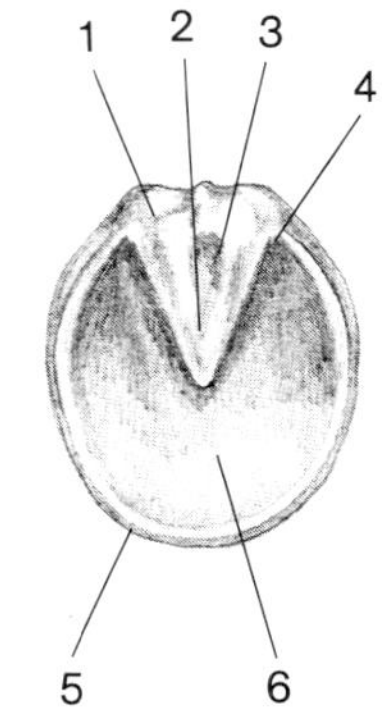

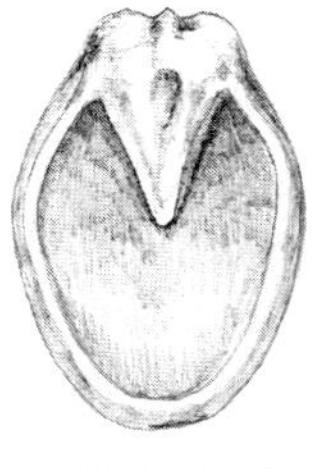

Hinterhuf

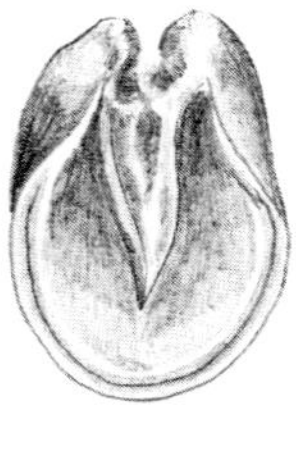

Zwanghuf

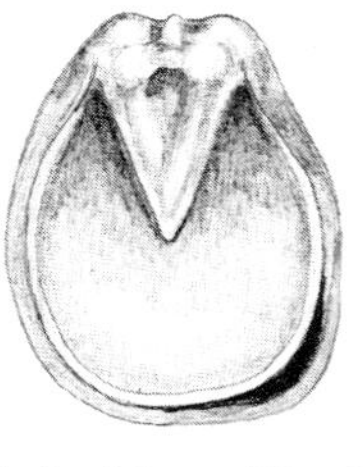

Huf mit loser Wand

Hufquerschnitt; 1 = Hufkrone, 2 = Kronbein, 3 = Hufbein, 4 = Strahlbein, 5 = Hufwand, 6 = Tragerand, 7 = Hufsohle.

Hufquerschnitt

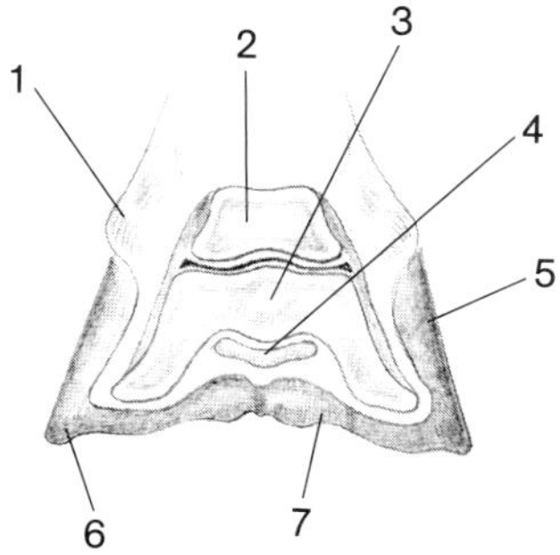

Normalhuf

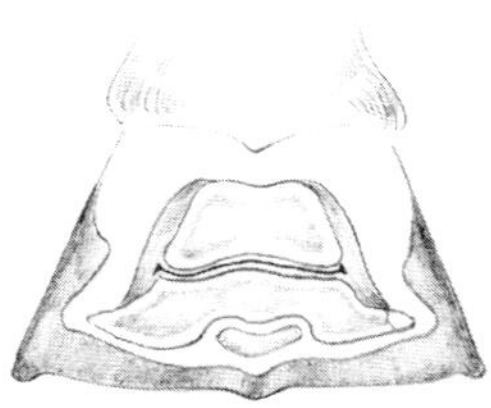

Platthuf

Bockhuf **Flachhuf** Als fehlerhafte Hufformen sind vor allem „Bockhuf" (zu steile Zehenwand, hohe Trachten) und „Flachhuf" (zu flache Zehenwand, flache Trachten) zu nennen, die die Nutzbarkeit eines Pferdes erheblich behindern und mit Korrektur-Beschlag zu behandeln sind. Dabei können auch hoffnungslose Fälle auftreten, die nur für eine **Zwanghuf** Mindest-Nutzung brauchbar sind. Weiter muß der „Zwanghuf" erwähnt werden, der infolge starker Trachtenverengung bzw. Verkümmerung des Strahlpolsters zu schmerzhaften Quetschungen im Bereich des Strahlbeins und folgender Lahmheit führt. In Einzelfällen treten auch schiefe Hufe auf, z. B. mit steiler Innen- und flacher Außenwand. Fehlerhafte Hufformen stellen ernsthafte Beeinträchtigungen für alle Nutzungsarten dar und bedürfen fachgerechter Behandlung. In vielen Fällen muß mit erblicher Veranlagung gerechnet werden, so daß Zuchttiere in dieser Hinsicht besonders kritisch zu beurteilen sind.

Festigkeit des Hufes Neben Größe und Form sollte nach Möglichkeit auch die Festigkeit des Hufes in die Beurteilung einbezogen werden. Hierbei geht es nicht nur um die Konsistenz des Hufhorns in Wand und Sohle, sondern auch um die Verbindung zwischen knöcherner Grundlage und tragendem Hufrand, d. h. um die Aufhängung des Hufbeins in der Hornschale des Hufes. Von der Hornsubstanz der Hufwand, deren unteres Ende den Tragerand bildet, verlangen wir Härte bzw. **Elastizität** Abrieb-Festigkeit, verbunden mit einem Mindestmaß an Elastizität.

Die Härte soll ausreichen, um eine Nutzung als Zucht- und Freizeitpferd – von steinigen Weiden bzw. Reitwegen abgesehen – ohne Beschlag zu ermöglichen. Dagegen soll die Elastizität ein übermäßiges Ausbrechen des Tragerandes sowie das Auftreten von Hornspalten in der Wand verhindern. Beide Faktoren – Festigkeit und Elastizität – sind wahrscheinlich weitgehend erblich bedingt, aber auch in gewissen Grenzen durch Haltung, Fütterung und Pflege zu beeinflussen.

Die Hufbeinaufhängung schließlich muß höchsten Belastungen gewachsen sein. Als Fehler sind hier „lose Wand“ (teilweise Ablösung der Hufwand vom Stützgewebe) und „Platthuf“ (Durchsacken der normalerweise leicht gewölbten Hufsohle) zu nennen. Krasse Schäden an der Hufbeinaufhängung treten vor allem als Folge von Stoffwechselstörungen in Form der „Hufrehe“ auf (s. auch Seite 249).

Lose Wand
Platthuf

Hufrehe

Der englische Spruch „No hoof – no horse“ – ohne (einwandfreien) Huf kein (einwandfreies) Pferd – betont die Bedeutung der Hufbeurteilung im Rahmen der gesamten Pferdebeurteilung. Leider sind die Hufe bei vielen Schauen in Gras oder Reitbahn-Boden mehr oder weniger verdeckt. Die Vorstellung auf festem Boden zur genauen Hufbeurteilung hinsichtlich Größe, Form und Festigkeit sollte wenigstens bei Hengstkörungen allgemein eingeführt werden.

2.1.2.9 Bewegungsmechanik

Entspricht die Bewegung in den verschiedenen Gangarten nach Korrektheit, Takt, Raumgriff (Schwung) und Elastizität den Anforderungen der Ideal-Vorstellung bzw. der Haupt-Verwendungsart?

Bei Besprechung der im Stand zu beurteilenden Punkte 1 bis 8 wurde wiederholt betont, daß die gesamte Beurteilung stets im Hinblick auf das Zuchtziel-Modell erfolgen muß. Dieses aber muß letztlich ausgerichtet sein auf möglichst ausgeprägte Zweckmäßigkeit für die jeweils rassetypische Verwendungsrichtung. Da diese bei Sportpferden und -ponys vom Turnier-Leistungssport in verschiedenen Disziplinen bis zum gemütlichen Wanderreiten oder Fahren wie auch zum wettkampfmäßigen Distanzreiten in schwierigem Gelände reicht, sind hinsichtlich der Bewegungsmechanik nur teilweise für alle Rassen bzw. Zuchtrichtungen gleichermaßen gültige Ideal-Forderungen aufzustellen. Je nach Verwendungszweck sind deutliche Variationen denkbar oder sogar nötig. Andererseits gibt es aber auch allgemein gültige Grundforderungen wie bei verschiedenen weiter oben besprochenen Einzelpunkten.

Grundforderungen

Zunächst müssen wir uns darüber klar sein, daß bei der Beurteilung eines Pferdes oder Ponys im Stand zwar, vor allem aus der Skelettmechanik, wesentliche Voraussetzungen – günstiger oder ungünstiger Art – für die Mechanik in der Bewegung erkannt werden können; ob das betreffende Tier sich dann aber auch wirklich diesen Voraussetzungen entsprechend bewegt oder nicht, kann nur bei Beurteilung der Bewegung selbst festgestellt werden.

Stehpferde

Immer wieder begegnen uns die sogenannten „Stehpferde", die im Stand als ideal gebaut erscheinen, in der Bewegung aber unsere Hoffnungen schwer enttäuschen. Umgekehrt gibt es zahlreiche Fälle, wo ungünstig gebaute Pferde – allen Lehrsätzen der Beurteilung zum Trotz – eine überraschend gute Bewegungsmechanik zeigen. Diese positiven Abweichungen von der Norm sind durch das allen Lebewesen eigene Kompensationsvermögen zu erklären, das z. B. eine ungünstige Skelettmechanik durch besonders leistungsfähige Muskeln und Sehnen überspielen kann. Dagegen sind die in der Bewegung enttäuschenden Negativ-Abweichungen teilweise begründet in ungünstigen Trainings-, Haltungs-, Fütterungs- oder Krankheits-Einflüssen.

Kompensationsvermögen

Diesen vorwiegend umweltbedingten Gründen mäßiger Bewegungsmechanik trotz günstiger Skelettmechnik stehen als vorwiegend erblich bedingte Ursachen mangelnde Bewegungsenergie (Vorwärtsdrang, „Gehlust") oder – z. B. bei schlechtem, d. h. eiligem und damit kurzem Schritt – übermäßige Erregbarkeit gegenüber. In der Praxis ist häufig ein sich überschneidender Einfluß verschiedener hier genannter Faktoren festzustellen, z. B. ungünstige Haltungsform in Verbindung mit großer Erregbarkeit, die dann auch – wenigstens teilweise – haltungsbedingt sein kann. Eine andere häufig zu findende Faktoren-Kombination als Ursache enttäuschender Bewegungsmechanik ist schlechter Fütterungs- und/oder Trainingszustand, verbunden mit mangelnder Bewegungsenergie. Auch diese kann in solchem Falle wiederum ebenso umwelt- wie erblich bedingt sein.

Gehlust

Fütterungs- und/oder Trainingszustand

Die vorstehenden Ausführungen lassen bereits erkennen, daß die Beurteilung der Bewegungsmechanik bei Zuchtpferden, bei der es im wesentlichen um das Erkennen von Erbanlagen geht, erheblich schwieriger ist als die Bewertung eines Pferdes im Stand. Der große Einfluß von Aufzucht, Fütterung, Haltung und Ausbildung auf bestimmte Faktoren der Bewegungsmechanik verschleiert das in seiner Grundanlage erblich festgelegte Bild in starkem Maße. Wir müssen deshalb versuchen, bei der Beurteilung diejenigen Faktoren besonders eingehend zu bewerten, die bei normaler, sachgerechter Haltung verhältnismäßig klare Rückschlüsse auf die jeweils gegebene erbliche Veranlagung erlauben.

Korrektheit

An erster Stelle ist hier die **Korrektheit** der Bewegung zu nennen. Unter diesem Begriff verstehen wir die Bewegung von Vorder- und Hinterbeinen in jeweils senkrechter Ebene ohne Ausweichen von Vorderfußwurzel, Sprunggelenk, Fesselkopf oder Huf nach innen oder außen. Zwar sind hundertprozentig korrekt gehende Pferde nicht sehr häufig zu finden, und zahlreiche bewährte Leistungspferde weisen in dieser Beziehung leichtere oder sogar schwerere Fehler auf. Dennoch müssen wir davon ausgehen, daß jede Abweichung von der korrekten Senkrecht-Vorwärts-Bewegung zusätzliche Belastungen der betroffenen Gelenke hervorruft und deshalb bei der Beurteilung von Zuchtpferden kritisch beachtet werden sollte.

Häufig zu findende Abweichungsformen sind:

„Bügeln" – Verdrehen des Fesselgelenks an den Vorderbeinen, wobei der Huf zwischen Abfußen und Auffußen schräg nach außen schleudert; Bügeln

„Aufnehmen" – Verdrehen des Fesselgelenks an den Vorderbeinen, wobei der Huf zwischen Abfußen und Auffußen schräg nach innen schleudert; bei dieser Unkorrektheit kann es – vor allem im Ermüdungszustand – leicht zum „Streichen" kommen, einer Verletzung der Innenkante von Hufkrone bzw. Fesselkopf durch den jeweils gegenüberliegenden Hufrand bzw. das entsprechende Hufeisen; Aufnehmen

„Schlackern" der Vorderhufe – Hin- und Herschleudern (nach innen und außen) zwischen Abfußen und Auffußen, früher auch als „ostpreußischer Triller" bezeichnet, oft nur sehr kurz sichtbar; Schlackern

„Drehen" – Verdrehen des Fesselgelenks an den Hinterbeinen während der Stützphase, wobei der Fesselkopf nach außen gedrückt und der Huf auf dem Boden etwas gedreht wird; Drehen

„Knieweiter Gang" – deutliche Abweichung der Vorderfußwurzeln nach außen während der Vorwärtsbewegung; Knieweiter Gang

„Enger" oder „spitzer Gang" – vorn oder hinten sehr enger Abstand zwischen linker und rechter Hufspur, auch als „schnürender Gang" bezeichnet; Enger oder spitzer Gang

„Breiter Gang" – vorn oder hinten sehr breiter Abstand zwischen linker und rechter Hufspur; Breiter Gang

„Faßbeiniger Gang" – übermäßig breiter Abstand zwischen den Sprunggelenken bei normalem bis engem Abstand der Hufspuren; Faßbeiniger Gang

„Hackenenger Gang" – übermäßig enger Abstand zwischen den Sprunggelenken bei normalem Abstand der Hufspuren; Hackenenger Gang

„Bodenweiter Gang" – schräg nach unten auseinanderlaufende Bewegungsebenen der Vorderbeine, manchmal verbunden mit einem Nach-Innen-Pendeln während der Vorwärtsbewegung, sogenannter „suchender Gang". Bodenweiter Gang Suchender Gang

Einige der hier genannten Abweichungen finden wir häufig gemeinsam vor, so z. B. knieweiten Gang und Aufnehmen, engen Gang und Bügeln, faßbeinigen Gang und Drehen.

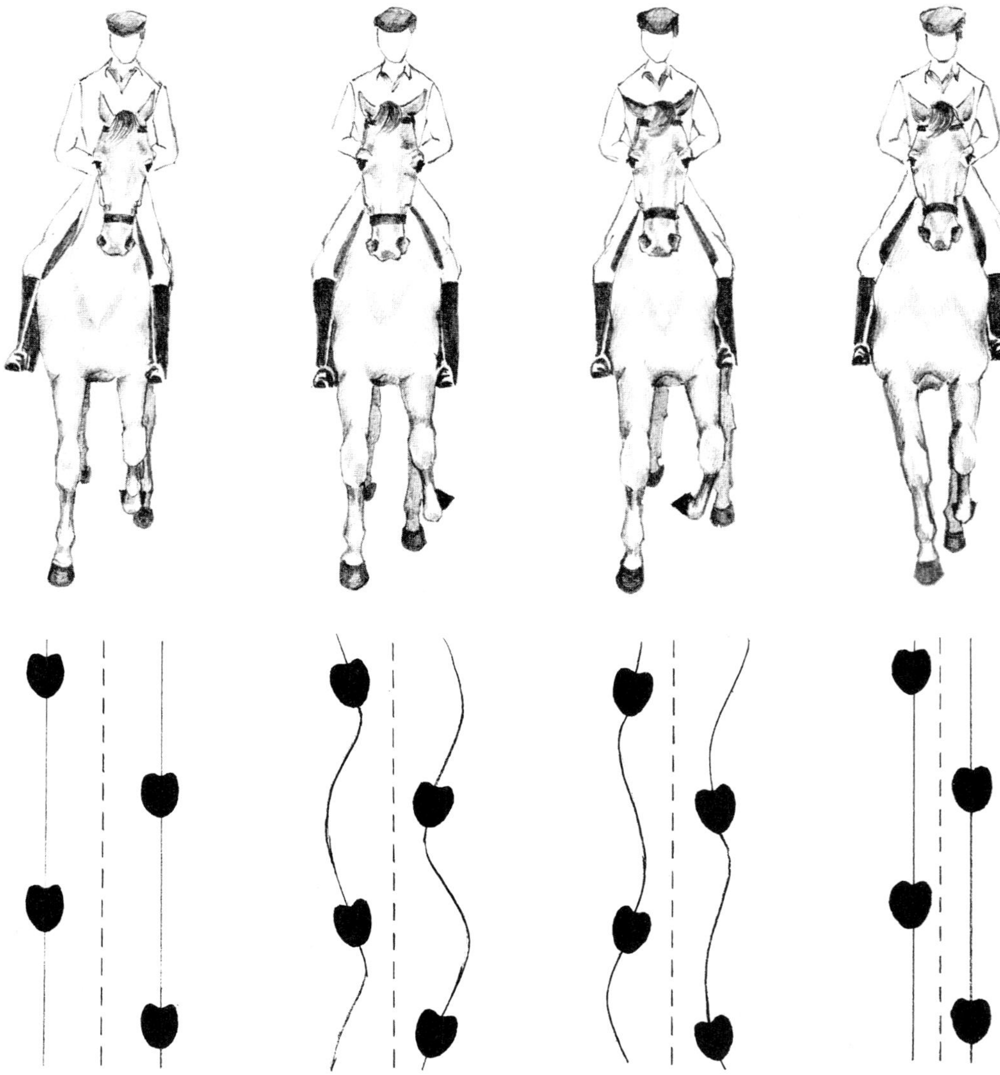

Zur Beurteilung der Bewegungs-Korrektheit ist es natürlich notwendig, das Pferd bzw. Pony genau von vorn und von hinten im Schritt und im Trabe über eine Mindeststrecke von ca. 10 m auf ebenem, nicht zu weichem Boden ohne hohen Grasbestand zu sehen. Zu diesem Zweck hat sich in den letzten Jahren fast überall zur Beurteilung das Vorführen auf der sogenannten Dreiecksbahn eingebür-

Dreiecksbahn

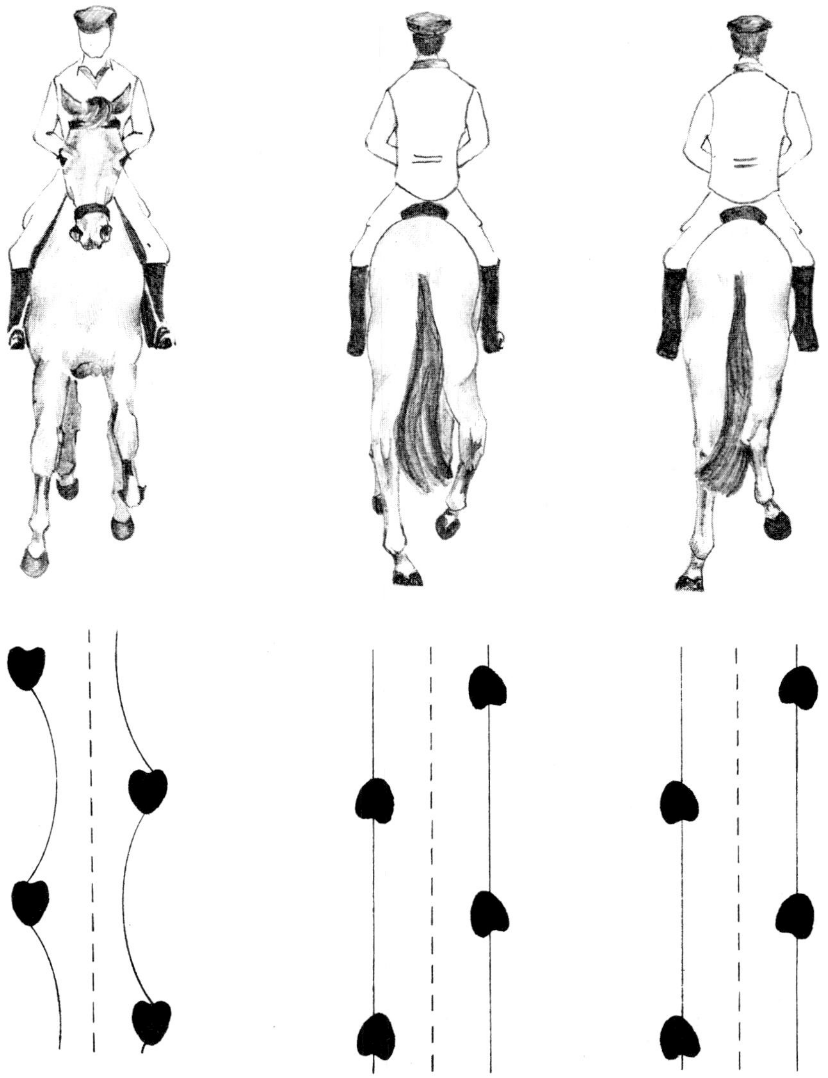

Korrektheit der Bewegungsmechanik (unten jeweils Ablauf der Hufbewegung). Von links: korrekter, gerader Gang; bügelnder Gang; aufnehmender, gleichzeitig knieweiter Gang; spitzer, d. h. bodenenger Gang; suchender („Pendel")-Gang; drehender, gleichzeitig faßbeiniger Gang; hakkenenger, gleichzeitig hinten zehenweiter Gang.

gert, die eine Bewegungs-Beurteilung von vorn, von hinten und von der Seite erlaubt (s. Seite 286).

Korrektur-Beschlag

Durch zweckmäßige Hufpflege während der Aufzucht sowie den sogenannten Korrektur-Beschlag ist es möglich, Unkorrektheiten der Bewegung innerhalb gewisser Grenzen zu beheben. Andererseits kann auch ein zunächst korrekt gehendes Pferd oder Pony durch mangelhafte Hufpflege unter Umständen die Korrektheit seiner Bewegung einbüßen. Wir müssen also damit rechnen, daß die erkennbare Korrektheit der Bewegung in gewissen Grenzen umweltbeeinflußt sein kann. Es steht jedoch fest, daß stärkere Unkorrektheiten nie ganz wegzukorrigieren sind, während Pferde bzw. Ponys mit ursprünglich korrekter Bewegungsmechanik bei fehlender Hufpflege nur selten richtig schief gehen.

Bei bestimmten Rassen sind im übrigen gewisse Abweichungen als mehr oder weniger rassetypisch bzw. nutzungsbedingt anzusehen und entsprechend milde zu bewerten. So findet man bei Trabern im allgemeinen einen hinten breiten Gang, der bei dem enormen Raumgriff im Renntrab nötig ist, um ein „Greifen", d. h. eine Verletzung der Vorderballen durch die Zehenenden der Hinterhufe, zu vermeiden. Ferner zeigen aus Gebirgsgegenden stammende Ponyrassen häufig hackenengen Gang, der anscheinend beim Klettern über steile Hänge günstig ist. Grundsätzlich ist also die Rasse bzw. Verwendungsrichtung bei Beurteilung der Bewegungs-Korrektheit mit in Betracht zu ziehen.

Greifen

Neben der Korrektheit der Bewegung kommt der Beurteilung des **Taktes** im Rahmen der Bewegungsmechanik eine wichtige Rolle zu. Als Takt bezeichnen wir das absolute Gleichmaß der Bewegung in Zeitmaß und Raumgriff. So soll der Schritt, eine Bewegung im Viertakt, sowohl im (hörbaren) zeitlichen Abstand zwischen dem jeweiligen Auffußen der vier Hufe als auch im räumlichen Abstand zwischen den Spuren eines jeden Hufes, d. h. im Raumgriff, gleiches Maß zeigen.

Takt

Das gleiche gilt für den Trab, eine Zweitakt-Gangart mit Schwebephase, aber auch für den bei Islandpferden rassetypischen Tölt, eine Gangart im Trabtempo, jedoch mit Viertakt-Fußfolge wie im Schritt.

Abweichungen vom Gleichmaß in Raumgriff und/oder Zeit sind als Anzeichen gestörter Koordination zu bewerten, die bei stärkerer Ausprägung über Taktfehler bzw. unklaren Gang und Schonen eines bestimmten Beines bis zur Lahmheit gehen kann. Wir versuchen also, mit der Beurteilung des Taktes die mehr oder weniger einwandfreie, ungehinderte Einsatzbereitschaft des gesamten Bewegungsapparates zu erkennen. Dabei ist es denkbar, daß leichte Koordinations-Störungen, wie z. B. eine gewisse Ungleichheit im Raumgriff der Hinterbeine, für bestimmte Verwendungsarten wie z. B. den Springsport ohne schwerwiegende Folgen sind. Andererseits muß dann geprüft werden, ob es sich um eine chronische Erscheinung ohne nachteilige Folgen oder um ein Zeichen akuten Schmerzes mit der Gefahr zunehmender Ausprägung handelt.

Taktfehler

Eine besondere Form fehlerhaften Taktes ist der paßartige Schritt, bei dem das zeitliche Gleichmaß der Fußfolge durch eine beidseitige Verzögerung im Nachführen der Hinterbeine gestört ist. Hier sind im

Paßartiger Schritt

allgemeinen Verspannungen, häufig infolge falscher Reiter-Einwirkung, als Ursache anzunehmen.
Grundsätzlich können wir davon ausgehen, daß Taktfehler vorwiegend durch überlastungsbedingte Störungen im Bewegungsapparat oder ganz allgemein durch Reiterfehler hervorgerufen werden. Da aber einige Pferde eher zu solchen Koordinations-Störungen neigen als andere, dürfte eine gewisse Erblichkeit der Veranlagung in dieser Richtung gegeben und somit eine Berücksichtigung auch bei der Zuchtpferde-Bewertung berechtigt sein.

Raumgriff

Außer Korrektheit und Takt in der Bewegung wird naturgemäß dem **Raumgriff** bei der Beurteilung der Bewegungsmechanik viel Beachtung geschenkt. Dabei wird das Übertreten der Hinterhufe über die Spur der Vorderhufe, vor allem im Schritt und im Trabe, als Maß des Raumgriffs beobachtet. Im allgemeinen wird bei normal gebauten Pferden ein Übertreten im Schritt um ein bis zwei Huflängen als guter Raumgriff angesehen. Allerdings müssen dabei die Körperproportionen des zu beurteilenden Tieres berücksichtigt werden. Ein kurzbeiniges, verhältnismäßig langes Pferd oder Pony kann aus mechanischen Gründen auch bei gutem Raumgriff nicht so weit übertreten wie ein anderes mit längeren Beinen oder kürzerem Rumpf.
Bei bestimmten Rassen bzw. Verwendungszwecken, so z. B. beim Quarterhorse bzw. beim Reiten im Western-Stil, ist man mit einem verhältnismäßig geringen Raumgriff zufrieden und stellt ihn hinter die Forderung nach kräftesparender Bewegungsmanier zurück. Auch die mehr für „Schau"-Zwecke gezüchteten Prunkpferde des „barocken" Typs oder die englischen Hackneys bewegen sich bei ausgeprägter „Aktion", d. h. hohem Anheben der Unterarme und Unterschenkel, mit verhältnismäßig geringem Raumgriff.
Im übrigen ist der Raumgriff im Trabe und im Galopp durch richtige Ausbildung und Stärkung der Schubkraft der Hinterhand oft sehr wesentlich zu verbessern. Bei seiner Bewertung sind also sowohl Körperproportionen sowie Rasse und Verwendungszweck als auch Ausbildungsstand zu berücksichtigen.

Schub und Schwung

Die Bewegungskriterien **Schub** und **Schwung** sind in noch stärkerem Maß als der Raumgriff ausbildungsbedingt und dürfen deshalb bei der Beurteilung von Zuchtpferden nicht überbewertet werden. Natürlich wirkt ein schwungvoll tretendes Pferd oder Pony immer eindrucksvoller als ein schwunglos daherkommendes Tier. Leider gibt der äußere Eindruck in dieser Beziehung kein sicheres Bild von der erblichen Veranlagung, da der Schwung des einen künstlich erzeugt und die Schwunglosigkeit des anderen Zeichen mangelhafter Vorführkunst und/oder ausgesprochenen Phlegmas sein können.

Elastizität

Um so wichtiger erscheint die Bewertung des Kriteriums **Elastizität.** Die Forderung nach einem Mindestmaß an Elastizität in der Bewegung gilt für alle Rassen und Verwendungszwecke gleichermaßen, denn elastische Bewegung schont Reiter und Pferd. Als Gegenteil von Verspannung bzw. Verkrampfung, die vom Pferd auf den Reiter und von diesem wiederum auf das Pferd übertragen wird, ist Elastizität der Bewegung Voraussetzung für einen entspannten Sitz des Reiters, aber auch für einen sparsamen Kräfteverbrauch des Pferdes bzw. Ponys.

Wenn auch der Begriff „elastisch" deutlich genug ausdrückt, worum es geht, sei hier kurz das Wesentliche der elastischen Vorwärtsbewegung des Pferdes zusammengefaßt:

Lockeres Vorschwingen der Beine ohne ruckartiges Anziehen bzw. Strecken;
deutliches Federn der Beine beim Auf- und Abfußen in allen erkennbaren Gelenken, insbesondere in Fessel- und Sprunggelenk der Hinterhand;
Auf- und Abschwingen des Rückens im Rhythmus der Bewegung mit locker pendelndem, nicht eingeklemmtem Schweif.

Bewegungsmanier

Sowohl im Schritt als auch im Trabe und im Galopp soll die **Bewegungsmanier** dank ausgeprägter Elastizität, verbunden mit ausgeglichener Psyche, lässig-wandernd sein, um die erwünschte Verbindung von sparsamem Krafteinsatz mit gelöstem Zusammenspiel aller beteiligten Muskeln zu erreichen. Dabei ist zu beachten, daß auch bei elastischer, lässig-wandernder Bewegung je nach Rasse bzw. Haupt-Verwendungsart ein mehr oder weniger hohes Maß des

Aktion

Anhebens der Beine, der sogenannten „Aktion", zuchtzielgerecht und wünschenswert sein kann. Der häufig zu hörende Ausdruck „Knie-Aktion" wird hier bewußt vermieden. Die innerhalb gewisser Grenzen bei bestimmten Rassen durchaus positiv zu bewertende „Aktion" verlangt das höhere Anheben nicht nur der Vorderbeine (mit der fälschlich als „Knie" bezeichneten Vorderfußwurzel), sondern auch der energisch mittretenden Hinterbeine in gleichem Maße. Ein auf die Vorderbeine beschränktes höheres Anheben, wie

Freiheitsdressur mit Zuchthengsten – immer wieder ein Höhepunkt der Celler Hengstparade, der Nervenstärke, Intelligenz und Vertrauen der Hengste überzeugend demonstriert. ▷

Spanischer Tritt

es in übertriebenem Maße der sogenannte „Spanische Tritt" zeigt, ist bei Beurteilung der allgemeinen Bewegungsmanier als fehlerhaft abzulehnen, da es bei viel Kraftaufwand in der Vorhand den zur Ausnutzung dieses Aufwandes erforderlichen Einsatz der Hinterhand vermissen läßt.

Rollender und Schleppender Gang

Als weitere Negativ-Variationen der allgemeinen Bewegungsmanier sind der „rollende" und der „schleppende Gang" zu nennen. Diese meistens in allen drei Gangarten übereinstimmend zu findenden Fehler sind mit ihrer Bezeichnung bereits hinreichend beschrieben. Während es sich beim „rollenden Gang" um zuviel Aktion handelt, die einen stampfenden Eindruck erweckt, finden wir beim „schleppenden Gang" zu wenig Aktion. Pferde mit derartiger Bewegungsmanier scheinen mit den Hufen an der Erde zu kleben und „ziehen Spuren durch den Sand".

Im Rahmen der allgemeinen Bewegungsmanier-Beurteilung sind zwei weitere Punkte zu beachten, die sehr wesentliche Rückschlüsse auf die zu erwartende Rittigkeit bzw. sportliche Leistungsveranlagung erlauben, nämlich Antritt und Gleichgewicht.

Antritt

Als **Antritt** bezeichnen wir die ersten Trabtritte nach der zunächst im Schritt erfolgten Vorstellung. Im Moment des Antrabens lassen sich nach einiger Übung recht deutliche Unterschiede erkennen. Diese zeigen sich sowohl im Hinblick auf die Elastizität beim Abfedern der Hinterbeine, von denen ja der Impuls zur Beschleunigung ausgeht, als auch hinsichtlich der Energie, mit der die Aufforderung zum Antraben beantwortet wird. Erwünscht ist ein kraftvoll-federndes, taktmäßiges Abdrücken im ersten Moment, während ein all-

Links: Bewegungsmanier mit („Knie")-Aktion.
Rechts: Beispiel fehlerhafter Aktion (hinten deutlich schwächer als vorn) – „Spanischer Tritt".

mähliches, steifes oder mattes Hineinstolpern in die Trabbewegung als Negativ-Extrem zu bewerten ist. Allerdings kann man auch ein durch übertriebenen Kraftaufwand bedingtes Losschießen ohne genügend abfedernde Elastizität nicht als ideal betrachten.

Von einem für reitsportliche Nutzung vorgesehenen Pferd oder Pony verlangen wir in unbelastetem Zustand, d. h. bei einer Vorstellung ohne Reiter, in Stand und Bewegung gut ausgeprägtes **Gleichgewicht.** – Voraussetzung dafür ist psychische Ausgeglichenheit –. Im Stand zeigt es sich durch ein müheloses Aufstellen bzw. Stillstehen mit gleichmäßiger Belastung aller vier Beine. Bei zunehmendem Tempo der Bewegung wird dann erkennbar, ob das betreffende Tier stark vorderlastig, sozusagen „auf der Vorhand", läuft oder ob es „sich trägt", d. h. mit mehr oder weniger deutlich aufgerichtetem Hals und frei getragenem Kopf bei energisch-federndem Untertreten der Hinterbeine seine Vorhand entlastet und mehr Gewicht mit der Hinterhand aufnimmt. Besonders deutlich ist der Grad des „Sich-Tragens" im Trabe und im Galopp sichtbar. Bei einem in unbelastetem Zustand „auf der Vorhand" gehenden Pferd wird das zusätzlich aufzunehmende Reitergewicht diesen Mangel an Gleichgewicht zunächst noch verstärken, so daß in der Ausbildung sowohl für den Dressur- als auch für den Springsport erhebliche Schwierigkeiten zu erwarten sind.

Gleichgewicht

Sich-Tragen

Auf der Vorhand gehen

Eine Vorstellung ohne Reiter im Galopp kann natürlich nur freilaufend in einem gut umzäunten Auslauf bzw. in einer Reithalle erfolgen. Diese Vorstellungsform ist in den letzten Jahren bei verschiedenen Hengstkörungen mit in die Beurteilung aufgenommen worden und hat damit interessante zusätzliche Aspekte eröffnet. Allerdings kann ein geübter Beobachter auch bei Pferden auf der Weide Ansätze zur Beurteilung des natürlichen Gleichgewichts finden. Die Galoppade eines Pferdes ohne Reiter läßt das natürliche Gleichgewicht im allgemeinen noch besser erkennen als der Trab, da neben dem „Sich-Tragen" mit erhobenem Hals und leichter Vorhand auch ein Wechseln in den jeweils passenden Galopp auf dem inneren Hinterfuß in allen Ecken der Vorführbahn sowie bei Wendungen das erwünschte selbständige Ausbalancieren anzeigt.

Pferden, die beim Freilaufen Ecken regelmäßig im Außen- oder Kreuzgalopp passieren und dabei mehr oder weniger deutlich herumschleudern, fehlt das Gefühl für natürliches Gleichgewicht. Sie verlangen vom Reiter ein zusätzliches Maß an Ausbildung. Dagegen bieten Pferde, die sich selbst tragen, d. h. mit entlasteter Vorhand gehen und in Galopp-Wendungen selbständig den kräftesparenden „richtigen" Galopp, d. h. den auf dem inneren Hinterfuß, einschlagen, in der reiterlichen Ausbildung erhebliche Vorteile. Eine züchterische Berücksichtigung dieser mit großer Wahrscheinlichkeit erblich veranlagten Eigenschaften erscheint deshalb dringend geboten.

Zusammenfassend sind zum Thema **Bewegungsmechanik** folgende Einzel-Punkte zu beurteilen:

Korrektheit – Vorwärtsbewegung der Beine in senkrechter Ebene ohne Ausbrechen bzw. Verdrehen von Vorderfußwurzeln bzw. Sprunggelenken oder Hufen nach innen oder außen;

Takt – Gleichmaß der Bewegung in Zeitmaß und Raumgriff;

Raumgriff – in Anpassung an Rumpf- bzw. Beinlänge genügendes Übertreten der Hinterhufe über die Spur der Vorderhufe;

Elastizität – lockeres Vorschwingen und weiches Abfedern der Beine ohne ruckartiges Abdrücken bzw. Strecken, weich schwingender Rücken;

Bewegungsmanier – lässig-wandernd mit gleichmäßigem Anheben der Vorder- und Hinterbeine, nicht stampfend oder schleppend;

Antritt – energisches, dabei aber gleichzeitig elastisches und taktmäßiges Abfedern der Hinterbeine beim Antraben;

Gleichgewicht – gleichmäßiges Stehen auf allen vier Beinen, Entlastung der Vorhand im Trab und Galopp durch weites Untertreten der genügend gewinkelten Hinterhand bei frei getragenem Hals, selbständiger Wechsel bei Wendungen im freien Galopp auf den jeweils inneren Hinterfuß.

2.1.2.10 Umgänglichkeit

Entspricht das zu beurteilende Pferd bzw. Pony den Ansprüchen des Zuchtziels bzw. des Abnehmers hinsichtlich seiner Umgänglichkeit?

Die bisher besprochenen Beurteilungspunkte befassen sich mit Eigenschaften, die mehr oder weniger deutlich aus dem äußeren Erscheinungsbild im Stand bzw. in der Bewegung erkannt oder abgeleitet werden können. Demgegenüber sind die hier mit dem Begriff Umgänglichkeit zusammengefaßten „inneren", d. h. psychischen Eigenschaften, die bei anderen Autoren auch als Charakter, Temperament und Nerv beschrieben werden, oft – vor allem für den weniger geübten Beurteiler – bei der kurzzeitigen Vorstellung eines Pferdes oder Ponys nur vage zu erkennen. Dennoch spielen sie bei der Bewertung eine hervorragende Rolle, da eine gute Umgänglichkeit für viele Reiter bzw. Fahrer die Voraussetzung jeder sportlichen Nutzung des Tieres bildet. Nicht umsonst verlangt z. B. der Verband Hannoverscher Warmblutzüchter in seiner Zuchtziel-Formulierung ein Pferd, „das aufgrund seines Temperaments, seines Charakters und seiner Rittigkeit vornehmlich für Reitzwecke jeder Art geeignet ist."

Hinweise auf gute oder weniger gute Rittigkeit lassen sich ohne das Ausprobieren unter dem Reiter nur in begrenztem Umfang finden. Wir haben diese bei der Erörterung der vorangegangenen Punkte genannt. Charakter und Temperament sind mit größerer Sicherheit auch nur bei genauer Beobachtung eines Pferdes im täglichen Umgang über eine längere Zeit zu beurteilen. Trotzdem müssen wir versuchen, ähnlich wie im Hinblick auf die Rittigkeit auch im Hinblick auf Charakter und Temperament aus der kurzfristigen Vorstellung an der Hand vor einer Bewertungskommission Hinweise zu entnehmen, wenn die Möglichkeit einer längeren Beurteilungsfrist nicht gegeben ist.

Charakter

Zunächst ist dazu eine Definition dessen erforderlich, was unter diesen Begriffen zu verstehen ist. Was heißt **„Charakter"** bei einem Pferd? Mit dieser Frage zeigt sich bereits eine Schwierigkeit, die generell bei der Beurteilung psychischer Eigenschaften von Tieren auftritt, nämlich die Gefahr der unberechtigten bzw. ungenügend differenzierten Übertragung menschlicher Verhaltensnormen oder Definitionen auf das Tier. Im Zusammenhang mit dem Begriff Charakter nennt man beim Pferd Eigenschaftswörter, wie stark, schwach, mutig, feige, anständig usw. Was kennzeichnet aber nun ein Pferd mit „starkem Charakter"? Es kann durchaus ein unangenehm selbstbewußter Vertreter seiner Art sein, der vor lauter Kampf- und Siegeswillen keine Neigung zur Unterordnung zeigt und deshalb manch einem Reiter bzw. Halter größte Schwierigkeiten bereitet. Umgekehrt muß man sich fragen, wie sich denn wohl ein Pferd mit einem „schwachen Charakter" verhält? Wenn sich diese Eigenschaft darin äußert, daß das betreffende Pferd bemüht ist, unseren Wünschen in jedem Fall unter Verzicht auf eigenen Willen zu folgen, so wird dies bei normaler Sportnutzung durchaus angenehm sein. Noch schwieriger wird die Erläuterung beim „anständigen Charakter". Hier könnte man an Tiere denken, die sich schwachen Reitern gegenüber nachgiebig verhalten und nur gegen starke Reiter zum Kampf antreten. Dabei geraten wir jedoch sehr schnell in den Bereich der Spekulation, den man bei der Zuchttier-Beurteilung möglichst vermeiden sollte.

Temperament

Ähnlich wie bei dem Begriff Charakter muß auch beim **„Temperament"** auf gewisse Definitionsprobleme hingewiesen werden. Als qualifizierende Eigenschaftswörter zum Temperament eines Pferdes finden wir lebhaft, träge, gut, schlecht, viel oder wenig. Dabei kann die gleiche Bezeichnung, z. B. „viel Temperament", sowohl negative als auch positive Bedeutung haben und lobend oder tadelnd gemeint sein, wodurch eine klare Beschreibung sehr erschwert wird. Grundsätzlich sollte man sich darüber klar sein, daß Temperament in der allgemeinen Bedeutung des Wortes bei einem Pferd stets nur im Mittelmaß als erstrebenswert anzusehen ist. Sowohl zu viel als auch zu wenig, zu lebhaftes bzw. zu träges Temperament sind für den durchschnittlichen Benutzer negativ zu bewerten. Vielleicht wird der Sinn dieses Begriffes am besten definiert, wenn man

Phlegma

ihm den Begriff Phlegma als Gegenpol gegenüberstellt. Sowohl Temperament als auch Phlegma sind für den Durchschnittsreiter im Mittelmaß erstrebenswert. Je nach Nutzungsrichtung erscheinen dann gradweise Abstufungen des Optimums denkbar. Während der Hochleistungssportler Pferde mit einem etwas höheren Maß an Temerament und einem Mindestmaß an Phlegma braucht, wird der Hobbyreiter ohne erstklassige Ausbildung bzw. ohne Turnier-Ehrgeiz im allgemeinen etwas mehr Phlegma begrüßen und mit einem Mindestmaß an Temperament zufrieden sein.

Im Zusammenhang mit den Begriffen Charakter und Temperament muß eine weitere psychische Eigenschaft erwähnt werden, die man

Nerv

als **Nerv, Nerven oder Nervigkeit** bezeichnet. Dabei werden häufig die Eigenschaftswörter viel oder wenig, stark oder schwach erläuternd hinzugefügt. Während Charakter im allgemeinen mehr auf den Willen des Pferdes zur Mitarbeit, zum Lernen, zur Unterordnung oder zum Kämpfen bezogen ist, wird mit Nerv, Nerven oder Nervigkeit etwas bezeichnet, was mehr im Sinne von Ausdauer,

Sensibilität

Durchhaltekraft, aber auch in Richtung **Sensibilität** zu definieren ist. Ein Pferd, dem von seinem Besitzer oder Reiter „viel Nerv" nachgesagt wird, kann ein besonders ausdauerndes sein, das erst nach einer Stunde Arbeit richtig warm wird. Andererseits kann es aber auch sein, daß dieses Pferd leicht erregbar ist und dann das zeigt, was man besser mit Nervigkeit oder Sensibilität bezeichnet. „Starke Nerven" finden sich normalerweise bei einem mehr oder weniger dickfelligen, d. h. phlegmatischen Pferd, während mit „schwachen Nerven" (s. oben) ein hohes Maß an Erregbarkeit gemeint ist. Hier zeigt sich neben dem Temperament die Sensibilität als weiterer Gegenpol zu dem Begriff des Phlegmas = Trägheit + Unempfindlichkeit. Als Unterschied kann gelten, daß Temperament sich als Lebhaftigkeit in freiwilliger Aktivität ohne äußeren Anlaß zeigt, während Sensibilität als Empfindlichkeit in mehr oder weniger deutlicher Reaktion oder Überreaktion auf Reiter- und sonstige Umwelt-Einflüsse sichtbar wird.

Die vorstehenden Ausführungen lassen deutlich erkennen, daß es angesichts der teilweise nicht klar definierten Begriffe äußerst schwierig ist, psychische Eigenschaften der genannten Art an einem zur Bewertung vorgestellten Pferd oder Pony in kurzer Frist zu erkennen. Was man in einer kurzen Zeitspanne mehr oder weniger deutlich erkennen kann, läßt sich in Zusammenfassung der vorste-

Umgänglichkeit

hend erörterten Begriffe am besten als **Umgänglichkeit** beschreiben. Im einzelnen sind als Anzeichen guter Umgänglichkeit zu erkennen:

Ausdruck des Tieres in seiner gesamten Haltung im Stand – mit dem Menschen vertraut, willig folgend, gelöst, nicht verkrampft, Bewegung erst nach Aufforderung, unempfindlich gegen Bewegungen in der Umgebung (Richter, Kataloge, Schirme, Fahnen u. ä.);

Ausdruck im Auge des Tieres – vertrauensvoll, ruhig, aufmerksam, nicht ängstlich aufgerissen oder dösig-verschlafen;

Gehorsam beim Vorführen im Schritt und Trab – willige Reaktion auf antreibende Aufforderung, gerade Bewegung ohne ständiges Schiefgehen bzw. Ausweichen vor dem Vorführer oder dessen Gerte, sofortiges Bremsen und Anhalten auf Wunsch des Vorführers, ruhiges Stillstehen auch nach Vorführung im Trabe, kein Versuch des Weglaufens oder Schlagens nach dem Vorführer oder nach anderen Pferden;

Einfangen-Lassen nach Vorstellung in freier Bewegung im Auslauf oder in der Halle – vertrauensvolles Herankommen an den Menschen oder gehorsames Herankommen-Lassen des Menschen zum Wiederauflegen des Halfters bzw. Trensenzaumes ohne Widersetzlichkeit, gelassenes Folgen beim Wegführen;

Allgemeine Gelöstheit bei der Vorführung im Schritt, auch in Gesellschaft anderer Pferde, z. B. bei der Beurteilung auf dem Schauring – lässiger, dabei fleißiger Schritt ohne Zackeln, aber auch nicht einschlafend.

Die vorstehend genannten Einzelpunkte erlauben zwar kein endgültiges Urteil über die psychischen Eigenschaften eines Tieres, geben aber doch recht brauchbare Anhaltspunkte für die Beurteilung seiner für jeden Züchter und Reiter besonders wichtigen Umgänglichkeit, vor allem im Hinblick auf Unterordnungsbereitschaft, Temperament, Sensibilität und Phlegma. Zwar muß bei züchterischer Bewertung dieses Punktes bedacht werden, daß die Erziehung im Stall des Aufzüchters diese Eigenschaften in ihrer Erscheinungsform sehr wesentlich beeinflussen kann. Jedoch kann davon ausgegangen werden, daß gewisse Unterschiede erblich veranlagt sind. Es ist Aufgabe des Beurteilers, den Einfluß des Vorführers bzw. Besitzers zu erkennen und bei der Bewertung der Eigenschaft Umgänglichkeit auszuklammern.
Ein genaueres Urteil in dieser Hinsicht – ebenso wie in bezug auf die Rittigkeit – erlaubt erst eine längere Beobachtungszeit. So werden z. B. auch aus diesem Grund bei den gesetzlich vorgeschriebenen Hengstleistungsprüfungen für Sportpferde in der Bundesrepublik 100 Tage als Mindestdauer verlangt. Darauf wird an anderer Stelle noch näher eingegangen.

2.1.2.11 Freßlust, Futterverwertung

Läßt das zu beurteilende Tier ein aus wirtschaftlichen Gründen zu forderndes Mindestmaß an Freßlust und Futterverwertung erkennen?

Die in dieser Frage zusammengefaßten Eigenschaften Freßlust und Futterverwertung sind zwar in ihrer erblichen Anlage weitgehend unabhängig voneinander, werden hier jedoch der Einfachheit halber zusammengefaßt, da sie beide über den Anteil billigeren Wirtschaftsfutters (Grün- bzw. Rauhfutter) an der Gesamtration die Futter- und damit die Haltungskosten, besonders bei Zuchttieren, wesentlich beeinflussen können. Analog der Beurteilung psychischer Eigenschaften sind auch diese physiologischen Eigenschaften am kurzfristig zur Bewertung vorgestellten Tier nur in vagen Ansätzen zu erkennen. Dennoch sollte jede Möglichkeit genutzt werden, um Hinweise auf diese Eigenschaften zu erhalten, die im Hinblick auf die Haltungskosten von erheblicher Bedeutung sein können.

Freßlust

Woran erkennt man die **Freßlust** eines Tieres? Unter der Voraussetzung rauhfutterreicher Fütterung und einwandfreier Gesundheitspflege, insbesondere regelmäßiger Wurmbekämpfung, gibt die Rumpf-Form eines Pferdes bzw. Ponys gewisse Anhaltspunkte in dieser Hinsicht. Ganz allgemein kann vermutet werden, daß ein Tier mit aufgezogenem Leib, d. h. nach hinten stark ansteigender Unterlinie des Bauches und geringem Querschnitt in dessen hinterer Hälfte, ein schlechter Fresser ist, während ein sehr bauchiges Tier das voluminösere Rauhfutter gern frißt. Es ist klar, daß sowohl Erkrankungen aller Art als auch von der Norm abweichende Fütterung, z. B. bei Hochleistungspferden, dieses Bild verdecken und derartige Schlüsse ungültig werden lassen.

Futterverwertung

Welche Punkte lassen Rückschlüsse auf die **Futterverwertung** zu? Auch in dieser Hinsicht sind nur sehr vorsichtige Vermutungen möglich, da man normalerweise bei der Beurteilung keinen Vergleich von Futteraufnahme, Energieverbrauch und Zuwachs anstellen kann. Dennoch dürfte ganz allgemein ein guter bis sehr guter Futterzustand auch als Zeichen guter Futterverwertung angesehen werden, vor allem, wenn gleichzeitig eine gute Auswölbung der letzten Rippen, vielleicht sogar eine gewisse Bauchigkeit einen hohen Anteil an weniger nährstoffreichem Wirtschaftsfutter (Gras oder Heu) in der Ration erkennen läßt. Umgekehrt lassen hervorstehende Hüften, eingefallene Flanken und sichtbare Rippen bei normaler Fütterung und Gesundheitspflege gewisse Mängel in der Futterverwertung erkennen, die auch bei einer Nutzung als Sportpferd

Die Stute genießt das junge Gras, das Fohlen die Sonne, die Frühlingsluft, die vorläufig noch unbegrenzt erscheinende Freiheit. ▷

ungünstig zu werten sind. Der Hinweis auf die Überdeckung der Erbanlage durch Erkrankungen sowie besondere Fütterungsverfahren muß hier natürlich ebenfalls vorgebracht bzw. beachtet werden.
Zusammenfassend muß betont werden, daß die in den Kap. 2.1.2.10 und 2.1.2.11 besprochenen Punkte bei der Beurteilung von Pferden bzw. Ponys auf Schauen, Körungen usw. zwar wichtig sind, jedoch wegen der großen Unsicherheit in der Bewertung nur einen geringen Anteil am Gesamt-Urteil erreichen können. Dagegen sollten sie bei der Beurteilung von eigenen oder fremden Tieren, die man über längere Zeit eingehend beobachten kann, unter Beachtung der gegebenen Umwelteinflüsse entsprechend ihrer großen Bedeutung für Absatz und Wirtschaftlichkeit mit genügendem Gewicht in die Gesamtbewertung einbezogen werden.

Zusammenfassung
Bei der Beurteilung von Zuchtpferden (einschl. Ponys) sind folgende Punkte im Hinblick auf das Zuchtziel-Modell zu bewerten und mit einem ihrer Bedeutung für die betreffende Rasse bzw. Verwendungsrichtung entsprechenden Anteil in das Gesamt-Urteil aufzunehmen:

1. Rassetyp
2. Geschlechtstyp
3. Adel bzw. Kaliber
4. Rahmen
5. Bemuskelung
6. Entwicklungsstand
7. Skelettmechanik –
   - Format
   - Harmonie
   - Hals
   - Sattellage
   - Rücken
   - Kruppe
   - Rumpf
   - Fundament
8. Hufe
9. Bewegungsmechanik –
   - Korrektheit
   - Takt
   - Raumgriff
   - Elastizität
   - Bewegungsmanier
   - Antritt
   - Gleichgewicht
10. Umgänglichkeit –
    - Charakter
    - Temperament
    - Nerv
11. Freßlust, Futterverwertung

2.1.3 Paarungsplanung und Auslese

Zielbewußtes Züchten vollzieht sich in aufeinander aufbauenden Schritten. Erster Schritt ist im Normalfall die Auswahl der zur Zucht zu benutzenden weiblichen Tiere, entweder durch Zukauf oder durch Auslese im eigenen Bestand. Dazu bedienen wir uns der im Abschnitt „Beurteilung“ dargelegten Bewertungs-Grundsätze. Die Tatsache, daß kein Zuchttier dem Zuchtziel-Modell in Vollkommenheit gleicht, erfordert als nächsten Schritt eine sorgfältig zu überlegende Auswahl der Paarungspartner, d. h. also der zu den ausgewählten Stuten passenden Hengste.

Bevor wir diesen Schritt im einzelnen darlegen, erscheint es notwendig, kurz auf die **Grundlagen und Gesetzmäßigkeiten der Vererbungslehre** einzugehen, soweit sie für den praktischen Pferdezüchter von Bedeutung sind.

Vererbungslehre

1. **Alle Eigenschaften eines Lebewesens (zusammengefaßt bezeichnet als „Phänotyp“, Erscheinungsbild) entwickeln sich aus dem Zusammenwirken seiner Erbanlagen („Genotyp“) mit seiner Umwelt.**
   Während die Erbanlagen den Rahmen des Möglichen abstecken, bestimmen Umwelteinflüsse den Grad der Ausschöpfung dieser Möglichkeiten. So kann z. B. ein bestimmtes Pferd die erblichen Anlagen für guten Größenwuchs besitzen. Wird aber dieses Pferd in seiner Entwicklung beeinträchtigt, z. B. durch gravierende Fütterungsfehler während der Aufzucht, so erreicht es nicht die von den Erbanlagen her mögliche Größe. Andererseits kann ein hinsichtlich des Wachstums nur mäßig veranlagtes Pferd auch bei optimaler Aufzucht das erblich festgelegte Größenmaß nicht überschreiten. (Gewisse Hormonwirkungen lassen allerdings Ausnahmen zu.)

Phänotyp
Genotyp

2. **Der Grad der Umweltbeeinflussung ist bei verschiedenen Eigenschaften sehr unterschiedlich.**
   So sind z. B. bestimmte Formeigenschaften, wie Kopfform, Schulterlage o. ä., sehr stark erblich bedingt und nur in geringem Maße durch Umwelteinflüsse zu verändern. Farbe und Abzeichengröße bzw. -verteilung sind völlig erblich bedingt und durch Fütterung, Haltung oder Ausbildung überhaupt nicht zu beeinflussen (von mehr oder weniger Glanz auf dem Fell einmal abgesehen). Als gegenüberstehendes Extrem können die Leistungen eines Pferdes im Dressur- oder Springsport genannt werden. Wir gehen davon aus, daß eine gute Leistungsfähigkeit in diesen Sportdisziplinen ebenfalls erblich verankert ist, müssen jedoch bei Untersuchungen immer wieder feststellen, daß der tatsächliche Sporterfolg in sehr erheblichem Maße von Umwelteinflüssen aller Art abhängig ist. Dazu gehören nicht nur Können und Einfühlungs-

Umwelteinflüsse

vermögen des Reiters, sondern alle Maßnahmen während Aufzucht und Ausbildung, welche die physischen und psychischen Eigenschaften des Pferdes in irgendeiner Form beeinflussen. So ist z. B. denkbar, daß bereits die erste Erziehungs- und Gewöhnungsphase im Stall des Züchters das Vertrauen des Pferdes zum Menschen und seine Unterordnungs- und Lernbereitschaft wesentlich prägt. Damit wird die Grundlage für jede weitere Ausbildung positiv oder negativ verändert, so daß letzten Endes auch Auswirkungen auf den sportlichen Erfolg in Rechnung gestellt werden müssen.

Erblichkeitsgrad

In wissenschaftlichen Veröffentlichungen wird bei bestimmten Eigenschaften ein geschätzter Erblichkeitsgrad („Heritabilität", h^2) angegeben, der anzeigt, inwieweit die Ausprägung dieses Merkmals erblich bedingt ist.

3. **Vererbt werden können nur Anlagen, nicht Eigenschaften.**
Diese Tatsache muß bei allen Überlegungen zur Paarungsplanung im Auge behalten werden. Sie ist der Grund dafür, daß stark umweltbeeinflußte Eigenschaften bei der Nachzucht nur sehr unsicher in ähnlicher Form wieder auftauchen.

4. **Jedes Zuchttier erhält seine paarweise verbundenen Erbanlagen zu gleichen Teilen von beiden Elternteilen.**
Das bedeutet theoretisch, daß Vater und Mutter gleichstark beteiligt sind bei der Bildung der Nachkommen-Erbanlagen. Im allgemeinen wäre also als Gesamt-Erbbild ein Mittelding zwischen den Erbbildern der Eltern zu erwarten (sogenannte „intermediäre" Vererbung). Hier sind jedoch gewisse Ausnahmen einzukalkulieren. Bei bestimmten Anlagen treten „dominante", d. h. herrschende, und „rezessive", d. h. unterlegene, Erbfaktoren auf. Trifft ein dominanter mit einem rezessiven Faktor der gleichen Art zusammen, so bestimmt der dominante Faktor die Ausprägung der Erbanlage. Der rezessive Faktor hat also nur dann eine Chance des Sichtbarwerdens, wenn er in doppelter Dosis als Erbanlage wirkt. Dieser Umstand wird an anderer Stelle am Beispiel der Farbvererbung (s. Seite 180ff.) noch näher erläutert. Er hat außer bei der Farbe vor allem dort Bedeutung, wo ein negatives Merkmal mit einem rezessiven Faktor verbunden ist und über viele Generationen unerkannt weitergetragen werden kann. Beim Zusammentreffen solcher Faktoren von Vater- und Mutterseite tritt das entsprechende Negativ-Merkmal dann plötzlich überraschend in Erscheinung.

Vererbung:
intermediär,
dominant,
rezessiv

5. **Jedes Zuchttier gibt seinen Nachkommen nur einen halben Satz seiner eigenen, jeweils als Doppel-Faktoren verbundenen Erbanlagen weiter.**
Welcher von jeweils zwei an gleicher Stelle des Erbanlagen-Gerüstes, der „Chromosomen", vorhandenen Faktoren der Samen- bzw. Eizelle mitgegeben wird, die folglich nur mit dem halben, d. h. einfachen Chromosomensatz ausgestattet sind, entscheidet sich bei der Chromosomen-Teilung rein zufällig. Deutlichstes Beispiel hierfür ist die Geschlechtsverteilung, die von einem Erbfaktoren- oder „Gen"-Paar gesteuert wird.
Treten bei der Vereinigung von Samen- und Eizelle die gleichen Faktoren als Paar zusammen, so spricht man für dieses Gen-Paar von Reinerbigkeit oder „Homozygotie", im anderen Falle (unterschiedliche Faktoren bilden ein Gen-Paar) von Gemischterbigkeit oder „Heterozygotie". Verwandtschaftszucht steigert den Grad der Homozygotie, Fremdzucht den der Heterozygotie. Bei Großtieren ist es bisher nicht gelungen, durch starke Inzucht Linien bzw. Tiere zu schaffen, die in wesentlichen Erbanlagen (abgesehen von der Farbe) reinerbig sind. Auch die sogenannte „Reinzucht", d. h. die Paarung innerhalb einer Rasse, bringt letzten Endes doch immer nur mehr oder weniger gemischterbige Tiere hervor.

Chromosomen

Gene

Homozygotie
Heterozygotie
Verwandtschaftszucht
Fremdzucht

Reinzucht

6. **Viele Eigenschaften werden in „additiver Genwirkung" von einer großen Zahl verschiedener Erbanlagen beeinflußt, die unabhängig voneinander vererbt werden.**
Damit ist ein weiterer Unsicherheitsfaktor bei der Zucht auf derartige Eigenschaften gegeben.

Additive Genwirkung

7. **Die von einem Zuchttier vererbten Anlagen können nur an einer größeren Zahl von Nachkommen mit ausreichender Genauigkeit erkannt werden.**
Dies gilt nicht nur für mehr oder weniger stark umweltbeeinflußte Eigenschaften, sondern auch für die ausschließlich erblich bedingte Körperfarbe, bei der erst die Nachzucht erkennen läßt, ob das betreffende Tier die bei ihm zu findende Anlage rein- oder gemischterbig trägt. Die Bedeutung der Nachkommen-Prüfung wird um so größer, je geringer der Erblichkeitsgrad, die „Heritabilität", einer bestimmten Eigenschaft ist.

Nachkommen-Prüfung

8. Ergänzend muß bei der Paarungsplanung neben den für die Vererbung von Anlagen geltenden Grundsätzen der Genetik folgender Umstand berücksichtigt werden: Bei Paarung sehr unterschiedlicher Partner weicht das Erscheinungsbild des Produktes im allgemeinen, vor allem in Größe, Gewicht und Knochenstärke, von der nach Mischung der Erbanlagen zu erwartenden „intermediären" Mittel-Form ab, und zwar in Richtung auf das Erschei-

Über-
proportionaler
Einfluß
der Mutter

nungsbild der Mutter. Dieser **überproportionale Einfluß der Mutter** ist eine Folge der ersten, vom Menschen kaum beeinflußbaren Umwelteinflüsse vor der Geburt (Entwicklungsmöglichkeit und Ernährung der Frucht in der Gebärmutter) und in der Säugephase (Höhe der Milchleistung). Als Beispiel sei die Paarung von Vollblut- und Kaltblut-Pferden genannt. Ist die Mutter eine Vollblutstute und der Vater ein Kaltbluthengst, so ist das Produkt infolge geringerer Gebärmuttergröße und Säugeleistung der Mutter im allgemeinen deutlich leichter und feiner als im umgekehrten Fall, wenn die Mutter eine Kaltblutstute, der Vater dagegen ein Vollbluthengst ist. Hier ist ein sehr viel stärkeres, oft auch wüchsigeres Produkt zu erwarten, wie es z. B. die aus Gebrauchskreuzungen dieser Art entstandenen irischen Jagdpferde („Hunter") darstellen. Ein anderes Beispiel findet sich in der Ponyzucht, wo Reitponys aus Kreuzungen großer Hengste mit kleinen Stuten im allgemeinen deutlich kleiner bleiben als umgekehrt solche aus Kreuzungen kleiner Hengste mit großen Stuten. Schließlich bieten auch die aus Artkreuzungen (Pferd × Esel) hervorgehenden Maultiere (Eselhengst × Pferdestute) bzw. Maulesel (Pferdehengst × Eselstute) ein interessantes Anschauungsmaterial hinsichtlich des überproportionalen Muttereinflusses bei Paarung ungleicher Partner, der neben den unterschiedlichen Erbanlagen von vornherein berücksichtigt werden muß.

Nach der Darlegung dieser jeder Zuchtplanung zugrundeliegenden biologischen Tatsachen fahren wir fort in der Entwicklung unserer Paarungsplanung. Der Auswahl unter den für einen Zuchteinsatz in Frage kommenden Stuten folgt die Auslese der zu diesen Stuten passenden Hengste:

Jeder in Frage kommende Hengst muß neben erstklassiger Allgemein-Qualität – zu beurteilen nach den auch für Stuten geltenden Grundsätzen – zusätzliche Forderungen erfüllen, wenn eine Verbesserung der Nachkommen gegenüber der Elterngeneration in Richtung auf das Zuchtziel erreicht werden soll:

Inzucht-
Depression

1. **nicht zu enge Verwandtschaft** mit der betreffenden Stute – Vermeidung einer eventuellen „Inzucht-Depression", d. h. Verminderung der Vitalität infolge Paarung eng verwandter Tiere mit Auswirkungen auf Wachstum, Knochenstärke, u. U. auch Nervenstärke usw.;
2. nachgewiesene, **sichere Vererbung** von erwünschten Form- und Leistungs-Anlagen – leider nur in Ausnahmefällen in der anzustrebenden Kombination verfügbar; ersatzweise Nachweis einer guten Leistungsveranlagung in Eigenleistungsprüfung oder Turniersport sowie Abstammung mit möglichst vielen Vorfahren in

den ersten Ahnenreihen, welche als bewährte Form- und Leistungsvererber bekannt sind;

3. **Ausgleich eventueller spezieller Mängel** der betreffenden Stute durch besonders gute Qualität in den gleichen Punkten;
4. nach Möglichkeit auch noch **passend in Farbe und Abzeichen,** um das Auftreten unbeliebter Mischfarben oder zu starker Abzeichen zu vermeiden.

Um unter den verfügbaren Hengsten hinsichtlich der vorstehend genannten Kriterien den am besten zu einer bestimmten Stute passenden Hengst auszuwählen, stehen dem Züchter verschiedene Hilfsmittel zur Verfügung, und zwar:

Zu 1: Vermeidung von Inzucht –
Abstammungsnachweise von Hengst und Stute

Abstammungsnachweis

Ein Studium der Ahnentafeln beider Partner läßt sofort erkennen, ob es sich um eng verwandte Tiere handelt oder nicht. Dabei kann im allgemeinen ein Überblick über die ersten drei Ahnenreihen genügen, da weiter entfernt auftretende Vorfahren normalerweise nur eine geringe Steigerung des Verwandtschaftsgrades bedingen.
Mit dem Hinweis auf die Abstammungsnachweise und deren Bedeutung, auch in anderer Hinsicht (s. 2), wird deutlich, daß die Benutzung von Tieren mit nachgewiesener Abstammung – möglichst über eine längere Zahl von Ahnenreihen – Voraussetzung jeder verantwortungsbewußten Zuchtarbeit ist. Die Paarung von Tieren ohne Kenntnis der Vorfahren und damit der zu erwartenden Erbanlagen ist ein „Blinde-Kuh-Spiel" und kann von niemand ernsthaft als „Züchten" bezeichnet werden. Ausnahmen sind höchstens denkbar zu Beginn der züchterischen Entwicklung einer bestimmten Zuchtrichtung, für die nicht genügend Tiere mit nachgewiesener Abstammung zur Verfügung stehen. Die sogenannten „Vorbuch-Stuten" (d. h. Stuten ohne nachgewiesene Abstammung bzw. mit nur wenigen Generationen eingetragener weiblicher Vorfahren) sind jedoch stets als Notbehelf und Übergang zu betrachten und sollten nur bei erstklassiger Nachzucht länger als nötig zur Zucht benutzt werden.

Zu 2: Auswahl bewährter Vererber –
Vererbungs-Ranglisten verschiedener Art, Leistungsprüfungs-Ergebnisse

Ranglisten

Zuchtverbände und Dachorganisationen veröffentlichen regelmäßig Ergebnisse von Zucht- und Sportveranstaltungen, aus denen man direkt oder indirekt Ranglisten einer größeren Zahl von Hengsten entnehmen kann, deren Nachkommen bestimmten Prüfungen unterzogen worden sind.

Dies beginnt bei einigen Verbänden mit der Veröffentlichung der Ergebnisse von Fohlenschauen. Werden diese nach der Zahl der vergebenen Prämien, eventuell sogar in Beziehung zur Gesamtzahl vorgestellter Fohlen rangiert, so ergibt sich bereits ein vorläufiger, selbstverständlich durch den Grad der Beliebtheit bei den Züchtern beeinflußter Hinweis auf die Qualität der Formvererbung bestimmter Hengste. Die Prämiierungsergebnisse von Stutenschauen ergänzen die aus der Fohlenprämiierung gezogenen ersten Schlüsse auf die Vererbungsrichtung hinsichtlich Körperform und Bewegungsmechanik in bestätigender oder abschwächender Form. Eine weitere Untermauerung oder Korrektur dieser Formvererbungs-Hinweise ergibt sich aus den Ergebnissen von Hengstkörungen, wo allerdings nur noch ein kleiner Teil des gesamten Hengstbestandes mit Nachkommen in Erscheinung tritt. Faßt man die Ergebnisse von Fohlenprämiierungen, Stutenschauen und Hengstkörungen in einem bestimmten Zuchtverband bzw. -gebiet über zwei bis drei Jahre zusammen, so ergibt sich unter der Voraussetzung einer ausgeglichenen Qualitätsverteilung bei den angepaarten Stuten ein verhältnismäßig genaues Bild der Formvererbungs-Richtung eines Hengstes. Leider wird die anzustrebende Genauigkeit der Bewertung manchmal etwas beeinträchtigt durch Umstände, die bestimmten Hengsten besondere Vor- oder Nachteile hinsichtlich der Durchschnittsqualität und Anzahl der ihnen zugeführten Stuten verschaffen.

Stutenschauen

Hengstkörung

Als solche Umstände sind z. B. denkbar:

Besonderer „Vorschußlorbeer“ für einen Junghengst infolge sehr interessanter Abstammung, sehr hoher Formbewertung, besonders gut absolvierter Leistungsprüfung oder sehr hohen Ankaufspreises;

Einsatz in einem Gebiet mit überdurchschnittlich hoher oder niedriger Stutenqualität bzw. in einem sehr dicht oder dünn mit Zuchtstuten besetzten Gebiet;

Stationierung bei einem Hengsthalter, der besonders intensive Werbung und Absatzförderung betreibt und/oder den betreffenden Hengst gezielt für ausgewählte Stuten einsetzt.

Unter Berücksichtigung eventuell erforderlicher Zu- oder Abschläge für negativ oder positiv wirkende Sonder-Umstände kann generell davon ausgegangen werden, daß ein Hengst, der über drei Jahre sowohl bei eventuellen Fohlenprämiierungen als auch bei Stutenschauen im oberen Drittel der erfaßten Vatertiere rangierte und gleichzeitig mit einigen gekörten Söhnen in Erscheinung trat, mit ziemlicher Sicherheit als guter Formvererber zu bewerten ist. Über spezielle Stärken und Schwächen bei der Vererbung in bestimmten Einzelpunkten der Form bzw. Bewegungsmechanik geben diese

Hengstleistungsprüfung – hier Parcours-Springen in der Prüfungsanstalt Klosterhof Medingen b. Bevensen (Niedersachsen), Holsteiner Hengst Landego, geb. 1977, v. Landgraf I – Marlon xx – Ramzes AA.

Ranglisten allerdings noch keine Auskunft. Deren Kenntnis – für eine gezielte Anpaarung (s. 3) außerordentlich wichtig – läßt sich nur durch intensives Studium aller Schauberichte sowie direkte Beobachtung und Bewertung der jeweiligen Nachkommengruppen erwerben.

Mit der Auswahl eines anerkannt guten Form-Vererbers ist es aber normalerweise nicht getan. Bei allen Zuchtzielen moderner Sportpferde- und Ponyzüchter steht die Forderung nach Leistungsfähigkeit für den Sporteinsatz mehr oder weniger deutlich im Vordergrund. Diese läßt sich aus der Formbewertung leider nur in beschränktem Umfang ableiten. Zwar haben sich wesentliche Kriterien der Formbewertung von Sportpferden aus jahrzehntelangen Erfahrungen von Militärpferde-Ankäufern entwickelt. Diese konnten nämlich – vor allem im 19. Jahrhundert bei der damals noch hohen Bedeutung von berittenen und bespannten Truppen für die Landesverteidigung – die Leistungsfähigkeit und Haltbarkeit der von ihnen zum Ankauf ausgewählten Remonten über viele Jahre prüfen. Andererseits sind die Anforderungen heutiger Sportpferde-Käufer nur zum Teil mit den damals an ein Soldatenpferd gestellten identisch. Eine ganze Reihe von heute zusätzlich erwünschten Eigenschaften wie Umgänglichkeit, Lernbereitschaft, Lernfähigkeit,

Hengsleistungsprüfung – Hannoveraner Hengst Fatianus, geb. 1977, v. Furioso II AN – Ernö – Joachim, auf der Trabstrecke der Mindestleistungsprüfung in der Prüfungsanstalt Adelheidsdorf b. Celle (Niedersachsen).

Springwille und ähnliches lassen sich bei einer Vorstellung an der Hand, z. B. bei Stutenschauen oder Hengstkörungen, kaum oder gar nicht befriedigend beurteilen. Aus diesem Grunde versucht man, wenigstens in der Großpferdezucht durch die gesetzlich vorgeschriebene Leistungsprüfung von Hengsten, einen mindestens 100 Tage dauernden Test in einer dafür amtlich zugelassenen Prüfungsanstalt, die aus der Formbewertung abgeleitete Erwartung guter Sportpferd-Eigenschaften durch eine genaue Beobachtung der Hengste beim Stallverhalten und im Training für die abschließende Prüfung auf Rittigkeit, Springtalent und Ausdauer zu ergänzen. In der Reitponyzucht beschränkt sich der gesetzlich vorgeschriebene Test auf eine Prüfung unter dem Reiter in drei Gangarten über Strecken von 750 m Trab, 1500 m Galopp und 300 m Schritt in festgesetzten Mindest- (bzw. Höchst-)zeiten, die nach der Widerristhöhe gestaffelt sind (bis 117 cm WH – keine Prüfung vorgeschrieben, 118 bis 127 cm WH – 4 Minuten, 128 bis 137 cm WH – 3½ Minuten, über 137 cm WH – 3 Minuten). Dazu ist zu bemerken, daß eine Erfüllung der damit gestellten Anforderungen kaum als Selektionshilfe zu werten ist, da auch ausgesprochen schwache Kandidaten bei sachgemäßer Vorbereitung diese Forderungen, vor allem in der kleineren und der mittleren Größenklasse, leicht erfüllen können.

Leistungsprüfung für Hengste

Leistungsprüfung für Ponyhengste – Reitponyhengst Ritter, geb. 1971, v. Mc Gredy xx – Shazda AV – Triton AA, absolviert die Mindestleistungs-Trabstrecke.

Die Ergänzung der Formbewertung von zukünftigen Vatertieren anläßlich der Körung durch die anschließende Hengstleistungsprüfung (abzulegen bis zu einem Höchstalter von 4 bzw. – bei Arabern und Isländern – 5 Jahren) kann interessante weitere Hinweise auf zu erwartende Vererbungstendenzen hinsichtlich der Leistungsanlagen geben. Andererseits bietet ein gutes Prüfungsergebnis noch keinerlei Sicherheit für entsprechend überdurchschnittliche Leistungs-Vererbung. Die an sich in hohem Grade erblichen Eigenschaften, um die es hier geht, werden in ihrer Ausprägung nicht nur während der Abschlußprüfung, sondern teilweise auch während der Vorbereitung in der Prüfungsanstalt in unterschiedlichem Maße durch nicht erbliche Einflüsse verschleiert. Unter diesen stellt der mehr oder weniger talentierte Trainings- bzw. Prüfungsreiter nur einen, allerdings einen sehr wesentlichen Faktor. Weitere Verschleierungs-Faktoren ergeben sich z. B. aus Trainingsunfällen, Stürzen o. ä., welche sensible Hengste in der weiteren Vorbereitung stark stören oder belasten können, aber auch aus unterschiedlicher Vorarbeit in der Aufzucht und Haltung bis zum Prüfungstermin. Darüber hinaus ist auch die subjektive Bewertung von nicht exakt meßbaren Eigenschaften durch Fachleute, welche die Hengste testweise selbst reiten bzw. im Training oder in verschiedenen Prüfungsteilen beobachten, mit den immer wieder auftretenden, unvermeidbaren Fehlerquellen individuell unterschiedlicher Auffassungen bzw. unterschiedlicher Moment-Eindrücke u. ä. behaftet.

Insgesamt stellt also auch die Ergänzung der Formbewertung von Hengsten durch eine Leistungsprüfung nur einen weiteren Mosaikstein bei der Zusammensetzung des Gesamt-Bildes vom Zuchtwert eines Vatertieres dar. Genaue Auskunft über die Vererbung der diesbezüglichen Eigenschaften gibt nur die Leistung der Nachkommenschaft, und auch diese nur bei möglichst neutraler Prüfung einer genügend großen Nachkommen-Gruppe, die nicht durch irgendwelche Umstände gegenüber anderen Nachkommen-Gruppen begünstigt oder benachteiligt ist.

Nachkommen-Prüfung

Seit langer Zeit suchen vor allem die deutschen Sportpferde-Zuchtverbände nach Möglichkeiten zur exakten Ermittlung des Erbwertes von Hengsten hinsichtlich der sportlichen Leistungsanlagen. Erziehung, Gewöhnung, Training und Ausbildung des Pferdes sowie Können und Einfühlungsvermögen des Reiters bzw. Fahrers – von Aufzucht, Fütterung und Haltung ganz abgesehen – üben einen so großen Einfluß auf den Erfolg in Leistungsprüfungen des Reit- und Fahrsports aus, daß dessen Ausschaltung – zur Ermittlung der wirklich erblich bedingten Anlagen – nur unter großen Schwierigkeiten und auch dann nur unvollständig möglich ist. Während bei der Eigenleistungsprüfung von Zuchthengsten eine Standardisierung der oben genannten Umwelteinflüsse angestrebt wird, erscheint dies für Nachkommengruppen, z. B. im Turniersport, unmöglich. Als denkbarer Ausweg bietet sich die Beschränkung auf Nachkommengruppen mit genügend großer Anzahl von Tieren an, bei denen nach dem Gesetz des Zufalls ein gewisser Ausgleich unterschiedlicher Vorbedingungen angenommen werden kann. Die alljährlich im Jahrbuch der Deutschen Reiterlichen Vereinigung (FN) erscheinende Zusammenstellung der in der Bundesrepublik erzielten Turniererfolge (Gewinnsummen) von Sportpferden bzw. Ponys, geordnet nach der väterlichen Abstammung, bietet für dieses Verfahren eine gute Grundlage.

FN-Jahrbuch

Rangierung nach Gewinnsummen

Leider sind mit einer derartigen Pauschal-Rangierung nach Gewinn-Summen der Nachkommengruppen deutliche Schwächen verbunden. Die Zahl der den verschiedenen Hengsten angepaarten Stuten, die Dauer ihres Deckeinsatzes sowie das Alter der im Sport eingesetzten Nachkommen werden bisher nicht berücksichtigt. Damit können eventuell Hengste mit guter Leistungsvererbung wegen geringer Nachkommenzahl nur in das Mittelfeld dieser Zusammenstellung vordringen, während stark benutzten Hengsten mit hoher Nachkommenzahl unter Umständen ein über ihre wirkliche Vererbungsqualität hinausgehendes Renomee verschafft wird. Darüberhinaus fehlt es bisher auch an Möglichkeiten, die Durchschnittsqualität der angepaarten Stuten zu erfassen. Die bereits an anderer Stelle genannten Faktoren, die einem Hengst in jungen Jahren Vorschußlorbeeren verschaffen, tragen nicht nur zur Steigerung der Stutenzahl pro Deckjahr bei, sondern locken im allgemeinen auch Spitzenstuten in größerer Zahl an. Eine dadurch bedingte Anhebung der Durchschnittsqualität der angepaarten Stuten kann zur Folge haben, daß in den ersten Nachzuchtjahrgängen eine verhältnismäßig hohe Zahl guter Leistungsträger erscheint und dadurch der Zustrom guter Stuten in größerer Zahl noch verstärkt wird. Umgekehrt sind auch Fälle bekannt, in denen Hengste mit hervorragender Leistungsvererbung wegen bestimmter Formmängel in ihren ersten Deckjahren nur schwach benutzt wurden und dadurch viele Jahre brauchten, bis ihr züchterischer Wert erkannt wurde.

Die Zucht von Sportpferden und Ponys ist nach wie vor – im Gegensatz zur Rennpferdezucht oder zu anderen landwirtschaftlichen Tierzuchtzweigen – eine Zucht auf **Leistung und Form.** Deshalb wird sowohl die alleinige Bewertung der Formvererbung als auch die reine Leistungs-Analyse den an einen Spitzenvererber zu stellenden Forderungen nicht gerecht. Auf der Grundlage der gesammelten Turnier-Ergebnisse von 1976 bis 1980, zusammengestellt in den Jahrbüchern der Deutschen Reiterlichen Vereinigung (FN), hat der Verfasser mit einem kombinierten Verfahren, bei dem sowohl die Form- als auch die Leistungsvererbung Berücksichtigung finden, die im Hinblick auf das Zuchtziel der deutschen Sportpferdezucht als Spitzenvererber zu betrachtenden Hengste ermittelt. Diese kombinierte Bewertung der Vererbung in beiden Richtungen wurde wie folgt durchgeführt:

Kombinierte Vererbungsbewertung

In die auf Seite 154f. wiedergegebene, nach Jahrgangsgruppen geordnete Rangliste wurden Hengste mit drei oder mehr in der Zucht eingesetzten Söhnen aufgenommen, welche ihrerseits in den Erfolgslisten mit jeweils mindestens drei Nachkommen vertreten sind, von denen wenigstens einer eine Jahres-Gewinnsumme von 500,– oder mehr DM erreicht hat. Nach einer kombinierten Punktwertung unter Berücksichtigung von Nachkommenzahl und durchschnittlicher Jahresgewinnsumme mußte in mindestens zwei der untersuchten drei Jahre eine Mindestpunktsumme oder eine erheblich höhere Summe in einem Jahr erreicht worden sein.

Mit diesem kombinierten Bewertungsverfahren werden diejenigen Vererber herausgestellt, die sowohl eine Mindestqualität in der Formvererbung bewiesen haben – durch Lieferung mehrerer gekörter Söhne – als auch Leistungsanlagen mit großer Wahrscheinlichkeit über ihre Söhne weitervererbt haben. Der Nachteil dieses Verfahrens liegt in der verhältnismäßig langen Zeitdauer vom ersten Zuchteinsatz eines Hengstes bis zum ersten Jahrgang ca. 5jähriger Enkel im Sporteinsatz. Diese Zeitspanne beträgt mindestens

Spitzenvererber in der deutschen Sportpferdezucht
nach kombinierter Bewertung von Form- und Leistungs-Vererbung
(Grundlage: FN-Jahrbücher 1976 – 80, rangmäßig geordnet nach Jahrgangsgruppen und Einsatzbereich)

	Geburtsjahrgänge					
Einsatzbereich	1938 u. älter	1939–43	1944–48	1949–53	1954–58	1959–63
Hannover	Kurde x Flügeladjutant Futurist I Goldfisch II	Duellant Abglanz (Trak.) Lateran (Trak.) Adlerschild xx Hansakapitän (Trak.) Poet xx Ferdinand Frustra II Cyklon (Trak.) Fernjäger Agram Frühsport	Dömitz Marcio xx Maigraf xx Astflug Jonkheer xx	Senator Wöhler Kurier Steinpilz xx Abhang I Obermaat (Trak.) Pik As xx Hassan A Eindruck II Traumgeist xx Gotthard	Marconi Sender Lugano I Grande Duft II Duft I Sesam I Einglas Abdulla Weingau Ernö Wohlan Ehrenschild Hessenstein (Trak.)	Waidmanns-dank xx Duden II Absatz Don Carlos Lasso Sudan xx Lukas
Holstein	Ramzes AA Anblick xx		Cottage Son xx	Manometer xx	Marlon xx	Ladykiller xx Farnese
Westfalen	(Ramzes AA)		Grünspecht Schwarzseher	Radetzky Flietner Pluchino xx Ducker	Remus I Aar Cyrus Frühbote Frühlicht I	Lucius xx Frühling Romulus I

Oldenburg				Adonis xx		Furioso II (Anglo-Norm.)
Bad.-Württemb.	Julmond (Trak.)				Taifun (Trak.)	
Bayern						Amor (Trak.)
Trakehnerzucht	(Julmond)	(Abglanz) (Lateran) Humboldt (Hansakapitän) (Cyklon) Altan	Major	Komet (Obermaat) Stern xx Gabriel Impuls (Traumgeist xx)	Boris Maharadscha Pregel Carajan Golddollar (Hessenstein) Handelsherr Sterndeuter Ilmengrund Anteil (Taifun)	Schabernack Flugsand Malachit
Vollblutzucht	Magnat Abendfrieden Orator	Ticino Goody Masetto	Neckar Alizier Nebelwerfer Bürgermeister	(Pluchino) Chief	Orsini Kaiseradler	
Araberzucht			Gazal VII			
außerhalb Deutschlands		Furioso xx				

10 Jahre. Andererseits ist bekannt, daß auch eine Hengstbewertung nach Sporterfolgen der direkten Nachkommen frühestens ca. 9 Jahre nach Beginn des Zuchteinsatzes (Bewertung von mindestens 3 Jahrgängen – 6jährig und älter) mit gewisser Sicherheit vorgenommen werden kann. Mit der Verzögerung der Bewertung durch das oben geschilderte Verfahren wird jedoch eine erheblich größere Sicherheit erreicht, da die Vererbung der Körperform (einschließlich Bewertungsablauf) nach wie vor für die Pferdezucht ein unerläßliches Kriterium darstellt.

Hauptvererber

Die vorstehende Zusammenstellung enthält die bereits bei der Rassen-Darstellung als Hauptvererber genannten Hengste. Um diese Hengste in ihren gegenseitigen züchterischen Beziehungen genauer darzustellen, werden sie auf den Seiten 157ff. geordnet nach Nachkommengruppen bestimmter Stammhengste (soweit mindestens drei Spitzenvererber darin vertreten sind) vorgestellt.

Stammhengste

Diese nach Ursprungsrassen aufgeteilten Tafeln stellen eine Weiterentwicklung der bisher üblichen Hengstlinien-Tafeln dar und sind in gleicher Weise wie diese von links nach rechts zu lesen. Jede nach rechts folgende Spalte enthält Tiere der nächsten Generation. Senkrechte Linien verbinden direkte Nachkommen des gleichen Elterntieres, also Halb- oder Voll-Geschwister. Hengste sind mit Namen verzeichnet, Stuten der Einfachheit halber mit „St.“. Alle als Spitzenvererber ermittelten Hengste sind durch *Kursiv-Schrift* gekennzeichnet.

Hengst-Nachkommengruppen mit drei und mehr Spitzen-Vererbern in der deutschen Sportpferdezucht
(nach kombinierter Form- und Leistungsbewertung – FN-Jahrbücher 1976–80)

a) Vollblut

(H) = Hannoveraner

Herold v. Dark Ronald	– *Bürgermeister*				
	Alchimist	– Gundomar	– *Maigraf*		
		St.	– *Adlerschild*		
		St.	– *Waidmannsdank*		
	Arjaman	– Olymp	– *Masetto*		
		St.	– *Neckar*	– *Waidmannsdank*	
		St.	– *Nebelwerfer*	– *Kaiseradler*	
		St.	– *Sudan*		
	St.	– Der Löwe	– *Lugano I* (H)	– *Lukas*	
			St.	– *Duden II* (H)	
	St.	– *Abendfrieden*	– *Pik As*		
			Manometer		
		Anblick			
	St.	– *Poet*			
	St.	– St.	– *Adlerschild*		
	St.	– St.	– St.	– *Lucius*	
Prunus v. Dark Ronald	– Oleander	– Ebro	– St.	– *Stern*	– *Sterndeuter* (Trak.)
					Anteil (Trak.)
		Nuvolari	– St.	– *Orsini*	
		St.	– *Adonis*		
		St.	– Olymp	– *Masetto*	
		St.	– St.	– *Sudan*	
	St.	– St.	– Berggeist	– *Stern*	– *Sterndeuter* (Trak.)
					Anteil (Trak.)

Wallenstein	– St.	– *Magnat*	– *Jonkheer*	
v. Dark Ronald			*Nebelwerfer*	– *Kaiseradler*
			Adonis	
			St.	– *Manometer*
	St.	– St.	– *Adonis*	
Son-In-Law	– Young Lover	– *Cottage Son*		
v. Dark Ronald	Apron	– St.	– St.	– *Ladykiller*
	Knight of the Garter	– St.	– St.	– *Marlon*
	St.	– *Furioso*	– *Furioso II* (Anglo-Norm.)	
Ferro	– Athanasius	– *Ticino*	– *Orsini*	
			Neckar	– *Waidmannsdank*
			Nizam	– *Sudan*
			St.	– *Lucius*
		Orator		
		St.	– St.	– *Orsini*
	Abendfrieden	– *Pik As*		
		Manometer		
	Anblick			
	Adlerschild			
	St.	– Berggeist	– *Stern*	– *Sterndeuter* (Trak.)
				Anteil (Trak.)

Pergolese	– Aurelius	– Blasius	– *Steinpilz*		
		St.	– Gundomar	– *Maigraf*	
		St.	– St.	– *Waidmannsdank*	
	Augias	– St.	– *Orator*		
	St.	– St.	– St.	– *Marcio*	– *Marconi* (H)
				Maigraf	
	St.	– St.	– St.	– *Masetto*	
Teddy	– Astérus	– *Magnat*	– *Jonkheer*		
			Adonis		
			Nebelwerfer	– *Kaiseradler*	
			St.	– *Manometer*	
	Aventin	– *Marcio*	– *Marconi* (H)		
		Berggeist	– *Stern*	– *Sterndeuter* (Trak.)	
				Anteil (Trak.)	
		St.	– *Traumgeist*		
	Ortello	– Torbido	– Ant. Canale	– *Lucius*	
	St.	– *Goody*	– *Traumgeist*		
	St.	– Vatellor	– St.	– *Chief*	
Hurry On	– Precipitation	– *Furioso*	– *Furioso II* (Anglo-Norm.)		
	Coronach	– Niccolo dell' Arca	– *Pluchino*		
		St.	– *Alizier*		
	St.	– St.	– Ant. Canale	– *Lucius*	
Phalaris	– Fairway	– Blue Peter	– Sailing Light	– *Ladykiller*	
		Fairford	– St.	– *Marlon*	
	Pharos	– Nearco	– *Chief*		
			St.	– Tamerlane	– *Marlon*
	Colorado	– Loaningdale	– St.	– *Ladykiller*	
	St.	– St.	– *Bürgermeister*		

b) Trakehner

(H) = Hannoveraner
(W) = Westfale

Dampfroß (1916)	Pythagoras	Guido	Gigant	*Gabriel*	*Boris*	
		Creon	Goldregen	*Komet*	*Hessenstein*	
		Totilas	*Handelsherr*			
			St.	*Schabernack*		
			St.	*Flugsand*		
		St.	*Hansakapitän*	*Obermaat*		
				Golddollar		
	Hyperion	Termit	*Abglanz*	*Abhang I* (H)	*Abdulla*	
				Absatz (H)		
			Tropenwald	*Pregel*		
		Sonnentau	St.	*Taifun*		
	Semper idem	*Senator* (H)	*Sender*			
			Sesam I			
	Eichendorff	St.	*Impuls*			
			St.	*Ilmengrund*		
	Hexenschuß	St.	St.	*Maharadscha*		
	Eklatant	St.	St.	*Sterndeuter*		
	St.	*Altan*	*Flugsand*			
			St.	*Malachit*		
			St.	*Anteil*		
	St.	Löwenritt	St.	St.	Schöner Abend	*Schabernack*
	St.	St.	Perserfürst	Herbstwind	*Carajan*	

Waldjunker (1913)	Bussard	*Hansakapitän*	*Obermaat*			
			Golddollar			
		Bento	St.	Schöner Abend	*Schabernack*	
		St.	Herbstwind	*Carajan*		
	Saldo	St.	St.	St.	*Hessenstein*	
	St.	Polarstern	St.	*Golddollar*		
				Goldregen	*Komet*	*Hessenstein*
			St.	St.	*Boris*	
			St.	St.	*Handelsherr*	
	St.	St.	*Golddollar*			
			Goldregen	*Komet*	*Hessenstein*	
Ararad (1921)	Hutten	*Humboldt*	*Ilmengrund*			
			Impuls			
			St.	*Ilmengrund*		
	Indra	St.	*Boris*			
	St.	Creon	Goldregen	*Komet*	*Hessenstein*	
	St.	St.	*Komet*	*Hessenstein*		
	St.	St.	*Hansakapitän*	*Obermaat*		
				Golddollar		
	St.	St.	Herbstwind	*Carajan*		
	St.	St.	St.	*Handelsherr*		

Parsival (1912)	– Hirtensang	– *Altan*	– *Flugsand*		
			St.	– *Malachit*	
			St.	– *Anteil*	
		Hannibal	– St.	– St.	– *Anteil*
		St.	– *Pregel*		
	Kupferhammer	– Helikon	– *Cyklon*	– *Cyrus* (H)	
			Lateran	– *Lasso* (H)	
	St.	– Semper idem	– *Senator* (H)	– *Sender*	
				Sesam I	
Pirat (1914)	– Poseidon	– Abendstern	– Schöner Abend	– *Schabernack*	
		Absinth	– Abschaum	– *Aar* (W)	
		St.	– *Abglanz*	– *Abhang I* (H)	– *Abdulla*
				Absatz (H)	
		St.	– Tropenwald	– *Pregel*	
	Puritaner	– St.	– Helikon	– *Cyklon*	– *Cyrus* (H)
				Lateran	– *Lasso* (H)
Pilger (1920)	– Port Arthur	– Perserfürst	– Herbstwind	– *Carajan*	
			St.	– St.	– *Flugsand*
	St.	– Totilas	– *Handelsherr*		
			St.	– *Schabernack*	
			St.	– *Flugsand*	

c) Araber

AV = Arab. Vollblut
A = Araber (Shagya)
H = Hannoveraner
AA = Anglo-Araber
Trak. = Trakehner
W = Westfale

Siglavy Bagdady AV	St.	Fetysz	Famulus (Trak.)	*Maharadscha*			
				St.	*Hessenstein*		
			St. (Trak.)	*Lateran*	*Lasso* (H)		
			St. (Trak.)	St.	*Pregel*		
	St. (A)	Shagya XVII-12	Schlingel (H)	St.	St.	*Absatz*	
			St. (H)	St.	*Ernö*		
	St. (A)	St.	St.	*Gazal VII*			
Amurath AV (1881)	Amurath II	Amurath Sahib	St.	*Hassan* (A)			
	Selim	Nana Sahib I	St.	Amurath Sahib	St.	*Hassan* (A)	
	St. (A)	Shagya XVII	Shagya XXV	St.	*Gazal VII*		
			Shagya XVII-12	Schlingel (H)	St.	St.	*Absatz*
				St.	St.	*Ernö*	
	St. (A)	Shagya X-3	St.	*Ramzes* (AA)	*Radetzky* (W)	*Remus I*	*Romulus I*
	St. (A)	St.	St.	*Ramzes* (AA)	*Radetzky* (W)	*Remus I*	*Romulus I*
	Amurath I (A)	Amulett (H)	Amateur I	St.	*Agram*		
				St.	*Gotthard*		
		Amandus (H)	Amok	St.	St.	*Kurier*	
		St. (H)	Almenrausch I	St.	St.	*Einglas*	
	Amurath II (A)	Amos (H)	Amoroso	St.	St.	*Aar* (W)	
			St.	Athos	*Einglas*		
		St. (H)	St.	St.	St.	*Frustra II*	*Wohlan*

d) Hannoveraner

(W) = in Westfalen gezogen

Dolman	– Dollart	– *Dömitz*	– Dominik	– *Don Carlos*		
(1933)	*Duellant*	– *Duft I*				
		Duft II				
		Duden II				
		Ducker				
		St.	– *Marconi*			
		St.	– *Grande*			
	Dominant	– St.	– *Cyrus*			
	St.	– Frio	– St.	– *Wohlan*		
	St.	– St.	– *Senator*	– *Sender*		
				Sesam I		
	St.	– St.	– St.	– *Lugano I*	– *Lukas*	
Alpenflug II	– Almjäger I	– St.	– *Fernjäger*			
(1923)		St.	– *Frühlicht*			
		St.	– Aktionär	– St.	– *Abhang I*	– *Abdulla*
		St.	– Alljeder	– St.	– *Senator*	– *Sender*
						Sesam I
		St.	– Fabriano	– St.	– *Romulus I* (W)	
		St.	– St.	– Dominik	– *Don Carlos*	
	Allweiser III	– Albaner	– St.	– *Lugano I*	– *Lukas*	
	St.	– Astral	– *Astflug*	– *Eindruck II*	– *Ehrenschild*	
				Ernö		

Abendsport (1935)	Alljeder	St.	*Senator*	*Sender*		
				Sesam I		
	Aktionär	St.	*Abhang I*	*Abdulla*		
	Adlerschild	St.	*Ehrenschild*			
	St.	*Sender*				
	St.	*Sesam I*				
	St.	*Grünspecht*				
	St.	Dominik	*Don Carlos*			
Flavius (1915) v. Fling	Flügelmann I	*Flügeladjutant*	*Wöhler*			
			St.	*Abdulla*		
		St.	*Astflug*	*Eindruck II*	*Ehrenschild*	
				Ernö		
		St.	St.	*Duft I*		
				Duft II		
	Flotow	St.	*Wöhler*			
		St.	St.	St.	*Abdulla*	
	Feudal III	St.	St.	Frühschein	*Frühling* (W)	
	Flamingo	St.	St.	*Frühling* (W)		
	Feinkorn	St.	St.	Dominant	St.	*Cyrus*
		St.	Fokker	St.	St.	*Marconi*
	St.	St.	Astral	*Astflug*	*Eindruck II*	*Ehrenschild*
					Ernö	
Flieger (1915) v. Fling	Fliegerstern	Fiat I	*Frühsport*	Frühschein	*Frühling* (W)	
				Frühbote		
				Frühlicht I		
		St.	St.	*Wohlan*		
	Feierabend	St.	*Flietner*			
	St.	St.	Schwalbenkönig	*Schwarzseher* (W)		

Feiner Kerl	– *Fernjäger*					
(1919)	Feinschnitt	– Ferrara	– Feuerland	– Weiler	– *Weingau*	
v. Fling			*Ferdinand*			
	Fesch	– St.	– *Frühling* (W)			
		St.	– St.	– *Remus I* (W)	– *Romulus I*	
	Filmkönig	– St.	– St.	– *Don Carlos*		
		– St.	– St.	– *Frustra II*	– *Wohlan*	
		St.	– St.	– St.	– St.	– *Lasso*
	Fix	– St.	– St.	– *Abhang I*	– *Abdulla*	
	Förster	– St.	– *Ducker*			
		– St.	– St.	– *Grande*		
		St.	– St.	– St.	– *Marconi*	
	Fermor I	– St.	– St.	– *Eindruck II*	– *Ehrenschild*	
		St.	– *Ernö*			
	Friesenkönig	– Frio	– St.	– *Wohlan*		
		St.	– St.	– *Lugano I*	– *Lukas*	
	St.	– Albaner	– St.	– *Lugano I*	– *Lukas*	
	St.	– Frühschein	– *Frühling* (W)			
	St.	– St.	– *Frühlicht I*			
	St.	– St.	– *Sesam I*			
	St.	– St.	– St.	– *Sender*		
	St.	– St.	– Alljeder	– St.	– *Senator*	– *Sender*
						Sesam I
	St.	– St.	– Aktionär	– St.	– *Abhang I*	– *Abdulla*
	St.	– St.	– St.	– St.	– *Duft I*	
					Duft II	

Flugfeuer II	Florenz	Faruk	St.	*Lasso*		
(1921)	Flugpaß	St.	*Aar* (W)			
v. Fling	Flux	St.	St.	*Frühbote*		
	Fall	St.	St.	St.	*Duft I*	
					Duft II	
	St.	Goldfisch II	*Gotthard*			
			Graf	*Grande*		
			St.	*Weingau*		
	St.	Gote	St.	*Duft I*		
				Duft II		
Flintenstein III	Flak	*Futurist I*	*Frustra II*	*Wohlan*		
(1922)			St.	St.	St.	*Lasso*
v. Fling		St.	Faruk	St.	*Lasso*	
	Flitter I	*Flietner* (W)				
Florett	Foliant	Fokker	St.	St.	*Marconi*	
(1923)		St.	*Duellant*	*Duft I*		
v. Fling				*Duft II*		
				Duden II		
				Ducker		
				St.	*Marconi*	
				St.	*Grande*	
		St.	Dominant	St.	*Cyrus*	
	St.	Dollart	*Dömitz*	Dominik	*Don Carlos*	
	St.	St.	*Weingau*			
	St.	St.	St.	St.	*Lugano I*	*Lukas*
Goldammer II	*Goldfisch II*	*Gotthard*				
(1919)		Graf	*Grande*			
		St.	*Weingau*			
	Gote	St.	*Duft I*			
			Duft II			

Im Gegensatz zu vielen der bisher gebräuchlichen Darstellungen werden hier nicht nur männliche Generationsfolgen, sondern auch Verbindungen über weibliche Nachkommen (von links gelesen) bzw. Vorfahren (von rechts gelesen) angeführt. Damit wird der etwa gleichwertige Vererbungsanteil der weiblichen Zuchttiere berücksichtigt. Gleichzeitig ermöglicht diese Form der Darstellung eine rasche Information über eventuelle Verwandtschafts-Verhältnisse bzw. eine Abschätzung des Inzuchtgrades bestimmter Tiere. Dies soll an einigen Beispielen erläutert werden:

Verwandtschafts-Verhältnisse

a) **Vollblut-Tafeln**

Die Hengste *Adlerschild* und *Waidmannsdank* tauchen je zweimal in der Herold-Nachzuchtgruppe auf. Dabei geht Waidmannsdank sowohl über seinen Vater Neckar als auch über seine Mutter auf Herold zurück, ist also in IV. zu III. Ahnenreihe auf diesen ingezüchtet. Dagegen führt die Abstammung von Adlerschild beide Male über seine Mutter zu Herold; demnach ist Adlerschild selbst nicht auf Herold ingezüchtet, wohl aber – wie die Tafel zeigt – seine Mutter (in II. zu II. Ahnenreihe).

Ähnliches wie bei Waidmannsdank zeigt sich in der Prunus-Nachkommengruppe für *Stern*, der auf Vater- wie Mutter-Seite auf Prunus zurückgeht. Er ist demnach in IV. zu IV. Ahnenreihe auf diesen ingezüchtet, womit ein ziemlich unbedeutender Inzuchtgrad gegeben ist.

Enger dagegen ist die Inzucht bei *Orsini*, abzulesen in der Ferro-Gruppe. Hier zeigt sich, daß Orsini über Vater und Mutter auf Athanasius zurückgeht, der bei ihm in II. zu III. Ahnenreihe steht. Damit ist ein verhältnismäßig hoher Inzuchtgrad zu erkennen.

Als weiteres Inzuchtbeispiel fällt *Adonis* in der Wallenstein-Gruppe auf. Er führt diesen Stammhengst über Vater wie Mutter in III. zu III. Ahnenreihe. Außerdem kann man feststellen, daß er als Urenkel des Prunus (s. diese Gruppe) zusätzlich auch noch auf den gemeinsamen Vater von Prunus und Wallenstein, den legendären Dark Ronald, entfernt ingezüchtet ist.

Speziell für Holsteiner Züchter ergeben sich im Abschnitt a) Vollblut noch einige interessante Einzelheiten. So sind die in Holstein eingesetzten Hengste *Cottage Son, Ladykiller* und *Marlon* sowie der Anglo-Normanne Urioso, ein Sohn des Vollblüters *Furioso*, sämtlich in 2. bis 4. Generation Nachkommen des als Vererber von Springtalent berühmten Dark-Ronald-Sohnes Son-in-Law und dadurch in gewissem Grade miteinander verwandt. Darüber hinaus stehen Ladykiller und Marlon auch noch als Urenkel des Fairway (Phalaris-Gruppe) sowie mit gemeinsamer schwacher Inzucht auf Phalaris in verwandtschaftlicher Beziehung zueinander. Diese Beziehungen sind bei Paarungs-Überlegungen sicher von Interesse.

Für Hannoveraner Züchter erscheint bei den Vollblut-Tafeln noch von Bedeutung, daß z. B. *Maigraf* und *Waidmannsdank* sowohl als Enkel des Alchimist (Herold-Gruppe) als auch als Urenkel des Aurelius (Pergolese-Gruppe) ziemlich eng miteinander verwandt sind.

b) **Trakehner-Tafeln**

Als Inzucht-Beispiele aus den Trakehner Tafeln zeigen sich in den Waldjunker- bzw. Ararad-Nachkommengruppen die Hengste *Golddollar* und *Komet*. Golddollar geht über seinen Vater einmal, über seine Mutter zweimal auf Waldjunker zurück und führt diesen in seiner Abstammung in III. zu II.–IV. Ahnenreihe, weist damit also einen überdurchschnittlich hohen Inzuchtgrad auf. Deutlich schwächer ist dieser bei Komet, der über Vater und Mutter Ararad in IV. zu III. Ahnenreihe führt.

c) **Hannoveraner-Tafeln**

In den Nachkommengruppen von Hannoveraner Stammhengsten finden sich verschiedene Hengste, bei denen aus den Tafeln eine mehr oder weniger deutliche Inzucht abzulesen ist. Beispiele dafür sind die Halbbrüder *Sender* und *Sesam I* (Abendsport IV./II. Ahnenreihe), *Wöhler* (Flavius III./III. Ahnenreihe) und *Frühling* (Feiner Kerl III./III. Ahnenreihe, zusätzlich Flavius V./IV. Ahnenreihe).
Als Gegenbeispiel ist *Lugano I* anzuführen, der zwar in der Feiner Kerl-Gruppe zweimal auftaucht, beide Male jedoch nur über seine Mutter Verbindung zu diesem Stammhengst zeigt. Er ist deshalb selbst nicht ingezüchtet, während seine Mutter eine ziemlich enge Inzucht (III./III. A. R.) auf Feiner Kerl aufweist.

Nach diesen Angaben zur Erläuterung der Tafeln folgt ein kurzer Kommentar zu deren Inhalt:

a) Unter den mit mehreren Spitzen-Vererbern vertretenen Stammhengsten der Vollblut-Rasse finden sich allein vier Söhne des seinerzeit von der Preußischen Gestütverwaltung in England angekauften Klassehengstes Dark Ronald. Damit wird erneut deutlich, welch ein glücklicher Griff den Verantwortlichen mit dem Einsatz dieses Hengstes gelungen ist.

b) Von insgesamt vierzehn Stammhengsten in der Vollblutzucht-Gruppe entstammen zehn der deutschen Zucht. Bei den Vollblut-Hengsten der Gesamt-Aufstellung beträgt der Anteil der aus deutscher Zucht stammenden Hengste 75 %. Die deutsche Vollblutzucht ist also trotz ihres im internationalen Rennleistungs-Vergleich nicht zur Spitzengruppe zu rechnenden Leistungsniveaus durchaus in der Lage, für die Sportpferdezucht wertvolle Beschäler zu liefern.

c) Kenner der Trakehner Zucht werden in den betreffenden Tafeln den berühmten Tempelhüter vermissen. Dieser bekannte Vererber tritt für eine Reihe von hier aufzuführenden Nachkommen erst in VI. oder VII. Ahnenreihe in Erscheinung und hat dann für diese im allgemeinen nur noch geringe Bedeutung. Deshalb ist auf eine Zusammenfassung unter seinem Namen verzichtet worden. Als wichtigste Nachkommen seien genannt: Pirat (v. Tempelhüter) – eigene Gruppe –, Pilger (aus einer Stute von Tempelhüter) – eigene Gruppe –, Termit und Pythagoras (beide aus Stuten von Tempelhüter) – Dampfroß-Gruppe.

d) Bei den Hannoveraner-Tafeln wird die überragende Bedeutung des Hengstes Fling erkennbar, der allein sechs Söhne unter den zehn Stammhengsten mit eigenen Gruppen stellt.

e) Die traditionelle Einteilung von Hengstgruppen allein nach der väterlichen Abstammung und den entsprechenden Anfangsbuchstaben erweist sich besonders bei Betrachtung der Hannoveraner-Tafeln als reichlich fragwürdig. So stehen in der Dolman-Gruppe neben sieben Spitzenhengsten der „D-Linie“ neun Hengste mit anderen Anfangsbuchstaben, die ebenfalls das Erbgut dieses Stammhengstes führen. Noch krasser ist dies in der Alpenflug II-Gruppe erkennbar, in der nur vier Spitzen-Hengste der klassischen „A- bzw. E-Linie“ neben elf anderen Hengsten stehen. Bei der Abendsport-Gruppe schließlich ist gar kein Nachkomme aus direkter männlicher Linie als Spitzenhengst zu finden. Dennoch wirkt das Erbgut dieses Stammhengstes in zehn Spitzen-Vererbern, bei zweien sogar durch Inzucht verstärkt, weiter. Derselbe Fall ist in der Nachkommengruppe des Florett festzustellen. Dieser taucht in der Abstammung von vierzehn Spitzenvererbern auf, von denen keiner in direkter männlicher Folge zur klassischen „F-Linie“ gehört. Ein umgekehrtes Bild zeigt sich in den Nachkommengruppen von Flieger und Flintenstein III: Diese bestehen fast ausschließlich aus Hengsten, die im traditionellen Sinne der „F- bzw. W-Linie“ zuzurechnen wären.

f) Insgesamt betrachtet erscheint es geboten, bei zukünftigen Darstellungen erbmäßiger Zusammenhänge auch die weiblichen Vorfahren zu berücksichtigen, um Fehlschlüsse zu vermeiden. Außerdem empfiehlt es sich, bei Gruppenbildung nach Stammvätern nicht mehr wie bisher bis zu den sogenannten „Linienbegründern“ zurückzugehen, sondern Hengste herauszustellen, die in der Abstammung nicht weiter als fünf, höchstens sechs Generationen von den zu gruppierenden Tieren entfernt sind. Nur ein nennenswerter Verwandtschaftsgrad kann für solche Zwecke als sinnvolles Einordnungs-Kriterium zugrundegelegt werden. Ob der ursprüngliche Namensgeber Adeptus xx z. B. bei mehreren Tieren in der X. oder XII. Ahnenreihe auftaucht, wird für diese kaum eine züchterisch auswertbare Beziehung bedeuten. Dagegen kann es durchaus interessant sein zu wissen, daß verschiedene Tiere in der III. oder IV. Ahnenreihe z. B. Flügeladjutant oder Goldfisch II als gemeinsame Ahnen führen.

Abschließend ist noch folgendes zu bemerken:
In der Aufstellung erfolgreicher Vererber nach der kombinierten Form- und Leistungs-Bewertung (s. Seite 154f.) erscheint eine ganze Reihe von Vollblütern, die nur über ihre Söhne Einfluß in der deutschen Sportpferdezucht erlangt haben. Interessanterweise finden sich hier Namen, die auch in der Rennpferdezucht als erfolgreiche Vererber bekannt sind. Damit werden gewisse Beziehungen zwischen Renn- und Reit-Leistungsanlagen angedeutet, die einer genaueren Untersuchung wert sind.

Bewertung der Leistungsvererbung nach standardisierten Nachkommen-Durchschnittsgewinnsummen

Bewertung der Leistungsvererbung

In Ergänzung der vorstehend dargelegten kombinierten Hengstbewertung (nach Form- und Leistungs-Vererbung) wird anschließend eine weitere Auswertung der im Turniersport erzielten Geldpreis-Gewinne (in den FN-Jahrbüchern zusammengefaßt nach väterlicher Abstammung) vorgestellt, die unter Beschränkung auf den Aspekt der Leistungsvererbung zusätzliche Entscheidungshilfen bei der Paarungsplanung eines Sportpferdezüchters liefern kann. Bei dieser Auswertung handelt es sich um ein Verfahren, mit welchem ohne komplizierte, nur mit Computerhilfe und hohem wissenschaftlichem Aufwand durchführbare „Rechenakrobatik“, für jedermann nachprüfbar, aus den Gewinnsummen der Nachkommen bestimmter Hengste eine Rangfolge der Leistungsvererbung erarbeitet wird. Dies ist auch von der Deutschen Reiterlichen Vereinigung (FN) bisher mit ihren Jahrbuch-Zusammenstellungen bereits versucht worden. Die dabei gewählte Darstellung muß jedoch trotz gewisser Verbesserungen in den letzten Jahren immer noch als unbefriedigend oder sogar gefährlich angesehen werden, da verschiedene, die Gesamt-Gewinnsummen der Nachkommengruppen wesentlich beeinflussende Umstände nicht berücksichtigt wurden. Auf diese Vorbehalte wurde an anderer Stelle bereits hingewiesen. Um aus den vorliegenden Daten dennoch ein einigermaßen sicheres und mit den praktischen Erfahrungen – im Gegensatz zum Ergebnis einiger theoretisch-wissenschaftlicher Untersuchungen zu diesem Thema – weitgehend übereinstimmendes Resultat zu erzielen, werden durch wenige zusätzliche Rechengänge Vergleichs-Werte herausgefiltert, die bestimmte Kriterien erfüllen:

a) Es werden nur Gewinnsummen von 6-, 7- und 8jährigen Nachkommen verwendet.
b) Es werden nur Nachkommengruppen mit mindestens 7 placierten Pferden pro Jahrgang ausgewertet, für die nach Streichung

des höchsten sowie des niedrigsten Wertes pro Jahrgang aus mindestens 5 Werten von Einzeltieren ein Jahrgangs-Durchschnittswert ermittelt wird. Die Jahrgangs-Durchschnittswerte von 7- und 8jährigen Nachkommen werden durch Abzug der aus den Unterlagen ermittelten Durchschnitts-Differenz zu den Durchschnittswerten 6jähriger Nachkommen reduziert, d. h. also auf dem Niveau gleichen Alters (6jährig) vergleichbar gemacht.

c) Es werden nur Nachkommengruppen von Hengsten verarbeitet, welche Durchschnittswerte aus mindestens drei verschiedenen Geburtsjahrgängen aufweisen.

Die auf diese Weise eingebauten Filter haben folgende Wirkung:

Die Nachkommen sind in den untersuchten Jahrgängen im allgemeinen sportlich noch nicht so routiniert, daß mehr als ein „Spitzenverdiener“ (über 10000,– DM Jahresgewinnsumme) auftritt. Dieser ebentuell auftretende „Spitzenverdiener“ würde den Durchschnittswert erheblich verfälschen, er wird aber durch das Streichen der Extremwerte eliminiert. Außerdem bietet die Beschränkung auf die genannten Jahrgänge den Vorteil, die nicht immer aus dem Geburtsjahr eines Hengstes abzuleitende Zuchteinsatz-Zeit außer Betracht lassen zu können, welche bei der bisher gebräuchlichen Veröffentlichungsform besonders starke Verfälschungswirkung haben kann.

Die Bildung von Jahrgangs-Durchschnittswerten (nach Streichung der Extremwerte) erübrigt die sonst dringend erforderliche Berücksichtigung von Deckziffern bzw. Fohlenzahlen der einzelnen Hengste pro Jahr; Hengste mit geringeren Nachkommenzahlen – oberhalb einer gewissen Mindestzahl – sind denen mit höheren durchaus gleichgestellt. Der Abzug eines Alters-Differenzbetrages für die Durchschnittswerte 7- bzw. 8jähriger Nachkommengruppen erlaubt die Überprüfung des Erstwertes jedes Geburtsjahrgangs (6jährig). Andererseits dient die Heranziehung der Durchschnittswerte mehrerer Geburtsjahrgänge einer Absicherung des Ergebnisses, welches sonst bei nur einem oder zwei Jahrgangswerten – vor allem bei solchen aus kleinen Nachkommengruppen – zu stark von günstigen oder ungünstigen Zufällen beeinflußt sein könnte.

Selbstverständlich sollte eine solche Auswertung alljährlich überprüft, ergänzt und auf den neuesten Stand gebracht werden. Bei der anschließenden Darstellung des Bewertungs-Ergebnisses (s. Seite 173 ff.) wird bewußt auf die Aufgabe genauer Einzelwerte verzichtet, da diese verständlicherweise immer etwas schwanken werden. Die Einstufung in Leistungsvererbungs-Klassen nach der hier dargelegten Methode erscheint gegenüber der bisher im FN-Jahrbuch gewählten Darstellungsform als deutliche Verbesserung, da sie zahlreiche Verfälschungsquellen ausschaltet. Das Problem eventueller

Rangliste für in der deutschen Sportpferdezucht eingesetzte Hengste nach Leistungsvererbung 1971–82
(standardisierter Gewinnsummen-Durchschnitt 6-, 7- und 8jähriger Nachkommen ab Jahrgang 1965 in DM)
Berechnungsgrundlage s. Seite 171 f.

Nachkommen der in Klammern gesetzten Hengste entstammen nur zum kleineren Teil der betreffenden Zucht. Soweit ein Hengst nicht dem Einsatz-Zuchtgebiet bzw. -verband entstammt, ist seine Herkunftszucht durch Zusatz angegeben:

A	= Araber (Shagya)	H	= Hannoveraner	Trak.	= Trakehner
AA	= Anglo-Araber	Holst.	= Holsteiner	W	= Westfale
AN	= Anglo-Normanne	O	= Oldenburger	xx	= engl. Vollblut

Einsatzgebiet bzw. Zuchtverband	451,– und mehr	351,– bis 450,–	251,– bis 350,–		151,– bis 250,–		150,– und weniger
Hannover	Ferdinand Gabriel Gotthard Grande Grunewald Lavendel Servus Watzmann	Adlerfarn I Arsenik Domspatz Don Carlos Escort xx Gralsritter Luckner Perser xx Pik König Pikör Presto Saloniki Saluto Steinpilz xx Weingau Wendekreis Wicht Widerhall Wiesenbaum xx Wohlklang	Absatz Aderlaß Altenwalde Argentan Busoni xx Cardinal xx Dagobert Daimyo xx Derby Diplomat Diskant Duden II Eisenherz I Fürst Ferdinand Hessenstein Trak. Joachim Kursus Landrat Lombard Luchs Marmor Matrose Novum xx	Partisan Rosenberg Trak. Sendbote Sender Senussi Steppenwolf Sternjäger xx Waidmannsdank xx Waldhorn Wedekind Winnetou Woldemar Wolfsburg	Aalfänger Adlerfarn II Adlerflügel Agami xx Archimedes Artur Black Sky xx Darwin Der Löwe xx Dietward II Disput Domänenrat I Duft II Ecuador xx Efendi Ehrenschild Gazal A Glander Götz Gong Kadett Karthago Lachs	Lasso Lions xx Lugano I Lugano II Lukas Marconi Markus Matador Mersuch A Moment Mozart Orson xx Perfekt I Pinturischio xx Pokal Steinbock Sudan xx Trautmann Trak. Valentino xx Waldfrieden Windhuk Windsor Wulf	Abhang III Arlberg Diolen Duktus Kurier Monaco Pik Junge Salpeter Traugott Wohlan Wrede

Einsatzgebiet bzw. Zuchtverband	451,– und mehr	351,– bis 450,–	251,– bis 350,–	151,– bis 250,–	150,– und weniger
Westfalen	Goldberg H Goldlack H Paradox I Ramiro Holst. (Romadour II)	Aarstein Angelo xx Bariton Cyrian Ehrensold H Frühlingsball Gottschalk H Roderich Holst. Sinus xx Taipan xx	Aar Adlerorden H Arianer H Ben Shirin xx Damhirsch H Dergel (Ehrenfried H) Freimut H Fröhlich Frühling Frühlingsduft Frühlingstraum I Frühlingstraum II Grünhorn III Mato Grosso xx Milan Octavo xx Parenzo xx Perlkönig I Perseus Picasso Raubritter Remus II Renaldo Romulus I Waidmann H	Agent Antar xx Bumerang xx Condus Trak. Direx Dolorit Draufgänger Dualist H Ducker H Durchlaucht H Frühlingstrunk Fürstenstein Gigant (v. Grünfink) Grünling Hirschberg Lucius xx Massud xx Mohn xx Pilatus Radetzky Rasputin (v. Radetzky) Realist Remus I Rubin Schwangau Sioux Sonnenkönig xx Steinadler Usus	Adlerfels H Blauspecht xx Dompfaff H Grünberg Lucardo Lucifer Maistern H Römer
Holstein	Capitano Cor de la Bryère AN Fasolt Landgraf I Lord Moltke I (Ramiro) Roman Sacramento Song xx	Ladykiller xx Wahnfried	Fantus Farnese Leporello Maestose xx Manometer xx Marlon xx Raimond Sable Skinflint xx Tumbled xx	Fontan Korenbleem xx (Mahmud) Maximus Rinaldo (v. Ramiro) Thuswin xx Waldenser xx Wildfeuer	Malachit Trak.
Oldenburg	Furioso II AN Vierzehn- ender xx	Futuro AN Inschallah AA Löwen-As H	Apollo xx Ballyboy xx Bucephalos xx Makuba xx Nachtflug xx Praefectus xx Vollkorn xx Waidmanns- heil H	(Adonis xx) (Ecuador xx) Harnisch Trak. Magister Trak. Manolete xx Miracolo xx More Magic xx (Orson xx) Panther AA Sigesmund H Waldschütz H	Adrian xx

Einsatzgebiet bzw. Zuchtverband	451,– und mehr	351,– bis 450,–	251,– bis 350,–	151,– bis 250,–	150,– und weniger
Rheinland	Romadour II W	(Ehrensold H) Salut H	Ehrenfried H Garamond Trak. Insterfeuer Trak. Waldfried H	Adlerblick W Hartung Trak. Martinez H Pasteur xx Patron Trak.	Bernstein Trak. Hartenstein Trak.
Hessen		Imperial H Raphael W	Lotse H Lützow H Mandant Trak. Ratsherr W Thor Trak.	Adonis xx (Schwarm Trak.) Usurpator xx	Apoll (v. Argus) H Harfner Trak. Senator (v. Sender) H Senior H
Baden-Württemberg	(Gabriel H) (Landgraf I Holst.)		Jugol Karat Trak.	Kornett II Trak. Landgraf II Holst. Mahmud Holst. Mylord H	Astor Trak. Pregel Trak.
Bayern			(Makuba xx)	Furino O Herbststurm Trak. Mahdi Trak. Mordskerl xx Schwarm Trak. Wodkin H	Donar (v. Don Carlos) H
Rheinland-Pfalz/Saar			Arato xx Duellfürst H (Praefectus xx)	Colorado Holst. Mars H	
Trakehner Zucht*			Donauwind Garamond Hessenstein Insterfeuer Karat Mandant Rosenberg Thor	Condus Flaneur Habicht Harnisch Hartung Herbststurm Kornett II Magister Mahdi Patron Schwarm Trautmann	Astor Bernstein Harfner Hartenstein Malachit Pregel

*) s. auch xx-Hengste aus Regional-Verbänden (größtenteils auch in der Trakehner-Zucht eingesetzt)

Unterschiede in der Durchschnittsqualität der angepaarten Stuten, also der Mütter der hier erfaßten Nachkommen, bleibt ebenso wie das der Vorselektion nach Abstammung unter den für den Sporteinsatz vorgesehenen Pferden nach wie vor ungelöst.

Zur Auswertung der hier geschilderten Vererber-Einstufungen bietet sich an, die genannten Namen in Abstammungen durch besondere Kennzeichnung hervorzuheben. Bei sonst gleicher Qualität wären dann z. B. bei Körungen Hengste zu bevorzugen, die die größere Zahl hervorgehobener männlicher Vorfahren in den ersten drei Ahnenreihen aufzuweisen haben.

Natürlich kann dieses Vorgehen nicht mit absoluter Sicherheit den Zuchterfolg verbürgen. Es gibt jedoch Beispiele, die seinen Wert erkennen lassen. So erreichte z. B. der Hannoveraner Hengst **Waidmannsheil**, Rappe, geb. 1967, nach Körung in Verden 1969 wegen gewisser Formmängel in Oldenburg nur knapp (als letzter) das Ziel der Verbandsanerkennung. Seine bisherige Vererbung in Form und Leistung übertrifft jedoch weit die Erwartungen und entspricht den aus seiner Abstammung zu entnehmenden Hoffnungen:

V. Waidmannsdank xx	*Neckar*	*Ticino*
		—
	—	Alchimist
		—
M. Felsenburg	*Ferdinand*	Ferrara
		—
	—	*Goldfisch II*
		—

Die hier wiedergegebene Abstammung muß für Hannoveraner als „bilderbuchmäßig“ angesehen werden. Dabei ist noch zu erwähnen, daß die Mutter Felsenburg eine Vollschwester des Celler Landbeschälers Winnetou ist, der sich ebenfalls bereits in Zucht und Sport einen Namen geschaffen hat.

Weitere Beispiele solcher „Bilderbuch“-Abstammungen sind:

Garibaldi I, Landbeschäler Celle, geb. 1971.

V. Grande	Graf	*Goldfisch II*
		—
	—	*Duellant*
		—

	Marcio xx	Aventin
M. Marbel		—
		Duellant
	—	—

Fröhlich, Landbeschäler Warendorf, geb. 1964

	Frühsport	Fiat I
V. Frühlicht I		—
		Almjäger
	—	—
	Pluchino xx	Niccolo dell'Arca
M. Palette		—
		Ramzes AA
	—	—

Kurfürst, Trakehner, geb. 1966

	Tropenwald	Termit
V. Pregel		—
		Hirtensang
	—	—
	Stern xx	Berggeist
M. Kordilliere		—
		Hansakapitän
	—	—

Auswahl der Hengste

Nach diesem „Ausflug“ in die Vererbungs- und Abstammungsforschung kehren wir zurück in die züchterische Praxis der Paarungsplanung, zur Auswahl der Hengste nach dem Kriterium „Form- **und** Leistungsvererbung“. Wie die vorstehenden Abschnitte zeigen, ist die Zahl erwiesen guter Vererber beider Zuchtziel-Teile in allen Rassen bzw. Zuchtrichtungen verhältnismäßig klein. Von diesen Spitzenvererbern ist nur noch ein geringer Prozentsatz am Leben und im Deckeinsatz verfügbar. Wir müssen also – vom Einsatz der künstlichen Besamung mit konserviertem Sperma einmal abgesehen – wahrscheinlich in vielen Fällen auf die Benutzung eines dieser begehrten Spitzenhengste verzichten. Welche Möglichkeiten bleiben uns dann zur Auswahl eines Hengstes, bei dem mit einem Mindestmaß an Wahrscheinlichkeit eine gute Form- und Leistungsvererbung zu erwarten ist?

Als Ausweich-Lösung bei der Suche nach möglichst sicheren Form- und Leistungsvererbern unter den verfügbaren Hengsten bietet sich an, die folgenden Kriterien in zusammenfassender Bewertung heranzuziehen:

1. Rangfolge der Formbewertung,
2. Rangfolge der Leistungsprüfungsergebnisse,
3. Auftreten erwiesener Spitzenvererber in den ersten Ahnenreihen der Abstammung.

Sollte es also nicht möglich sein, einen der noch lebenden Spitzenvererber selbst zu benutzen, so wäre die Hengstwahl hinsichtlich Form- und Leistungsvererbung auszurichten auf formmäßig erstklassige Hengste mit überdurchschnittlich guter Leistungsprüfung, die Söhne bewährter Vererber sind und möglichst auf der Mutterseite der Abstammung auch noch einen oder zwei Spitzenvererber als Groß- bzw. Urgroßvater aufweisen. Beispiele dafür sind auf Seite 176f. angeführt.
Statt eines guten Ergebnisses bei der Hengstleistungsprüfung kann selbstverständlich auch die mehrjährige Bewährung eines Hengstes im Spitzen-Leistungssport als Hinweis auf eine gewisse Wahrscheinlichkeit guter Leistungsvererbung angesehen und in die Bewertung einbezogen werden.

Zu 3: Ausgleich spezieller Mängel einer bestimmten Stute durch besondere Qualität des angepaarten Hengstes in den betreffenden Punkten
Der Kreis der für eine bestimmte Stute als Paarungspartner innerhalb eines bestimmten Zuchtgebietes in Frage kommenden Hengste ist nach den Kriterien zu 1) und 2) normalerweise bereits deutlich eingeschränkt worden. Unter den danach noch verbleibenden „Kandidaten“ gilt es jetzt diejenigen herauszufinden, die geeignet erscheinen, bestimmte Mängel der betreffenden Stute durch besonders gute Qualität in diesen Punkten auszugleichen. Dabei erscheint es wichtig, daß ein z. B. für eine etwas zu kleine Stute vorgesehener Hengst nicht nur selbst groß ist, sondern auch mit gewisser Sicherheit Größenwuchs vererbt. Auch bei anderen Eigenschaften ist darauf zu achten, daß nicht nur der Hengst selbst, sondern auch die Mehrzahl seiner Nachkommen diese im erwünschten Maße zeigen.

Zu 4: Zur jeweiligen Stute passende Farbe und Abzeichen-Größe bzw. -Verteilung
Der alte Spruch „Ein gutes Pferd hat keine Farbe“ besagt, daß bei sonst guten Eigenschaften die Farbe eines Pferdes ohne Belang sei. Er galt sicher auch früher schon nur mit Einschränkungen, denn es hat beim Einsatz von Pferden als Kriegs- und Prunk-Rosse wohl

schon sehr früh ausgeprägte Vorliebe oder Abneigung gegenüber bestimmten Farben gegeben. Auch in manchen bäuerlichen Zuchtgebieten mit Wirtschaftspferde-Zucht waren gewisse Farben – mit oder auch ohne Abzeichen – mehr, andere weniger beliebt. Mit zunehmendem Übergang des Reitsports und teilweise auch der Zucht in den Bereich der Liebhaberei wird immer deutlicher spürbar, daß auch die Farbe eines Zuchtproduktes – einschließlich Kopf- und Fußabzeichen – für seine Absatzchancen eine Rolle spielen kann. Daß ein Haflinger nur als Fuchs anerkannt wird und möglichst weißes Langhaar, aber keine Fußabzeichen haben soll, ist ein besonders bekanntes Beispiel. In anderen Ponyrassen sind Schecken oder Albinos bzw. Cremellos unerwünscht. Dartmoor-Ponys sollten möglichst Dunkelbraune oder Rappen mit wenig Abzeichen sein. Diese Aufzählung ließe sich noch weiter fortsetzen, vor allem für die verschiedenen Ponyrassen. Aber auch in der deutschen Sportpferdezucht gibt es neben der teilweise geschmacksbedingten Bevorzugung oder Meidung bestimmter Farben bzw. Abzeichen durch Einzelpersonen Abneigungen weiter Käuferkreise gegen Mischfarben wie Rot-, Braun- oder Schwarzschimmel (früher häufig bei Kaltblütern zu finden), gegen Hellbraune mit zu schwacher Schwarzfärbung der Röhrbeine (die sogenannten „grünen Beine"), gegen Schecken (vereinzelt in der niederländischen Sportpferdezucht zu finden) oder sehr große Kopf- und/oder Fuß-Abzeichen, die womöglich noch ungleichmäßig verteilt sind und damit optisch eventuell ungleichmäßigen Gang vortäuschen könnten. Bevorzugt werden dagegen häufig Rappen oder Dunkelbraune mit wenig Abzeichen, manchmal auch Dunkelfüchse. Die Vorliebe für Schimmel hält sich in Grenzen, da deren Fellpflege (Reinigung von Kot- bzw. Urinflecken) oft mit zusätzlichem Aufwand verbunden ist.

farbbedingte Absatzchancen

rassetypische Farben

Mischfarben

farbbedingter Pflegeaufwand

Ganz allgemein kann festgestellt werden, daß es in den meisten Fällen ratsam erscheint, bei der Auswahl des Paarungspartners für eine bestimmt Stute neben den Kriterien Verwandtschaftsgrad, Vererbungsqualität und Mängel-Ausgleich auch den Faktor Farbe bzw. Abzeichen mit in die Überlegungen einzubeziehen. Bei sonst gleichen Voraussetzungen sollte normalerweise derjenige Hengst bevorzugt werden, der farblich am besten zu der Stute paßt.

Um diese Entscheidung treffen zu können, ist die Kenntnis der **Grundregeln der Farbvererbung** bei Pferden erforderlich. Diese Grundregeln sind seit Beginn dieses Jahrhunderts in großen Zügen bekannt und wurden vor kurzem durch den Niederländer **J. K. Wiersema** in ausgedehnten Untersuchungen auch für spezielle Abweichungen und Sonderformen weiter erforscht. Sie lassen – z. B. bei zweifelhafter Vaterschaft – auch Rückschlüsse auf die Abstammung zu.

Farbvererbung

Grundregeln

Unter Beschränkung auf die wesentlichen, in der Sportpferde- und Ponyzucht vorkommenden Farben sind folgende Grundregeln für jeden praktischen Züchter von Belang:

Grundfarben

1. Es gibt zwei **Grundfarben:**

a) **Fuchs** – Deck- und Langhaar braun in allen Schattierungen von kaffeebraun über rotbraun bis blaßbraun bzw. lehmfarben, beim Langhaar über gelblich bis weiß, auch schwarz meliert, d. h. mit einigen schwarzen Haaren, aber kein vorwiegend schwarzes Langhaar, je nach Körperfarbe als Dunkelfuchs, Fuchs, Hellfuchs oder Lehmfuchs bezeichnet.
Die Erbanlage für Fuchsfarbe (Fehlen des schwarzen Pigments) ist rezessiv und muß deshalb bei Füchsen stets doppelt, also reinerbig, vorhanden sein. Die Paarung von Füchsen untereinander ergibt demgemäß auch stets nur Füchse.

b) **Rappe** – Deck- und Langhaar gleichmäßig schwarz, häufig jahreszeitlich wechselnder bräunlicher Schimmer auf dem Fell (Sommer- bzw. Winterrappen). Bei bräunlicher Aufhellung sonst schwarzer Pferde um Maul und Kniefalten handelt es sich nicht um Rappen, sondern um Schwarzbraune.
Die Erbanlage für Rappfarbe (gleichmäßige Verteilung von schwarzem Pigment) kann einfach oder doppelt vorhanden sein. Sie ist am selben Ort im Gen-Gerüst verankert wie die für Fuchsfarbe und gegenüber Fuchs dominant, sonst rezessiv. Bei einfacher Erbanlage ist der Rapp-Faktor mit dem Fuchs-Faktor verbunden. Deshalb treten bei Paarung gemischterbiger Rappen zu 25 % Füchse auf.

Veränderungs-Faktoren

2. Alle anderen Farben kommen durch Einwirkung eines oder mehrerer **Veränderungs-Faktoren** zustande:

a) **Braun-Faktor** – Deckhaar braun in allen Schattierungen, Langhaar und Bein-Enden (Fesseln und Röhrbein einschl. Fußwurzelgelenke) schwarz, je nach Körperfarbe als Dunkelbraun, Braun oder Hellbraun bezeichnet. Als Sonderform ist Schwarzbraun zu nennen, wobei das Deckhaar bis auf kleine bräunlich aufgehellte Partien um Maul und Kniefalten schwarz ist. Die Intensität der Körperfärbung kann gleichmäßig oder – bei Auftreten eines die Farbverteilung beeinflussenden Zusatz-Faktors – vom Rücken zum Bauch hin abnehmend sein.
Die Erbanlage für Braunfärbung bewirkt genaugenommen die Zurückdrängung des schwarzen Pigments, sofern dieses vorhanden ist, auf Langhaar und Bein-Enden, ist also keine Grundfarbe, sondern ein Veränderungs-Faktor. Sie tritt zusätzlich zu der für Fuchs- oder Rappfarbe auf, ist dominant gegenüber gleichmäßiger Schwarzfärbung und kommt nur bei vorhandener Rapp-

Weidegang in größerer Gesellschaft auf graswüchsigen Koppeln – ideale Voraussetzung der Aufzucht gesunder, kräftiger Fohlen.

Anlage zur Auswirkung. Demnach können auch Füchse den Braunfaktor einfach oder doppelt führen. Dieser läßt dann bei Paarung solcher Füchse mit reinerbigen Rappen zu 50% oder 100% braune Nachkommen auftreten. Aus der Paarung gemischterbiger Brauner untereinander können neben Braunen auch Rappen und Füchse entstehen.

b) **Farbverdünnungs-Faktor** – Auswirkung in einfacher Dosis: Deckhaar-Farbe, bei Füchsen auch Langhaar-Farbe, ohne Auftreten eines Aalstrichs verdünnt von schwarz auf schiefergrau bis fahlbraun, nach dem Englischen als „Smoky" zu bezeichnen (bei ausgewachsenen Tieren oft nur noch durch fahlbraune Aufhellung an Kopf und Flanken von Rappe bzw. Schwarzbraun zu unterscheiden), von braun auf gelblich bis goldfarben, entweder Braunfalbe oder Goldfalbe (z. B. bei Achal-Tekkinern häufig) mit schwarzem Langhaar, Rotfalbe mit rötlich-braunem Langhaar, Isabell mit weiß-grau-meliertem bzw. gelblichem Langhaar oder Palomino mit weißem Langhaar.

Smoky

Falbe

Isabell

Palomino

Im Gegensatz zu anderen Veränderungs-Faktoren ist beim Farbverdünnungs-Faktor äußerlich erkennbar, ob er in einfacher oder doppelter Dosis vorliegt, da die Verdünnungswirkung bei doppeltem Auftreten, also in „homozygoter" Form, deutlich verstärkt wird. Die in diesen Fällen auftretenden Farben werden nach Wiersema in Anlehnung an amerikanische Vorschläge wie folgt benannt:
Silber-Smoky (Deck- und Langhaar gleichmäßig rußig grau-weiß) – doppelt verdünnter Rappe;
Perlino (Deck- und Langhaar gleichfarbig oder Langhaar etwas dunkler, sahnefarben) – doppelt verdünnter Brauner;
Cremello (Deckhaar elfenbeinfarben, Langhaar weiß – heller als Deckhaar) – doppelt verdünnter Fuchs.
Bei der Zuchtplanung ist zu beachten, daß die an sich unerwünschten Träger des doppelten Verdünnungsfaktors bei Paarung mit Partnern ohne diesen Faktor mit Sicherheit Produkte mit einfacher Farbverdünnung erzeugen. So ergibt die Paarung von Cremellos mit Füchsen stets Isabellen bzw. Palominos, die bei Liebhabern hoch im Kurs stehen. Andererseits muß z. B. bei Paarung von Isabellen bzw. Palominos untereinander immer mit einem Anteil von 25% Cremellos unter den Produkten gerechnet werden.

c) **Wildfarb-Faktor** – Verdünnung der Deckhaar-Farbe ähnlich der durch den unter b) genannten Verdünnungs-Faktor, jedoch zusätzlich Auftreten eines dunklen Rückenstreifens, des Aalstrichs, sowie – nicht in jedem Falle sichtbar – dunkler Schulterstreifen und dunkler Querstreifen an den Fußwurzeln, der sogenannten Karpalstreifen.

Aalstrich

Schulterstreifen

Karpalstreifen

Im Gegensatz zum vorher beschriebenen Farbverdünnungs-Faktor wirkt der Wildfarb-Faktor sowohl in einfacher als auch doppelter Dosis gleich stark. Er tritt vor allem in der Fjordpferde-Zucht, aber auch bei vielen anderen Ponyrassen auf, und zwar mit folgender Wirkung:
Aus Rappen werden Graufalben, aus Braunen Braunfalben, aus Füchsen Rotfalben, jeweils mit deutlichem Aalstrich.
Da der Wildfarb-Faktor auch in Kombination mit dem Farbverdünnungsfaktor vorkommen kann, gibt es ab und zu auch sehr helle Falben dieser Art, z. B. Weiß-Falben (schmutzig-weißes Deckhaar, schwarzes Langhaar, schwarzer Aalstrich), entstanden aus Braun + Verdünnungs-Faktor (einfach) + Wildfarb-Faktor. Bei Trägern des Wildfarb-Faktors muß mindestens ein Elternteil ebenfalls diesen Faktor aufweisen.

d) **Faktor für dunkelköpfige bzw. unveränderliche Schimmelung** (englisch „roan") – Kopf, Beinenden ab Fußwurzeln und Langhaar in reiner oder durch andere Faktoren beeinflußter Farbe, Rest des Deckhaares mehr oder weniger stark stichelhaarig, häufig jahreszeitlich wechselnder Stichelhaar-Anteil, d. h. im Winter deutlich heller werdend.

Stichelhaar

Der Faktor für unveränderliche Schimmelung wirkt in einfacher wie in doppelter Dosis etwa gleich stark. Träger dieses Faktors sind zur Vermeidung von Mißverständnissen deutlich anders zu bezeichnen als Träger des eigentlichen Schimmel-Faktors. Dazu wird vorgeschlagen, bei Kombination mit Rappe von Schwarzschimmel, mit Braun von Braunschimmel und mit Fuchs von Rotschimmel – jeweils ohne Bindestrich – zu sprechen. Bei zusätzlichem Auftreten von Farbverdünnungs- und/oder Wildfarb-Faktor wird die Erkennung und korrekte Bezeichnung erheblich erschwert. Diese Fälle sollten beispielsweise als Stichelisabellen oder Stichelfalben beschrieben werden. Bei Trägern des doppelten Farbverdünnungs-Faktors ist diese Stichelhaarigkeit oft kaum zu erkennen und wird dann manchmal durch das Auftreten bei Nachkommen überraschend sichtbar.

Schwarzschimmel
Braunschimmel
Rotschimmel

Der früher vor allem in der Kaltblut-Zucht weit verbreitete Faktor für unveränderliche Schimmelung findet sich auch in verschiedenen Ponyrassen recht häufig. Wer ihn aus Geschmacksgründen meiden will, sollte also bei der Zuchttierauswahl im Falle von Isabellen oder Falben genau auf eventuelle Stichelhaarigkeit achten. Grundsätzlich kann dieser Faktor nur auftreten, wenn mindestens ein Elternteil ihn trägt.

e) **Plattenscheckungs-Faktor** – unregelmäßige Ausbreitung weißer Abzeichen verschiedener Größe an allen Körperteilen, die auch in Form überwiegender Weißfärbung mit größeren oder kleineren dunklen Flecken auftreten kann.

Der Plattenscheckungs-Faktor ist in einfacher wie in doppelter Dosis gleich wirksam und kann in Kombination mit beiden Grundfarben und allen anderen Veränderungsfaktoren auftreten. Seine Träger werden je nach Grundfarbe und sonstigen Faktoren als Rapp-, Fuchs-, Braun-, Falb-, Braunschimmel- oder sonstige Schecken bezeichnet. In Verbindung mit dem zum Weißwerden führenden Schimmel-Faktor ergibt sich der Porzellan-Schecke, dessen dunkle Flecken mit zunehmender „Verschimmelung" weiß werden und im Alter nur noch bei feuchtem Haar, im Winterfell (unterschiedliche Deckhaar-Stärke) oder bei besonderer Beleuchtung erkennbar sind. Damit ist das Auftreten von Scheck-Fohlen aus Schimmel-Eltern zu erklären, von denen mindestens ein Elternteil – wie bei allen Schecken – gescheckt geboren sein muß.

Porzellan-Schecke

f) **Schimmel-Faktor** – bei Geburt normalerweise andersfarbige Tiere (häufig Rappen, Braune oder Dunkelfüchse, aber auch alle anderen Farben) werden mit zunehmendem Alter in Deck- und Langhaar weiß. Dabei treten im Übergangs-Stadium oft dunkel umrandete, helle Rund-Flecken auf („Apfelschimmel").

Geburtsfarbe

Für das Studium der Farbvererbung ist die Angabe der Geburtsfarbe wichtig, z. B. „Schimmel, als Rappe geboren" oder „Rappe, wird Schimmel". Dagegen sind Bezeichnungen wie Grau-, Blau- oder Apfelschimmel irritierend, da sie nur für ein vorübergehendes Stadium zutreffen. Beschreibungen wie Rappschimmel, Fuchsschimmel oder Braunschimmel können zu Verwechslungen mit den durch eine andere Erbanlage hervorgerufenen unveränderlichen, dunkelköpfigen Schimmeln führen und müssen deshalb ebenfalls vermieden werden. Im übrigen sollten bei der Beschreibung von Schimmeln wegen des späteren Verschwindens weißer Abzeichen Flecken an nicht behaarten Stellen (Maul bis Nüstern) sowie die Farbe der Hufe (hell, gestreift oder dunkel) stets mit aufgenommen werden, da nur diese Merkmale später als Identifizierungshilfe übrigbleiben.

Beschreibung

Die Erbanlage für Schimmel überdeckt sowohl in einfacher als auch in doppelter Dosis alle anderen Farbfaktoren. So erzeugen reinerbige Schimmel („homozygot", mit doppeltem Schimmel-Faktor) nur schimmelfarbene Nachkommen. Andererseits können Produkte der Paarung gemischterbiger Schimmel („heterozygot", mit einfachem Schimmel-Faktor) in allen möglichen Farben auftreten. Es darf also nicht verwundern, wenn Schimmel-Eltern Braune, Füchse oder Fohlen mit sonstigen Farben erzeugen. Für Vaterschaftsbestimmungen ist wichtig, daß bei Schimmeln mindestens ein Elternteil ebenfalls Schimmel sein muß.

Da bei Schimmeln das dunkle Pigment ähnlich wie bei grauhaa-

Wettlauf mit Altersgenossen über hügeliges Grasland – so werden Herz und Lunge, Muskeln, Sehnen und Nerven gestärkt.

rig werdenden Menschen aus den Haaren verdrängt wird, kann es mit zunehmendem Alter in der außerhalb eventueller Abzeichen stark pigmentierten, also dunkelgrauen bis schwarzen Haut zu knotigen Pigmentansammlungen, den sogenannten Melanomen, kommen. Bei tumorartiger Wucherung können diese z. B. am After oder am Ganaschenrand erhebliche Schmerzen verursachen und schließlich zum vorzeitigen Tode des betreffenden Tieres führen.

Melanome

Bei der Zuchtverwendung von Schimmeln sollten ursprünglich vorhanden gewesene Abzeichen an Kopf und Beinen besonders beachtet werden, da die Anlage für derartige Abzeichen vererbt wird und bei farbigen Nachkommen überraschend in unerwünschtem Umfang auftreten kann.

Neben den bisher genannten treten in geringerem Umfang noch eine Reihe weiterer Veränderungs-Faktoren auf, deren Beschreibung hier zu weit führen würde. Es handelt sich dabei um Faktoren für bestimmte Scheckungsformen, wie Sabino, Overo, Tigerscheck, Appaloosa, Weißköpfigkeit, ferner um Faktoren für Silberapfelung, Farbverstärkung bzw. -verdunkelung und Farbverteilung (Aufhellung zur Bauchseite). Hierzu muß der interessierte Leser auf die Spezial-Literatur verwiesen werden.

Beispiele für Kombinationsmöglichkeiten (Erb-Formeln)

Zur Darstellung der Erbfaktoren-Verhältnisse bei der Farbvererbung werden nachfolgend in Beispielen Kombinationsmöglichkeiten als Erb-Formeln aufgeführt. Dabei gelten für die verschiedenen Faktoren folgende Symbole:

A = Rappe, a = Fuchs
B = Braun (Schwarz-Beschränkung)
D = Farbverdünnung (englisch „dilution“)
W = Wildfärbung
R = unveränderliche Schimmelung (englisch „roan“)
P = Plattenscheckung
S = Schimmel (veränderlich, weiß werdend)

Grundfarbe	B	D	W	R	P	S	Erscheinungsbild
AA/Aa*)	–	–	–	–	–	–	Rappe
aa	–/B/BB	–	–	–	–	–	Fuchs
AA/Aa	B/BB	–	–	–	–	–	Braun
AA/Aa	–	D	–	–	–	–	Smoky
AA/Aa	–	DD	–	–	–	–	Silber-Smoky
aa	–/B/BB	D	–	–	–	–	Isabell (falls Langhaar rein weiß, Palomino)
aa	–/B/BB	DD	–	–	–	–	Cremello
AA/Aa	B/BB	D	–	–	–	–	Falbe

Grundfarbe	B	D	W	R	P	S	Erscheinungsbild
AA/Aa	B/BB	DD	–	–	–	–	Perlino
AA/Aa	–	–	W/WW	–	–	–	Graufalbe + Aalstrich
aa	–/B/BB	–	W/WW	–	–	–	Rotfalbe + Aalstrich
AA/Aa	B/BB	–	W/WW	–	–	–	Braunfalbe + Aalstrich
AA/Aa	B/BB	D	W/WW	–	–	–	Weißfalbe + Aalstrich
aa	–/B/BB	D	W/WW	–	–	–	Gelbfalbe + schwacher Aalstrich
AA/Aa	–	–	–	R/RR	–	–	Schwarzschimmel
aa	–/B/BB	–	–	R/RR	–	–	Rotschimmel (u. U. Stichelfuchs)
AA/Aa	B/BB	–	–	R/RR	–	–	Braunschimmel
AA/Aa	B/BB	D	–	R/RR	–	–	Stichelfalbe
aa	–/B/BB	D	–	R/RR	–	–	Stichelisabell
AA/Aa	–	–	–	–	P/PP	–	Rappschecke
aa	–/B/BB		–	–	P/PP	–	Fuchsschecke
AA/Aa	B/BB	–	–	–	P/PP	–	Braunschecke
AA/Aa	–	D	–	–	P/PP	–	Graufalb-Schecke
aa	–/B/BB	D	–	–	P/PP	–	Isabell-Schecke
AA/Aa	B/BB	D	–	–	P/PP	–	Falb-Schecke
AA/Aa	B/BB	–	W/WW	–	P/PP	–	Falb-Schecke + Aalstrich
AA/Aa	B/BB	–	–	R/RR	P/PP	–	Braunschimmel-Schecke
AA/Aa	–	–	–	–	–	S/SS	Rappe, wird Schimmel
AA/Aa	–	D	–	–	–	S/SS	Smoky, wird Schimmel
AA/Aa	–	–	W/WW	–	–	S/SS	Graufalbe + Aalstrich, wird Schimmel
AA/Aa	–	–	–	R/RR	–	S/SS	Schwarzschimmel, wird Schimmel
AA/Aa	–	–	–	–	P/PP	S/SS	Rappschecke, wird Schimmel („Porzellanschecke“)
aa	–/B/BB	–	–	–	–	S/SS	Fuchs, wird Schimmel
aa	–B/BB	D	–	–	–	S/SS	Isabell, wird Schimmel
aa	–/B/BB	–	W/WW	–	–	S/SS	Rotfalbe + Aalstrich, wird Schimmel
aa	–/B/BB	–	–	R/RR	–	S/SS	Rotschimmel, wird Schimmel
aa	–/B/BB	–	–	–	P/PP	S/SS	Fuchsschecke, wird Schimmel („Porzellanschecke“)
AA/Aa	B/BB	–	–	–	–	S/SS	Braun, wird Schimmel
AA/Aa	B/BB	D	–	–	–	S/SS	Falbe, wird Schimmel
AA/Aa	B/BB	–	W/WW	–	–	S/SS	Falbe + Aalstrich, wird Schimmel
AA/Aa	B/BB	–	–	R/RR	–	S/SS	Braunschimmel, wird Schimmel
AA/Aa	B/BB	–	–	–	P/PP	S/SS	Braunschecke, wird Schimmel („Porzellanschecke“)

*) / = oder

Die vorstehende Übersicht verschiedener Farbvarianten-Beispiele, in der der Einfachheit halber zwei oder drei mögliche Erbformel-Kombinationen mit gleicher Auswirkung in einer Zeile (Schrägstrich = oder) wiedergegeben sind, läßt erkennen, daß die in der Warmblutzucht häufige Paarung zwischen Füchsen, Rappen und Braunen nur verhältnismäßig einfache Kombinationen erwarten läßt. Mit dem Hinzutreten der verschiedenen, vor allem bei Ponyrassen weit verbreiteten sonstigen Faktoren wird die Sache sehr viel komplizierter, besonders, wenn diese sonstigen Faktoren unter dem alles überdeckenden Mantel der Schimmelfarbe weitergetragen werden.

Dominanz

Einige der hier vorgestellten Kombinationen treten sicher nur selten auf, andere vielleicht häufiger, ohne in ihrer speziellen Form erkannt zu werden. Dominanz, also genetische Unterdrückung eines anderen Faktors, ist nur für den Rapp-Faktor gegenüber dem Fuchs-Faktor sowie für den Braun-Faktor gegenüber dem Rapp-Faktor festzustellen. Alle anderen Faktoren können in beliebiger Kombination gemeinsam miteinander auftreten, ohne sich zu verdecken, wirken aber auch schon in einfacher Dosis, also in heterozygoter Form. Die Überdeckung der anderen Faktoren durch den Schimmel-Faktor tritt – abgesehen von „weißgeborenen“ Schimmeln, einer sehr seltenen Spielart – erst nach dem Wechsel des Fohlenhaares ein. Dieser ist also genau genommen physiologischer Natur und beeinflußt bzw. unterdrückt die eigentlichen Farbfaktoren im Sinne einer frühzeitigen „Vergreisung“ des Haarkleides.

Schimmel = „Vergreisung“

Als **Zusammenfassung der Grundregeln der Farbvererbung** ist festzuhalten:

Die Grundfarben Rappe und Fuchs können durch eine Reihe von Faktoren beeinflußt bzw. verändert werden, die unabhängig voneinander vererbt werden und bereits in einfacher Dosis wirksam sind. Der als Beschränkung schwarzen Pigments auf Langhaar und Beinenden zu betrachtende Braun-Faktor kommt nur bei Vorhandensein schwarzen Pigments, also des gegenüber Fuchs dominanten Rapp-Faktors, zur Wirkung, kann aber auch bei Füchsen – allerdings unsichtbar – vorhanden sein. Sowohl der Rapp-Faktor als auch alle Veränderungs-Faktoren bis auf einen wirken sich beim Auftreten in doppelter Dosis, also in homozygoter Form, nicht wesentlich stärker

Hengstparade – Demonstration staatlicher Pferdezucht-Förderung und vielseitiger Sport-Qualifikation der Hengste, aber auch publikumswirksame Schau mit einem Hauch Nostalgie.

aus als in einfacher Dosis. Dagegen ist beim Faktor für Farbverdünnung, wenn er homozygot auftritt, eine deutliche Wirkungsverstärkung festzustellen, die man bei der Paarungsplanung berücksichtigen muß.
Schimmel, deren Geburtsfarbe unbekannt ist, können Träger aller möglichen sonstigen Farb-Anlagen sein und diese bei ihrer Nachzucht wieder auftreten lassen. Bei allen Abweichungen von den Farben Rappe und Fuchs, z. B. Braun, Farbverdünnung, Wildfärbung, dunkelköpfige bzw. unveränderliche Schimmelung, Plattenschekkung oder Schimmelfärbung, muß mindestens ein Elternteil Träger dieser Farbabweichung sein. Wegen der rezessiven Eigenschaft des Fuchs-Faktors muß die Paarung von Füchsen untereinander stets wieder Fuchs ergeben. Reinerbige Träger von Veränderungs-Faktoren außer dem für Braunfärbung (Schwarz-Beschränkung) erzeugen stets Nachkommen, die den betreffenden Faktor tragen und – wenigstens im Fohlenstadium (bei späterer Überdeckung durch den Schimmel-Faktor) – zeigen.

Vererbung der Abzeichen

Die **Vererbung der Abzeichen** ist bisher noch wenig erforscht. Allgemein kann festgestellt werden, daß bei Paarung von Pferden mit großen Kopf- und/oder Fußabzeichen eine Tendenz zur weiteren Vergrößerung der Abzeichen bei den Nachkommen besteht. Aus diesem Grunde sollten solche Paarungen möglichst vermieden werden. Von Interesse sind in diesem Zusammenhang auch die häufig nicht mehr deutlich erkennbaren Abzeichen bei Schimmeln, die bei deren Paarung mit sehr „bunten“ Partnern beachtet werden sollten.

Zusammenfassung des Abschnittes „Zuchtverfahren“

In der Sportpferde- und Ponyzucht geht es im wesentlichen um eine Zucht auf Leistung und Form. Dabei ist die Form-Zucht im allgemeinen der Leistungs-Zucht untergeordnet. Nur diejenige Form (in Gestalt und Bewegung), welche die jeweils im Vordergrund stehende Leistungsrichtung begünstigt, kann – abgesehen von reinen Liebhaberzuchten ohne Rücksicht auf sportliche Verwendbarkeit – auf die Dauer als Zuchtziel aufrechterhalten werden. Da im Bereich der Sportpferde- bzw. Ponyzucht im Gegensatz zur Rennpferdezucht eindeutige, bei allen Zuchttieren früh erkenn- und meßbare Leistungskriterien fehlen, ist eine Zuchtwahl nach Form-Merkmalen, die sich in jahrhundertelanger Erfahrung als leistungsbegünstigend erwiesen haben, nach wie vor als wertvolles Hilfsmittel von Bedeutung.
In Anbetracht der mit der Definition des Begriffes „Züchten“ gegebenen Grundforderungen (s. Seite 10) ist das optimale Zuchtverfahren in folgenden Stufen durchzuführen:

Stufe 1 – Festlegung des anzustrebenden **Zuchtziels** unter Auswahl der in Frage kommenden Rasse bzw. Zuchtrichtung und eventueller individueller Spezialisierung im Rahmen des für diese geltenden offiziellen Standards.

Zuchtziel-festlegung

Stufe 2 – Auswahl der Paarungspartner unter Anwendung der allgemeinen und speziellen (rassespezifischen) Beurteilungs-Grundsätze. Dabei geht es zunächst um die Auswahl der überhaupt für die Zucht geeignet erscheinenden Tiere. Während Hengste im allgemeinen der Auslese durch staatliche Körkommissionen bzw. Zuchtleitungs-Gremien der Züchterverbände unterworfen sind, ist die Auswahl der in Frage kommenden Stuten eine Hauptaufgabe jedes einzelnen Züchters, die nicht dem mehr oder weniger blinden Zufall überlassen bleiben darf. Es ist sicher zu hoch gegriffen, wenn man glaubt, daß jede von einem Züchterverband in sein Zuchtregister aufgenommene bzw. als Fohlen mit einem Abstammungsnachweis versehene Stute automatisch die Qualifikation als „zu sinnvoller Zucht geeignet“ erfüllt.

Auswahl der Zuchttiere

Nach Auslese der zur Zucht einzusetzenden Stute ist der für diese Stute am besten passend erscheinende Hengst aus dem verfügbaren Bestand auszuwählen, und zwar nach den Kriterien Abstammung (hinsichtlich Verwandtschaft zur Stute), bekannte bzw. nach Abstammung, Form und Leistungsprüfungs-Ergebnis zu erwartende Form- und Leistungs-Vererbung, spezieller Mängel-Ausgleich sowie (nach Wunsch bzw. Möglichkeit) Farbe und Abzeichen.

Stufe 3 – Auslese unter den Paarungsprodukten, erneut unter Anwendung der allgemeinen und speziellen Beurteilungs-Grundsätze.

Auslese unter den Produkten

Bei der Durchführung des vorstehend beschriebenen Zuchtverfahrens bieten fast alle Zuchtverbände beratende Hilfe an, und zwar mit den von ihnen veranstalteten Schauen, Prämiierungen usw. Die Rangierung bei diesen Zuchttier-Wettbewerben gibt deutliche Hinweise auf die allgemeine Form-Einschätzung bestimmter Tiere durch erfahrene Fachleute. Hinsichtlich des Leistungs-Erbwertes von Hengsten stehen neuerdings zusammenfassende Übersichten aller wichtigen Turniersport-Ergebnisse sowie ausführliche Berichte über Hengstleistungsprüfungen zur Verfügung, die von den Verbänden an ihre Mitglieder weitergeleitet werden. Es liegt im Interesse jedes ernsthaften Züchters, sich diese Informationen so vollständig wie möglich zu beschaffen und sie intensiv zu nutzen.

Hilfe durch Zuchtverbände

2.2 Haltung von Zuchtpferden

Bei der Haltung von Zuchtpferden bzw. -ponys müssen wir deren ursprüngliche Anpassung an das Leben als Lauftiere (Fluchttiere) in kleineren oder größeren Herden auf der Steppe im Auge behalten. Aus diesem Umstand ergeben sich bestimmte Grundforderungen, die bei jeder Form der Zuchtpferdehaltung erfüllt sein müssen, wenn das Wohlbefinden der Tiere und ihre optimale Fortpflanzungsbereitschaft gesichert sein sollen. Jedes Zuchtpferd braucht dazu:

1. Gesellschaft,
2. frische Luft,
3. natürliches Licht,
4. ausreichende Bewegungsmöglichkeit,
5. trockenen Liegeplatz.

Gesellschaft

Die Forderung nach **Gesellschaft**, d. h. nach Haltung in Gemeinschaft mit anderen Pferden, ist hier bewußt an den Anfang gestellt worden, da diese für das psychische Wohlbefinden des Pferdes besonders wichtige Voraussetzung leider, vor allem bei Hobby-Züchtern, häufig mißachtet wird. Die Haltung von Einzelpferden ohne Kontaktmöglichkeit zu „Herdengenossen“ – außer vielleicht beim Reitunterricht – darf wohl ohne Übertreibung mit der Einzelhaft bei Menschen verglichen werden. Daß derartig naturwidrig gehaltene Pferde, besonders diejenigen edlerer Rassen, häufig neurotisch werden und dann entweder Stalluntugenden, wie Koppen, Weben, Zungenschlagen u. ä., entwickeln oder aber bei den sporadisch auftretenden Kontaktmöglichkeiten mit anderen Pferden unerwartete Reaktionen zeigen und damit Probleme für ihren Führer, Reiter oder Fahrer heraufbeschwören, darf niemanden wundern. Umgekehrt wird immer wieder berichtet, daß Stalluntugenden von allein gehaltenen Pferden verschwanden, wenn diese Gesellschaft anderer Pferde bekamen. Ersatzweise hilft manchmal schon die Gesellschaft eines oder mehrerer anderer Haustiere, um das Bedürfnis eines Pferdes nach Gesellschaft von Herdengenossen wenigstens einigermaßen zu erfüllen.

Wer aus Kosten- oder Platzgründen (knappe Stall- oder Weidefläche) nicht mehr als eine Großpferdestute zu Zuchtzwecken halten kann, sollte sich ernsthaft überlegen, ob er dann nicht besser zwei mittelgroße Ponystuten statt einer notwendigerweise einsamen Großpferdestute nehmen sollte. Will man von der Haltung einer einzelnen Großpferdestute nicht abgehen, da man diese auch als Reitpferd nutzen möchte, dann sollte man es als ernstzunehmende Verpflichtung ansehen, durch möglichst häufiges Reiten zusammen mit anderen Pferden das Bedürfnis nach Kontakt mit Artgenossen zu befriedigen.

Stallungen für Zuchtstuten

Bei der Planung von Stallungen für Zuchtstuten kann man dem Kontaktbedürfnis auf verschiedene Weise Rechnung tragen. Einmal ist es möglich, die Boxentrennwände nur ca. 1,20 m hoch zu halten, so daß über sie hinweg ein gegenseitiges Beschnuppern und Beknabbern – wie auf der Weide – möglich ist. Natürlich sind dabei ausgeprägte Antipathien zwischen bestimmten Tieren zu berücksichtigen, die man nicht direkt nebeneinander stellen sollte. Normalerweise bilden sich in allen Pferde-Gruppen über kurz oder lang freundschaftliche Beziehungen zwischen bestimmten Tieren, die gern nebeneinander aufgestellt sind. Dabei wird es immer ausgesprochen friedliche Tiere geben, die sich nach beiden Seiten freundlich oder zumindest nachsichtig verhalten. In größeren Zuchtbetrieben empfiehlt es sich auch, nach dem Muster alter Gestüte, wie Marbach, Piber, Lipica u. a., die gesamte Mutterstuten-Herde gemeinsam in einem genügend großen Laufstall zu halten, wo die Tiere lediglich zur Kraftfutter-Mahlzeit jeweils angehalftert bzw. mit Ketten (Stricke würden zerkaut) und Halsriemen angehängt werden. In diesem Fall bleibt während der winterlichen Stallhaltung das Herdenleben der Weidezeit als günstige soziale Umwelt weitgehend erhalten.

Laufstall

Während die vorstehend begründete Forderung Nr. 1 sowohl im Winter als auch bei der Sommer-Weidehaltung Beachtung verdient, sind die weiteren Forderungen mit der als selbstverständlich anzusehenden Haltung bei ganztägigem Weidegang im Sommer voll erfüllt. Kritisch wird ihre Erfüllung lediglich im Hinblick auf die winterliche Stallhaltung, auf die sich die folgenden Ausführungen beziehen.

Frische Luft

Die an zweiter Stelle genannte Forderung nach genügend **frischer Luft** sollte beim Pferd als Lauftier mit entsprechend leistungsfähiger, aber auch hinsichtlich Frischluftzufuhr anspruchsvoller bzw. empfindlicher Lunge selbstverständlich sein. Leider wird in vielen Pferdeställen gegen diese Grundforderung verstoßen. So finden sich oft Boxen mit zumindest in der unteren Hälfte dicht geschlossenen Wänden in Kombination mit Matratzen-Einstreu, d. h. laufender Produktion von lungenbelastendem Ammoniak-Dunst, sowie weitgehend geschlossenen Fenstern und Türen ohne anderweitig geregelte Frischluftzufuhr. Mit einer solchen Stallform wird Anfälligkeit gegen Erkrankungen der Atmungsorgane geradezu „gezüchtet“. Umgekehrt findet man in mehr oder weniger offenen Ställen mit freiem Luftaustausch zwischen Boxen und Stallgang bzw. Außenraum bei entsprechend angepaßter Haltung und Fütterung nur sehr selten ernsthafte Erkältungskrankheiten, auf keinen Fall solche, die auf die großzügige Frischluftzufuhr als Ursache zurückzuführen

Luftaustausch

wären. Nach eigenen Erfahrungen, die in bekannten Zuchtställen zu bestätigen sind, ist in solchen Ställen nicht einmal die oft verdammte Zugluft in der Lage, bei nicht direkt schweißnassen Zucht- oder auch Reitpferden Erkältungen hervorzurufen. Grundsätzlich muß also gefordert werden, daß bei genügend großem Luftraum im Stall

Boxenwände

die Boxenwände bis zum Boden hin luftdurchlässig sind und die

Fenster

Fenster der windabgewandten Stallseite so oft und lange wie möglich, evtl. sogar ständig, geöffnet bleiben. Dies erscheint um so wichtiger, je niedriger die Decke, d. h. je geringer der verfügbare Luft-

Deckenhöhe

raum im Stall ist. Allgemein sollte eine Mindest-Deckenhöhe von 3 m eingehalten werden, bei knapper Grundfläche entsprechend mehr. Natürlich kann man statt der Öffnung von Fenstern die Frisch-

Zwangslüftung

luftzufuhr auch durch Zwangslüftung (Ventilatoren) regeln. Im Zeichen der Energiekrise muß dieses Verfahren aber doch als nicht unbedingt nötig in Frage gestellt werden.

Grundsätzlich ist zu betonen, daß der Bereich körperlichen Wohlbe-

Temperatur

findens hinsichtlich der Umgebungstemperatur beim Pferd in sehr viel weiteren Grenzen liegt als beim Menschen. Einmal sind Pferde in der Lage, im Herbst bei sinkender Temperatur längeres Deckhaar und dichteres Unterhaar als im Sommer sowie eine gewisse Fettschicht im Unterhaut-Bindegewebe zu entwickeln. Die dadurch erzielte Isolierungswirkung wird besonders augenfällig, wenn man sieht, daß Schnee auf dem Rücken robust gehaltener Pferde längere

Boxentrennwand mit Lüftungsschlitzen.

Zeit nicht abschmilzt. Außerdem ist zu berücksichtigen, daß bei bedarfsgerechter Fütterung durch Kau- und Verdauungstätigkeit unabhängig von der Umgebungstemperatur sowieso ein verhältnismäßig hoher Anteil der Futter-Energie in thermische Energie (Wärme) umgewandelt wird, die bei Kälte zur Aufrechterhaltung der normalen Körpertemperatur verwertet wird, bei warmer Umgebung dagegen auf physikalischem Wege ohne Nutzung nach außen abgegeben werden muß. Im übrigen ist ein mit normaler Tierzahl besetzter Stallraum, unter Umständen mit durch Matratzen-Dunglage erwärmtem Boden, sowieso auch bei reichlicher bis freier Frischluft-Zufuhr immer einige Grad wärmer als die Außenluft. Die Notwendigkeit, diesen Temperatur-Unterschied etwas höher zu halten, kann sich lediglich bei hartem Frost ergeben, wenn die Gefahr des Einfrierens der Wasserleitungen droht. Dieser kann man natürlich auch durch besondere Isolierung bzw. Glühbirnen-Beheizung der Tränkebecken begegnen.

Thermische Energie

Wie neuere Forschungsergebnisse bestätigen, kommt der Einwirkung von **Licht** beim gesamten Stoffwechsel von Zuchttieren, vor allem hinsichtlich der Fruchtbarkeitsbedingungen, hohe Bedeutung zu. So führt z. B. ein mit künstlicher Beleuchtung vorgetäuschter Frühling im Winter zu besserer Ausprägung der sonst nur schwach erkennbaren Rosse-Anzeichen bei Stuten. Umgekehrt ist bei zu geringem Lichteinfall während der Stallhaltungsperiode mit einer

Licht

Boxentrennwand aus Gitterstäben.

Verzögerung bzw. schwächeren Ausprägung der normalerweise zum Frühjahr hin deutlicher werdenden Brunsterscheinungen zu rechnen. Am einfachsten kann eine genügende Lichteinwirkung natürlich durch freien Auslauf während des Tages auch im Winter gesichert werden. Wo sich dies wegen ungünstiger Bodenverhältnisse oder aus anderen Gründen nicht ermöglichen läßt, sind auf jeden Fall genügend große Fensterflächen im Stall einzubauen. Dabei muß dann auch für eine regelmäßige Reinigung dieser Fenster gesorgt werden, damit das Tageslicht nicht durch eine mehr oder weniger dicke Staubschicht abgehalten wird.

Auslauf

Als Flucht- bzw. Lauftier braucht das Pferd zur Gesunderhaltung während der Stallzeit ein Mindestmaß an **Bewegungsmöglichkeit.** Auch aus diesem Grunde muß freier Auslauf, wenigstens stundenweise, als wichtige Voraussetzung optimaler Winter-Haltung angestrebt werden. Falls keine dafür geeigneten Weideflächen zur Verfügung stehen, kann ein eingezäunter Sandplatz von ca. 30 m × 30 m Größe gute Dienste tun. Eventuell ist auch eine in der Nähe befindliche Reithalle für ein regelmäßiges Laufenlassen der Zuchtpferde zu nutzen. Je stärker die Möglichkeit freien Auslaufs eingeschränkt ist, um so mehr kommt es auf eine ausreichende Größe der Boxen an, in denen sich die Zuchtpferde während der übrigen Zeit aufhalten müssen. – Die Haltung von Zuchtstuten in Ständern (Anbindeställen) kann nur als arbeitsaufwendiger Notbehelf in Betracht gezogen werden. – Als Mindestmaße einer Großpferde-Einzelbox für Stuten werden allgemein je 3 m Länge und Breite angegeben. Bei niedrigen Wänden (Erleichterung des Umdrehens) und ständigem Auslauf am Tage erscheinen gewisse Abstriche in der Boxenbreite (bis auf ca. 2,50 m) vertretbar, bei Mangel an Auslaufmöglichkeiten dagegen wäre eine Grundfläche von 3 m × 4 m eher zu empfehlen. Dieses Grundflächen-Maß gilt allgemein auch für Abfohl-Boxen, in denen genügend Platz für eine Mutterstute mit Fohlen sowie für eventuell nötige Geburtshilfe sein muß. Ideal hinsichtlich ausreichender Bewegungsmöglichkeit erscheinen die bereits unter dem Stichwort „Kontaktbedürfnis" empfohlenen Gemeinschaftsboxen bzw. -laufställe für größere Stutenbestände, bei denen eine Grundfläche von 8 bis 10 m^2 pro Stute zur Verfügung stehen sollte.

Bewegung

Sandplatz

Reithalle

Boxen-Größe

Abfohl-Boxen

Die Forderung nach einem **trockenen Liegeplatz** ist normalerweise bei jeder Form der Stallhaltung ohne Schwierigkeiten zu erfüllen. Wichtig ist dafür in erster Linie die Bereitstellung ausreichender Mengen von Einstreu, wofür trocken eingepreßtes Getreidestroh außer Haferstroh bestens geeignet ist. Der Bedarf an Streustroh – im groben Durchschnitt ca. 5 kg pro Großpferd/Tag – richtet sich nach der Dauer des täglichen Auslaufs bzw. des Aufenthalts außerhalb der Box, der Größe der Box, der Flüssigkeitsableitung im Boxenboden (möglichst leichtes Gefälle zu einer mit Lochplatten abgedeckten

Trockener Liegeplatz

Einstreu-Bedarf

Sammelrinne), der Häufigkeit der Kotentfernung und der Saugfähigkeit des Strohes. Diese ist bei Haferstroh verhältnismäßig gering, da ein glänzender Überzug auf den Halmen wasserabstoßend wirkt. Deshalb sollte Haferstroh – das bei guter Qualität gern gefressen wird – nur im Notfall als Einstreu verwendet werden. Geringe Saugfähigkeit ist übrigens auch bei Heu festzustellen, das deshalb ebenfalls als Einstreu nicht empfohlen werden kann. Als Einstreu-Ersatzmaterial sind Streu- bzw. Gartentorf, Hobelspäne und/oder Sägemehl zu verwenden. Diese Streu-Arten werden dort bevorzugt, wo ein zu starker Strohverzehr durch die Tiere verhindert werden soll, also vor allem bei Leistungspferden. Auch bei Pferden, deren Atmungsorgane auf Strohstaub empfindlich reagieren, kann eine Einstreu aus Torf und/oder Hobelspänen von Vorteil sein.

Im Zusammenhang mit der Trockenhaltung des Liegeplatzes ist die Frage nach der Zweckmäßigkeit einer täglichen Kotentfernung bzw. der Anlage einer länger liegenbleibenden Tiefstreu-Matratze zu erörtern. Dabei muß im wesentlichen das Problem des möglichen bzw. vertretbaren Aufwandes (Arbeits- bzw. Personal-Aufwand) bedacht werden. Selbstverständlich kann der Strohbedarf etwas verringert werden, wenn ein- oder zweimal täglich die Pferdeäpfel aus den Boxen gekratzt werden. Ebenso ist bekannt, daß die Wieder-Ansteckungsgefahr mit Magen- und Darm-Parasiten, deren Larven mit dem Kot ausgeschieden werden, dadurch gesenkt werden kann. Andererseits dürfte der damit verbundene Aufwand für viele Züchter, die ihre Zucht in kleinem Rahmen ohne Hilfskräfte betreuen, kaum zu bewältigen sein, während die Beschaffung von etwas mehr Streustroh und die regelmäßige Durchführung von Wurmkuren leichter zu regeln sind. Schließlich ist die Laufstallhaltung von Zuchtpferden auf einer während der Winterstallhaltung allmählich ansteigenden Mist-Matratze in vielen bäuerlichen Zuchtbetrieben seit Generationen üblich und macht bei ausreichender Einstreu den Liegeplatz nicht nur trocken, sondern gleichzeitig auch elastisch und warm. Allerdings sind die manchmal anzutreffenden Tiefställe, in denen Pferde wegen ungenügender Einstreu bis zu den Fesselköpfen in matschigem Dung versinken, abzulehnen.

Tiefstreu-Matratze

Ansteckungsgefahr

Die vorstehend erörterten Anforderungen an die Form der Haltung von Zuchtpferden gelten grundsätzlich sowohl für Stuten als auch für Hengste. Im Hinblick auf die **Haltung von Zuchthengsten** sind einige Punkte noch besonders zu betonen bzw. zu ergänzen. So ist das Bedürfnis nach Kontakt zu anderen Pferden wie auch nach Teilnahme am Umwelt-Geschehen bei Zuchthengsten im allgemeinen besonders stark ausgeprägt. Beispiele neurotischer Verhaltensstörungen oder plötzlichen Verlustes der Befruchtungsfähigkeit bei Haltung von Hengsten ohne Sichtkontakt zu anderen Pferden zeigen diesen Umstand sehr deutlich an. Andererseits muß bei Hengsten

Haltung von Zuchthengsten

Befruchtungsfähigkeit

Regelmäßige **Bewegung** gehört zu den wichtigsten Voraussetzungen erfolgreicher Hengsthaltung, wobei diese gut mit einer angemessenen Nutzung im Reit- oder Fahrsport verbunden werden kann. Werden z. B. Deckhengste neben ihrem Zuchteinsatz regelmäßig gefahren und auf Turnieren vorgestellt, so dient das nicht nur ihrer Gesundheit und Fruchtbarkeit, sondern demonstriert gleichzeitig der interessierten Züchterschaft Umgänglichkeit, Nervenstärke, Leistungswillen und Bewegungsmechanik der Hengste und kann damit eine hervorragende Werbung darstellen; hier die beiden Welsh-B-Hengste Tan Lan Psalm (Askan) v. Arthur o'Fon – Burstye Damocles – Criban Victor (links) und Werwolf v. Weald Revolt – Chirk Caractacus – Cui Beau (rechts).

naturgemäß mit Eifersucht, Kampftrieb und erhöhtem Bewegungsbedürfnis gerechnet werden. Aus diesen Gründen sollten Hengstboxen allgemein mindestens 3 m × 4 m groß und in voller Höhe (mindestens 2.50 m hoch) von stabilen Gitterwänden umgeben sein, deren Stababstand so eng gehalten werden muß, daß ein Hineintreten mit Vorder- oder Hinterhufen unmöglich ist. Darüber hinaus muß man Hengsten möglichst regelmäßig täglichen Auslauf von genügender Dauer oder entsprechende Bewegung unter dem Reiter (evtl. auch im Gespann) gewähren. Falls ausreichend Personal für eine regelmäßige Bewegung zur Verfügung steht, erscheint auch eine Aufstallung von Hengsten in Ständern ausreichender Größe tragbar. Während der Weideperiode sollte man versuchen, auch Hengsten ein Mindestmaß an freier Natur, d. h. Auslauf auf einer Weidekoppel, zu bieten. Allerdings müssen dazu aus Sicherheitsgründen besondere Voraussetzungen geschaffen werden: stabiler

Zaun aus imprägniertem Rundholz mit zusätzlichem Elektrodraht oder aus Stahlrohr, ca. 1,50 bis 1,80 m hoch; außerdem keine direkte Nachbarschaft mit anderen Pferden, da dann die in Zaunnähe mehr oder weniger gefährliche Versuchung zum Steigen, Beißen oder Ausschlagen mit Hinter- oder auch Vorderfüßen nahezu unvermeidlich ist. Die ideale Form naturgemäßer Hengsthaltung, nämlich auf der Weide in Gemeinschaft mit einer dem Hengst zum Decken zugewiesenen Stutenherde, läßt sich leider nur in seltenen Fällen verwirklichen. Außergewöhnlich hohe Befruchtungsraten, auch bei sonst schwierig tragend zu bekommenden Stuten, unterstreichen die Vorzüge gerade dieser Haltungsform.

Naturgemäße Hengsthaltung

Auf die besonderen Haltungsansprüche bei der Fohlenaufzucht wird im Kap. 2.7.2 näher eingegangen.

Die Erfüllung der vorstehend dargelegten grundsätzlichen Anforderungen an die artgemäße Haltung von Zuchtpferden ist Voraussetzung einer sinnvollen und erfolgreichen Pferdezucht. Sind diese Forderungen erfüllt, so kann die weitere Gestaltung der Einzelheiten hinsichtlich Stallanlage, Abmessung und Zuordnung der Einrichtungen, wie Futterlager, Boxen, Stallgang usw., weitgehend den örtlichen Gegebenheiten und Möglichkeiten angepaßt werden. Nähere Angaben und Hinweise dazu sind der einschlägigen Fachliteratur zu entnehmen.

2.3 Fütterung von Zuchtpferden

Nachdem die Pferdefütterung lange Zeit kaum das Interesse der Wissenschaftler erregen konnte, haben sich in letzter Zeit mehr und mehr Forscher – zum Teil mit Unterstützung der Futtermittelindustrie – diesem Zweig der Tierernährungs-Wissenschaft zugewandt. Deren Forschungsergebnisse fanden in verschiedenen Lehrbüchern und Fütterungsanweisungen ihren Niederschlag, auf die hier für ein genaueres Studium verwiesen werden muß. Im folgenden wird versucht, für praktische Züchter, die zunächst ohne Belastung mit Detail-Wissen nur einfach umzusetzende Regeln suchen, die wichtigsten Grundsätze der Fütterung von Zuchtpferden darzustellen. Diese haben sich – wie auch die Grundsätze der Haltung und Ausbildung von Pferden ganz allgemein – nach den Naturgegebenheiten zu richten, unter denen die Tierart Pferd entstanden ist, denen es also auch heute noch physisch und psychisch angepaßt ist.
Die Tierart Pferd ist seit ihrer Entstehung ein in **Herden** lebendes **Fluchttier** der **Steppe.** Das Wesen des Pferdes als Herden- und Fluchttier ist vor allem bei seiner Haltung und Ausbildung zu berücksichtigen. Für Fragen der Fütterung muß besonders die Her-

Herkunft des Pferdes – Steppentier

kunft des Pferdes aus der Steppe ins Gedächtnis gerufen werden. Alle Verdauungsorgane sind so eingerichtet, daß beim nur von kurzen Pausen unterbrochenen Verzehr von Gräsern und Steppenkräutern einschließlich deren Samen der Normal-Bedarf an Nähr- und Wirkstoffen gedeckt werden kann. Leistungsanforderungen, welche über die im Urzustand üblichen hinausgehen – z. B. bei Turnierpferden –, verlangen allerdings eine höhere Energie-Konzentration im angebotenen Futter. Grundsätzlich bleibt jedoch festzuhalten, daß Gras und die daneben wachsenden Kräuter in frischer wie getrockneter Form (Heu) sowie die dem Grassamen verwandten Getreidekörner die Basis jeder Pferde-Futterration bilden sollten. Gewisse Ergänzungen, bei Zuchtpferden z. B. zur Sicherung der Fruchtbarkeit oder des optimalen Wachstums, sind heute im allgemeinen erforderlich, da das Gras unserer Kulturweiden bzw. -wiesen bestimmte Mineralstoffe und Spurenelemente nicht immer in ausreichender Menge bzw. im ausgewogenen Verhältnis enthält und auch der Kräuterbesatz von Wiesen und Weiden nur noch selten dem einer Natur-Steppe entspricht.

Energie-Konzentration

Ergänzungsfutter

2.3.1 Sommerfütterung

Grundlage einer gesunden, bedarfsgerechten **Fütterung** der Zuchtpferde und -ponys **während der Vegetationszeit** ist eine genügend große, nach Trittfestigkeit, Narbenzusammensetzung und -dichte sowie Oberflächenform für Pferde geeignete Weide.

Weide

Flächenbedarf

Nach praktischen Erfahrungen in Norddeutschland kann eine Weidefläche von 1,0 ha im Durchschnitt bei guter Pflege und Düngung ausreichend Sommerfutter für zwei Warmblut-Zuchtstuten mit Fohlen liefern, bei Großponys für drei Stuten, bei Kleinponys (z. B. Shetland, Welsh-A) für vier bis fünf.

Bodenart

Da Pferde beim Treten bzw. Laufen erheblichen Druck auf die Grasnarbe ausüben, können Weiden auf Moorböden sowie staunassen Marschböden (Ton- oder Kleiböden) nur bei günstiger Witterung mit Pferden genutzt werden. Bevorzugt werden sollten trockenere Lagen, auch etwas hängige Oberflächenform.

Giftpflanzen

Im Gegensatz zu Rindern sind Pferde sehr empfindlich gegen verschiedene Giftpflanzen, die auf manchen – vorwiegend wechselfeuchten bis nassen – Weide-Standorten zu finden sind, z. B. gegen den scharfen Hahnenfuß oder das Kreuzkraut. Solange genügend Gras zur Beweidung verfügbar ist, werden diese Giftpflanzen instinktiv gemieden. Wird das Gras jedoch knapp, dann muß mit unbeabsichtigter Aufnahme von Giftplanzenteilen und entsprechenden Folgen (z. B. Krampf-Kolik) gerechnet werden.

Im Zusammenhang mit der Weidehaltung ergibt sich die Frage nach der zweckmäßigen Einfriedung. Diese muß möglichst viele der nachstehend genannten Forderungen erfüllen:

1. Sicherheit gegen Ausbruch bei gemischter Nutzung auch für andere Tierarten (Verlust von Tieren, Verkehrsgefährdung, Flurschaden);
2. keine Verletzungsgefahr bei Berührung durch Pferde;
3. geringer Arbeitsaufwand für Errichtung und Erhaltung der Funktion;
4. finanzieller Aufwand tragbar im Verhältnis zum Gesamt-Aufwand.

Einzäunungsformen

Betrachtet man die verschiedenen Einzäunungsformen an Koppeln, in denen Pferde gehalten werden, so zeigt sich, daß keine der gebräuchlichen Zaunarten allen vorstehend genannten Forderungen gerecht wird. Als wesentliche Einfriedungsarten finden wir:

	Vorteile	Nachteile
Lebende Strauch-Hecke (z. B. Weißdorn)	Sichere Hütewirkung, auch für andere Tierarten, geringe Verletzungsgefahr	Hoher Arbeits- und Zeitaufwand für Errichtung (jahrzehntelang), regelmäßiges Schneiden nötig
Wassergraben (in Marschgebieten)	Kein Errichtungs- und Erhaltungsaufwand, da Entwässerung und Grabenreinigung sowieso nötig	Unsichere Hütewirkung („Grabenspringer"), Gefahr des Ertrinkens, vor allem für Jungtiere
Holz-Zaun (druckimprägnierte Rundholz-Stangen oder abgerundete Planken, zwei- bis dreifach übereinander)	Geringe Verletzungsgefahr	Unsichere Hütewirkung für andere Tierarten, hoher Arbeits- und Kostenaufwand für Errichtung, Anreiz zum Nagen bzw. Koppen
Elektro-Zaun (ein- oder zweifach)	Geringe Verletzungsgefahr, einfache, billige Errichtung und Erhaltung	Unsichere Hütewirkung bei Erd-Kontakt (Ableitung durch Pflanzen) sowie Stromausfall
Stacheldraht-Zaun (zwei- bis dreifach übereinander)	Sichere Hütewirkung, auch für andere Tierarten, einfache Errichtung und Erhaltung	Hohe Verletzungsgefahr

Neben den hier genannten Einfriedungsmöglichkeiten gibt es in seltenen Fällen noch weitere, z. B. mit Betonbalken (bei Vollblutgestüten in der Normandie häufig), mit Balken aus gespaltenen Eichen (in England beliebt) oder mit eloxiertem Stahlrohr. Diese Einzäunungsarten entsprechen in Vor- und Nachteilen etwa denen des vorn aufgeführten Holzzaunes mit druckimprägnierten Stangen. Allerdings entfällt bei Beton bzw. Stahlrohr der Anreiz zum Nagen. Leider sind sie jedoch ausgesprochen teuer, so daß ihre Verwendung bei kleineren Zuchten kaum vertretbar erscheint.
Bewußt nicht erwähnt wurden einige ebenfalls ab und zu verwendete Zaun-Materialien, die als zu unsicher bzw. zu gefährlich angesehen werden müssen. Hierzu gehört der Holzzaun aus Weichholzstangen, halbierten Rundhölzern oder Brettern mit weniger als 3 cm Stärke ohne Imprägnierung. Seine Nachteile sind schnelle Verrottung, gleichzeitig starkes Abnagen durch Pferde, dadurch Bruchgefahr mit Auftreten gefährlicher Splitter, die zu besonders schlimmen Verletzungen führen können. Weiter ist hier der Zaun aus mehreren (dicken) Glatt-Drähten zu nennen. Er wird von Pferden, natürlich auch von anderen Weidetieren, bei dem Streben nach Futter außerhalb des Zaunes schnell heruntergedrückt und verliert dadurch die Hütewirkung. Außerdem ist verrosteter Glattdraht, wenn sich Pferdebeine in ihm verfangen, kaum weniger gefährlich als Stacheldraht. Schließlich muß bei dieser Aufzählung auch noch das für Schafe sehr gut geeignete Knotengitter (Maschendraht mit nach oben größer werdenden Maschenweiten, waagerechte bzw. senkrechte Drahtrichtung) erwähnt werden. Es birgt für Pferde die große Gefahr, daß sich beim spielerischen Auslangen die Vorder- oder Hinterhufe in den Maschen verfangen und meistens nur mit schweren Verletzungen wieder lösen.
Wahrscheinlich hat ein großer Teil der Leser erwartet, auch den Stacheldraht unter den von vornherein abzulehnenden Zaun-Materialien zu finden; seine Gefährlichkeit ist ja allgemein bekannt. Andererseits weiß jeder Kenner der Haupt-Zuchtgebiete deutscher Sportpferde in Schleswig-Holstein, Niedersachsen und Nordrhein-Westfalen, daß der größte Teil der Weiden, auf denen dort Zuchtpferde gehalten werden, mit Stacheldraht eingezäunt ist. Der Grund dafür ist, daß die norddeutsche Pferdezucht vorwiegend in landwirtschaftlichen Betrieben zu finden ist, die eine oder mehrere Formen der Rinderhaltung (Milchkuhhaltung, Bullenmast, Färsenaufzucht o. ä.) als Hauptzweig der Grünlandnutzung betreiben. Bei der Einzäunung von Rinderweiden geht es aber im allgemeinen kaum ohne Stacheldraht, wenn eine sichere Hütewirkung gewährleistet sein soll. Da also Tausende von Zuchtpferden – wenn auch mit einem gewissen Risiko – hinter Stacheldrahtzäunen gehalten werden, erscheint es vertretbar, diese Einzäunungsart zumindest in den Kreis der möglichen einzubeziehen.

Als Empfehlung für diejenigen Züchter, die nach der zweckmäßigsten Einfriedung für ihren Betrieb suchen und nicht dichte, lebende Hecken – die ideale Einzäunung für alle Weidetiere – zur Verfügung haben, können zwei Alternativen genannt werden, die jeweils Kombinationen von zwei der oben aufgeführten Möglichkeiten darstellen.

Hecken

Züchtern, die über genügend Kapital verfügen und ihre Weide überwiegend oder ausschließlich mit Pferden nutzen wollen, wird empfohlen, druckimprägnierte Rundholzstangen oder abgerundete, mindestens ca. 4 cm starke Planken in zweifacher Lage zu verwenden, zwischen denen zur Verhinderung des Hindurchsteckens von Kopf und Hals (Scheuern des Mähnenkamms, Lockerung der oberen Hölzer) sowie zur Verstärkung der Hütewirkung ein Elektrodraht zu ziehen ist. Falls es nötig erscheint, kann auf die obere Stange (mit geringem Abstand, jedoch ohne Ableitungsmöglichkeit) ein zweiter Elektrodraht gesetzt werden, der das Annagen des Holzes bzw. Aufsetzen der Schneidezähne verhindert. Es empfiehlt sich, die Stangen ca. 60 bzw. 120 cm über dem Erdboden anzubringen, wobei dann der Elektrodraht dazwischen auf etwa 90 cm Höhe hängen sollte. Der Abstand zwischen den mit etwa 40 % ihrer Länge (d. h. ca. 80 cm) im Boden einzulassenden Stützpfosten (druckimprägniertes Weichholz oder gespaltene Eiche) richtet sich nach der Länge der vorhandenen Stangen oder Planken. Er dürfte im allgemeinen 2,50 bis 3,00 m betragen.

Rundholzstangen

Planken

Elektrodraht

Zaunhöhe

Pfostenabstand

Bei gemischter Beweidung der Koppeln zusammen oder im Wechsel mit Rindern, wie sie aus hygienischen und wirtschaftlichen Gründen anzuraten ist, wird ein Holzzaun überall dort, wo er nicht durch zusätzlichen Elektrodraht gesichert ist, z. B. bei dem oben genannten Modell an der Unterkante der unteren Stange, sehr schnell von den Rindern auf der Suche nach Futter außerhalb des Zaunes demoliert. Ein unter der unteren Stange anzubringender Elektrodraht könnte dies zwar verhindern, ist aber nicht zu empfehlen, da er für Pferde zu tief hängt und diese leicht hineintreten können. Bringt man ihn

Links: Holzzaun mit Elektrodraht-Ergänzung bzw. -Sicherung.
Rechts: Elektrozaun mit äußerem Stacheldraht.

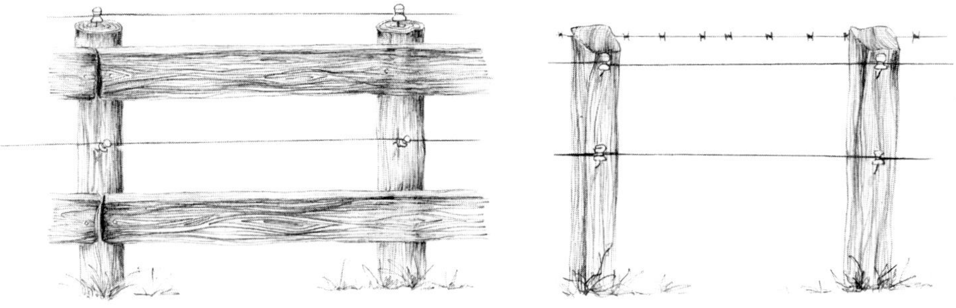

im Gegensatz zum Draht zwischen den Stangen, der immer an der Zaun-Innenseite sitzen sollte, außen an, so verringert sich zwar die Gefahr des Hineintretens, andererseits erhöht sich jedoch das Ableitungs-Risiko infolge Erdkontakts durch Berührung mit Pflanzen, die außerhalb des Zaunes leicht höher wachsen als innen. Es wäre dann also ein erhöhter Aufwand für Zaunkontrolle und Kurzhalten der Pflanzen unter dem Zaun nötig.

Wer diesen Arbeitsaufwand nicht regelmäßig erbringen oder aus finanziellen Gründen keinen Holzzaun bauen will, der kann am Außenrand der Gesamtweidefläche als hütesichere Einzäunung für Rinder und Pferde mit geringem Errichtungs- und Erhaltungsaufwand eine Kombination aus Stacheldraht- und Elektrozaun anbringen, bei der das Verletzungsrisiko durch Stacheldraht – sofern es sich um ausgewachsene Großpferde sowie größere Ponys handelt – erheblich eingeschränkt ist. Diese Risiko-Minderung wird dadurch erzielt, daß der Stacheldraht nur als äußere, obere Zaunbegrenzung in etwa 1,20 m Höhe an der Außenkante der Stützpfähle angebracht wird, während an der Innenkante auf gleicher Höhe und auf mittlerer Höhe darunter je ein Elektrodraht läuft, von denen der obere je nach Pfahlstärke ca. 20 bis 25 cm vor dem Stacheldraht steht. Dadurch verhindert er einen starken und somit gefährlichen Kontakt der Pferde mit dem Stacheldraht. Im Panikfall bzw. bei Stromausfall durch Ableitung oder Gerät-Störung wirkt der Stacheldraht immer noch als respektgebietende Einzäunung. Der dann mögliche stärkere Kontakt kann zwar zu Verletzungen führen; infolge der Stacheldrahthöhe sind dabei jedoch normalerweise nur Hautverletzungen am Rumpf der Pferde und nicht die mit Recht besonders gefürchteten Verletzungen an den Beinen zu erwarten. Der außen sitzende Stacheldraht wirkt im übrigen abschreckend auf Spaziergänger, deren unerwünschtes Betreten der Pferdekoppeln sonst in manchen Gegenden reichlich lästig werden kann. Das Übersteigen der Zäune durch Unbefugte ruiniert Einzäunungen und führt immer wieder dazu, daß Tiere entlaufen. Dadurch kommt es zu Gefährdungen für die Tiere selbst, aber auch für die Umwelt. Selbstverständliche Voraussetzung der vorstehend beschriebenen Zaun-Bauart ist im übrigen, daß die ununterbrochene Schlagwirkung des Elektrozaunes mit genügender Schlagstärke gesichert und der Stacheldraht stets straff gespannt ist. Je lockerer ein Draht hängt, umso größer ist die Gefahr des Hineintretens für Pferde! Ergänzend sei noch hinzugefügt, daß junge Fohlen infolge ihrer Unerfahrenheit durch Stacheldraht in 1,00 bis 1,20 m Höhe an Kopf und Hals erheblich gefährdet sind und deshalb Koppeln für Fohlenstuten möglichst ohne Stacheldraht eingefriedet sein sollten.

Kombination – Stacheldraht und Elektrozaun

Koppeln für Fohlenstuten

Als Ergänzung des hier als zweite Möglichkeit beschriebenen Einzäunungsmodells müssen noch einige Hinweise gegeben werden, deren Beachtung auch bei anderen Zäunen wichtig erscheint:

a) Ein Zusammenbringen fremder Pferde auf einer Weidekoppel sollte immer erst dann erfolgen, wenn diese ausreichend, d. h. über mehrere Tage, Gelegenheit hatten, sich aus nicht unmittelbar benachbarten Weidekoppeln oder Boxen kennenzulernen. Außerdem sollte wenigstens am ersten Tag des Zusammenseins auf der gleichen Koppel eine ständige Aufsicht sichergestellt sein. Diese Forderungen gelten in besonderem Maße, wenn ein einzelnes fremdes Pferd in eine bestehende Herde eingefügt wird, vor allem, wenn es sich dabei um ein jüngeres, schwaches oder ängstliches Tier handelt. Werden diese Empfehlungen nicht beachtet, so muß damit gerechnet werden, daß der Fremdling gejagt wird und in seiner Verzweiflung Zäune jeder Bauart umzurennen oder zu überspringen versucht.

Zusammenbringen fremder Pferde

b) Für Ponys kleiner Rassen (unter 130 cm Widerristhöhe), die nicht in Gesellschaft mit größeren Ponys oder Pferden geweidet werden, empfiehlt es sich, die obere Zaunhöhe auf ca. 1,00 m zu setzen, die untere Stange bzw. den mit einem oberen Stachel- und Elektrodraht kombinierten unteren Elektrodraht entsprechend auf ca. 50 cm über dem Erdboden.

Ponys kleiner Rassen

c) Einen Weidezaun so hoch zu bauen, daß ein Überspringen absolut unmöglich ist, erscheint aus technischen und finanziellen Gründen nicht ratsam. Grundsätzlich ist bei ausreichendem Futterangebot und Vermeidung von Panik nicht mit Springversuchen von Weidepferden zu rechnen. Tritt aber, z.B. als Folge von Düsenjägertiefflügen, Schüssen in nächster Nähe, Trennung von der Herde oder ähnlichen furchterregenden Anlässen Panik ein, dann ist ein eventueller Ausbruchversuch durch Sprung über oder gegen den Zaun auch durch extreme Zaunhöhe kaum zu verhindern. Es ist bekannt, daß Pferde in solchen Fällen sowohl Holz- als auch Stacheldraht- oder Elektrozäune manchmal sogar ohne Sprungversuch einfach umrennen oder umzurennen versuchen. Extreme Zaunhöhen bis 1,80 m – unter Verwendung besonders stabilen Materials, wie z.B. Metallrohr in mindestens dreifacher Lage übereinander – empfehlen sich lediglich bei kleineren Ausläufen, z.B. für Zuchthengste.

Zaunhöhe

d) Je kleiner die Weidefläche und je geringer die Entfernung zu stark befahrenen Straßen (Autobahnen u.ä.) ist, um so mehr Sorgfalt muß auf Errichtung und Überwachung der Einzäunung verwendet werden.

Überwachung

Nachdem wir bisher die notwendige Größe und Beschaffenheit der Sommerweide als natürlicher Futtergrundlage für Zuchtpferde bzw. -ponys sowie die zweckmäßigsten Einzäunungsformen erörtert haben, müssen wir noch auf die zur Erzielung eines ausreichenden Graswuchses nötigen Nutzungs-, Düngungs- und Pflege-Maßnahmen eingehen.

Vegetationsverlauf

Futterbedarf

Ausgleichsmöglichkeiten

Zunächst ist zu bedenken, daß beim natürlichen Vegetationsverlauf unter deutschen Klimaverhältnissen der im Mai bis Juni sehr starke Wuchs der Futtermasse zum Herbst hin stetig abnimmt. Andererseits steigt der Futterbedarf der Weidetiere, wenn es sich dabei um noch wachsende Jungpferde bzw. um Stuten mit Saugfohlen handelt, zum Herbst hin stetig an. Dieses Mißverhältnis ist für einen Nur-Pferdezüchter sehr schwierig auszugleichen. Als Ausgleichsmöglichkeiten kommen in Betracht:

1. Einstellung der Besatzstärke, d. h. der Anzahl bzw. des Gewichts der zu fütternden Tiere, auf einen auch bei nachlassendem Futterwuchs im Herbst noch zu versorgenden Stand.

   Mähnutzung

   Mischbesatz mit Weidevieh

   Geilstellen

   Parasiten

   Dieses Verfahren setzt die Verfügbarkeit genügend großer Flächen (ca. 50 % mehr als auf Seite 200 angegeben) voraus. Außerdem muß für die Verwertung des im Frühjahr bzw. Frühsommer anfallenden Überschusses gesorgt werden. Dies kann durch Mähnutzung von Teilflächen (Heuwerbung, Einsilierung durch rinderhaltende Nachbarbetriebe) oder durch Aufnahme von Weidevieh (Rinder) für die erste Hälfte der Vegetationsperiode geschehen. Beides (Mähnutzung und Mitweiden von Rindern) hat positive Auswirkungen auf die Zusammensetzung der Grasnarbe durch Kurzhalten der Geilstellen, d.h. der durch Kot einer Tierart verunreinigten Flächen, die von Angehörigen der gleichen Tierart mehr oder weniger ausgeprägt gemieden, dagegen von Tieren einer anderen Art – wenn auch nicht bevorzugt – abgefressen werden. Außerdem wird aber auch die Gefährdung durch tierartspezifische Magen- und Darm-Parasiten bei gemischtem Besatz erheblich verringert, da z.B. Larven der Pferdewürmer von Rindern aufgenommen werden, jedoch im Rinderkörper ohne Ansteckungsgefahr zugrundegehen (und umgekehrt).
2. Einstellung der Besatzstärke auf einen zur Mitte der Vegetationsperiode ausreichend mit Gras zu versorgenden Bestand, dabei gleichzeitig Einsatz einer gestaffelten Stickstoff-Düngung zur Abschwächung des Futterwuchs-Rückganges im Spätsommer.

   Gestaffelte Stickstoff-Düngung

   Bei diesem Düngeverfahren entspricht der Flächenbedarf pro Tier durchschnittlich etwa den auf Seite 200 angegebenen Werten. Die Jahres-Düngermenge von ca. 80 kg Reinstickstoff pro ha wird gestaffelt gegeben, und zwar in folgender Weise:

   Die erste Teilgabe in Höhe von ca. 20 kg N/ha wird erst nach dem zweiten Umtrieb, d. h. nach zweimaligem Abweiden der in mehrere Parzellen (Koppeln) unterteilten Weide, im allgemeinen etwa Anfang Juni, ausgebracht. Die zweite und dritte Teilgabe jeweils in Höhe von ca. 30 kg N/ha erfolgen dann nach dem dritten und vierten Umtrieb, also etwa Mitte Juli und Mitte bis Ende August. So läßt sich das Absinken des Futterwuchses verzögern.

   Die gestaffelte Stickstoffgabe kann mit den generell erforderlichen Düngemaßnahmen (Kali, Phosphor, Natrium, Kalzium, Spurenelemente) entsprechend der Empfehlung der zuständigen Beratungsstelle kombiniert werden.

Trotz einer nach diesen Angaben gestaffelten Stickstoffdüngung wird es im allgemeinen nicht zu vermeiden sein, daß einem sehr reichlichen Futterangebot im Frühjahr ein zu knappes im Spätsommer gegenübersteht. Normalerweise wird sich eine regelmäßige Mähnutzung der Frühjahrsüberschüsse kaum lohnen. Auch die vorübergehende Aufnahme von zusätzlichem Weidevieh wird unter normalen Umständen nicht in Frage kommen. Um die nicht verwertbaren Überschüsse möglichst gering zu halten, sollte in diesem Fall ein früher Beginn der Weideperiode angestrebt werden, ohne den Futterwuchs durch zu scharfes Abweiden von Anfang an zu stark zu beeinträchtigen.

Zum Ausgleich des zu knappen Futterangebotes im Spätsommer ist rechtzeitig mit einer bedarfsgerechten Beifütterung von Heu und Kraftfutter zu beginnen. Mit dieser Beifütterung sollte auf jeden Fall eine genügend lange Aufstallung pro Tag verbunden werden, um dem zu starken Verbeißen der Narbe, das bei zu knappem Futterangebot unausweichlich auftritt und zur völligen Erschöpfung der Aufwuchs-Kapazität führen kann, entgegenzuwirken. Erholen können sich die auf diese Weise übermäßig beanspruchten Flächen nur bei einer längeren Beweidungspause im Herbst und Winter.

Beifütterung

Aufstallung

Beweidungspause

In günstigen Fällen ergibt sich die Möglichkeit, im Herbst zur Nachweide auf Rinderkoppeln in der Nachbarschaft auszuweichen. Ein Nachweiden von Pferden in diesen Koppeln wird auch von den Rinderhaltern im allgemeinen gern gesehen, da auf diese Weise das stehengelassene hohe Gras, vor allem auf Geilstellen, das sonst unter Schnee zum Verfaulen neigt und im Frühjahr nicht oder nur mäßig neu austreibt, gut abgefressen wird und die ganze Fläche im nächsten Frühjahr wieder „glatt“ nachwächst. Allerdings sollte es aus Rücksicht auf die zukünftige Leistungsfähigkeit solcher Nachbarweiden selbstverständlich sein, daß man ein übermäßiges Verbeißen oder Zertreten der Narbe vermeidet. Ebenso muß man sich um die Wasserversorgung der Pferde selbst kümmern (Pferde bedienen im allgemeinen Rinder-Weidepumpen – mit der Nase zu drükken – nur ungern oder gar nicht), und auch die Instandhaltung bzw. -setzung der Einzäunung muß man in solchem Fall normalerweise selbst in die Hand nehmen. Wo Kühe oder Rinder einen ganzen Sommer lang ohne Ausbruchsversuch friedlich grasten, können Pferde sehr schnell eine „Girlande“ im Zaun, einen abgebrochenen Stützpfahl oder einen Elektro-Draht ohne Spannung erkennen und ausnutzen. Besonders Ponys muß auf diesem Gebiet eine große Meisterschaft bescheinigt werden. Daß „Girlanden“ im Stacheldraht, d. h. lose durchhängende Strecken, für Pferdebeine besonders

Nachweide auf Rinderkoppeln

Wasserversorgung

gefährlich sind, wurde oben bereits betont. Im übrigen muß damit gerechnet werden, daß Pferde sich in Rinderweiden durch Scheuern an Bäumen oder Pfählen mit Hautparasiten der Rinder, z. B. Flechte, infizieren können, die auch bei Pferden Hautschäden hervorrufen.

Wenn die Gelegenheit fehlt, in der Nachbarschaft Ausweichkoppeln zu finden, wird unter den hier untersuchten Verhältnissen notwendigerweise eine der eigenen Parzellen im Spätsommer und Herbst **Auslauf** als großer Auslauf ohne nennenswerten Futterwuchs genutzt werden müssen, um nicht sämtliche Flächen zugleich durch übermäßiges Verbeißen der Narbe zu ruinieren. Diese Koppel ist dann jedoch spätestens ab Vegetationsbeginn im Spätwinter von der Beweidung zu verschonen, und zwar so lange, bis ein im Durchschnitt etwa 20 cm hoher Grasbestand nachgewachsen ist. Als gute Unterstützung bei der Erholung von überstrapazierten Weideflächen hat sich **Abdüngen mit Mist** das Abdüngen mit einer dünnen Mistschicht erwiesen, das jedoch möglichst nicht während oder unmittelbar vor völliger Vegetationsruhe erfolgen sollte. Zwar wird im allgemeinen für Pferdeweiden Dung anderer Tierarten empfohlen, doch kann bei regelmäßig durchgeführter, intensiver Parasitenbekämpfung (Entwurmung) durchaus auch der eigene Pferdemist, allerdings möglichst gut verrottet, verwendet werden. Verschiedentlich wird ein dünner Mistschleier auch im Sommer gezielt eingesetzt, um übermäßig scharf beweidete Flächen vor zu starker Austrocknung und weiterem Verbiß zu bewahren.

Neben den vorstehend erörterten Möglichkeiten der Anpassung von Futtererzeugung und -verwertung ist für die Bewirtschaftung von Grünland als Grundlage der Pferdefütterung im Sommer auch das **Nutzungssystem** Nutzungssystem von Bedeutung. Aus biologischen Gründen kann Futter auch bei günstiger Witterung (Temperatur, Wasserversorgung) und ausreichender Versorgung mit Pflanzen-Nährstoffen nur wachsen, wenn assimilationsfähige Blattmasse vorhanden ist. Je größer diese Blattmasse ist, umso höher ist die Zuwachsleistung pro Tag, solange die Pflanzen nicht aus der vegetativen Phase (der Blattbildung) in die generative Phase (der Samenbildung) übergegangen **Standweide** sind. Infolgedessen ist die früher weit verbreitete Standweide (ganzjährig ohne Unterteilung in mehrere Koppeln genutzt) nur bei weit über den Normalbedarf hinausgehender Flächengröße vertretbar, d. h. wenn zwar alle Flächenteile gleichzeitig abgegrast werden könnten, aber wegen des großen Angebots stets nur kleinere Teilflächen abgefressen werden, während das Gras an anderen Stellen lang genug ist, um eine befriedigende Zuwachsleistung erbringen zu können. Stehen jedoch nur Flächen der auf Seite 200 genannten Durchschnittsgröße pro Tier zur Verfügung, muß durch Unterteilung in mehrere Parzellen (Koppeln) und Einrichtung einer **Umtriebsweide** Umtriebsweide, d. h. Wechsel von Freß- und Ruhezeiten für jede

Koppel, dafür gesorgt werden, daß auf Teilen der Gesamtfläche ständig Blattmasse als Futterproduktionsgrundlage ungestört in nötigem Umfang heranwachsen kann. Unabhängig von Flächengröße und Tierbestand ist dazu eine Unterteilung in mindestens drei, besser vier etwa gleich große Koppeln zu empfehlen. Auf diese Weise kann der je nach Aufwuchs unterschiedlich langen Freßzeit für jede Koppel eine zwei- bis dreimal so lange Ruhezeit folgen, sofern nur eine Gruppe von Tieren geweidet wird. Bei Gemischtbesatz mit Rindern und Pferden empfiehlt es sich, die Tierarten getrennt nacheinander zu weiden, da Pferde, vor allem Fohlen, dazu neigen, auf ihrer Suche nach Spielgefährten auch Rinder einzubeziehen und spielerisch zu jagen, was deren Zuwachsleistung beeinträchtigen oder sogar Zäune in Gefahr bringen kann. Die Tierart-Gruppe mit dem höheren Auftriebsgewicht sollte als erste Gruppe vorweiden, während der geringer besetzten Gruppe die bereits teilweise abgefressene Fläche einschließlich der von der anderen Tierart gemiedenen Geilstellen zur Verfügung gestellt wird. In diesem Fall, d. h. bei zwei Weidegruppen, muß die empfohlene Zahl der Koppeln um eine erhöht werden, da die Freßzeit doppelt so lang ist wie bei nur einer Gruppe. Als grobe Anhaltspunkte für die notwendige Länge der Ruhezeiten zum Erreichen einer Mindest-Aufwuchshöhe (15 bis 20 cm) vor erneuter Beweidung können unter normalen Witterungsverhältnissen der Bundesrepublik Deutschland und bei normalem Verbiß, d. h. nicht zu scharfem Abweiden in der vorangegangenen Freßzeit, folgende Zeiten angegeben werden:

Unterteilung

Freßzeit

Ruhezeit

Mai – ca. 20 Tage,
Juni – ca. 25 Tage,
Juli – ca. 30 Tage,
August/September – ca. 35 bis 40 Tage.

Entsprechend diesen Angaben wäre also bei einer Unterteilung in vier Koppeln und einer Gruppe von Weidetieren im Mai nach einer Freßzeit von 6 bis 7 Tagen, im Juli nach 10 Tagen, im September aber erst nach 13 bis 14 Tagen umzuweiden. Durch die Unterteilung in eine größere Zahl von Koppeln ist es möglich, Einzelflächen zunächst für die Schnittnutzung zu reservieren und erst im weiteren Verlauf der Vegetationsperiode in die Weidenutzung einzubeziehen. Erhöht man z. B. die Zahl der Koppeln bei einer Gruppe von Weidetieren von vier auf sechs, von denen die fünfte und sechste erst ab Juli als Weide herangezogen werden, so können die Freßzeiten im Juli auf 6 Tage und im September wenigstens auf 8 Tage verkürzt und damit dem verfügbaren Aufwuchs besser angepaßt werden.

Koppelgröße und -form

Im Zusammenhang mit der Frage der Einteilung einer verfügbaren Gesamtfläche in Einzelkoppeln muß darauf hingewiesen werden, daß Pferdekoppeln bei geringer Tierzahl und entsprechender Flächengröße nicht zu eng eingerichtet werden dürfen, da Pferde aus natürlichem Antrieb gerne mal während des Weidegangs laufen oder sogar rennen wollen, vor allem in jüngerem Alter. Aus diesem Grunde sollten Pferdekoppeln auch für Kleinbestände stets mindestens ca. 100 m lang und ca. 20 m breit sein. Außerdem dürfen die Einzäunungen von Pferdekoppeln aus dem gleichen Grund keine spitz zulaufenden Ecken (mit Winkeln unter 90°) bilden, in denen Einzeltiere durch Nachdrücken von zu spät bremsenden Spielgefährten ohne Ausweichmöglichkeit gegen den Zaun gedrückt und dadurch verletzt werden können.

Düngung

An anderer Stelle wurde bereits auf die normalerweise notwendige Düngung mit den verschiedenen Pflanzennährstoffen (außer Stickstoff) und Spurenelementen hingewiesen. Grundlage der entsprechenden Gaben an Handelsdünger sollten stets die Empfehlungen der mit den örtlichen Gegebenheiten vertrauten landwirtschaftlichen Beratungsstellen sein. Im allgemeinen lohnt sich dafür auch die in regelmäßigen Abständen zu wiederholende Untersuchung von fachmännisch entnommenen Bodenproben in einer der landwirtschaftlichen Untersuchungs- und Forschungsanstalten. Bei völligem Verzicht auf die Verwendung von Mineraldünger, der nur bei außergewöhnlich großer Fläche pro Tier und gezielter Verwendung des eigenen Wirtschaftsdüngers denkbar erscheint, wird auf die Nutzung wesentlicher Teile der Futterproduktionsfähigkeit des Bodens verzichtet.

Zufütterung

In Zeiten geringen Graswuchses (im allgemeinen vor Mitte Mai, in Trockenperioden sowie ab Ende August) ist bei genügender Flächengröße und normaler Witterung zwar schon bzw. noch Ganztagsweide möglich, doch sollten zumindest hochtragende sowie säugende Stuten und Saugfohlen in diesen Perioden neben dem Weidegang zugefüttert werden. Dabei geht es einmal um einen Ausgleich im Nährstoffverhältnis des Futterangebots, zum anderen aber auch um die Ergänzung von Rohfaser und Mineralstoffen.

Eiweiß-Energie-Verhältnis

In jungem bzw. kurzem Gras steht das dort reichlich enthaltene Eiweiß in einem sehr engen Verhältnis zum Gehalt an Energie. Zur Deckung ihres Energiebedarfs müßten die Stuten also weit mehr Eiweiß aufnehmen, als sie für die Erzeugung von Eiweiß für das Wachstum des Embryos bzw. in Form von Milcheiweiß benötigen. Da das überschüssige Eiweiß lediglich als Energieträger verwertet werden kann, muß es in der Leber entsprechend umgebaut werden. Dieser Umbau belastet die betroffenen Organe und kann sich nach neueren Forschungsergebnissen besonders bei Pferden nachteilig auf den gesamten Stoffwechsel auswirken.

Rohfaser

Als weiterer Nachteil des jungen bzw. kurzen Grases ist sein geringer Gehalt an Rohfaser zu nennen. Da das Pferd von Natur aus auf die Aufnahme härterer, d.h. rohfaserreicher Gräser eingestellt ist, benötigt es zum geregelten Ablauf der Verdauungsvorgänge ein Mindestmaß an Rohfaser als Strukturelement im Futter. Die Tatsa-

che, daß reichliche Aufnahme von jungem Gras leicht zu Durchfall führen kann, ist allgemein bekannt. Durchfall aber kann sehr schnell zu einer Belastung von Stoffwechsel und Kreislauf werden und damit gerade hochtragende bzw. säugende Stuten oder Saugfohlen ernsthaft gefährden.
Als dritter Grund zur ergänzenden Beifütterung in Zeiten des Angebots von sehr jungem bzw. kurzem Gras muß der Umstand erwähnt werden, daß der Pflanzenbestand unserer Kulturweiden durch intensive Bewirtschaftung im allgemeinen ziemlich einseitig geworden ist. Damit fehlen häufig verschiedene Kräuter, die hinsichtlich des Mineralstoffangebots im Weidefutter als besonders wertvoll anzusehen sind, da sie einen von dem der Gräser stark abweichenden Mineralstoffgehalt aufweisen. Außerdem hat die jahrhundertelange Nutzung in vielen Weideböden den Vorrat an bestimmten Mineralstoffen und Spurenelementen soweit verdünnt, daß der Bedarf der Tiere an diesen Stoffen auch bei bestens abgestimmter Spezialdüngung aus dem Pflanzenaufwuchs oft nur mangelhaft gedeckt werden kann. Die Zufütterung bestimmter, häufig nur ungenügend im Gras vorhandener Mineralstoffe und Spurenelemente kann deshalb als Sicherheitsmaßnahme nützlich sein.

Mineralstoffe und Spurenelemente

Beifütterung

Zur praktischen Durchführung der hier vorgeschlagenen Beifütterung während der Weidezeit für hochtragende bzw. säugende Stuten und Saugfohlen ist einmal zu empfehlen, in Verbindung mit einer wenigstens stundenweisen Aufstallung Heu zur freien Aufnahme anzubieten (möglichst etwas später als für Rinder üblich gemäht, also mit höherem Stengel-Anteil), ersatzweise auch Grassamen-, Hafer- oder Gerstenstroh. Die früher häufig vorgebrachten Bedenken gegen die Verfütterung von Gerstenstroh an Pferde wegen der Gefahr von Schleimhautverletzungen durch Grannen wiegen heute nicht mehr so schwer, da die modernen Ernteverfahren eine sehr starke Zerkleinerung der Gerstengrannen bewirken, die somit kaum noch stören können. Während Heu in diesem Falle sowohl zum Energie-Ausgleich als auch als Rohfaserquelle dient, muß bei Stroh-Einsatz der Energie-Ausgleich über Futtergetreide herbeigeführt werden. Die üblichen Pferdemischfutter und auch der Hafer sind dafür nicht besonders gut geeignet, da bei ihnen normalerweise kein Überhang an Energie zum Ausgleich von Eiweißüberschuß in anderen Rationsteilen vorhanden ist. Grob geschroteter Mais kann in solchen Fällen gute Dienste tun; als Tagesrationen kämen für Warmblutstuten Mengen bis ca. 1,5 kg in Betracht. In gleicher Weise wären auch Gerste (grob geschrotet) oder Weizen einzusetzen, ebenso Trockenschnitzel (Rückstand der Rübenzucker-Produktion) in Tagesmengen bis zu 1,0 kg. Letztere sind unbedingt 24 Stunden vor Verfütterung in reichlich Wasser einzuweichen, da sonst die Gefahr der Schlundverstopfung durch Quellung besteht.

Heu

Stroh
Futtergetreide

Trockenschnitzel

Zur Sicherstellung der Versorgung mit Mineralstoffen und Spurenelementen kann die Beifütterung entsprechender, auf den Bedarf von Pferden abgestimmter Spezial-Präparate empfohlen werden. Allerdings werden diese überwiegend in vitaminierter Form angeboten, während bei Weidegang eine solche Vitaminierung im allgemeinen nicht erforderlich ist, vielleicht sogar nachteilig sein kann. Als Mindestangebot sollte den Pferden während des Weidegangs ein Salz-Leckstein zugänglich sein, wobei auch die Verwendung von Lecksteinen mit Gehalt an Spurenelementen möglich ist. Einige Firmen bieten auch Mineralstoffmischungen mit Spurenelement-Zusatz als Leckmasse für Pferde an. Die Aufnahme dieser Leckmasse ist unterschiedlich und erscheint noch verbesserungsbedürftig.

Vitaminierung

Salz-Leckstein

Leckmasse

2.3.2 Winterfütterung

Stallfütterung

Die vorstehenden Empfehlungen zur Beifütterung in futterknappen Sommer-Perioden enthalten wesentliche Grundsätze, die auch bei der **Stallfütterung** von Zuchtpferden bzw. -ponys **im Winter** zu beachten sind. Im wesentlichen geht es dabei um die ausreichende Versorgung der Tiere mit den verschiedenen Futter-Inhaltsstoffen.

Inhaltsstoff	Zweck bzw. Wirkungsbereich
Energie	Aufrechterhaltung der Lebensfunktionen, Deckung des Leistungsaufwandes;
Eiweiß	Wachstum (Bildung von Körpereiweiß bzw. Eiweiß des Fötus), Bildung von Milcheiweiß bei säugenden Stuten bzw. Samen-Eiweiß bei Deckhengsten, Ersatz von Eiweißverbrauch im Stoffwechsel;
Mineralstoffe, Vitamine, Spurenelemente	Bedarfsdeckung an diesen Wirkstoffen als Gewebe- bzw. Sekret-Bestandteilen sowie Katalysatoren im Stoffwechsel;
Rohfaser (strukturiert, nicht gemahlen)	Auflockerung des Futterbreies (Erleichterung des Eindringens von Verdauungssäften), Sicherung der Verdauungs-Motorik (Anregung bzw. Inganghaltung der peristaltischen Darmtätigkeit);
Wasser	Ersatz von Wasserverbrauch im Stoffwechsel, Wachstum.

Wir müssen uns also klarmachen, daß der Bedarf der Tiere nicht durch bestimmte Futtermittel usw., sondern nur durch Zufuhr der

oben genannten Inhaltsstoffe der Futtermittel gedeckt wird. Daraus ergibt sich die Möglichkeit, jede Futterration in bestimmten Grenzen abzuwandeln bzw. ein bestimmtes Futtermittel durch andere zu ersetzen.
Ganz grob lassen sich die wichtigsten Futtermittel für Pferde in Kraftfutter und Rauhfutter einteilen. Wesentliche Unterschiede sind dabei der Energiegehalt sowie der Gehalt an Rohfaser in der Trockensubstanz: Kraftfutter hat einen verhältnismäßig hohen Energie- und einen niedrigen Rohfaser-Gehalt, Rauhfutter dagegen einen verhältnismäßig niedrigen Energie- und einen höheren Rohfaser-Gehalt.

Kraftfutter

Als wichtigste **Kraftfutter**-Arten für Pferde sind zu nennen:
- Getreide außer Roggen (Hafer bevorzugt),
- industriell hergestelltes Mischfutter mit hohem Getreide-Anteil und Zusatz von Ölsaat-Nachprodukten (Sojaschrot u. ä.), Grünmehl (Luzerne, Gras), Kleie, Trockenschnitzeln, Melasse usw.

Je nach Energiegehalt mehr zum Kraftfutter oder mehr zum Rauhfutter sind zu rechnen:
- Trockenschnitzel (Nachprodukt von Zuckerrüben),
- Grünmehl (Getrocknetes Gras, Klee oder Luzerne),
- Kleie (Getreide-Nachprodukte, bevorzugt Weizenkleie)

Rauhfutter

Als **Rauhfutter** anzusehen sind:
Gras, Klee, Luzerne,
Heu (Gras-, Klee-, Luzerne-Heu),
Stroh (Grassamen, Hafer-, Gerste-, evtl. auch Weizen-Stroh),
Silage (Gras- oder Mais-Silage).

Saftfutter

Die als „Saftfutter" zu bezeichnenden Wurzelfrüchte, wie Möhren oder Futterrüben, sind bei Pferden normalerweise lediglich als Appetit-Anreger und eventuelle Vitamin-Quelle zu betrachten. Wegen ihres Mangels an Rohfaser kommt ein wesentlicher Anteil dieser Futtermittel an der Gesamtration bei Pferden im allgemeinen nicht in Frage.
Die vorstehend genannten Futtermittel weisen in ihrem Gehalt an wichtigen Inhaltsstoffen (Energie, Eiweiß usw., s. oben) große Unterschiede auf, und zwar nicht nur zwischen den verschiedenen Futtermitteln, sondern auch bei einzelnen Futtermitteln gleicher Art. So kann z. B. Hafer oder Grasheu in seinem Gehalt an einem oder mehreren der wichtigen Inhaltsstoffe bis zu 25 % vom Durchschnitt abweichen. Aus diesem Umstand ergibt sich eines der Hauptprobleme in der praktischen Fütterung von Zuchtpferden – die richtige Einschätzung des Futterwertes bestimmter Partien der verfügbaren Futtermittel. Natürlich ist es möglich, die wertbestimmenden Gehalts-Anteile in einem Laboratorium genau feststellen zu lassen.

Futterwert

Ob das Ergebnis einer solchen Analyse dem Durchschnittsgehalt der verfügbaren Futtermittelpartie nahekommt, hängt von der Sorgfalt der Probenentnahme bzw. der Gleichmäßigkeit der Partie ab, ist also oft mehr oder weniger fraglich. Ähnliches gilt für die Futtermittelbewertung nach Tabellen-Werten, doch besteht in diesem Fall die Möglichkeit des Zu- oder Abschlages nach eigener Einschätzung, hilfsweise nach Einschätzung durch erfahrene Nachbarn oder Freunde. Somit geben die in der neueren Fachliteratur verfügbaren Gehalts-Angaben recht gute Anhaltspunkte zur Bewertung der zur Verfügung stehenden Futtermittel. Da in der entsprechenden Literatur normalerweise auch Bedarfstabellen angeführt sind, ist die bedarfsgerechte Rationszusammenstellung für die verschiedenen Tiergruppen mit etwas Rechenarbeit verhältnismäßig einfach zu erledigen.

Bedarf

Standard-Ration – Warmblut

Als grober Anhaltspunkt kann folgende Standard-Ration für Warmblut-Zuchtstuten bei Winter-Stallfütterung genannt werden:
Kraftfutter (z. B. Hafer) – 1 kg pro 100 kg Körpergewicht/Tag
Rauhfutter (z. B. Wiesenheu, lufttrocken) – 1 kg pro 100 kg Körpergewicht/Tag

Pony

Für reinrassige Ponystuten – ohne höheren Anteil von Großpferde-Erbgut – ist bei gleicher Heu-Ration normalerweise eine Kraftfuttergabe von 0,5 bis 0,75 kg pro 100 kg Körpergewicht/Tag angemessen.

Geht man von einer solchen Standard-Ration aus, so können alle übrigen verfügbaren bzw. geeigneten Futtermittel der beiden Haupt-Gruppen verhältnismäßig einfach eingetauscht werden. Selbstverständlich müssen dabei stärkere Gehalts-Unterschiede, z. B. bei Ersatz von Grasheu durch Klee- oder Luzerneheu im Gehalt an verdaulichem Eiweiß, durch entsprechenden Ausgleich an anderer Stelle, z. B. durch teilweisen Austausch von Hafer gegen eiweißärmere Getreide-Arten oder Trockenschnitzel, berücksichtigt werden.

Rations-Beispiele

Als Erläuterung des Vorstehenden werden in der folgenden Übersicht einige Rations-Beispiele für eine Warmblut-Zuchtstute im letzten Drittel der Trächtigkeit bei Winter-Stallfütterung angeführt.

Höchstmengen

Bei den verschiedenen Futtermitteln, die in der Pferdefütterung Verwendung finden, sind aus physiologischen Gründen gewisse Höchstmengen zu beachten, deren Überschreitung zu Verdauungs- bzw. Stoffwechselstörungen führt. Dies gilt z. B. – Mengen jeweils auf Warmblutstuten bezogen – für frischen Klee oder frische Luzerne (25 kg/Tag), Gras- oder Mais-Silage (15 kg/Tag) sowie Trockenschnitzel (1,0 kg/Tag). Weitere Angaben hierzu sind der Fachliteratur zu entnehmen.

Die gleichen Gründe (Störung der Verdauung bzw. des Stoffwechsels) gelten auch für die Empfehlung, bestimmte Futtermittel, die z. B. bei Rindern oder Schweinen verwendet werden, für Pferde voll-

Futtermittel	Tagesgaben in kg Rations-Beispiele A	B	C	D	E
Hafer	5,0	4,0	2,5	–	–
Hafer-Ergänzungs-Mischfutter	–	–	2,5	–	–
Hafer-Austausch-Mischfutter	–	–	–	5,0	5,0
Trockenschnitzel	–	1,0	–	–	–
Wiesenheu (mittl. Qualität)	5,0	–	3,0	–	–
Luzerneheu	–	4,0	–	–	–
Grassamenstroh	–	–	–	5,0	–
Hafer-Gersten-Stroh	–	1,0	3,0	–	2,0
Maissilage	–	–	–	–	15,0
Vitamin. Mineral-futter	0,1	0,1	–	–	0,1

ständig zu meiden. Hierzu gehören vor allem Roggenkörner oder -schrot, Tapiokamehl oder Rapsschrot.

Neben den rechnerisch zu ermittelnden Anhaltspunkten für die Rationsgestaltung nach Körpergewicht sowie Bedarfsnormen und Gehalts-Tabellen gilt es in der praktischen Fütterung einen weiteren Punkt zu beachten, der nur mit dem Auge der fütternden Person erfaßt werden kann, nämlich den Futterzustand bzw. dessen Entwicklung bei den zu versorgenden Pferden. Das zu Recht seit altersher gerühmte „Auge des Herrn" ist nach wie vor für eine bedarfsgerechte Fütterung von ausschlaggebender Bedeutung. Nicht nur die unvermeidlichen Abweichungen der Futter-Inhaltsstoffe von der Norm, sondern auch die Unterschiede zwischen den Tieren hinsichtlich ihres Futterverwertungsvermögens (erblich oder durch Krankheit bedingt) verlangen ständige Anpassung der Einzelrationen durch Zulage oder Abzug. Als Faustregel für den „richtigen" Futterzustand eines Zuchtpferdes bzw. -ponys wurde der Satz geprägt: **Man soll die Rippen fühlen, aber nicht sehen können!** Sowohl Überfütterung als auch Unterernährung beeinträchtigen zunächst die Fruchtbarkeit und damit die Hauptleistung eines Zuchtpferdes, bei Auftreten in höherem Maße dann auch Gesundheit und Leben des Tieres selbst.

Futterzustand

Futterverwertung

Neben dem Bedarf der Zuchttiere an Energie und Eiweiß ist in der praktischen Fütterung auch der Bedarf an Wirkstoffen (Mineralstoffen, Vitaminen und Spurenelementen) zu decken. Die Deckung die-

Wirkstoffe

ses Bedarfs erfolgt im wesentlichen durch Gehalts-Anteile in den verwendeten Futtermitteln. Leider sind diese jedoch auch bei äußerlich gleichwertig erscheinenden Partien derselben Futtermittel-Art oft sehr unterschiedlich, umso mehr bei deutlich abweichenden Qualitäten. Bei Verwendung der oben angegebenen Beispiels-Rationen ohne Mischfutter sollte deshalb grundsätzlich sicherheitshalber

Beifuttermittel

eines der im Handel erhältlichen Wirkstoff-Beifuttermittel für Pferde in der jeweils empfohlenen Menge zugefüttert werden. Außerdem ist

Salz-Lecksteine

die Bereitstellung von Salz-Lecksteinen – wie auch im Sommer – anzuraten. Da der Vitamin-Gehalt des Winterfutters allgemein verhältnismäßig schwach ist und im Laufe der winterlichen Futterlagerung stetig abnimmt, ist besonderer Wert darauf zu legen, daß der Vitamin-Gehalt des Beifutters möglichst genau auf den Bedarf von Zuchtpferden abgestimmt wird, wobei die verschiedenen Vitamine nicht nur in ausreichender Menge, sondern auch im richtigen Verhältnis zueinander vorhanden sein müssen. Die Verfütterung von Möhren als Vitamin-Quelle darf in diesem Zusammenhang nicht überbewertet werden. Besonders interessant erscheinen neuere

Karotin

Bierhefe

Forschungsergebnisse, die auf die besondere Bedeutung von Karotin und Bierhefe für die Fütterung von Zuchtpferden hinweisen. Verschiedene Herstellerfirmen haben diese Erkenntnisse bereits mit der Produktion spezieller, hochwertiger Wirkstoffmischungen ausgewertet.

Dem pferdezüchtenden Nichtlandwirt kann im übrigen zur Vereinfachung der Rationsgestaltung empfohlen werden, statt des in sehr unterschiedlicher Qualität angebotenen Hafers das in mehr oder

Pferde-Mischfutter

weniger gleichbleibender Zusammensetzung beziehbare Pferde-Mischfutter (evtl. als Spezialfutter für Zuchtpferde) zu verwenden – Rations-Beispiele D und E. Neben dem Vorteil verhältnismäßig einfach zu beurteilender Gehalts-Werte bietet das industriell hergestellte Mischfutter den weiteren Vorteil, daß die sonst gesondert zu fütternde Wirkstoffmischung bereits zugesetzt ist. Außerdem ist es in beliebig großen Partien zu beziehen, so daß eventueller Mangel an Lagerraum kein Problem darstellt. Wer auf Hafer und dessen verdauungsfördernde Wirkung nicht verzichten will, kann Mischfutter beziehen, das auf die gemischte Verfütterung mit Hafer bei festgelegten Anteilen eingestellt ist – Rations-Beispiel C.

Alleinfutter

Neuerdings wird im Handel auch „Alleinfutter" angeboten, ein Mischfutter mit höherem Rohfaser-Anteil, das die Gesamtration aus Kraftfutter und Heu ersetzen soll. Es kann für Zuchtpferde normalerweise nicht empfohlen werden, da bei seiner Verfütterung die Beschäftigungswirkung des langsamen Rauhfutter-Verzehrs entfällt. Das zur Sicherung eines Mindestanteils an Grobstruktur im Futter empfohlene Ausgleichs-Angebot von Futterstroh zur freien Aufnahme wirkt zwar auch beschäftigend, doch entfallen dadurch wieder einige der mit dem „Alleinfutter" angestrebten Vorteile (Einsparung an Lagerraum, kein Beschaffungsproblem, weniger Arbeitsaufwand).

Am Rande soll noch die Frage gestreift werden, ob man Hafer lieber gequetscht oder ungequetscht verfüttern soll. Die Meinungen hierzu sind in den Kreisen erfahrener Züchter sehr unterschiedlich. Nach eigenen Erfahrungen kann das Quetschen des Hafers empfohlen werden, da im allgemeinen bei ungequetschter Verfütterung doch mit dem Auftreten einer nicht unwesentlichen Menge ungekauter und damit offensichtlich auch unverdauter Haferkörner im Kot der Pferde zu rechnen ist. Der Hinweis auf die Gefahr zu geringer Zahnabnutzung bei Verfütterung gequetschten Hafers kann kaum überzeugen, wenn man die übrigen Kauvorgänge – abgesehen vom Kraftfutter – im Winter und im Sommer vergleicht: Das Kauen des Rauhfutters im Winter dürfte mit ziemlicher Sicherheit einen mindestens so starken Zahn-Abrieb bewirken wie das Zerquetschen von Gras im Sommer. Eine weitere bei Fütterung von Quetschhafer zu befürchtende Gefahr, nämlich die einer zu geringen Einspeichelung des Kraftfutters, ist wohl nur bei zu starker Zerkleinerung, d. h. bei mehliger Beschaffenheit des Hafers, gegeben. Grundsätzlich sollte Hafer aber zu diesem Zweck immer nur ganz schwach gewalzt werden. Im übrigen bedingt das Quetschen des Hafers natürlich einen zusätzlichen Zeit- und Arbeits- oder Kosten-Aufwand, der beim Vergleich mit der Fütterung von Mischfutter berücksichtigt werden muß. Außerdem ist zu beachten, daß die Lagerfähigkeit gequetschten Hafers auf einige Tage begrenzt ist, da er bei längerer Lagerung muffig und wegen Oxidation des Fett-Anteils ranzig wird.

Quetschen des Hafers

Das Problem ausreichender Rohfaser-Versorgung zur Erhaltung der Verdauungs-Motorik stellt sich im Winter bei normaler Rationsgestaltung nicht. Wohl kaum jemand wird auf die Idee kommen, seine Zuchtpferde völlig oder überwiegend mit rohfaserarmen Rüben o.ä. ernähren zu wollen.

Rohfaser

Daß Pferde zur Erhaltung von Lebens- und Leistungsfunktionen nicht nur Futter, sondern auch immer ausreichend Wasser brauchen, ist eigentlich selbstverständlich; der Vollständigkeit halber sei hier kurz erwähnt, was für die richtige Wasserversorgung der Tiere zu beachten ist.

Wasser

Der tägliche Wasserbedarf kann in weiten Grenzen schwanken. Er richtet sich vor allem nach Größe bzw. Gewicht der Tiere, Bewegungsaktivität, Umwelttemperatur und Wassergehalt des Futters. Sind Selbsttränken vorhanden, so ist mit deren ständiger Funktions-Überwachung die Versorgung der Tiere gesichert. Bei Wasserversorgung aus Eimern, Trögen usw. ist für Wasserangebot zur beliebigen Aufnahme zu sorgen, und zwar mehrmals am Tage, zumindest vor und nach jeder Kraftfuttergabe, besser auch noch je einmal zwischen den Mahlzeiten.

Fütterungs-Technik

In diesem Zusammenhang seien einige weitere Hinweise zur Fütterungs-Technik angefügt:
Die Kraftfuttermenge pro Mahlzeit sollte so bemessen sein, daß sie in spätestens 30 Minuten verzehrt ist. Unter normalen Umständen schaffen gesunde Warmblutstuten in dieser Zeit im Durchschnitt etwa 3 kg. Daraus ergibt sich, daß bei Tagesgaben bis zu ca. 6 kg pro Tier eine Aufteilung des Kraftfutters auf zwei Mahlzeiten ausreicht. Bei höheren Gaben wäre eine zusätzliche Mahlzeit, z. B. mittags, einzuschieben.
Das Rauhfutter ist grundsätzlich nach dem Kraftfutter vorzulegen, da seine Aufnahme langsam vor sich geht und damit bei Stallhaltung auch ein Beschäftigungseffekt erzielt werden soll. Andererseits soll vor einem Einsatz zum Reiten oder Fahren nur eine kleine Menge oder gar kein Rauhfutter gegeben werden, der größere Teil der Rauhfutter-Ration dagegen vor einer längeren Ruhepause, normalerweise also abends.

Futtertisch

Die Vorlage von Kraft- und Rauhfutter erfolgt am günstigsten auf tiefliegenden, vor den Boxen als Verbreiterung des Futterganges angelegten Futtertischen (ca. 50 cm über Standflächenboden) in leicht zu reinigenden, flachen Steinzeugschalen. Ein Hineintreten oder Verschmutzung (Kot) ist durch parallel stehende, senkrechte bzw. leicht nach oben-innen geneigte, stabile Stangen (Rohre) – mindestens 2 m hoch – zu verhindern, deren Abstände ein bequemes Durchstecken von Köpfen und Hälsen erlauben, jedoch nicht ein Hindurchdrücken der Schultern. Diese Abstände sind also je nach Kopf- und Schulterbreite der aufgestallten Tiere unterschiedlich zu bemessen. Mit einer derartigen Krippen-Anordnung werden alle Nachteile der üblichen, in Buggelenkshöhe im Boxeninnern ange-

Futtertisch mit eingelassener Tonschale und senkrechter Rohr-Abtrennung.

brachten Krippen aus Metall, Holz, Kunststoff oder Steinzeug vermieden, nämlich das bei vielen Pferden zu beobachtende Verstreuen von Kraftfutter neben der Krippe, das Verschmutzen durch Kot, das Problem schwieriger Sauberkeitskontrolle und die Gefahr der Verletzung bzw. des eventuellen Hineintretens.

Krippen

Ebenso wird der Nachteil hoher Heuraufen umgangen, bei denen leicht Staubteile in Augen und Atemwege geraten können, und auch die immer wieder zu beobachtende Heuverschwendung durch Hineintreten der Pferde in auf dem Boxenboden angebotenes Heu entfällt, von der mangelhaften Hygiene bei dieser Art der Heuvorlage ganz abgesehen. Zu beachten ist bei der hier empfohlenen Fütterung vom außerhalb der Boxen liegenden Futtertisch lediglich, daß die Standfläche an der Futtertischseite nicht in gleichem Maße wie die restliche Liegefläche bei Anwendung einer Einstreumatratze ständig ansteigen darf. Sie sollte so weit wie möglich von Kot freigehalten werden, so daß ein Anstieg der Streumatratze über die Höhe des Futterkrippen-Bodens vermieden wird.

Heuraufen

Die vorstehend dargelegten Grundsätze einer bedarfsgerechten Fütterung von Zuchtpferden gelten grundsätzlich sowohl für Deckhengste als auch für Zuchtstuten. Die höheren Ansprüche von Hengsten an Futterqualität sowie Nähr- und Wirkstoffgehalt der Ration sind entsprechend den Bedarfstabellen der Fachliteratur zu berücksichtigen. Als Sonderfall ist die Fütterung von hochtragenden Stuten in den letzten Wochen vor dem Abfohlen zu betrachten. In dieser Zeit stärksten Fötus-Wachstums wird der zur Aufnahme von Rauhfutter verfügbare Verdauungsraum immer mehr eingeengt und der Heuverzehr normalerweise mehr oder weniger stark eingeschränkt. Um eine Unterversorgung zu verhindern und den Start für einen raschen Anstieg der Milchleistung nach der Geburt zu sichern, sollte die Kraftfuttergabe während dieser Zeit in begrenztem Rahmen gesteigert werden, z. B. über eine zusätzliche Mahlzeit. Dabei ist jedoch die Verdauungstätigkeit besonders sorgfältig zu beobachten, um eine Kolik auf jeden Fall zu vermeiden.

Fütterung hochtragender Stuten

Die besonderen Fütterungs-Ansprüche von Fohlen werden im Abschnitt „Aufzucht“ näher behandelt.

Als Abschluß des Abschnittes „Fütterung“ werden einige Anforderungen an die Beschaffenheit von Futter und Wasser aufgeführt, die zur Vermeidung von Schäden aller Art unbedingt beachtet werden sollten:

Beschaffenheit von Futter und Wasser

Das Futter sollte stets frei sein von

Staub, Sand, Erde, Kot;

verfaulten, verschimmelten, vergorenen, verbrannten, gefrorenen oder giftigen Pflanzenteilen.

In diesem Zusammenhang spielt das gründliche Aufschütteln von Heu und Stroh vor der Verfütterung eine wichtige Rolle, da es den

größten Teil des manchmal unvermeidlichen Staub- bzw. Sand-Anteils entfernt. Natürlich ist stets dafür zu sorgen, daß dieser Staub oder Sand nicht gerade in der Futterkrippe landet.
Auch das Tränkwasser sollte einwandfrei sauber sein, vor allem frei von Schlamm, Harn, Krankheitserregern und Parasiten. Im allgemeinen wird zwar die Aufnahme von verschmutztem Wasser durch die Pferde verweigert und auf diese Weise ein Warnzeichen gegeben. Durch Parasiten, Salmonellen oder andere Keime verseuchte Wasserstellen auf Weiden können jedoch ernsthafte Schäden verursachen. Deshalb sollte die Wasserqualität besonders während der Weidezeit stets sorgfältig überwacht werden.

2.4 Fruchtbarkeits-Vorsorge

Im praktischen Zuchtbetrieb hängt der Erfolg finanzieller oder ideeller Art zum großen Teil davon ab, daß die Zuchttiere und ihre Produkte gesund sind. Dabei muß die Fruchtbarkeit der zuchtfähigen Tiere als wichtiger Maßstab für die Beurteilung ihrer Gesundheit, aber auch als ausschlaggebender Rentabilitätsfaktor betrachtet werden.

2.4.1 Grundzüge der Fortpflanzungsphysiologie

Beginn der Zuchtbenutzung

Im Rahmen der Vorbeugungsmaßnahmen zur Sicherung der Fruchtbarkeit müssen wir zunächst auf die biologisch bedingten Voraussetzungen hinsichtlich Beginn der Zuchtbenutzung, Brunst- bzw. Trächtigkeitsdauer usw. eingehen. Grundsätzlich ist bei guter Entwicklung bereits im Alter von ca. 15 bis 18 Monaten das Eintreten der Geschlechtsreife möglich, bei Hengsten allerdings eher als bei Stuten. Um nicht durch ein erstes Abfohlen in noch zu schwachem Entwicklungszustand die spätere Fruchtbarkeit und die Gesamtentwicklung zu gefährden, sollten Jährlings-Stuten also von Hengsten – auch Jährlings-Hengsten – ferngehalten werden, um eine Bedekkung zu verhindern. Die erstmalige Zuchtbenutzung von Stuten, d.h. ihre Bedeckung, im Alter von ca. 2 Jahren wird bei einigen Züchtern – vor allem in der Ponyzucht – bei guter Aufzuchtfütterung gelegentlich durchgeführt. Generell gilt jedoch die Vollendung des dritten Lebensjahres als zu empfehlendes Mindestalter für die Bedeckung von Stuten.

Brunst

Das Eintreten der Brunst ist an bestimmten Verhaltens-Änderungen zu erkennen: Anstreben engeren Kontaktes zu anderen Pferden bzw. zum Menschen, häufiges Absetzen kleinerer Harnmengen mit lange anhaltendem Öffnen der Schamlippen, dem sogenannten Blitzen,

Absondern von zähem Schleim (bei gesunden Stuten wasserhell), Rötung der Scheidenschleimhaut, manchmal auch ausgeprägte Empfindlichkeit gegen Berührung in der Flankengegend beim Putzen oder Reiten, z. B. mit den Reaktionen Quietschen und Harnlassen. Im allgemeinen ist mit einer Dauer der Brunst bzw. „Rosse" von 7 bis 9 Tagen zu rechnen. Dieser Zeitraum schwankt jedoch in ziemlich weiten Grenzen infolge individueller Unterschiede sowie starker Einflüsse von Fütterung und Haltung, insbesondere der Belichtung. Bei schwacher Vitamin- und/oder Nährstoffversorgung sowie in Zeiten geringer Lichtintensität ist mit längerer Dauer und schwacher Ausprägung der Brunst, eventuell sogar mit völliger Brunstpause zu rechnen. Manchmal tritt diese auch bei säugenden Stuten mit hoher Milchleistung auf. Je besser die Vitamin- und Nährstoffversorgung und je stärker die Lichteinwirkung, umso intensiver und damit auch kürzer verläuft die Brunst. Nach einer kurzen Anfangsphase der Brunst ist die Stute während der Hauptphase bereit, sich willig decken zu lassen. Diese Hauptphase dauert im allgemeinen sehr viel länger als die Befruchtungsfähigkeit des bei der Bedeckung abgegebenen Hengstspermas. Ein Befruchtungserfolg ist jedoch nur zu erwarten, wenn das ca. 24 bis 48 Stunden befruchtungsfähige Sperma in dieser Zeit mit dem befruchtungsreifen Ei auf dessen Weg aus dem Eierstock in die Gebärmutter zusammentrifft. Deshalb kommt es darauf an, die Bedeckung möglichst dicht an den Termin des „Eisprungs", d. h. der Lösung des reifen Eies aus der dabei platzenden Reifungsblase am Eierstock („Follikel"), zu legen. Erfahrungsgemäß erfolgt der Eisprung erst gegen Ende der Rosse bzw. am Anfang des letzten Drittels. Er kann durch wiederholte tierärztliche Kontrolle mit Betasten des Eierstocks vom Mastdarm aus (rektal) ziemlich genau ermittelt werden. Will man also die häufige Wiederholung des Deckaktes während einer Rosseperiode wegen der eventuellen Nachteile für die Samenqualität und -menge (zu häufige Inanspruchnahme des Hengstes), aber auch wegen der erhöhten Infektionsgefahr für Hengst und Stute vermeiden, so empfiehlt sich die bei fortschrittlichen Deckstellen bereits eingeführte Bedeckung nach tierärztlicher Follikelkontrolle. In diesem Falle genügt normalerweise ein „Sprung" (= Deckakt) des Hengstes während der Rosseperiode. Dagegen sind ohne diese Unterstützung meistens zwei Sprünge im Abstand von 36 Stunden, bei länger andauernder Rosse auch noch weitere Sprünge nötig, um eine Bedeckung in der Nähe des Eisprung-Zeitpunktes zu sichern.

Eisprung

Follikelkontrolle

Hat die Bedeckung der Stute während einer Rosse nicht zur Befruchtung geführt, so ist nach einer Zwischenbrunst-Zeit von ca. 21 Tagen (gerechnet vom ersten Tag der vorangehenden Rosse, nicht etwa vom letzten!) mit dem erneuten Auftreten der Rosse zu rechnen. Allerdings schwankt auch dieser Zeitraum in sehr weiten Grenzen, wobei vor allem individuelle Unterschiede eine Rolle zu spielen

Zwischenbrunst-Zeit

scheinen. Selbst die früher allgemein als sicher geltende Frist von 9 Tagen von der Abfohlung bis zu ersten Rosse danach, der sogenannten „Fohlenrosse", scheint nach neueren Untersuchungen sehr starken Schwankungen zu unterliegen. Ob die Fohlenrosse besonders günstige Voraussetzungen für eine erneute (unverzügliche) Trächtigkeit der Stute bietet, ist nicht genau geklärt. Einige Züchter lassen nichts unversucht, um sie zur Befruchtung auszunützen, andere wiederum befürchten eine erhöhte Gefahr der Fruchtresorption (Absterben eines befruchteten Eies) durch das Zusammentreffen von höchster Milchleistung und besonderen Ansprüchen der Gebärmutter für die Einnistung und Ernährung des befruchteten Eies. Allerdings ist die Fohlenrosse im allgemeinen besser zu erkennen bzw. der richtige Bedeckungszeitpunkt nach der 9-Tage-Regel leichter zu treffen als in einer späteren Rosse. Wenn man weitere Rossen jedoch nicht übersieht, besteht kein Grund zur Annahme schlechterer Befruchtungschancen nach Übergehen der Fohlenrosse.

Fohlenrosse

Frucht-resorption

Das hiermit erneut angesprochene Thema „Erkennen der Rosse" kann in manchen Hobby-Zuchtbetrieben ein ernstes Problem werden, wenn eine ständige bzw. regelmäßige Beobachtung der Stuten aus Zeitmangel nicht möglich ist. Hilfe können in solchen Betrieben manchmal spätkastrierte Wallache mit Hengstmanieren leisten, die das Erkennen rossiger Stuten wesentlich erleichtern. Auf die Gefahr, daß frisch kastrierte Wallache in den Tagen nach der Kastration noch befruchtungsfähig sein können, sei hier nur am Rande hingewiesen. Im übrigen ist die regelmäßige Vorstellung einer Stute bei einem Deckhengst, das sogenannte „Probieren", wobei der Hengst hinter einer genügend stabilen Schutzwand die Stute von der Seite beschnuppern kann, das sicherste Mittel, um das Auftreten einer Rosse zu erkennen. Während der in Frage kommenden Zeit ist dies möglichst alle zwei Tage zu wiederholen. Dabei ist zu beachten, daß manchmal auch sehr ungewöhnliche Abstände zwischen Brunstperioden auftreten können. Das bedeutet den Zwang zu sehr intensiver Beobachtung und häufigem Transport der Stute zu einer Hengststation, falls kein eigener Zuchthengst gehalten wird. Manche Züchter ohne eigenen Deckhengst helfen sich durch die verhältnismäßig billige Haltung eines Ponyhengstes als „Probierhengst". Dieser darf allerdings nicht zu klein sein, da er sonst manchmal von Großpferdestuten nicht ernst genommen wird. In diesem Zusammenhang ist auch darauf hinzuweisen, daß Herdengenossen, z. B. Junghengste aus eigener Aufzucht, in manchen Fällen ebenfalls keine deutlichen Brunsterscheinungen bei Stuten ihrer eigenen Herde auslösen. Offensichtlich werden sie in solchen Fällen wegen ihrer untergeordneten Rangstellung nicht als Geschlechtspartner anerkannt.

Probieren

Probierhengst

2.4.2 Praktischer Deckbetrieb und instrumentelle Samenübertragung

Die praktische Durchführung des normalen Deckbetriebes verlangt vom Hengsthalter ein hohes Maß an Sorgfalt und Hygiene, daneben ebenso hervorragende Kenntnisse der Pferdepsychologie wie auch Erfahrung im Umgang mit Menschen, wenn wir einmal absehen von den seltenen Fällen, in denen kleinere Stutenherden mit ihrem eigenen „Pascha" in naturnaher Haltung ganzjährig zusammenleben. Dieses Verfahren des „freien Sprungs" in der Herde wird in abgewandelter Form vereinzelt – z. B. bei verschiedenen Pony-Hengsthaltern – auch für die Bedeckung fremder Stuten angewendet. Diese läßt man also wie die eigenen zu dem Hengst in die Weide und holt sie nach Ablauf einer Rosseperiode oder zum Ende der Saison wieder ab.

Freier Sprung

Aber schon bei einem solchen, verhältnismäßig einfachen System sind Probleme einzukalkulieren. Diese ergeben sich aus der bei jeder neu hinzukommenden Stute zu erwartenden Störung der sozialen Ordnung in der Herde, die oft erst nach längerer Unruhe, verbunden mit Kämpfen und Hetzen, wieder eingestellt werden kann. Da die Gefahr von Verletzungen bei solchen Anlässen – besonders für die oft gleichzeitig hinzukommenden Saugfohlen der zu bedeckenden Stuten – nicht unerheblich ist, müssen bei diesem Verfahren gewisse Vorsichtsmaßnahmen angewandt werden:

1. möglichst wenig gefährdende, stabile, genügend hohe Einzäunung;
2. reichlich bemessene Koppelgröße zur Sicherung von Ausweich-Möglichkeiten;
3. Hinzulassen fremder Stuten erst im Moment der vollen Rosse, da der Hengst sich dann normalerweise intensiv um sie kümmert und eifersüchtige andere Stuten während der kritischen ersten Tage in Schach hält.

Wer als Hengsthalter eine größere Zahl von Stuten auf diese Weise decken lassen will, sollte die mit dem Hengst laufende Herde auf solche Stuten beschränken, die ein Fohlen „bei Fuß" haben. Stuten ohne Fohlen wären dann in einer gesonderten Herde zu halten und „an der Hand", d.h. außerhalb der Weide, durch den herangeführten Hengst zu decken. Der Grund für diese Empfehlung liegt darin, daß Stuten ohne Fohlen manchmal versuchen, in der gleichen Koppel weidende jüngere Fohlen an sich zu locken und deren Mütter von ihnen zu trennen, obwohl sie diese Fohlen nicht säugen können und damit ihren Tod herbeiführen. Um in gemischten Herden so etwas zu vermeiden, ist ständige Überwachung durch zuverlässige Beobachter erforderlich. Das gleiche gilt aber auch für den Fall der immer wieder auftretenden, übermäßigen Eifersucht bestimmter Stuten höherer Rangstufe sowie bei Ablehnung von gewissen Stuten

Decken an der Hand

– bedingt durch Geruch, Farbe oder sonstige Umstände – durch den Hengst. Ein gewissenhafter Hengsthalter kann also nicht einfach eine Gast-Stute zum Hengst in die Weide lassen, sondern muß sich durch intensive Beobachtung vergewissern, daß diese Stute auch wirklich einwandfrei gedeckt wird.

Wie aus den bisherigen Ausführungen hervorgeht, ist auch eine ziemlich naturnahe Organisation des Deckbetriebs durchaus nicht ohne Probleme. Deshalb wird in den meisten Fällen – vor allem bei der Bedeckung von wertvollen Großpferdestuten – das Decken „an der Hand" durchgeführt. Damit der Deckakt Erfolg hat, sind gewisse Voraussetzungen zu schaffen. Die Erfüllung dieser Voraussetzungen obliegt nicht etwa lediglich dem Hengsthalter bzw. Gestütwart, wie manche Stutenbesitzer fälschlicherweise annehmen, sondern beginnt bereits im Heimatstall der Stute. Um dem Hengst bzw. dem Hengsthalter eine faire Chance zur Erzielung einer Trächtigkeit zu geben, muß jede zur Bedeckung vorgesehene Stute in „Zuchtkondition", d.h. gesund und in gutem, aber nicht übermäßig fettem Futterzustand sein. Hierbei geht es in erster Linie um die Gesundheit des Geschlechtsapparates, nachzuweisen durch die bakteriologische Untersuchung von keimfrei entnommenem Schleim aus dem Gebärmuttermund („Tupferprobe"). Aber auch ansteckende Krankheiten wie z. B. Husten sowie starker Wurmbefall sind zunächst zu beseitigen, ehe eine Stute zum Hengst geführt bzw. zur Deckstation geschickt wird. Außerdem ist eine gewisse „Fütterung auf Fruchtbarkeit" erforderlich, nämlich ausreichende Versorgung mit Vitaminen, Mineralstoffen und Spurenelementen (s. Seite 211).

Decken an der Hand

Zuchtkondition

Tupferprobe

Im übrigen sollte es selbstverständlich sein, daß die Stute geputzt auf der Deckstelle ankommt und auch die Hufe so gepflegt sind, daß während des Aufenthalts dort kein Einsatz des Hufschmieds erforderlich ist. Es muß schlichtweg als Zumutung für einen Hengsthalter angesehen werden, wenn ihm eine stark verwurmte, ungeputzte, womöglich noch hustende Stute mit ausgefransten Hufen zur Bedekkung und Unterbringung für die Dauer des Rosse oder einer ganzen Brunstperiode übergeben wird. Daß man nach Möglichkeit eine Stute erst dann zur Deckstation bringt, wenn sie voll in Rosse und ein Eisprung in Kürze zu erwarten ist, empfiehlt sich schon aus Kostengründen.

Geht das Fohlen mit zur Deckstelle, so gelten die hygienischen Anforderungen natürlich auch für dieses, wobei sich auch die Durchführung einer frühzeitigen ersten Wurmkur besonders bewährt hat.

Auf der anderen Seite sind auch von seiten des Hengsthalters zahlreiche Punkte zu beachten, die eine erfolgreiche Bedeckung sichern. Zunächst ist die Haltung und Fütterung des Hengstes von Bedeutung. Auch ein Deckhengst soll in Zucht- und nicht in Mastkondition sein, d. h. gut genährt, aber nicht fett. Selbstverständlich ist auch bei

Haltung und Fütterung des Hengstes

Hengst vor römischen Kampfwagen im Renngalopp – eine Schaunummer vieler Hengstparaden, die immer wieder das Publikum begeistert.

ihm eine „Fütterung auf Fruchtbarkeit“ – s. Seite 211 – wichtig. Ebenso selbstverständlich muß seine einwandfreie Geschlechts-Gesundheit sein, zu überprüfen durch regelmäßige Untersuchung von Vorhaut-Sekret-Proben, sowie das Freisein von sonstigen ansteckungsfähigen Keimen.

Vorhaut-Sekret-Proben

Im übrigen sollte ein Deckhengst auch in der Zuchtsaison regelmäßig, d. h. täglich, an der Longe, unter dem Reiter oder im Gespann bewegt werden, da dies seinen Allgemeinzustand ebenso wie seine Gemütsverfassung eindeutig günstig beeinflußt. Als Mindestmaß an Bewegung ist ein genügend langer Aufenthalt in einer Bewegungshalle oder einem Auslauf vorzusehen, der allerdings für den Hengst ohne menschliche oder tierische Gesellschaft ziemlich langweilig sein dürfte.

Bewegung

Die Unterbringung von Deckhengsten sollte es ihnen erlauben, Anteil am Geschehen in ihrer Umgebung zu nehmen. Wichtig dabei

Unterbringung

ist, daß sie nicht nur hören, sondern auch sehen können, was um sie herum vorgeht. Ist dies nicht der Fall, so muß mit psychischen Störungen und/oder Beeinträchtigung der Fruchtbarkeit gerechnet werden.

Deckplatz

Die hygienische Gestaltung des Deckplatzes gehört ebenfalls zu den Voraussetzungen des Befruchtungserfolges. Dabei spielt neben einer möglichst ungefährlichen, d. h. stabilen, dichten, genügend hohen, an den Kanten abgerundeten Begrenzung des Probier- bzw. Deckstandes vor allem der Bodenbelag des Deckplatzes eine Rolle. Zur Vermeidung von Keim-Ansammlungen und Staubbildung werden entweder grobe, gewaschene Kiesel oder ein tritt- und rutschfester, abspülbarer Gummibelag empfohlen. Auf jeden Fall sollte ein staubiger Scheunenboden als Deckplatz der Vergangenheit angehören.

Eine Erfüllung der bisher genannten Punkte wäre in einem Gestüts-Betrieb, der nur eigene Stuten zu decken hat, als ausreichende Vorbereitung vor dem eigentlichen Deckakt anzusehen. In einer Station, die fremde Stuten zum Decken annimmt, kommen noch weitere Punkte hinzu, deren Beachtung für die Erzielung einer hohen Trächtigkeitsrate wichtig ist. Dabei ist in erster Linie die peinlich

Überprüfung aller Stuten

genaue Überprüfung aller zur Bedeckung vorgesehenen Stuten auf hygienische Unbedenklichkeit zu nennen. Hierzu gehört nicht nur die Kontrolle der in gewissen Fällen vorgeschriebenen Tupferproben-Atteste, sondern auch die Vermeidung jeglicher sonstigen Ansteckungsmöglichkeit, z. B. bei hustenden Stuten oder Fohlen, für die im Bedarfsfall einwandfrei getrennte Unterbringungsmöglichkeiten vorhanden sein sollten.

Durchführung des Deckaktes

Die Durchführung des Deckaktes erfolgt beim Decken „an der Hand“ im allgemeinen derart, daß die Stute, deren Scheidengegend

„Probieren“, d. h. Feststellen der Deckbereitschaft einer Stute durch den „Probierhengst“ im „Probierstand“.

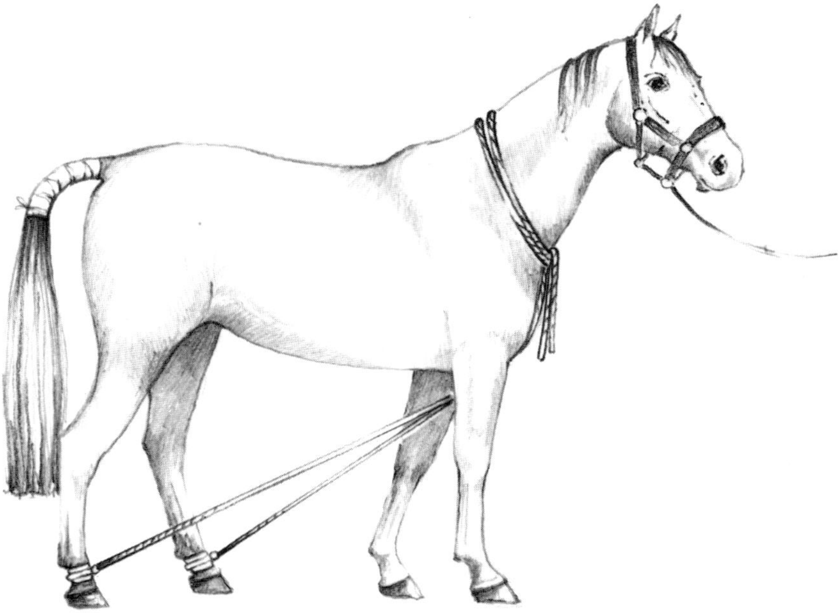

Fesselung der Hinterbeine einer Stute vor dem Deckakt, um eine Gefährdung des Deckhengstes durch Ausschlagen zu verhüten; Schweif-Oberteil aus Hygiene-Gründen bandagiert.

gereinigt und deren Schweif sauber bandagiert wurde, zunächst im Schutze einer stabilen Begrenzung (Mauer, Bohlenwand, Rohrgerüst mit Gummibelag o. ä.) aufgestellt und von einer mit ihr vertrauten Person an der Trense (sicherer als am Halfter!) gehalten wird. Der Hengst, ebenfalls mit Trense gezäumt (nicht etwa mit Halfter und Kette durch das Maul, was seiner Umgänglichkeit und Rittigkeit erheblich schaden würde!), wird von der Seite herangeführt und erhält Gelegenheit, durch am Kopf der Stute beginnendes Beschnuppern Kontakt aufzunehmen. Das gleiche Verfahren wird zum „Probieren“ angewendet, d. h. zur Feststellung, ob eine Stute deckbereit („rossig“) ist. Der Kontakt zwischen Hengst und Stute durch Beschnuppern von der Seite führt bei einer rossigen Stute zu den bereits beschriebenen Zeichen wie Schleimabsetzen, „Blitzen“ und Harnlassen. Bei manchen Stuten treten diese Anzeichen bereits in Erscheinung, wenn sie den herangeführten Hengst nur hören oder riechen. Wichtig ist es, den Hengst von Anfang an zu rücksichtsvollem Verhalten gegenüber zu deckenden Stuten zu erziehen und zu verhindern, daß er sich in größter Hast, womöglich rabiat in Hals und Schulter beißend, auf diese stürzt. Durch derart rücksichtsloses Verhalten können sensible Stuten trotz eindeutiger Rossesymptome zu äußerst energischen Abwehrreaktionen veranlaßt werden, so daß eine erfolgreiche Bedeckung nicht möglich ist. Normalerweise braucht der Hengst eine gewisse Zeitspanne vom Anblick der rossigen Stute bis zur vollständigen Penis-Erektion (dem „Ausschachten“), ohne die ein Aufspringen auf die Stute erfolglos bleibt. Auch bei voll rossigen Stuten kann während des Deckaktes oder danach durchaus einmal ein plötzliches Ausschlagen vorkommen. Um den Hengst vor dadurch möglichen Verletzungen zu schützen, wird die Stute häufig nach einwandfreier Feststellung der Bedeckungsbereitschaft an den Hinterfesseln durch dicke Strick-Schlingen, deren Enden zwischen den Vorderbeinen unter der Brust zur Hals-Oberkante geführt und nach Umwinden des Halses miteinander verschlungen werden, gefesselt („gespannt“). Der inzwischen normalerweise voll bedeckungsbereite Hengst wird dann zum Aufspringen von hinten herangeführt, wobei die Stute Gelegenheit haben sollte, ein oder zwei Schritte vorzutreten. Im allgemeinen wird der im oberen Drittel einbandagierte Schweif der Stute von einem Helfer oder dem Hengstführer in diesem Moment etwas zur Seite gezogen, um dem Hengst ein ungestörtes Einführen des Penis in die Scheide zu ermöglichen. Unter normalen Umständen erfolgt nach wiederholten Reibungs-Bewegungen des Penis in der Scheide der Samen-Ausstoß, für geübte Beobachter erkennbar am Zucken der Schweifrübe des Hengstes. Bei manchen Hengsten muß dies sorgfältig überprüft werden, da sie gelegentlich eine Bedeckung nur vortäuschen und es nicht zum Samen-Ausstoß kommt. Nach dem in Ruhe abzuwartenden Absteigen des Hengstes von der Stute, – er sollte nicht heruntergerissen werden –, besteht Gelegenheit zur desinfizierenden Penis-Behandlung, die von manchen Hengsthaltern auch vor dem Deckakt durch Einreibung des Scheidenvorhofs der Stute mit dazu geeigneter Salbe vorgenommen wird. Die gedeckte Stute wird nach Möglichkeit eine Weile ruhig geführt, um die psychische und physische Beruhigung zu unterstützen. Der nach dem Decken oft festzustellende Drang der Stuten zum Harnlassen kann als natürliche Folge einer gewissen Reizung der Harnwege angesehen werden. Ihn durch ständiges Treiben zu unterdrücken erscheint sinnlos, da der Samen des Hengstes im Normalfall durch den Muttermund direkt in die Gebärmutter abgesetzt wird und durch Harnen nicht ausgepült werden kann.

Fesselung der Stute

Sofern die Rosse, d. h. die Deckbereitschaft, der Stute noch weitere Tage andauert, wird diese in Abständen von etwa 36 Stunden erneut gedeckt. Dies kann unter ungünstigen Umständen, also bei lang anhaltender Brunst, einen mehrfachen Transport der betreffenden Stute vom Heimatstall zur Deckstation und zurück erfordern. Bei sorgfältiger Paarungsplanung und Hengstauswahl ohne Rücksicht auf die Entfernung sind manchmal lange Transportwege in Kauf zu nehmen. Aus diesem Grunde sind zahlreiche Deckstationen dazu übergegangen, für zu deckende Stuten Unterbringungsmöglichkeiten im eigenen Betrieb oder in der Nachbarschaft bereitzustellen. Dort können die Stuten – gegebenenfalls mit ihren Saugfohlen – bis

Auktionen für Reitpferde, Hengste, Zuchtstuten und Fohlen – in allen Zuchtgebieten entwickelte Absatzveranstaltungen von Züchterverbänden oder privaten Trägern, die nicht nur Züchter und Kaufinteressenten zusammenführen, sondern bei den über längere Zeit getesteten Reitpferden nebenbei auch wertvolle Informationen über Vererbungstendenzen der Väter dieser Auktionspferde liefern.

zum Ende der Rosse oder sogar bis zum Ablauf der normalerweise drei Wochen umfassenden Zeit bis zum Auftreten einer erneuten Brunst (bei Nichtträchtigkeit) bzw. bis zur frühestens nach etwa drei Wochen möglichen ersten tierärztlichen Trächtigkeitsdiagnose verbleiben.

Trächtigkeitsdiagnose

Das wiederholte Decken einer Stute während der manchmal – vor allem in den lichtarmen Winter- und Frühjahrsmonaten – länger als 10 Tage dauernden Rosse ist notwendig, da man bei Beginn der Rosse deren Dauer nicht genau kennt und der zur Befruchtung erforderliche „Eisprung", die Lösung eines befruchtungsreifen Eies aus dem Eierstock, im allgemeinen erst gegen Ende bzw. im letzten Drittel der Rosse stattfindet. Dieser Umstand führt zu einer erheblichen Belastung für den Stutenhalter (häufiger Transport oder Unterstell-Kosten), aber auch für den Hengsthalter (Arbeitsaufwand) sowie den Hengst. Dessen Spermaproduktionskapazität ist begrenzt und kann bei übermäßiger Deckbelastung erschöpft werden. Als zumutbare Zahl von Sprüngen während der Decksaison rechnet man im allgemeinen bei guter Kondition 10 bis 15 pro Woche, wobei an einzelnen Tagen bis zu drei Sprünge geleistet werden können, wenn an anderen Tagen Gelegenheit zur Erholung besteht.

Sperma-produktions-kapazität

Neben der übermäßigen Belastung stark gefragter Hengste in der Hauptsaison durch die Notwendigkeit mehrfacher Bedeckung von Stuten mit länger anhaltender Rosse wird hierdurch auch die mit jedem Deckakt verbundene Gefahr von Verletzungen und Infektionen der Geschlechtsorgane von Hengst und Stute erhöht. Wie bereits weiter oben erwähnt, liegt es deshalb im Interesse sowohl des Hengst- als auch des Stutenbesitzers, diese Notwendigkeit durch tierärztliche Überprüfung des Eierstocks („Follikel-Kontrolle“) während der Rosse in regelmäßigen, nicht zu langen Abständen – mindestens alle 24, besser alle 12 Stunden – auszuschalten. Dieser Service ist auf zahlreichen Deckstellen der Großpferdezucht in den letzten Jahren eingeführt worden und hat im allgemeinen zu einer deutlichen Verbesserung der Befruchtungserfolge geführt. Die durch diese Follikel-Kontrolle mögliche Bestimmung des optimalen Bedeckungs-Zeitraumes erlaubt es, fast durchweg mit einer Bedekkung pro Rosse auszukommen, ohne die Befruchtungschancen zu verringern. Andererseits werden Infektions- und Verletzungsgefahren sowie die Gefahr mangelhafter Spermaqualität des Hengstes erheblich vermindert. Wer die Unterstellung seiner zu deckenden Stute auf dem Betrieb des Hengsthalters wegen damit verbundener Kosten, Schwierigkeiten oder Gefahren vermeiden will, kann die Follikel-Kontrolle – selbstverständlich nur durch einen darin erfahrenen Fachtierarzt – auch im Heimatstall durchführen, die Stute erst zur passenden Zeit zur Deckstelle bringen und sofort wieder mitnehmen. Allerdings ist in diesem Fall, da sich manchmal auch Verzögerungen im Ablauf der Ei-Reifung zeigen, eine zusätzliche Überprüfung des Eierstocks nach der Bedeckung zu empfehlen.

Follikel-Kontrolle

Neben der in den letzten Jahren vielerorts eingeführten Follikel-Kontrolle bei den zur Bedeckung vorgesehenen Stuten ist als weitere Maßnahme zur Verbesserung der allgemeinen Fruchtbarkeitslage in der Pferdezucht die nach langjähriger Forschungsarbeit inzwischen weitgehend praxisreife und seit einigen Jahren in verschiedenen Zuchtgebieten angewendete **instrumentelle Samenübertragung** („Künstliche Besamung“) zu nennen. Diese Methode – in der Rinderzucht seit langem bevorzugt und zum Werkzeug einer intensiven Zuchtförderung ausgebaut – stößt in Pferdezüchter-Kreisen häufig auf gefühlsbestimmte Ablehnung, wobei sie wohl im allgemeinen vor allem als „Hineinpfuschen in die Natur“ verurteilt wird. Ohne

Instrumentelle Samenübertragung

das Für und Wider einer solchen Argumentation hier näher erörtern zu wollen, sei doch auf gewisse Aspekte hingewiesen, die sich bei Anwendung der instrumentellen Samenübertragung – ordnungsgemäße Hygiene und Identitätssicherung vorausgesetzt – in der Pferdezucht ergeben. Als **Vorteile** sind zu nennen:

Vorteile

1. Weitere Reduzierung der mit dem Deckakt verbundenen Verletzungs- und Infektionsgefahren, wobei nicht nur die Keim-Übertragung von einer Stute auf den Hengst oder umgekehrt, sondern auch diejenige von einer gedeckten Stute über den Hengst auf eine andere von diesem gedeckte Stute ausgeschlossen wird.
2. Reduzierung der Gefahr des Wiederaufbrechens oberflächlich abgeheilter Entzündungsherde in den weiblichen Geschlechtsorganen, die beim natürlichen Deckakt nicht auszuschließen ist.
3. Möglichkeit zur Verwendung des durch Tiefgefrieren konservierten Spermas von weit entfernten oder nicht mehr lebenden Hengsten, wodurch der Paarungsplanung, d.h. dem eigentlichen Züchten, weitere Dimensionen erschlossen werden.

Den hier aufgeführten Vorteilen stehen gewisse **Nachteile** der instrumentellen Samenübertragung in der Pferdezucht gegenüber, die nicht unbeachtet bleiben dürfen:

Nachteile

1. Zwang zur intensiven Follikel-Kontrolle in kurzen Abständen, da die Befruchtungs-Chancen sehr stark vom genauen Zusammentreffen von Eisprung und Samen-Übertragung abhängen.
2. Möglichkeit zur Zuchtverwendung von Stuten, die aus bestimmten Gründen beim natürlichen Deckakt nicht tragend werden, wobei diese Gründe unter Umständen erblich sein können, so daß praktisch „gegen Fruchtbarkeit“ gezüchtet werden kann.
3. Möglichkeit zur extrem starken Ausnutzung bestimmter bevorzugter Hengste, die auf diese Weise pro Jahr unter Umständen die zehnfache Fohlenzahl gegenüber ihrer Verwendung im Natursprung erreichen könnten. Eine derartig starke Konzentration der Zucht auf einzelne Hengste kann einerseits zwar deren – hoffentlich – positive Erbanlagen weit verbreiten und auf diese Weise zuchtfördernd wirken. Andererseits ist damit zu rechnen, daß auch die besten Spitzenhengste gewisse negative Anlagen vererben, die im Falle einer starken Ausbreitung mit Hilfe der „künstlichen Besamung“ zusammen mit den positiven vervielfältigt werden und somit die Zucht auch negativ beeinflussen können. Im übrigen entzieht man diejenigen Stuten, die über die normale Deckzahl hinaus mit Sperma eines „Modehengstes“ besamt werden, dem Bestand, der normalerweise von Junghengsten gedeckt werden könnte. Letztere müßten bei richtiger Zuchtwahl und Auslese ja eigentlich jeweils etwas bessere Anlagen als ihre Vorgänger-Generation haben und hätten eine Chance verdient, dies zu beweisen.

Zur Verdeutlichung diene folgendes Beispiel:

Zuchtgebiet X	Hengstbestand	100
	aktiver Stutenbestand	5000
	Durchschnitts-Deckzahl pro Hengst	50 Stuten
	Anteil Junghengste 10 %, Durchschnitts-Deckzahl 30 Stuten	

Bei Anwendung der instrumentellen Besamung für drei Spitzenhengste dieses Gebietes, die dann jeweils beispielsweise 300 Stuten pro Jahr befruchten, würde die Durchschnitts-Deckzahl der übrigen Hengste erheblich reduziert. Da bei den noch weniger bekannten Junghengsten die stärkste Reduzierung der Deckzahlen zu erwarten wäre, müßte man damit rechnen, daß mindestens die Hälfte von ihnen kaum noch oder nur so gering benutzt würde, daß die Erkennung ihres Erbwertes anhand der Nachkommen-Qualität wegen deren geringer Zahl erheblich erschwert bzw. verzögert wäre. Auf diese Weise könnte der Fortschritt einer Zucht trotz intensiver Verbreitung der Erbanlagen von Spitzenhengsten mit Hilfe der instrumentellen Besamung auf lange Sicht auch behindert werden.

Zusammenfassend ist festzustellen, daß der praktische Deckbetrieb, sofern er nicht auf die mehr oder weniger naturnahe Herdenhaltung eines Hengstes mit den ihm zugewiesenen Stuten beschränkt ist, hohe Ansprüche an Verantwortungsbewußtsein, Sorgfalt und Fachkenntnis von Stutenbesitzer und Hengsthalter stellt, wobei dem letzteren bzw. seinem Personal im allgemeinen die Hauptlast zufällt. Aus den Ausführungen zu diesem Thema dürfte klargeworden sein, daß es sich bei der Bereitstellung von Hengsten auf öffentlichen Deckstellen im allgemeinen nicht um ein leicht nebenbei zu betreibendes Hobby, sondern um eine ernsthafte und anspruchsvolle Aufgabe handelt, welche den vollen Einsatz aller Beteiligten verlangt.

2.4.3 Trächtigkeit und Geburt

Nach erfolgreicher Bedeckung beschränkt sich die weitere Fruchtbarkeits-Vorsorge zunächst auf die möglichst günstige Gestaltung von Fütterung und Haltung (s. Seite 192ff.). Außerdem ist wegen der Möglichkeit eines plötzlichen Abbruchs der Trächtigkeit (Resorption oder Frühabort) auch weiterhin eine sorgfältige Beobachtung jeder tragenden Stute erforderlich. Das Ausbleiben deutlicher Rosse-Symptome ist nur ein sehr unsicheres Anzeichen wahrscheinlicher Trächtigkeit. Verhaltensänderung der Stute, die meistens träger, aber auch futterneidischer wird, und Vergrößerung des Bauchumfangs können die Sicherheit der Trächtigkeitsannahme verstärken.

Sicherer ist jedoch eine Bestätigung durch Untersuchung einer Blutprobe (45. bis 120. Tag der Trächtigkeit) oder einer Harnprobe (frühestens 4 Monate nach der letzten Bedeckung), besser noch eine rektale Untersuchung des Eierstocks bzw. der Gebärmutter durch einen erfahrenen Fachtierarzt. Dieser kann oft bereits nach ca. 3 Wochen eine Diagnose stellen. Eine solche Früh-Diagnose sollte möglichst durch eine weitere Untersuchung im Herbst ergänzt werden, um unnötigen Aufwand in der Winterfütterung und unnötiges Warten auf ein nicht kommendes Fohlen zu vermeiden.

Blutprobe
Harnprobe

Rektale Untersuchung

Gegen Ende der Trächtigkeit wird es dann erforderlich, die Vorbereitungen für eine Abfohlung unter möglichst hygienischen Verhältnissen zu treffen. So soll z. B. die Einstellung einer hochtragenden Stute in die zum Abfohlen vorgesehene Box nicht erst in den letzten Tagen, sondern bereits einige Wochen vor dem Geburtstermin erfolgen. Einmal kann die Stute sich dann in Ruhe an die neue Umgebung gewöhnen, zum anderen aber ist es ihr möglich, als Reaktion auf spezifische Keime der betreffenden Box rechtzeitig Antikörper zu bilden, die über die Kolostralmilch dann auch das Fohlen gegen entprechende Infektionsschäden schützen. Um nun den Termin für diese Vorbereitung nicht zu versäumen, muß man die durchschnittliche Trächtigkeitsdauer kennen und beachten. Diese liegt bei ca. 11 Monaten mit Schwankungen von ±30 Tagen. Dabei sind längere Überschreitungen der Durchschnittszeit weit häufiger als wesentliche Verkürzungen. Alljährlich werden – vor allem in der Ponyzucht – Fälle von 12monatiger Trächtigkeitsdauer gemeldet, die – soweit das nachprüfbar ist – glaubwürdig erscheinen. Manche Stuten weichen mit ziemlicher Regelmäßigkeit nach oben oder unten von der durchschnittlichen Trächtigkeitsdauer ab. Außerdem lassen Untersuchungsergebnisse vermuten, daß eine im Sommer beginnende Trächtigkeit allgemein etwas kürzer dauert als solche nach Befruchtung in kälterer Jahreszeit. Schließlich übt auch das Geschlecht des Fohlens einen gewissen Einfluß aus, denn Hengstfohlen werden im allgemeinen 1 bis 2 Tage länger getragen als Stutfohlen.

Vorbereitung für eine Abfohlung

Trächtigkeitsdauer

Um die direkt mit der Geburt zusammenhängenden Maßnahmen wie Scheidenreinigung, Einrichtung eines Wachdienstes usw. rechtzeitig zu ergreifen, ist in der kritischen Zeit eine genaue Beobachtung der betreffenden Stute nötig. Erstes Anzeichen der bevorstehenden Geburt ist eine rasche Zunahme der bereits einige Wochen vor dem Abfohlen beginnenden Schwellung des Euters, insbesondere das Hervortreten der zunächst im schwellenden Euter eingezogenen Zitzenspitzen. Treten an den Zitzenspitzen harzige Tropfen heraus, so ist je nach Veranlagung der Stute mit dem Beginn der Geburt nach einer mehr oder weniger kurzen Zeit (von 3 bis mehr als 24 Stunden schwankend) zur rechnen. Allerdings lassen ältere Stuten manchmal schon Tage vor dem Abfohlen Milch aus dem Euter tropfen, so daß bei diesen der Zeitpunkt der erwarteten Geburt

Anzeichen der bevorstehenden Geburt

sehr schwer zu bestimmen ist. Ein weiteres Anzeichen des baldigen Geburtsbeginns ist das Schlaffwerden der Beckenmuskulatur neben dem Schweifansatz. Leider sind diese Zeichen ziemlich ungenau und lassen das Warten auf die Fohlengeburt manchmal zu einer langen und nervenaufreibenden Strapaze werden.

2.4.4 Geburtshygiene

Im Zusammenhang mit den Maßnahmen zur Vorbeugung gegen Fruchtbarkeitsstörungen muß auch auf die bei der Fohlengeburt notwendige Hygiene hingewiesen werden. Zwar wird man in der normalen Zuchtpraxis kaum völlig keimfreie Geburtsverhältnisse erreichen können. Dennoch sollte man bemüht sein, die Infektionsgefahr im Moment der Geburt so niedrig wie möglich zu halten. Bei Abfohlung in einer Box können durch wehenbedingte Hin- und Her-Bewegung des Fohlens in den Geburtswegen sehr leicht in der Einstreu oder an der Scheidenumgebung haftende Keime in Scheide und Gebärmutter eindringen und sich dort unter Ausnutzung der momentanen Abwehrschwäche des Gewebes langfristig einnisten. Deshalb ist für möglichst saubere Einstreu sowie ausreichende Reinigung des Scheiden-Umfeldes zu sorgen. Bei günstiger Witterung kann man eine Stute auch im Freien abfohlen lassen, denn auf normaler Grasnarbe ist im allgemeinen eine geringere Infektionsgefahr zu erwarten als in einer der üblichen Abfohlboxen. Zur weiteren Infektionsvorbeugung dürfen die Geburtswege oder die eventuell wieder zurückrutschenden Teile des Fohlens bzw. der Fruchthäute während der Austreibungsphase nur mit einwandfrei gereinigten Händen berührt werden. Grundsätzlich muß dabei gefordert werden, Manipulationen am Fohlen bzw. an den Geburtswegen möglichst gänzlich zu vermeiden, solange es sich um eine normal verlaufende Geburt handelt. Wer darin noch ohne Erfahrung ist, sollte sich rechtzeitig bei erfahrenen Züchtern über einen solchen Normal-Verlauf unterrichten.

Infektionsgefahr

Störungen im Geburtsverlauf

Beim Anschein ernsthafter Störungen im Geburtsverlauf, d. h. wenn sich trotz heftiger, kurzfristig wiederkehrender Preßwehen über mehr als ca. 20 Minuten kein Fortschreiten zeigt, ist auf jeden Fall ein Tierarzt zu Hilfe zu rufen; bis zu seinem Eintreffen ist Ruhe zu bewahren. Vorzeitiges Eingreifen unkundiger Helfer kann nach allgemeiner Erfahrung mehr Schaden anrichten als geduldiges Warten auf das Eintreffen eines Fachmannes. Vor allem sollte man die bei Pferden normalerweise unnötige Zughilfe nur auf Anraten eines erfahrenen Züchters bzw. des Tierarztes einsetzen.

Angesichts der hier ausgesprochenen Warnung vor unnötigem Eingreifen beim Geburtsablauf erscheint natürlich die Frage berechtigt, ob eine Überwachung der Geburt überhaupt nötig ist. Hierzu muß festgestellt werden, daß zahlreiche Ponyzüchter, aber auch Besitzer kleiner oder größerer Zuchtbetriebe anderer Rassen ihre Stuten im Regelfall ohne Aufsicht abfohlen lassen. Andererseits können naturgemäß bei jeder Geburt – auch wenn es sich um ältere, „erfahrene" Stuten handelt, die mehrfach ohne Probleme gefohlt haben – Komplikationen auftreten. Dabei sind Schwierigkeiten infolge verkehrter Lage des Fohlens (Normallage = Vorderbeine voraus, Kopf darauf liegend) bei Stuten, die während der letzten Zeit der Trächtigkeit ausreichende Bewegungsmöglichkeit hatten, verhältnismäßig selten. Als Hauptgefahr ist im allgemeinen wohl das nicht rechtzeitige Aufreißen der Eihaut anzusehen. In diesem Falle erstickt das Fohlen, das sich normalerweise durch Zappeln mit Kopf und Vorderbeinen die Eihaut selbst öffnet, wenn nicht ein Helfer die manchmal enorm zähe und dicke Haut über Kopf und Maul sofort nach der Ausstoßung des Fohlens öffnet und zurückstreift, so daß das Fohlen mit der Atmung beginnen kann. Daß man auch mit solcher Hilfe letzten Endes der natürlichen Auslese auf problemlose Abfohlung entgegenwirkt, sei nur am Rande vermerkt. Vielleicht sollte man zumindest festzustellen suchen, ob Fälle, in denen derartige Hilfe nötig ist, bei bestimmten Einzeltieren oder Verwandschaftsgruppen gehäuft auftreten, und diese dann nicht weiter zur Zucht einsetzen.

Lage des Fohlens

Aufreißen der Eihaut

Als weiterer Teil der Geburtshygiene ist die Behandlung des gerade geborenen Fohlens zu erwähnen. Besonders wichtig erscheint auch in dieser Hinsicht wieder der Hinweis auf möglichst saubere Boxenverhältnisse sowie saubere Hände und Kleidung der Helfer. Außerdem ist dringend zu empfehlen, Manipulationen am Nabel möglichst zu unterlassen. Die Durchtrennung des Nabels erfolgt normalerweise beim Aufspringen der Mutter oder den ersten größeren Bewegungen des Fohlens von selbst an einer dafür vorgesehenen „Soll-Bruchstelle". Bis dahin fließt durch den Nabel auch nach dem vollständigen Austritt des Fohlens noch eine größere Menge Blut aus dem Kreislauf der Mutter in den des Fohlens und stärkt dessen Reserven. Ist der Nabel dann auf natürliche Weise abgetrennt, so genügt es, den Nabelstumpf durch Eintauchen in Jodtinktur o. ä. zu desinfizieren.

Durchtrennung des Nabels

Zur Stärkung der Lebens- und Abwehrkraft des neugeborenen Fohlens ist seine Versorgung mit „Kolostrum", der speziell zusammengesetzten, in den ersten Stunden nach der Geburt verfügbaren Muttermilch, besonders wichtig. Die Kolostralmilch enthält nicht nur Nähr-, sondern auch Schutzstoffe (Vitamin A und sogenannte „Antikörper"). Diese können vom Fohlen nur in den ersten Stunden nach der Geburt durch die zunächst für solche Stoffe noch durchlässige Darmwand aufgenommen werden und schützen dann als eine Art „Schluckimpfung" das ohne solche Schutzstoffe geborene Fohlen gegen Krankheitserreger und deren giftige Stoffwechselprodukte. Später ist das Fohlen in der Lage, derartige Schutzstoffe selbst zu

Kolostrum

bilden. Zunächst aber kommt es darauf an, daß das Fohlen innerhalb von zwei Stunden nach der Geburt zu saugen beginnt. Normalerweise wird es das bei Geburt in ausgereiftem Zustand und mit störungsfreiem Verlauf bereits eher tun. Sollte es aus irgendwelchen Gründen nicht dazu kommen, so muß versucht werden, das Fohlen durch Helfer bei seinen Saugversuchen zu unterstützen oder die der Stute abgemolkene Kolostralmilch über eine Saugerflasche zu verabreichen.

Manchmal reagieren Stuten – vor allem Erstgebärende – sehr kitzlig auf die tastenden Annäherungsversuche des Fohlens in der Nähe des Euters. In solchen Fällen sollte man nach angemessener Wartezeit entschlossen eingreifen. Wenn energisches Festhalten und Aufsetzen einer Nasenbremse nicht hilft, kann durch eine Beruhigungsspritze des Tierarztes Abhilfe geschaffen werden. Normalerweise wird nach einigen erfolgreichen Saugversuchen der Widerstand der Stute verschwinden. Stuten, die sich immer wieder weigern, ihr Fohlen saugen zu lassen, sollte man aus der Zucht ausschalten.

Die rechtzeitige Aufnahme der Kolostralmilch ist nicht nur zum Aufbau der Keimabwehr des Fohlens erforderlich, sondern auch zur Entfernung des während der Trächtigkeit im Enddarm des Fohlens gebildeten Kotpfropfens, des sogenannten „Darmpechs". Falls dieses nicht innerhalb von etwa sechs Stunden nach der Geburt abgegangen ist, muß mit ernstzunehmender Verstopfung gerechnet werden. In solchem Falle sollte schnell tierärztliche Hilfe in Anspruch genommen werden.

Darmpech

Das gleiche gilt für den zu beobachtenden Abgang der sogenannten „Nachgeburt", d. h. der Fruchthäute aus der Gebärmutter. Diese hängen normalerweise nach der Geburt aus der Scheide und rutschen im Laufe der nächsten Stunden von selbst vollständig heraus. Sie dürfen auf keinen Fall ohne tierärztliche Kontrolle herausgezogen werden, da dann noch festsitzende Teile in der Gebärmutter steckenbleiben können. Ist die Nachgeburt auch nach ca. 4 Stunden noch nicht vollständig abgegangen, sollte der Tierarzt zu Hilfe geholt werden. Ein längeres Verbleiben der Nachgeburt oder einzelner Teile davon in der Gebärmutter kann nämlich schnell zu einer schweren Stoffwechselstörung führen, der sogenannten „Geburtsrehe", die u. U. irreparable Schäden verursacht.

Nachgeburt

Geburtsrehe

Als weitere Komplikationsmöglichkeit ist das gelegentliche Auftreten einer Gelbsuchtform bei neugeborenen Fohlen zu nennen („hämolytischer Ikterus"), die auf der Unverträglichkeit zwischen Antikörpern in der Muttermilch und vom Vater ererbten, bei der Mutter nicht vorhandenen Antigenen im Blut des Fohlens beruht. Hierbei ist eine sofortige Umstellung des Fohlens auf Ersatzmilch oder in Vorrat gehaltene Kolostralmilch anderer Stuten erforderlich, während die Stute durch Abmelken in Laktation gehalten wird. Nach einigen Tagen ist die Darmwand des Fohlens für die in diesem Falle

Hämolytischer Ikterus

Ein Geschöpf seines Züchters – wird dieses Fohlen dessen Hoffnung erfüllen?

schädlichen Antikörper undurchlässig, so daß das Fohlen dann wieder bei seiner Mutter saugen darf.

2.4.5 Erkrankungen der Fortpflanzungsorgane

Erkrankungen der Fortpflanzungsorgane kommen in mangelhafter oder völlig gestörter Fruchtbarkeit zum Ausdruck. Diese Erkrankungen bzw. ihre Symptome reichen bei Stuten vom häufigen Umrossen über Scheidenausfluß und Gebärmutterentzündung bis zum seuchenhaften Verfohlen. Sie sind zum großen Teil durch Ansteckung hervorgerufen, daneben manchmal auch Folgen von Fütterungsfehlern bzw. Stoffwechselstörungen oder Verletzungen bzw. anatomischen Besonderheiten der äußeren Geschlechtsorgane. Aus dieser Aufzählung ergeben sich die notwendigen Vorbeugungsmaßnahmen praktisch von selbst. Im Vordergrund muß stets die Verhütung von Keim-Einschleppungen aller Art stehen. Dabei geht es vor allem

Ansteckung
Fütterungsfehler
Verletzungen

um die Gefährdung im Moment der Bedeckung. Zwar können bestimmte Erreger von Fruchtbarkeitsstörungen eine Stute auch auf anderen Wegen infizieren. Grundsätzlich aber ist damit zu rechnen, daß der größte Teil aller Infektionen dieser Art beim Deckakt erfolgt. Wie kann ein Stutenbesitzer nun seine Stute vor einer derartigen Gefahr schützen? Im wesentlichen durch die Beachtung der folgenden Forderungen:

1. Nur klinisch gesunde Stuten mit einwandfreiem Tupferprobenbefund zum Hengst bringen!
2. Nur Hengste benutzen, deren Halter die Gewähr für eine gründliche Kontrolle aller der Station zugeführten Stuten auf Gesundheit der Geschlechtsorgane bieten!
3. Nur Deckstationen aufsuchen, deren Deckstand hygienisch einwandfrei eingerichtet ist (leicht zu reinigen, staubfrei) und deren Hengste regelmäßig desinfiziert bzw. auf Geschlechtsgesundheit untersucht werden!

Infektionsquelle – Deckakt

Werden diese drei Forderungen erfüllt, so ist die Infektionsquelle „Deckakt“ weitgehend ausgeschaltet. Dazu muß noch betont werden, daß die größte Gefahr in dieser Hinsicht nicht etwa von erkrankten Hengsten ausgeht, sondern vielmehr von erkrankten Stuten, deren Keime vom Hengst bei der Bedeckung aufgenommen und eventuell auf die als nächste gedeckte Stute übertragen werden, häufig sogar ohne längerfristige Infektion des Hengstes. Eine noch größere Sicherheit bei der Ausschaltung des hier geschilderten Risikos bietet die instrumentelle Samenübertragung, bei der jeder Kontakt mit eventuell nicht völlig gesunden Geschlechtsteilen anderer Pferde vermieden wird (s. auch Seite 230 ff.).
Das zur Vermeidung von infektionsbedingten Fruchtbarkeitsstörungen bei Stuten Gesagte gilt sinngemäß auch für Hengste, auf deren Geschlechtsgesundheit jeder Hengsthalter notwendigerweise besonders stark zu achten hat.
Neben den durch Ansteckungskeime hervorgerufenen Fruchtbarkeitsstörungen gibt es auch fütterungs- bzw. stoffwechselbedingte, die man als Mangelerscheinungen bezeichnen kann. Sie äußern sich vor allem in geminderter Aufnahmebereitschaft, d. h. wiederholtem Umrossen vor der schließlich doch noch erfolgenden Befruchtung, aber auch in gelegentlicher Fruchtresorption bzw. Frühabort im ersten Trächtigkeitsdrittel nach zunächst erfolgreicher Bedeckung.

Mangelerscheinungen

Während die mangelhafte Aufnahmebereitschaft im Spätwinter und zu Frühjahrsbeginn bei entsprechenden Fütterungs- oder Haltungsfehlern vor allem auf Unterversorgung mit Vitaminen, Mineralstoffen und Spurenelementen sowie auf zuwenig Licht und Bewegung zurückgeführt werden kann, wird als Ursache der Fruchtresorption bzw. des Frühaborts in erster Linie Energie- und/oder Eiweiß-Mangel in der Fütterung angenommen, da diese Erscheinungen vorwiegend bei säugenden Stuten zu beobachten sind. Grundsätzlich kann man diesen stoffwechselbedingten Fruchtbarkeitsstörungen also hauptsächlich durch optimale Gestaltung von Fütterung und Haltung der Zuchtstuten (s. Seite 192ff.) begegnen. Im übrigen gilt auch in dieser Beziehung das Gesagte sinngemäß für Hengste, deren Fruchtbarkeit bei Fütterungs- und Haltungsfehlern erheblich beeinträchtigt sein kann.

Anatomische Abweichungen

Als weiterer Ursachenkomplex bei Fruchtbarkeitsstörungen sind anatomische Abweichungen von der Norm zu erwähnen, die angeboren oder durch Verletzungen erworben sein können. Viele der sogenannten „Problem-Stuten", die schwierig tragend zu bekommen sind, weisen derartige Abweichungen im Bereich von Gebärmutter und Scheide auf, z. B. einen mangelhalften Schluß der Schamlippen, eine in der oberen Hälfte stark eingezogene Schamspalte, einen durch Narben verengten Gebärmutterhals u. ä. Sofern es sich hierbei um angeborene, d. h. allem Anschein nach erblich bedingte Abweichungen handelt, sollte eine Zuchtbenutzung solcher Stuten auch bei hervorragender sonstiger Qualität eigentlich vermieden werden, da man sonst eventuell weitere „Problem-Stuten" züchtet. Sind die als Ursache in Frage kommenden Abweichungen jedoch eindeutig verletzungsbedingt, so kann durch Anwendung veterinärmedizinischer Hilfsmaßnahmen, wie z. B. einer „Scheidenplastik" (Verschluß des oberen Drittels der nicht genügend schließenden Schamlippen durch eine Naht zur Verhinderung des Eindringens von Keimen), oder – bei weiter innen liegenden Störungsursachen – mit Hilfe der künstlichen Besamung versucht werden, Abhilfe zu schaffen. Allerdings muß man sich in diesem Zusammenhang fragen, ob nicht auch die Tatsache, daß bei einer bestimmten Stute eine Verletzung der genannten Art aufgetreten ist, Hinweis auf eine gewisse, vielleicht erblich bedingte Gewebeschwäche sein kann. Sicher wären derartige Stuten in der freien Natur rigoros von der weiteren Vermehrung ausgeschlossen worden.

Problem-Stuten

Scheidenplastik

In den Bereich der anatomisch bedingten Ursachen für Befruchtungs-Schwierigkeiten gehört auch die Tatsache, daß mancher Hengst wegen eines besonders starken Penis nicht zum Decken junger Stuten, die bisher noch nicht gefohlt haben („Maidenstuten"), geeignet ist. Auch bei der Paarung kleiner Stuten mit erheblich größeren Hengsten, wie sie z. B. in der Ponyzucht häufiger vorkommt, muß dieses Problem beachtet werden. Erfahrene Hengsthalter werden die Stutenbesitzer in dieser Hinsicht beraten und dadurch dazu beitragen, Fruchtbarkeitsstörungen durch Deckverletzungen nach Möglichkeit zu vermeiden. In manchen dieser Fälle wird eine sogenannte „Deckrolle" verwendet, die ein zu weites Eindringen des Penis verhindert. Umgekehrt muß auch der Stutenbesitzer die Bestrebungen des Hengsthalters unterstützen, der seinen Hengst vor Verletzungen an den Geschlechtsteilen normalerweise dadurch zu

Deckverletzungen

schützen versucht, daß er die zu deckenden Stuten an den Hinterbeinen fesselt. Mit dieser Vorsichtsmaßnahme soll der auch bei voll rossigen Stuten nie ganz auszuschließenden Gefahr des Ausschlagens nach dem Hengst begegnet werden.

2.5 Sonstige Maßnahmen zur vorbeugenden Gesundheitspflege

Neben Störungen der Fruchtbarkeit können auch Gesundheitsstörungen anderer Art, wie bereits betont, den finanziellen oder ideellen Erfolg eines praktischen Pferdezüchters erheblich beeinträchtigen. Der allgemeinen Hygiene, d. h. der vorbeugenden Gesundheitspflege, kommt demnach über das Gebiet der Fruchtbarkeit hinaus ausschlaggebende Bedeutung zu. Bevor wir auf die wesentlichen Gesundheitsstörungen näher eingehen, sei betont, daß es hier nicht um die Frage geht, „Was soll ich tun, wenn mein Pferd krank ist?", sondern um die Frage „Was soll ich tun, damit mein Pferd gesund bleibt?" Im folgenden handelt es sich also lediglich um die im praktischen Zuchtbetrieb mögliche und nötige Vorbeugung, aber nicht um eine Abhandlung der Tierheilkunde.

2.5.1 Erkrankungen der Verdauungsorgane

Störungen im Verdauungsablauf können auf verschiedene Ursachen-Gruppen zurückgeführt werden. Als wichtigste Ursachen-Gruppe sind Mängel in der Futter-Qualität zu nennen; daneben spielen aber auch Mängel in der Futter-Struktur sowie Fehler in der Fütterungstechnik, Infektionen und anatomische Abweichungen eine Rolle. Aus dieser Aufzählung ergeben sich bereits deutliche Hinweise auf die notwendigen Vorbeugungsmaßnahmen.

Futter-Qualität

Hinsichtlich einwandfreier Futter-Qualität ist auf die bereits im Abschnitt „Fütterung" genannten Forderungen (s. Seite 219 f.) zu verweisen. Sowohl starker Sand-Anteil im Futter als auch verfaultes, verschimmeltes, vergorenes, staubiges, gefrorenes oder giftiges Futter führen über kurz oder lang zu den umfassend als „Kolik" (d. h. Bauchschmerzen) bezeichneten Verdauungsstörungen. Wegen der geringen Ausdehnungsfähigkeit des Pferdemagens und der Verhinderung einer Öffnung zur Speiseröhre hin (sehr fester Verschluß des Mageneingangs mit der Wirkung eines Rückschlag-Ventils) kann es bei übermäßiger Gasbildung in Magen und Darm sehr schnell zu Zerreißungen mit Todesfolge kommen. Auch die als Folge der Bauchschmerzen und damit verbundener Wälz-Versuche möglicherweise auftretenden Darm-Verschlingungen führen normalerweise zum Tode des betroffenen Pferdes. Ernst zu nehmen sind außerdem allmählich zunehmende Verstopfungen nach unten hän-

Kolik

gender Darmschlingen durch Sand-Anteil im Futter. Der sich dort ablagernde Sand wird vom wandernden Futterbrei nicht mit fortgeschoben und kann zu völligem Darmverschluß führen. Giftpflanzen schließlich können Verkrampfungen oder Lähmungen nicht nur des Darmes, sondern auch der Niere bzw. der Harnblase verursachen, die nur bei sofortigem Eingreifen des Tierarztes behoben werden können, manchmal allerdings auch dann nicht mehr ohne Verlust der betroffenen Tiere abgehen.

Futter-Struktur

Auf die Bedeutung eines Mindest-Anteils an Futter grober Struktur (Heu, Stroh) für die Erhaltung einer normalen Verdauungsfunktion wurde im Abschnitt „Fütterung“ ebenfalls bereits hingewiesen. Dabei kann allerdings ein Zuviel an Stroh durch ungenügenden Aufschluß während der Passage durch den Verdauungskanal manchmal auch zu Verstopfungen führen. Häufiger treten jedoch Störungen infolge zu geringen Anteils grober Futterteile auf, z. B. Durchfall bei ausschließlicher Fütterung sehr jungen Weidegrases. Auch ein zu hoher Kraftfutteranteil in der Ration kann den Heuverzehr so stark bremsen, daß der Anreiz auf die Wände von Magen und Darm zur Weiterbeförderung des Futterbreies zu gering wird und das Futter verstopfend liegenbleibt. Dieselbe Erscheinung ist bei Verfütterung fein gemahlenen Getreides zu befürchten.

Fütterungstechnik

Fehler in der Fütterungs-Technik können sich ebenfalls verdauungsstörend auswirken, z. B. wenn eine ausreichende Anfeuchtung des Futters im Magen aus Wassermangel unmöglich ist oder wenn von Pferden in stark erhitztem Zustand sehr kaltes Wasser aufgenommen wird. Erwähnt werden muß in diesem Zusammenhang nochmals die Gefahr der Schlundverstopfung bei Verfütterung gar nicht oder nur ungenügend eingeweichter Trockenschnitzel (s. auch Seite 214), die dann im Schlund stark nachquellen und sich dort festsetzen. Auch unzerkleinerte Äpfel können sich bei hastigem Abschlucken in der Speiseröhre verklemmen und heftige Schmerzen hervorrufen. Bei Fütterung von Äpfeln aus der Hand sollten diese entweder vorher zerkleinert oder so festgehalten werden, daß es den Pferden möglich ist, stückweise abzubeißen. Schließlich soll auch betont werden, daß zur Vermeidung von Verdauungsstörungen jede wesentliche Futterumstellung, z. B. von der Stallfütterung auf den Weidegang, allmählich erfolgen soll, da die Verdauungsorgane und die darin tätigen Mikroorganismen Zeit brauchen, um sich auf die neuen Futterarten einzustellen.

Infektion

Neben den bisher behandelten Ursachen von Verdauungsstörungen ist auch mit der Möglichkeit einer massiven Salmonellen-Infektion als Ursache heftigen Durchfalls zu rechnen. Um eine derartige Infektion, die häufig zum Tode der befallenen Tiere führt, zu vermeiden, gilt es, bei Zukauf oder Einstellung fremder Tiere in den Bestand besondere Vorsicht walten zu lassen und im Verdachtsfall (starker Durchfall ohne erkennbare sonstige Ursache) sofort intensive tier-

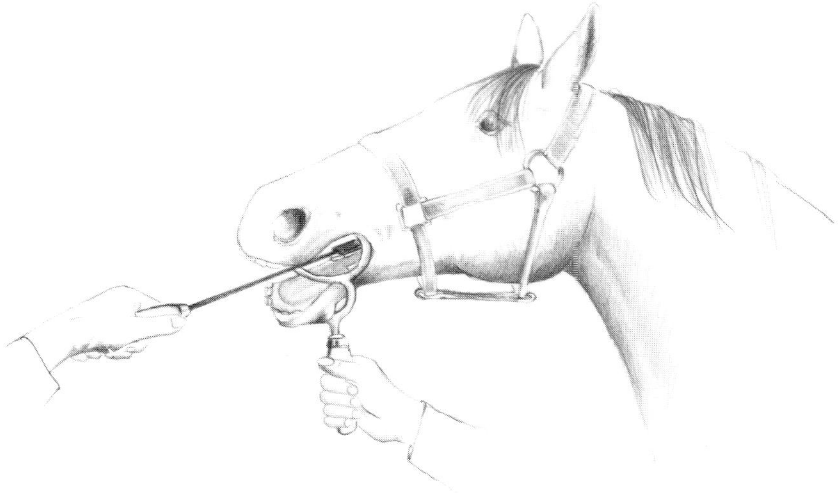

Abraspeln von „Zahnhaken" unter Einsatz eines Maulgatters.

ärztliche Bekämpfungsmaßnahmen einzuleiten. Außerdem sollten die Tiere von stehenden Gewässern aller Art sowie Abwässer führenden Bächen und Flüssen möglichst ferngehalten werden, da in diesen häufig Salmonellen sowie Schadstoffe verschiedener Art festzustellen sind.

Anatomische Abweichungen

Schließlich kommen als Ursachen von Verdauungsstörungen auch noch anatomische Abweichungen beim Einzeltier in Betracht. Dabei geht es um die Form der Backenzähne, deren Mahlwirkung bei ungleichmäßiger Stellung oder Abnutzung erheblich beeinträchtigt sein kann. Schleimhautverletzungen durch nicht abgeschliffene Zahnspitzen können zu hastigem Abschlucken des Futters und entsprechend mangelhafter Einspeichelung führen. Diese wiederum erschwert die weitere Verarbeitung in Magen und Darm, verhindert die vollständige Ausnutzung des Futters und läßt eventuell sogar Koliken entstehen. Aus diesem Grunde gehört auch die regelmäßige Überprüfung der Kauflächen des Gebisses zu den notwendigen Maßnahmen zur Verhütung von Verdauungsstörungen.

Parasiten

Die schädlichen Auswirkungen von Parasitenbefall auf die Verdauungstätigkeit werden an anderer Stelle gesondert behandelt.

2.5.2 Erkrankungen der Atmungsorgane

An anderer Stelle wurde bereits darauf hingewiesen, daß das Pferd als Lauftier der Steppe mit einer sehr leistungsfähigen, aber auch entsprechend anspruchsvollen Lunge ausgestattet ist. Demgemäß ist auch die Anfälligkeit der gesamten Atmungsorgane gegen schädigende Einflüsse, z. B. im Vergleich zum Rind, außerordentlich hoch.

Als wesentliche Erkrankungs-Ursachen sind einmal allgemein ungünstige Haltungsbedingungen mit zu geringer Frischluftzufuhr bzw. hohem Gehalt der Atemluft an schädlichen Gasen (z. B. Ammoniak), Staub, Schimmelpilz-Sporen u. ä. zu nennen. Diese führen zunächst zu kaum wahrnehmbarer Funktionsbeeinträchtigung der Atmungsorgane durch ungenügendes Durchatmen und Reizung der Schleimhäute in Bronchien und Lunge. Dauert der schädigende Einfluß über längere Zeit an, so ist mit allmählich deutlicher werdenden Schäden zu rechnen, die schließlich in chronischem Reiz-Husten oder sogar „Dämpfigkeit“ (chronische, unheilbare Erschlaffung der Lungenbläschen, Atemnot bei leichtester Anstrengung) enden können. Zum Glück werden Zucht- und Jungpferde normalerweise wenigstens während der Weidezeit im Freien gehalten, so daß bei ihnen derartig extreme Auswirkungen ungünstiger Stallhaltungs-Verhältnisse nur selten festzustellen sind.

Haltungsbedingungen

Dämpfigkeit

Die Gefährdung der Atmungsorgane durch Infektionen aller Art ist bei Zuchtpferden ebenfalls deutlich geringer als bei Pferden im Sporteinsatz, da häufig wechselnde Kontakte zu fremden Pferden oder Stallungen sehr viel seltener vorkommen. Andererseits aber besteht diese Gefährdung – wenn auch in geringem Maße – auch während der Sommermonate. Der Pferdehalter muß deshalb ständig auf der Hut sein; die einzige wirksame Abwehr besteht neben der Schutzimpfung in der Verhinderung von Keim-Einschleppungen. Diese können sowohl durch Pferde erfolgen als auch durch Personen, die Kontakt zu infizierten Beständen hatten. Im allgemeinen ist allerdings die direkte Infektion durch Anhusten („Tröpfchen-Infektion“) oder Ausfluß-Übertragung von Tier zu Tier die Haupt-Form der Ansteckung. Bei bestimmten Infektionen ist nach Erkrankung des ersten Tieres eine Übertragung auf den gesamten Bestand kaum zu vermeiden. Hierzu gehören z. B. die Influenza („Pferdegrippe“, „Hoppegartener Husten“) und die Druse (eitrige Schwellung der Lymphknoten im Kopfbereich). Dagegen verlaufen dem Schnupfen des Menschen vergleichbare, virusbedingte Hustenerkrankungen oft weniger ansteckungsgefährlich und ziemlich harmlos. Allerdings können sich bei Zusammentreffen ungünstiger Umstände, z. B. Transportstreß, schlechte Stalluft, schnelle Auskühlung nach starker Erhitzung u. ä. aus einem relativ harmlosen Husten auch ernstere Erkrankungen der Atemwege bis zur chronischen einseitigen Stimmband-Lähmung („Kehlkopf-Pfeifen“) oder bis zur Lungenentzündung mit Todesfolge entwickeln. Beim Auftreten des „Kehlkopf-Pfeifens“ – häufig auch als Folge einer Druse-Erkrankung – können ebenso wie bei der „Dämpfigkeit“ gewisse Erbeinflüsse nicht ausgeschlossen werden.

Infektionen

Influenza

Druse

Kehlkopf-Pfeifen

Lungenentzündung

Wie bei den Verdauungsstörungen kommt auch bei Erkrankungen der Atmungsorgane Parasitenbefall als Ursache oder auslösendes

Parasiten

Moment in Frage. Darauf wird in einem gesonderten Abschnitt näher eingegangen.
Als wesentliche Vorbeuge-Maßnahmen gegen Erkrankungen der Atemwege sind in erster Linie die optimale Gestaltung der Haltungsverhältnisse sowie die sorgfältige Überprüfung von neu einzustellenden Pferden oder Gastpferden auf eventuelle Ansteckungsgefahr zu fordern, falls möglich also vorübergehende Einstellung in einen getrennten Quarantäne-Stall. Daneben ist in gefährdeten Betrieben die regelmäßige Schutzimpfung des gesamten Bestandes gegen Influenza zu empfehlen, die heute z. B. bei Teilnahme an Schauen und Ausstellungen häufig für alle teilnehmenden Pferde verlangt wird. Außerdem sollte man ausgeprägte „Kehlkopf-Pfeifer" möglichst nicht zur Zucht benutzen.

Schutzimpfung

2.5.3 Erkrankungen des Bewegungsapparates

Alle Erkrankungen des Bewegungsapparates äußern sich früher oder später in Lahmheiten verschiedener Art, die von leichten Störungen des Bewegungs-Taktes und -Ablaufs über deutliches Schonen einzelner Beine bei ihrem Stütz-Einsatz bis zum ausgesprochenen Humpeln, gewissermaßen „auf drei Beinen", reichen. Die Ursachen dieser Lahmheiten können angeboren oder umweltbedingt sein. In gleicher Weise sind auch die zur Vorbeugung zu ergreifenden Maßnahmen einzuteilen.
Als angeborene, d. h. mehr oder weniger eindeutig erblich bedingte Lahmheits-Ursachen sind zunächst die im Kap. „Pferdebeurteilung" (s. Seite 114ff.) geschilderten Abweichungen der Fundament-Stellung – bei Betrachtung des Pferdes in Längsrichtung – von der durchgehend senkrechten Ebene zu nennen. Die dadurch bedingte ungleichmäßige Belastung bzw. einseitige Überlastung von Sehnen, Bändern und Gelenkflächen kann – vor allem bei intensivem Sporteinsatz bzw. in höherem Alter – zu deutlichen Bewegungsstörungen führen.

Fundament-Stellung

Eine weitere, im wesentlichen erblich bedingte Lahmheits-Ursache ist in ungenügender Stärke bzw. Straffheit von Sehnen, Bändern und Gelenkkapseln sowie Gelenkknochen zu sehen, die z. B. in der Bildung von Sprunggelenk-Gallen oder in Gelenk-Erkrankungen, wie Spat, Schale u. ä., sichtbar wird. Fehlt die bei Sportpferden allgemein angestrebte „Trockenheit" des Stützgewebes, so ist generell bei Leistungsbeanspruchung mit schneller Erschlaffung und dadurch bedingten Bewegungsstörungen zu rechnen.

Gelenk-Erkrankungen

Neben unkorrekter Stellung der Beine und schwammiger bzw. ungenügend belastbarer Stützgewebe-Struktur sind Abweichungen der Hufform vom Normalzustand, z. B. der zu enge „Zwanghuf" oder der zu weite „Platthuf", als weitgehend erblich bedingte Lahmheits-Ursachen zu betrachten. Daneben besteht Anlaß für die Vermutung,

Hufform

daß auch die gefürchtete Hufrollen-Entzündung, wenigstens die Veranlagung dazu, als erblich bedingte Lahmheits-Ursache anzusehen ist.

Hufrollen-Entzündung

Im Vergleich mit anderen Gesundheitsstörungen erscheinen die Störungen im Bewegungsablauf, wie die vorstehenden Ausführungen zeigen, in besonders hohem Maße als erblich bedingt. Die Vorbeugung gegen derartige Erkrankungen muß sich deshalb vor allem auf züchterische Maßnahmen konzentrieren. Wie bereits im Abschnitt „Paarungsplanung" (s. Seite 147) erwähnt, sollte man versuchen, diesbezügliche Mängel einer Zuchtstute durch besonders einwandfreie Qualität des Hengstes in der betreffenden Eigenschaft auszugleichen und dadurch dem Auftreten erblich bedingter Lahmheits-Ursachen entgegenzuwirken. Daneben ist es jedoch möglich, leichte Unkorrektheiten der Bein-, speziell der Huf- und Fesselstellung, wie sie häufig zu finden sind, durch frühzeitig einsetzende, regelmäßig wiederholte korrigierende Hufpflege weitgehend zu beheben und sie dadurch als Lahmheits-Ursache auszuschalten. Grundsatz der korrigierenden Hufpflege muß es sein, eine durch unkorrekte Stellung bedingte ungleichmäßige Huf-Abnutzung durch Wegnahme der zu wenig abgenutzten Teile auszugleichen und dadurch stets wieder eine gleichmäßig ebene, senkrecht zur Bein-Achse liegende und der normalen Seitenansicht des Hufes entsprechende Trittfläche zu schaffen.

Korrigierende Hufpflege

Demnach muß man z. B. bei zehenweiter Stellung und stärkerer Abnutzung der Innenwände die Außenwände entsprechend kürzen, bei zehenenger Stellung umgekehrt die Innenwände; bei zu flacher Hufstellung mit starker Trachtenabnutzung sind die Zehenwände, bei zu steiler Stellung umgekehrt die Trachten stärker zu beschneiden. Je eher derartige Korrektur-Maßnahmen eingeleitet werden, umso größer ist der zu erwartende Erfolg, da die betroffenen Gelenkflächen während der Jugendentwicklung noch bis zu einem gewissen Grade geformt werden bzw. sich Veränderungen des Fes-

Hufkorrekturen (Wegnahme unterhalb der gestrichelten Linie).
Von links: bei zehenweiter Stellung; bei zehenenger Stellung;
bei zu steilem Huf bzw. zu hohen Trachten;
bei zu flachem Huf bzw. zu langer Zehenwand.

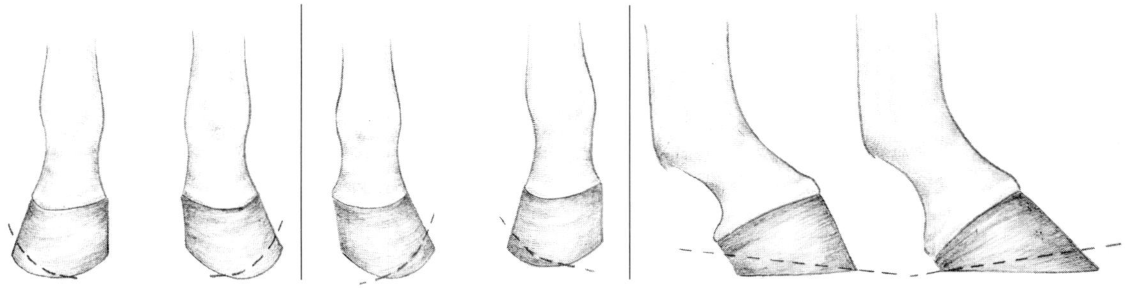

Praktische **Hufpflege,** wie sie vom Züchter erlernt und durchgeführt werden kann: Bekappen des zu lang gewordenen, evtl. ausgebrochenen Tragerandes mit einer Rabitz-Zange (scharf, mit geringer Beißtiefe, deshalb normalerweise ungefährlich) statt der vom Schmied benutzten Hauklinge, deren Anwendung durch Amateure nicht ratsam erscheint.

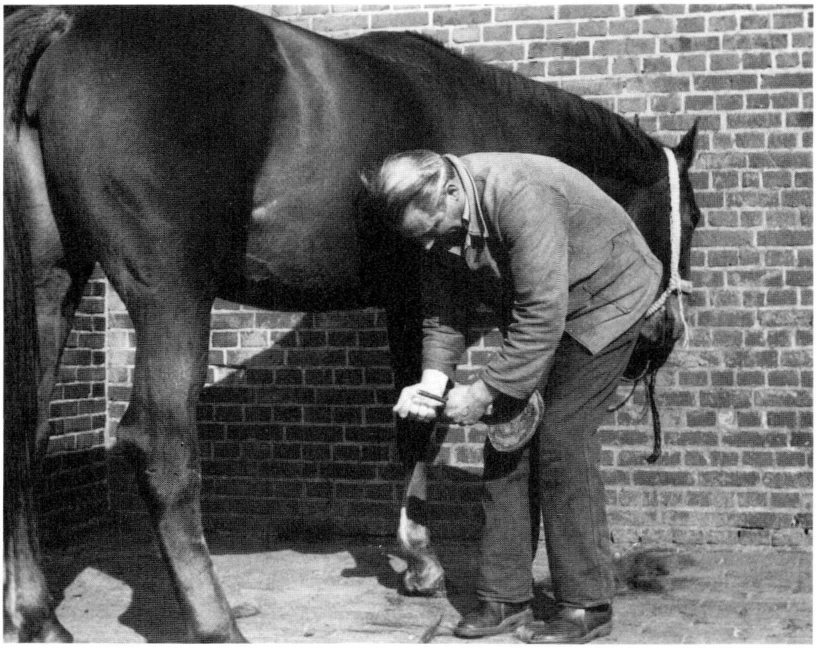

Ausschneiden loser bzw. überstehender Hornteile aus Hufsohle und Strahlpolster mit dem Hufmesser.

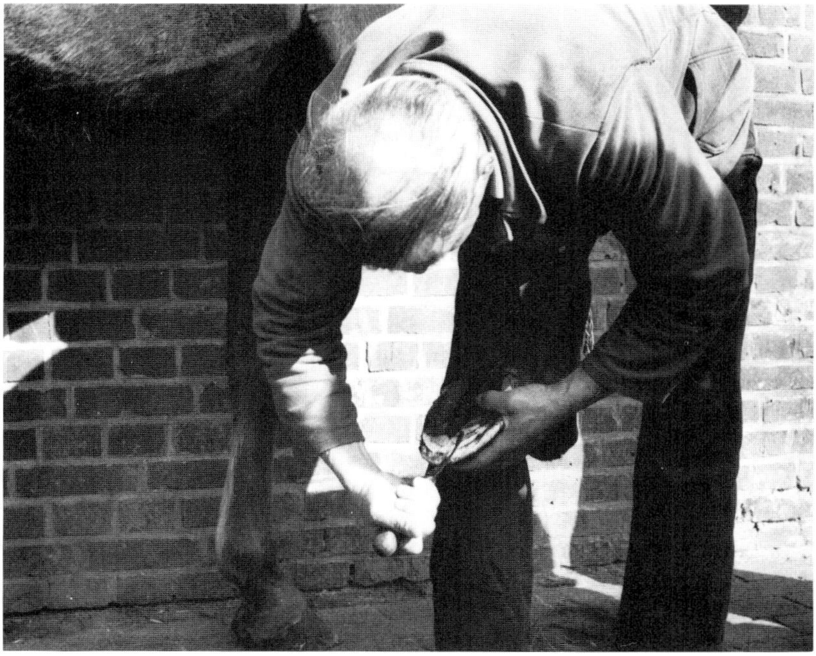

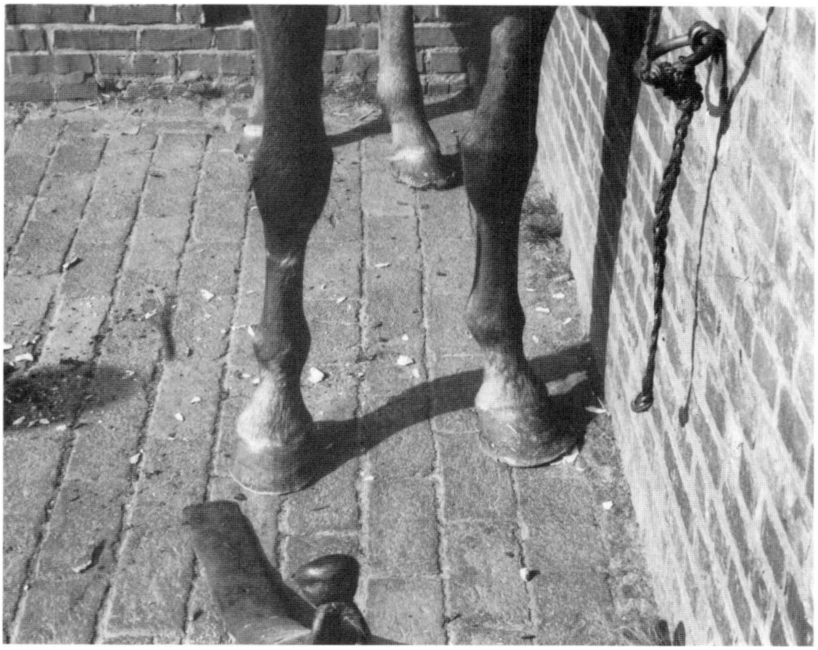

Nach Glattraspeln des Tragerandes von unten und „Brechen“, d. h. Schrägraspeln, der Tragerand-Kante, um baldiges Neu-Einreißen bzw. Ausbrechen zu vermeiden, steht hier der durch stärkeres Wegnehmen der Außenkante in seiner Stellung korrigierte rechte neben dem noch unbehandelten linken Vorderhuf.

selstandes anpassen können. Wer sich intensiv mit diesem Komplex befaßt und durch Beobachtung von Fachleuten Erfahrung gesammelt hat, kann bei leichteren Fällen unter Anwendung von Rabitz-Zange (scharf, geringe Beiß-Tiefe, dadurch keine Gefahr des zu tiefen Schneidens), Hufmesser und Raspel derartige korrigierende Pflege-Maßnahmen selbst durchführen. Wenn ein erfahrener Hufschmied für solche Arbeiten nicht termingerecht, d. h. in regelmäßigen Abständen von ca. 2 Monaten, zur Verfügung steht, ist es auf jeden Fall besser, es unter den genannten Voraussetzungen selbst zu versuchen als einer eventuellen Fehlentwicklung von Huf- und Fesselstellung tatenlos zuzusehen. Der manchmal tierquälerische Zustand unkorrigierter, unbeschnittener Hufe, der mit dem Fehlen eines Hufschmieds begründet wird, ist mit Sicherheit schädlicher als die anfangs vielleicht unvermeidlichen kleineren Fehler, welche auch einem verantwortungsbewußten, mit den anatomischen Grundlagen vertrauten Züchter gelegentlich beim Beschneiden der Hufe unterlaufen können.

Korrekturbeschläge

Handelt es sich um stärkere Abweichungen von der Norm, z. B. Bockhuf, Zwanghuf usw., so ist auf jeden Fall ein Hufschmied zu Rate zu ziehen. Dieser kann mit Hilfe spezieller Korrekturbeschläge Fehler in Huf- und Fesselstellung korrigieren, die mit einfachem

Beschneiden nicht mehr auszubessern sind. Natürlich muß man sich in solchen Fällen, d. h. bei schwerwiegenden, erblich bedingten Huf- und Stellungsfehlern, stets fragen, ob eine Zuchtbenutzung der betreffenden Tiere sinnvoll bzw. zu verantworten ist. Normalerweise sollten Fehler dieser Art, die nicht ohne komplizierte Hufbeschlags-Behandlung zu beheben sind, das betreffende Pferd oder Pony von der Zuchtverwendung ausschließen.

Schädliche Umwelteinflüsse

Unter den nicht erblich, sondern durch schädliche Umwelteinflüsse bedingten Lahmheitsursachen stehen akute Erscheinungen wie z. B. Sehnen- und Muskel-Risse, Entzündungen von Sehnen und Gelenken, Knochen-Absplitterungen, Huf-Verletzungen und Strahlfäule im Vordergrund. Naturgemäß treten die meisten dieser Schäden vor allem bei intensivem Sporteinsatz von Pferden auf, sind aber auch bei Zuchtpferden nicht ganz auszuschließen. Die Vorbeugung gegen solche Lahmheitsursachen erstreckt sich im wesentlichen auf die Vermeidung plötzlicher Leistungsanforderungen ohne ein dem Alter und Entwicklungsstand des betreffenden Pferdes angepaßtes Training sowie ganz allgemein jeder Art von Überlastung, beispielsweise von scharfen Wendungen oder Stopps aus hohem Tempo, langen Fahrstrecken auf festen oder steinigen Straßendecken ohne Hufbeschlag, häufigem Springen über hohe Hindernisse o. ä. Da Hufverletzungen auch durch scharfkantige Steine und spitze oder scharfe Gegenstände hervorgerufen werden können, muß man Weiden für Zucht- und Jungpferde von derartigen Gefahrenquellen freihalten. Beim Bewegen der Pferde außerhalb der Weiden sind gefährliche Stellen, wo Glassplitter, Steine oder Stacheldraht u. ä. liegen könnten, unbedingt zu meiden. Natürlich können auch durch Verletzung an der Weide-Einzäunung Lahmheiten entstehen. Auf entsprechende Vorbeugungsmaßnahmen wurde bei der Erörterung von Einzäunungs-Fragen bereits hingewiesen (s. Seite 201).

Überlastung

Verletzung

Schließlich sei noch erwähnt, daß auch beim Schlagen oder Treten gegen die Stallwand Beinverletzungen mit Lahmheitsfolge auftreten können. In diesem Bereich besteht die Vorbeugung vor allem darin, die Stall- bzw. Boxenwände so stabil zu bauen, daß ein Durchtreten durch Bretter- oder Gitterwände mit anschließendem Festhängen unmöglich gemacht wird. Außerdem ist es wichtig, miteinander unverträgliche Tiere nicht unmittelbar nebeneinander aufzustellen und besonders futterneidische Tiere jeweils als erste zu füttern. In engen Boxen kommen derartige Verletzungen naturgemäß eher vor als in geräumigen. Deshalb sind für nervöse „Wandschläger“ – häufig an beidseitigen „Piephacken“ (s. Seite 122) zu erkennen – besonders große Boxen zu empfehlen.

Hufrollen-Entzündung

Als Folge übermäßiger Leistungsbeanspruchung – allerdings anscheinend (wenigstens teilweise) in Verbindung mit einer gewissen erblichen Veranlagung – tritt bei Sport-, insbesondere bei Springpferden die berüchtigte Hufrollen-Entzündung auf. Diese im allgemeinen auf die Vorderbeine beschränkte, unheilbare Erkrankung, Folge einer Aufrauhung der Sehnen-Gleitfläche an der im Hufinneren unter dem Kronbein-Hufbein-Gelenk liegenden „Hufrolle", führt zu einseitiger Lahmheit. Sie kann durch den vieldiskutierten „Nervenschnitt", die Durchtrennung der Schmerzleitbahn unterhalb des Fesselkopfes, für eine gewisse Zeit – bis zur Ausbildung von Ersatz- bzw. Nebenstrecken-Nervenverbindungen – behoben werden. Allerdings ist damit dann auch die Funktion der Schmerz-, d. h. Lahmheits-Zeichen als Anzeige von Schäden irgendwelcher Art im betreffenden Hufbereich ausgeschaltet. Bei Zuchtpferden ohne intensive Sport-Nutzung ist mit dem Auftreten der Hufrollenentzündung kaum zu rechnen. Zur Vorbeugung sollten jedoch Familien (Hengst- bzw. Stuten-Nachkommenschaften), bei deren Angehörigen im Sporteinsatz gehäuft Hufrollenentzündung auftritt, züchterisch nach Möglichkeit gemieden werden. In diesem Zusammenhang muß auch davor gewarnt werden, Stuten, die wegen Lahmheit aus dem Sporteinsatz ausschieden, ohne gründliche Erforschung der Lahmheitsursachen in die Zucht zu nehmen, da nicht unfallbedingte Lahmheiten letzten Endes oft in mehr oder weniger erblichen Mängeln begründet sind.

Nervenschnitt

Zur Vorbeugung gegen die Strahlfäule – eine Auflösung der oberen Strahlpolster-Schichten zu schmierig-stinkender Masse, in deren Verlauf schädliche Trachtenverengungen bis zur Bildung eines „Zwanghufs" (s. Seite 124) eintreten können – müssen Hufsohle und Strahlpolster regelmäßig überprüft und gereinigt werden. Außerdem ist während der Stallhaltung für genügend trockene Einstreu und ausreichende Bewegung zu sorgen.

Strahlfäule

Als ausgesprochene haltungsbedingte Erkrankung des Bewegungsapparates ist noch die Hufrehe (auch „Hufverschlag" genannt) zu erwähnen. Sie ist in den meisten Fällen auf eine Stoffwechselstörung zurückzuführen und bewirkt die Lösung der Huflederhaut von der Hornkapsel, so daß das Hufbein aus seiner Aufhängung zwischen den Hufwänden absackt und sich im fortgeschrittenen Stadium der Erkrankung durch die Hufsohle hindurchdrückt. Infolge starker Schmerzen ist die Bewegungsmöglichkeit der erkrankten Tiere fast völlig ausgeschaltet. Die als Ursache anzusehende Stoffwechselstörung tritt vor allem als Folge plötzlicher, krasser Futterumstellung, nach Verfütterung frisch geernteten Getreides oder Heus, bei Beweidung sehr jungen Grases sowie nach Zurückbleiben von Nachgeburtsteilen in der Gebärmutter („Geburtsrehe") in Erscheinung. Offensichtlich spielen dabei giftig wirkende Abbau-Produkte eine Rolle. Zur Verhütung dieser Erkrankung ist alles zu vermeiden, was vorstehend als mögliche Ursache einer solchen Stoffwechselstörung genannt wurde. Dabei sei besonders betont, daß Heu grundsätzlich erst nach Ablauf der Fermentationsphase („Durchschwitzen"), also frühestens 6 bis 8 Wochen nach der Ernte, verfüttert werden darf.

Hufrehe

2.5.4 Parasitenbefall

Magen- und Darmwürmer, Magendasseln

Milben

Eine erhebliche Gefährdung der Gesundheit unserer Zuchtpferde geht von dem normalerweise unvermeidlichen Befall mit Parasiten verschiedener Art aus. Überall, wo Pferde in größerer Zahl oder auf engem Raum gehalten werden, muß mit einem massiven Auftreten derartiger Schädlinge gerechnet werden. Dabei handelt es sich vor allem um verschiedene Arten von Magen- und Darmwürmern sowie um Magendasseln (auch „Magenbremsen" genannt). Aber auch Milben können als Hautparasiten manchmal sehr unangenehm in Erscheinung treten. Ältere Tiere entwickeln im allgemeinen eine gewisse Widerstandskraft gegen Magen- und Darmwürmer. Besonders gefährdet sind deshalb vor allem Fohlen bzw. Jungpferde.

Bei starkem Wurmbefall zeigen sich normalerweise Abmagerung, stumpfes, offenes Haarkleid, Durchfall, Kolik, Anämie, Husten und Lungenentzündung. Außerdem verursacht das Auftreten der Madenwürmer (Oxyuren) Juckreiz am After, der die befallenen Tiere zu starkem Scheuern des Schweifansatzes veranlaßt. Tritt man dem Parasitenbefall nicht energisch entgegen, so muß sogar mit Todesfällen gerechnet werden.

Mit den heute verfügbaren, sehr wirksamen Medikamenten ist eine geregelte Vorbeugung gegen massives Auftreten von Parasiten ohne Schwierigkeiten möglich. Dazu sollte man ein festes Programm zur Parasitenbekämpfung einführen und auch durchhalten. Neben einer allgemeinen Bestandsbehandlung, die je nach Befallsstärke etwa alle drei Monate zu wiederholen ist, sind Fohlen zusätzlich im Alter von ca. 10 Tagen erstmalig und nach Bedarf bzw. Tierarzt-Empfehlung wiederholt gesondert zu behandeln. In Gebieten, in denen mit Magenbremsenbefall zu rechnen ist (gelbliche, fest haftende Eier an Mähne und Fellhaaren der Vorhand), sollte eine Dezember-Behandlung mit einem auch gegen diese Parasitenart wirksamen Mittel eingeschaltet werden. Außerdem ist von Zeit zu Zeit ein Wechsel des angewendeten Mittels vorzunehmen, da die Wirksamkeit verschiedener Medikamente gegen die zu bekämpfenden Wurmarten je nach Basis-Wirkstoff unterschiedlich ist.

Kotprobe

Wer sich über den Befallsgrad seines Bestandes genau informieren möchte, kann bei einem tierärztlichen Untersuchungs-Institut Kotproben prüfen lassen und danach unter tierärztlicher Beratung gezielte Bekämpfungsmaßnahmen einleiten.

Räude

Mauke

Die am ganzen Körper auftretende Räude (Haarausfall mit krustenbildendem Ekzem und Juckreiz) ist in Mitteleuropa praktisch getilgt. Dagegen tritt unter bestimmten Umständen auch heute noch eine Milbenart auf, welche sich in den Fesselbeugen ansiedelt und dort zu Schorfbildung, Juckreiz und Haarausfall führt. Daraus kann sich ein als „Mauke" bekanntes, nässendes, stark juckendes Ekzem entwickeln. Einem Parasitenbefall dieser Art kann man durch regelmäßige Kontrolle der Fesseln vorbeugen, die möglichst trocken und sauber gehalten werden sollten.

2.5.5 Sonstige Erkrankungen und Verletzungen

Neben den bisher genannten Erkrankungen gibt es noch eine große Zahl weiterer Gesundheitsstörungen. Hier sollen nur die wichtigsten von ihnen erwähnt werden:

Kreuzverschlag (auch „Verschlag") – Lähmung der Hinterhand (Muskelkrampf) durch Stoffwechselstörung infolge Überanstrengung nach längerer Bewegungspause bei gutem Futterzustand; ohne rechtzeitige Behandlung tödlich

Kreuzverschlag

Starrkrampf (Tetanus) – Lähmung des gesamten Körpers infolge Wundinfektion mit Tetanus-Bazillen, Lähmung am Kopf beginnend; zu ca. 70 % tödlich

Starrkrampf

Sommer-Ekzem („Sommer-Räude") – Juckreiz an Mähnengrund, Widerrist, Kruppe und Schweifansatz, Scheuern bis zum Ausfall der Haare und Auftreten von Wunden und Entzündungen, verursacht durch Allergie bzw. zu einem gewissen Grade erblich veranlagte Empfindlichkeit gegen Insektenstiche in Verbindung mit Sonnenlicht und evtl. auch Futterbestandteilen

Sommer-Ekzem

Flechte – Pilzbefall der Haut mit meistens kreisförmiger Krustenbildung, Juckreiz und Haarausfall, manchmal Eiterungen infolge Sekundär-Infektion

Flechte

Maßnahmen zur Vorbeugung gegen die hier genannten Erkrankungen ergeben sich im wesentlichen aus den kurz angeführten Ursachen:
Übermäßige Fütterung bei geringem Leistungsanspruch sowie starke Belastung nach längeren Arbeits- bzw. Bewegungspausen sind zu vermeiden, um gegen Kreuzverschlag vorzubeugen.
Gegen Starrkrampf, dessen Erreger in fast allen Pferdezuchtbetrieben vorkommt (vor allem in Mist und Erde), kann man seine Tiere durch regelmäßig zu wiederholende Schutzimpfungen schützen.
Bei Neigung zu Sommer-Ekzem bietet lediglich die Aufstallung in der gefährlichen Zeit, während der im Freien mit Insektenstichen gerechnet werden muß, eine wirksame Vorbeugungsmöglichkeit. Der Einsatz von hormonhaltigen Impfstoffen ist wegen eventuell nachteiliger Auswirkungen bei Zuchtpferden mit Vorsicht zu betrachten.
Das Auftreten von Pilzflechte kann durch Verhütung der Einschleppung sowie durch Sauberhalten von Fell, Putzgerät und Sattelzeug verhindert werden. Wenn eine Übertragung durch Rinder bzw. von diesen infizierte Bäume, Pfähle u. ä. in Frage kommt, bietet nur

regelmäßige Fellpflege (Putzen) die Möglichkeit, Anstreckungsherde im Anfangsstadium zu erkennen und durch Behandlung unschädlich zu machen.

Verletzungen

Neben den genannten Erkrankungen sind natürlich auch Verletzungen zu den Gesundheitsstörungen zu rechnen, gegen die man seine Zuchtpferde vorbeugend zu schützen hat. Soweit diese Verletzungen sich in den bereits behandelten Bereichen der Fortpflanzungsorgane bzw. des Bewegungsapparates auswirken, wurden die entsprechenden Vorbeugungsmaßnahmen bereits erörtert. Zur Vermeidung weiterer Verletzungsmöglichkeiten sind in den Stallungen Türen bzw. Tore genügend hoch und breit auszulegen, um z.B. Kopf- oder Hüftverletzungen vorzubeugen. Dazu gehört auch die Abrundung von Türkanten, evtl. mit senkrechten Rundholz-Rollen. Außerdem sind scharfe Kanten und hervorstehende Nägel oder Schrauben an Wänden, Futterkrippen usw. unbedingt zu vermeiden.

Erkrankungen des Nervensystems und der Kreislauf-Organe

Erkrankungen des Nervensystems und der Kreislauf-Organe – bei Pferden verhältnismäßig selten auftretend – sind nur unter Mitwirkung eines Tierarztes zu behandeln, der im Einzelfall vielleicht spezielle Vorbeugungsmaßnahmen empfehlen kann.

Wer die vorstehend erörterten Maßnahmen zur vorbeugenden Gesundheitspflege sorgfältig und zielbewußt durchführt bzw. die gegebenen Hinweise beachtet, erfüllt damit einen wesentlichen Teil seiner Verantwortung für das Wohlergehen der ihm anvertrauten und auf seine Fürsorge angewiesenen Tiere. Gleichzeitig sichert er damit die Voraussetzung für den Erfolg seiner Bemühungen in Zucht und Aufzucht, Fütterung und Haltung.

2.6 Erste Hilfe

Ein praktischer Pferdezüchter muß jederzeit mit dem unerwarteten Auftreten kleinerer oder größerer Gesundheitsstörungen im Zuchttier-Bestand rechnen. Grundsätzlich ist in jedem dieser Fälle die sofortige Hinzuziehung eines Tierarztes als beste Form der „Ersten Hilfe“ zu empfehlen. Da diese normalerweise aus technischen Gründen nicht immer möglich ist, sollte jede mit der Betreuung von

Grundkenntnisse

Zuchtpferden beauftragte Person über gewisse Grundkenntnisse der „Ersten Hilfe“ bei Pferden sowie über eine Stallapotheke mit den vom Tierarzt empfohlenen Medikamenten bzw. Hilfsmitteln verfügen.

Als oberster Grundsatz muß herausgestellt werden, daß jedes „Herumdoktern“ auf eigene Faust bei ernsthaften Erkrankungen bzw. Verletzungen zur Verschlimmerung des Schadens und damit zu Verlusten führen kann. In leichteren Fällen, speziell bei Verletzungen, kann dagegen bei einem Mindestmaß an Erfahrung bzw. Beratung eines Tierarztes ernsthafter Schaden vermieden werden. Hierzu gehören beispielsweise:

Flache Hautverletzungen („Ratscher"):
Aufsprühen eines desinfizierenden Wundschutzmittels;

Geringfügiges Ausbrechen des Huf-Tragerandes:
Glattraspeln der Bruchstellen, verbunden mit Wiederherstellung eines waagerechten Tragerandes;

Sattel-, Gurt- oder Geschirr-Druckstellen (druckempfindliche Schwellungen):
Aussetzen der Nutzung als Reit- oder Fahrpferd, Einreibung der Druckstellen mit dafür empfohlenen Medikamenten;

Leichte Anschwellung infolge Schlageinwirkung:
Einreibung wie bei Druckstellen;

Plötzlich auftretende Lahmheit eines Beines, die nicht auf Schlageinwirkung, Stolpern, Ausrutschen o. ä. zurückzuführen ist:
Untersuchung der Hufsohle auf eingetretene Fremdkörper (scharfkantige Steine, Blech, Nägel u. ä.), Entfernung der Fremdköper; bei Nägeln Einstichstelle, -richtung und -länge merken, um evtl. eine tiefere Wunde anschließend fachmännisch versorgen zu lassen;

Festliegen an der Boxenwand durch Wälzen:
Zurückrollen der an der Wand eingeklemmten Körperseite, indem ein Strick um die Fessel des unten liegenden Hinterbeines (z. B. beim Liegen auf der rechten Seite des rechten Hinterbeines) gelegt wird, an dem dann dieses Bein quer zur Körperachse auf die offene

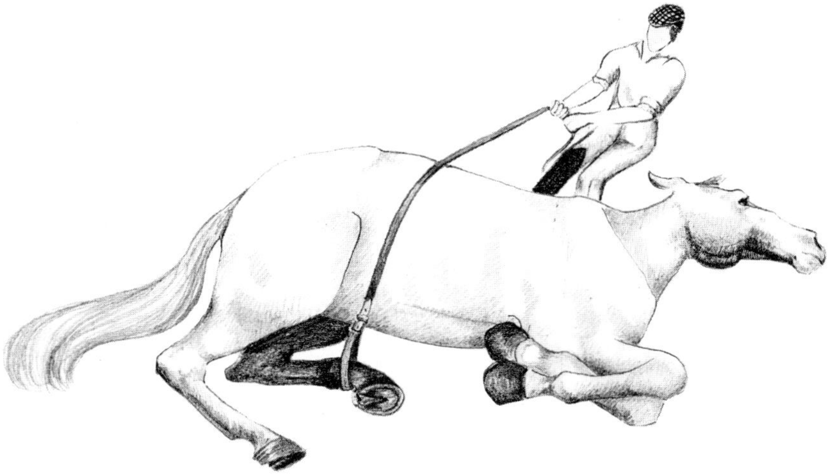

Umwälz-Versuch beim Festliegen. Mit Strick bzw. Longe am unteren Hinterbein (Fessel) zur anderen Seite ziehen.

(wandabgekehrte) Seite gezogen wird. Dabei rollt der Rumpf über den Rücken mit. Falls dies nicht möglich ist, kann die Vorhand (Kopf-Hals-Vorderbeine) so weit von der Wand in Richtung Boxeninneres abgezogen werden, bis die notfalls zur Aufrichtungs-Stellung nach vorn zu ziehenden Vorderbeine die vordere Rumpfhälfte senkrecht hochstützen können. Anschließend folgt im allgemeinen rasch das Hochstützen der hinteren Rumpfhälfte durch die Hinterbeine. Wenn das nicht geschieht, besteht der Verdacht auf innere Verletzungen (Muskelriß, eingeklemmter Nerv, Knochenbruch o. ä.). In einem solchen Fall sollte das Pferd an weiteren Aufstehversuchen gehindert und sofort ein Tierarzt hinzugezogen werden.

Krusten- bzw. Pustelbildung durch Befall mit Pilzen oder Hautparasiten:
Sorgfältige Reinigung der befallenen Bereiche (Entfernung der Krusten) und Einreibung mit dafür empfohlenen Medikamenten.

Bei anderen plötzlich auftretenden Gesundheitsstörungen, wie z. B. Lahmheiten durch Schlag, Stolpern, Ausrutschen oder Sturz, Kreuzverschlag, Kolik usw., kann „Erste Hilfe" im allgemeinen nur in umgehender Hinzuziehung des Tierarztes bestehen, bis zu dessen Eintreffen Transport in einen Stall (falls noch möglich), Ruhigstellung, wärmendes Eindecken (bei Kreuzverschlag und Kolik) oder im Falle von Kolikverdacht leichtes Bewegen (soweit noch möglich) zu empfehlen sind. Bei stark blutenden Wunden muß versucht werden, durch Abbinden oberhalb der Wunde (falls diese sich an den Extremitäten befindet) oder durch Andrücken eines Tampons (Verbandsmull, sauberes Handtuch o. ä.) den Blutverlust möglichst gering zu halten. Allerdings ist dabei die Gefahr zu beachten, daß ein rigoroses Abbinden mit völliger Unterbindung der Blutzufuhr in bestimmte Körperteile nach einer gewissen Zeit zum Absterben des abgebundenen Gewebes führt. Möglichst schnelle Tierarzt-Hilfe ist hier also besonders wichtig.

Stallapotheke

Zur Durchführung der „Ersten Hife" sind einige Medikamente in der **Stallapotheke** vorrätig zu halten, deren Anwendung oben bereits erörtert wurde:
Desinfizierende Wundschutzmittel, durchblutungsfördernde Salbe, Heilsalbe bzw. -Puder (Penicillin-Sulfonamid), Desinfektionslösung für Wundverbände, pilztötende Emulsion, Insekten-Puder bzw. -Emulsion.
Außerdem gehört Verbandmaterial (Mull, Watte, Binden, rostfreie Schere) für Notverbände in die Stallapotheke. Zur evtl. nötigen Ruhigstellung sollte eine Nasenbremse vorhanden sein, und auch Fieberthermometer, Hufmesser sowie Hufraspel dürfen in einem Zuchtbetrieb nicht fehlen.

Alles übrige kann im Bedarfsfall vom Tierarzt bezogen bzw. nach tierärztlicher Anweisung besorgt werden.

Partnerschaft mit dem Tierarzt

In diesem Zusammenhang muß empfohlen werden, eine kontinuierliche Partnerschaft mit einem Tierarzt zu pflegen, der nicht allzuweit entfernt wohnt und sich ein ausreichendes Grundwissen über Pferde-Krankheiten, -Verletzungen usw. angeeignet hat. Dieser wird im Bedarfsfall aus seiner Kenntnis der Tiere und Verhältnisse sehr viel schneller Diagnosen stellen und Ratschläge geben können als ein mit dem betreffenden Betrieb nicht oder nur wenig vertrauter Kollege. Eine solche Partnerschaft kann, falls erforderlich, durch einen „Betreuungsvertrag" abgesichert werden, der bei Großbeständen eventuell gewisse Vorteile bietet.

2.7 Aufzucht

In der Zeit eines größeren Bedarfs an Arbeits- und Militärpferden war in manchen Zuchtgebieten eine deutliche Arbeitsteilung zwischen den im allgemeinen landwirtschaftlichen Stutenhaltern als Züchtern und speziell dafür eingerichteten Fohlenaufzuchtbetrieben üblich, denen die Züchter (mit zumeist kleinem Stutenbestand) ihre Fohlen im Absetz-Alter von im Durchschnitt ungefähr 6 Monaten zur weiteren Aufzucht verkauften. Diese Trennung zwischen Zucht- und Aufzuchtbetrieben ist heute nur noch in seltenen Fällen, speziell bei der Aufzucht von Hengstanwärtern, zu finden. Normalerweise muß sich ein Pferdezüchter darauf einstellen, nur dann einen lohnenden Absatz für seine Produkte zu finden, wenn er sie in gebrauchsfertigem Alter bzw. Ausbildungsstand anbietet, d. h. 3 bis 4 Jahre alt und „angeritten", also soweit vorgebildet, daß die weitere Ausbildung für Sportzwecke unter fachkundiger Anleitung auch von Laien mit reiterlichen Grundkenntnissen durchgeführt werden kann. Die gelegentliche Möglichkeit, auch einmal ein Absatzfohlen günstig zu verkaufen, beseitigt nicht die Notwendigkeit, bei Aufnahme der Pferdezucht gleichzeitig die Aufzucht der Zuchtprodukte bis zum verkaufsfähigen Alter ins Auge zu fassen und entsprechend zu planen.

Erbanlagen – Entfaltung bzw. Unterdrückung

Die Aufzucht von Fohlen zielt darauf hin, die durch überlegte Paarung im Einzeltier kombinierten, im Hinblick auf das Zuchtziel günstigen Erbanlagen zur vollen Entfaltung zu bringen. Gleichzeitig soll die Ausprägung unerwünschter Erbanlagen soweit wie möglich zurückgedrängt werden. Dazu bieten sich im Verlauf der Aufzuchtperiode verschiedene Möglichkeiten, deren vollständige Ausnutzung aus wirtschaftlichen Gründen geboten erscheint.

2.7.1 Fohlen-Fütterung

Für eine möglichst vollständige Ausschöpfung der erblich bedingten Wachstumskapazität von Skelett und Muskeln ist zunächst eine optimale Fütterung nötig. Diese beginnt bereits mit der richtigen, d.h. bedarfsgerechten Fütterung des Muttertieres während der Trächtigkeit und in der Säugeperiode.

Fütterung des Muttertieres

Die Milchernährung wird normalerweise nach einer Dauer von etwa 6 Monaten, bei spät geborenen, gut entwickelten Fohlen auch etwas früher, mit dem Absetzen des Fohlens von der Mutter beendet. Dieses Absetzen von der Milchnahrung bedeutet einen scharfen Einschnitt bzw. eine krasse Umstellung in der Ernährung des Fohlens. Zur Vermeidung eines entsprechenden Entwicklungs-Rückschlages ist es deshalb erforderlich, das Fohlen rechtzeitig, d. h. bereits einige Wochen vor dem Tag der Trennung von seiner Mutter, an die Aufnahme von Kraftfutter zu gewöhnen. Die Aufnahme von Gras hat es an der Seite der Mutter im Sommer bereits ziemlich früh gelernt. Gras allein kann jedoch wegen seines zu geringen Energie-Gehalts nicht den Nährstoffbedarf des bisher mit einem mehr oder weniger hohen Anteil an Muttermilch ernährten Fohlens decken. Deshalb ist bis zum Absetz-Datum bei Warmblutfohlen die Aufnahme von ca. 1,5 bis 2 kg Kraftfutter pro Tag anzustreben, bei Ponyfohlen je nach Rasse bzw. Größe entsprechend weniger. Am besten lernen die Fohlen wie vieles anderes auch das Fressen von Kraftfutter durch Nachahmung der Mutter. Man beginnt also praktischerweise spätestens einen Monat vor dem Absetzen mit der regelmäßigen Zufütterung von Kraftfutter an die säugende Stute, deren Fohlen sehr bald lernt, aus der Krippe der Mutter mitzufressen. Will man dem Fohlen eines der speziell für diesen Zweck entwickelten Mischfutter („Fohlen-Starter“), die einen gewissen Anteil Milchpulver enthalten, vorlegen, so ist dies ohne Schwierigkeiten möglich, indem man die Mutter während der Freßzeit getrennt anbindet und je nach Bedarf dann auch getrennt füttert. Bestimmte Krippenmodelle sind für diesen Zweck speziell mit Gitterstäben abgedeckt, die nur dem Fohlen mit seinem schmalen Maul die Aufnahme von Futter ermöglichen.

Absetzen

Zufütterung

Fohlen-Starter

Die Durchführung des Absetzens selbst kann auf verschiedene Weise erfolgen. Grundsätzlich ist eine schlagartige Trennung von Stute und Fohlen der allmählichen durch immer größere Abstände zwischen den Säugezeiten vorzuziehen, da letztere die psychische Belastung von Mutter und Kind übermäßig verlängert. Die von Laien oft als bedrohlich angesehene Schwellung des Euters der Mutterstute nach dem plötzlichen Absetzen ist unter normalen Verhältnissen, d. h. sofern das Euter bis zum Absetzen gesund war, völlig ungefährlich und führt durch den dabei entstehenden Druck im Euter zu einer raschen Beendigung der Milchproduktion. Abmelken sollte auf jeden Fall vermieden werden, da es die Milchproduktion erneut

Trennung von Stute und Fohlen

anreizt und zu Infektionen führen kann. Auch die Anwendung von Salben aller Art sollte man – abgesehen von Sonderfällen nach Rat des Tierarztes – möglichst unterlassen. Ähnlich unangebracht erscheint aber auch eine zu starke Einschränkung der Wasserversorgung zur eventuellen Reduzierung der Euterschwellung. Allerdings sollte eine milchtreibende Fütterung in diesen Tagen vermieden werden. Im allgemeinen kann man damit rechnen, daß die Milchproduktion nach ca. 14 Tagen vollständig eingestellt ist und bei erneutem Zusammenbringen von Stute und Fohlen die Saugversuche des Fohlens vergeblich sind bzw. von der Stute abgewehrt werden.

Zur Technik des Absetzens wird allgemein empfohlen, Stute und Fohlen außer Sicht- und Hörweite jeweils hinter sicheren, d.h. genügend hohen, stabilen und nicht verletzungsgefährlichen Absperrungen (Toren, Boxenwänden, Zäunen) zu halten, da in den ersten Stunden oder Tagen von Mutter und Kind, sofern sie in „Einzelhaft" gehalten werden, nichts unversucht gelassen wird, um wieder zueinander zu gelangen. Bedeutend einfacher als bei Einzelfohlen – auch in psychischer Hinsicht – gelingt das Absetzen normalerweise in größeren Herden. Hier empfiehlt es sich, die Bildung von – meistens paarweisen – Freundschaften unter etwa gleichalten Fohlen zu nutzen und – eventuell auch jeweils paarweise – die Mütter der ältesten Fohlen unauffällig aus der Herde zu entfernen. Die auf diese Weise abgesetzten Fohlen vermissen zwar vorübergehend ihre Mütter, befinden sich aber weiterhin in vertrauter Gesellschaft und Umgebung, lassen sich von den ruhig bleibenden, noch nicht abgesetzten Fohlen beruhigen und überwinden damit den Trennungsschmerz ohne größere psychische Belastung. Wenn Einzelfohlen durch häufigere Entfernung ihrer Mutter, z. B. zum Reiten oder Fahren, bereits an das selbständige Leben in einer größeren oder kleineren Herde gewöhnt sind, kann man diese auch einfach weiter mit der übrigen Herde weiden lassen, lediglich ohne die im Stall bleibende Mutterstute, die es dann bei der nächtlichen Aufstallung sogar sehen bzw. hören darf. Es begreift dann meistens schnell, daß die Mutter zwar noch da ist, aber nicht mehr als Ernährerin zur Verfügung steht. Nach ca. 14 Tagen, wie oben erwähnt, dürfte ein erneutes Zusammenlassen mit der Mutter kaum noch zum Wiederaufleben der Milchproduktion führen.

Naturfreunde werden vielleicht fragen, ob man nicht überhaupt auf das mehr oder weniger grausam erscheinende Absetzen der Fohlen verzichten könnte, da dies ja auch in freier Wildbahn nicht vorkäme. Dazu ist zu bemerken, daß bei den wildlebenden Vorfahren unserer Pferde mit dem Nachlassen des natürlichen Futterwuchses im Herbst, der ständigen Wanderung auf Futtersuche und dem allmählich zunehmenden Ernährungsanspruch des im Mutterleib heranwachsenden nächsten Fohlens wahrscheinlich ein mehr oder weniger starker Abfall der Milchversorgung für ältere Fohlen eintrat, der dem durch unsere Absetzmethode herbeigeführten gleichkommt.

Kraftfutter-aufnahme

Bei der weiteren Fütterung der Fohlen nach dem Absetzen ist zunächst eine rasche Steigerung der Kraftfutteraufnahme anzustreben. Als nach wie vor gültige Faustzahl gilt für ein Warmblut-Absatzfohlen die Kraftfutter-Tagesmenge in Pfund, die seinem Alter in Monaten entspricht. Demnach sollte es also im Alter von 6 Monaten 3 kg, im Alter von 12 Monaten 6 kg Kraftfutter pro Tag aufnehmen. Bei Fohlen der verschiedenen Ponyrassen ist je nach Endgröße bzw. rassetypischer Futterverwertung ½ bis ¾ dieser Tagesmenge anzustreben. Wichtig erscheint in diesem Zusammenhang der Hinweis, daß Fohlen aus der Reitponyzucht mit starkem Araber- oder Vollblut-Einschlag besonders in diesem Stadium einen deutlich höheren Energiebedarf haben als gleichgroße Fohlen aus reinen Ponyrassen, wie z. B. Haflinger oder Fjordpferde.

Spezial-Mischfutter

Außer dem bereits genannten Spezialfutter („Fohlen-Starter"), das vor allem für die Wochen vor und nach dem Absetzen gedacht ist, gibt es weitere speziell für die Fohlenaufzucht entwickelte Mischfutter. Im Normalfall können jedoch auch mit den an die Zuchtstuten verfütterten Kraftfutterarten gute Erfolge erzielt werden.

Gutes Heu

Neben der oben angegebenen Kraftfutter-Ration ist den Absatzfohlen gutes Heu zur freien Aufnahme anzubieten. Nur bei reichlichem Heuverzehr während des ersten Winters werden die Verdauungsorgane ausreichend auf den Verzehr der nötigen Grasmengen in den kommenden Weidezeiten vorbereitet.

Fütterungsfehler

Die Regel, daß Fütterungsversäumnisse des ersten Winters später nicht wieder gutzumachen sind, ist allgemein bekannt. Werden die hier dargelegten Empfehlungen unter sorgfältiger Beobachtung des Futterzustandes der Tiere und entsprechender Abwandlung bzw. Anpassung befolgt, so dürfte bei sonst normalen Umständen eine volle Entfaltung der erblich bedingten Anlagen für Wachstum von Skelett und Muskeln gesichert sein. Leider sind jedoch auch Fälle festzustellen, in denen des Guten zuviel getan wurde, d. h. die Kraftfuttergaben übertrieben waren. Eine zu stark treibende Fütterung, vor allem in Form übermäßiger Energiezufuhr, führt nämlich zu Verfettung und Erschlaffung sowie ganz allgemein zu einem Auseinanderklaffen der Entwicklung von Muskeln bzw. Organen einerseits und des tragenden Skeletts andererseits. Als Folge solcher Fehlentwicklungen können rachitis-ähnliche Bein-Verformungen auftreten (Überlastung der noch nicht genügend gefestigten Stützelemente), eventuell auch das Ersticken weiterer Zuwachsmöglichkeit durch übermäßige Verfettung. Allerdings beobachtet man derartige Übertreibungen sehr viel seltener als Fälle zu schwacher Jugendernährung, deren Folgen oft auch noch in ausgewachsenem Zustand an einem unharmonisch großen Kopf, allgemein schmaler Körperform, flacher Bemuskelung und schlaffer Beinstellung zu erkennen sind.

Ab Ende des ersten Winters, d. h. also mit einem Alter von ca. 12 Monaten, wird dann die Fütterung der Fohlen weitgehend den auch für die Fütterung der Zuchtstuten geltenden Regeln (s. Seite 199) angepaßt. Die in der Fachliteratur enthaltenen Bedarfsnormen berücksichtigen im allgemeinen die gegenüber ausgewachsenen Pferden höheren Ansprüche an den Eiweiß-Gehalt der Futterration und sollten bei der Rations-Gestaltung beachtet werden. Normalerweise wird bei der Aufzucht von Hengstanwärtern mit den Kraftfutter-Gaben etwas „vorgehalten", um die frühzeitige, vollständige Ausschöpfung der Erbanlagen hinsichtlich Wachstum und Muskelentwicklung sicherzustellen. Allerdings muß auch hier wieder vor Übertreibung gewarnt werden.

2.7.2 Fohlen-Haltung

Ähnlich wie bei der Fohlen-Fütterung gilt es auch bei der Haltung von Fohlen, in der Aufzucht-Periode die allgemein gültigen Grundsätze der Zuchtpferde-Haltung (s. Seite 192) zu befolgen, darüber hinaus jedoch noch bestimmte Punkte besonders zu beachten. Dabei geht es vor allem um die Forderung nach Haltung in Gesellschaft und nach ausreichender Bewegungsmöglichkeit. Beide hängen in der Fohlenaufzucht eng miteinander zusammen, denn das hohe natürliche Bewegungsbedürfnis von Fohlen, welches das ausgewachsener Pferde erheblich übersteigt, schläft ein, wenn keine Herdengenossen da sind, die auf die Aufforderung zum Spielen, Kämpfen und Rennen eingehen und eifrig mitmachen. Dieser Umstand ist bei allein oder nur in Gesellschaft der mehr oder weniger trägen Mutter aufwachsenden Fohlen sehr häufig zu erkennen. Als Folge sind allgemeine Schlaffheit in Muskeln und Sehnen, geringe Belastbarkeit und mangelhafte Aufmerksamkeit gegenüber der Umwelt zu erwarten, kurzum ein Pferd bzw. Pony mit deutlich gemindertem Nutzwert. Andererseits können besonders aktiv veranlagte, als Einzelgänger aufgezogene Fohlen jedoch auch ein aggressives Verhalten gegenüber anderen Tieren und sogar Menschen entwickeln, das leicht als Bösartigkeit gedeutet bzw. mißverstanden wird. Es gehört sehr viel tierpsychologisches Verständnis und viel Zeitaufwand dazu, einem solchen Fohlen als Mensch die fehlenden Herdengefährten zu ersetzen, sich Respekt zu verschaffen und eine einigermaßen artgerechte Entwicklung sicherzustellen.

Gesellschaft
Bewegungsmöglichkeit

Halten wir also fest, daß Fohlen grundsätzlich in Gesellschaft von Altersgenossen, zumindest in Gesellschaft mit anderen, darunter möglichst auch jüngeren Pferden oder Ponys aufgezogen werden sollten. Wer dies aus Mangel an Stallraum oder Weide nicht kann, sollte sein Einzelfohlen unbedingt an einen erfahrenen Aufzüchter verkaufen oder einen Aufzucht-Vertrag mit einem dafür geeigneten Betrieb abschließen. Im übrigen ergibt sich aus dem bisher Gesagten, daß Fohlen bei Weidegang genügend große, zumindest genügend lange Koppeln brauchen (s. Seite 209f.) und auch im Winter bei Stallhaltung möglichst große Gemeinschafts-Laufställe zur Verfügung haben sollten.

Gemeinschafts-Laufställe

Die übrigen Voraussetzungen artgerechter Haltung wie Frischluft-Zufuhr, Licht und trockener Liegeplatz gelten selbstverständlich in der Fohlenaufzucht ebenso wie bei der Stuten- und Hengst-Haltung. Die bei Besprechung der allgemeinen Zuchtpferde-Haltung beschriebenen Boxenform (Abtrennung mit senkrechten Stangen zum Futtertisch, flache Steinzeugschale oder glasierte Ziegel, ca. 50 cm über Standflächenboden) ist auch für Jungpferde-Gemeinschaftsställe zu empfehlen. Der tägliche Auslauf auch im Winter erscheint gerade bei der Fohlenaufzucht besonders wichtig, um dem ausgeprägten Bewegungsbedürfnis Rechnung zu tragen.

Täglicher Auslauf

Neben Fütterung und Haltung haben bei der Aufzucht von Fohlen weitere Punkte große Bedeutung für den Aufzucht-Erfolg. Zu nennen ist einmal die vorbeugende Gesundheitspflege (einschl. Hufpflege), welche im Kap. 2.5 zusammenfassend besprochen wird. Daneben spielen Erziehung, Gewöhnung und Training bei der Heranbildung von sportgeeigneten Nachwuchspferden eine entscheidende Rolle.

2.7.3 Erziehung

Psychische Prägung

Mit dem Begriff „Erziehung“ ist hier die psychische Prägung des Fohlens gegenüber dem Menschen gemeint, den es als vertrauten Herdengenossen höherer Rangordnung akzeptieren soll. Auf der einen Seite geht es also um das Vertrautsein mit dem Menschen, das Bewußtsein, daß von diesem kein furchterregender Angriff zu erwarten ist. Ohne die frühzeitige Schaffung einer derartigen Vertrauensbasis wird die weitere Ausbildung bzw. spätere Nutzung eines Pferdes oder Ponys sehr erschwert. Um die in den ersten Lebenstagen noch besonders starke Prägungsfähigkeit des Jungtieres auszunutzen, sollte jedes Fohlen bereits am Tage seiner Geburt von einer Betreuungsperson in die Arme genommen und festgehalten werden. Nach kurzem Zappeln wird sich der instinktive Widerstand bald legen. Die dann spürbare Beruhigung ist durch freundliches Zureden und Beklopfen an allen Körperteilen zu unterstützen und durch Entlassung aus der Umarmung zu belohnen. Hat man dies mehrere Male in kurzem Abstand hintereinander konsequent durchgeführt, so ist der Widerstand gegen Berührung durch Menschen im allgemeinen kaum noch zu spüren. Im übrigen wird hier bewußt von „Umarmung“ gesprochen, da nur bei richtiger Technik des Anfassens gefährliche Schreck-Reaktionen des Fohlens wie Steigen, Überschlagen, Hinwerfen usw. ausgeschaltet werden können. Grundsätzlich ist ein kleines Fohlen zum Festhalten stets durch eine

Anfassen und Festhalten junger Fohlen (bei zu heftigem Widerstand Schweifrübe von unten vorsichtig hochdrücken).

Person von vorn und hinten zugleich in die Arme zu nehmen, und zwar bei Anfassen von der linken Seite mit dem linken Arm unter dem Hals um diesen herum, mit dem rechten Arm unter dem Schweif um die Hinterbacken herum. Steht das Fohlen dann still, so kann man den rechten Arm statt um die Hinterbacken auch beruhigend von oben über die Kruppe und Flanke der gegenüberliegenden Seite anlegen.

Bei den ersten Halteversuchen ist es besonders wichtig, sich nicht durch instinktive Drohgebärden der Mutterstute, die ihr Fohlen zu schützen versucht, einschüchtern zu lassen. Auch bei Stuten, die selbst infolge mangelhafter Erziehung in ihrer Jugend kein solides Vertrauensverhältnis zum Menschen gefunden haben und ihr Fohlen in diesem Sinne zu beeinflussen versuchen, ist es nach eigener Erfahrung durch konsequentes Vorgehen ohne weiteres möglich, das Mißtrauen des Fohlens rasch zu überwinden. Im Notfall muß man die aufgeregte Stute in sicherer Entfernung anbinden oder festhalten lassen, wenn man sich mit dem Fohlen befassen will. Wer sich durch eine „giftige“ Mutterstute von dieser Erziehungsmaßnahme in frühester Jugend abhalten läßt, darf sich nicht wundern, wenn sich das betreffende Fohlen später nicht oder nur schwer greifen läßt und mit seiner mißtrauischen Mutter beim Auftauchen von Menschen die Flucht ergreift. Das Ausgleichen eines solchen Versäumnisses wird mit fortschreitendem Alter immer schwieriger und bleibt schließlich unzuverlässiges Stückwerk. Leider sind Pferde und

Ponys, bei denen die rechtzeitige Schaffung einer soliden Basis des Vertrauens zum Menschen versäumt wurde, erschreckend häufig zu finden.
Im Laufe der weiteren Entwicklung eines Fohlens ist mit zunehmendem Selbstbewußtsein zu rechnen. Selbst ein Fohlen mit verhältnismäßig sanftem Wesen wird eines Tages versuchen, sich den Herdengenossen „Mensch“ rangmäßig unterzuordnen. Dieser Versuch beginnt vielleicht mit zaghaftem Schnappen und kann über drohendes Steigen und Fuchteln mit den Vorderbeinen bis zu Beißangriffen mit angelegten Ohren oder gezieltem Ausschlagen gehen. In diesem Moment ist für jeden mit der Betreuung von Fohlen befaßten Menschen höchste Wachsamkeit geboten. Jedem Versuch eines Fohlens, sich durch derartiges Verhalten gegenüber dem Menschen zum Ranghöheren aufzuwerfen, muß energisch entgegengetreten werden. Dabei sind die einzusetzenden Mittel dem Grad der Bedrohung durch das Fohlen sowie dessen Sensibilität oder „Dickfelligkeit“ anzupassen. Genügt bei einem sensiblen Fohlen im ersten Stadium der Schnapp-Versuche noch ein „Anschnauzer“ in scharfem Ton, so muß es bei einem weniger empfindlichen Tier vielleicht schon ein energischer Schlag mit der flachen Hand oder ein Puff in die Rippen sein. Im fortgeschrittenen Stadium, d.h. bei ernsthafter Gefährdung von Menschen, wird es höchste Zeit, härtere Maßnahmen zu ergreifen, um den höheren Rang des Menschen eindeutig klarzustellen. Auf keinen Fall darf man sich auf Geduld, sanftes Zureden, ein vorwurfsvolles „Das darfst du doch nicht!“ oder ständiges Ausweichen beschränken. Nach allen Erkenntnissen der Verhaltensforscher können auch friedlich veranlagte Herdentiere beiderlei Geschlechts einer solchen Versuchung kaum widerstehen und entwickeln sich schnell zu herrschsüchtigen „Boß“-Typen. Werden derartige Versuche jedoch entschlossen im Keim erstickt, wie dies ja auch bei der Durchsetzung von Rangordnungen zwischen Herdengenossen der Fall ist, so kann selbst ein in seiner Herde hochrangiges Tier vom Menschen ohne Probleme behandelt werden. Natürlich darf die Reaktion des Menschen nicht maßlos übertrieben werden. Das richtige Maß ist dann eingehalten, wenn das betreffende Tier dem Menschen soviel Respekt wie nötig und soviel Vertrauen wie möglich entgegenbringt, also weder aufdringlich noch scheu ist. Nur mit Pferden bzw. Ponys dieser psychischen Haltung kann man in der weiteren Ausbildung problemlos arbeiten.

Respekt und Vertrauen

2.7.4 Gewöhnung

Umwelt

Neben dem Punkt „Erziehung“ muß auch die Gewöhnung des Fohlens an alle ihm unbekannten und damit zunächst furchterregenden optischen sowie akustischen Erscheinungen seiner Umwelt in der Aufzucht beachtet werden. So sollte man bewußt dafür sorgen, daß

Fohlen Straßenverkehr, Traktoren, wenn möglich auch Eisenbahnzüge und Mähdrescher in Gesellschaft von damit vertrauten Gefährten als ungefährlich kennenlernen. Geht dies nicht im Rahmen des normalen Weidegangs, z. B. an vielbefahrenen Straßen oder Bahnlinien, so lohnt es sich, die Fohlen angebunden neben der Mutter oder in höherem Alter neben ruhigen Führpferden bei Ausritten in die Nähe solcher Objekte zu bringen, und zwar so lange, bis sie diese ohne Schreck-Anzeichen mehr oder weniger gelassen registrieren. Je später diese Art der Gewöhnung angefangen wird, um so größer wird natürlich die Gefahr von nicht abzufangenden Fluchtreaktionen, auf die man dabei jederzeit eingestellt sein muß. Es liegt also im Interesse jedes Aufzüchters, der seine Tiere später als ruhig und verkehrssicher verkaufen möchte, diese Gewöhnungs-Arbeit möglichst frühzeitig einzuleiten.

Weidegang

Ausritte

Als Voraussetzung jeder Führ-Möglichkeit muß natürlich zuallererst die Gewöhnung an Halfter und Angebundensein erfolgen. Normalerweise ist zu empfehlen, jedes Fohlen bereits im Alter von wenigen Tagen neben der ebenfalls angebundenen Mutter anzubinden. Dabei sind verschiedene Einzelheiten zu beachten:

Halfter – Gewöhnung

1. Das Halfter muß gut passen! Es darf nicht zu klein oder zu schmal sein, da es dann schmerzt (kein Strickhalfter!), aber auch nicht zu groß, da dann die Gefahr des Abrutschens besteht. Außerdem ist es wichtig, daß das Halfter nicht mürbe ist und eventuell im entscheidenden Moment reißt.
2. Der Anbindestrick muß der zu erwartenden Zugbelastung bei Befreiungsversuchen gewachsen, also reißfest sein. Außerdem darf er nur ca. 50 bis 60 cm lang sein zwischen Halfter und Befestigungsstellte, um ein Verheddern des Fohlens mit den Beinen oder mit Kopf und Hals im Strick zu verhüten. Schließlich sollte der Anbindeknoten im nie ganz auszuschließenden Notfall (Überschlagen o. ä.) leicht lösbar sein.
3. Als Anbindestelle beim ersten Versuch ist ein Baum oder Pfahl auf der Weide besser geeignet als ein Ring in der Stallmauer mit Betonboden davor, denn man muß bei den ersten Versuchen grundsätzlich mit energischem Widerstand des Fohlens rechnen. An Mauern und Betonböden kann es doch einmal zu Verletzungen kommen, vor allem, wenn das betreffende Fohlen schon älter und kräftiger ist.
4. Das angebundene Fohlen sollte unter ständiger Aufsicht bleiben, solange es noch Widerstand leistet. Dabei ist es vor allem Aufgabe der Aufsichtsperson, das Fohlen durch seine Anwesenheit und freundliches Zureden zu beruhigen, im Bedarfsfall aber auch, z. B. durch einen Klaps von hinten, den Versuchen, Strick oder Halfter zu zerreißen, entgegenzuwirken. Auf jeden Fall soll das Fohlen erst durch Lösen der Anbindung belohnt werden, wenn es wenigstens eine kurze Zeit stillgestanden hat.

Nach einigen Wiederholungen des Anbindens neben der Mutter ist dabei im allgemeinen kein Widerstand mehr zu erwarten. Jetzt ist als nächster Schritt das widerstandslose Anbinden ohne Mutter zu üben. Ist auch dieses geschafft, folgt als weitere Stufe das Führen am Halfter, zunächst zur Erleichterung wieder neben der Mutter, dann aber auch von dieser weg bzw. ohne sie. Zweckmäßigerweise wird neben dem Führer eine zweite Person eingesetzt, die bei eventuellem Rückwärtsziehen des Fohlens von hinten nachschiebt oder nachtreibt. Auf plötzliches Vorwärtsschießen muß man natürlich gefaßt und entsprechend standfest sein. Auf keinen Fall darf man sich zum Mitlaufen hinreißen lassen, denn dann kommt normalerweise sehr schnell der Moment, wo man entweder loslassen oder sich in Gefahr begeben muß, mitgeschleift zu werden. Hat man aber erst einmal loslassen müssen, so ist der ganze Lernprozeß um eine Stufe zurückgeworfen und muß wieder neu entwickelt werden, wobei natürlich meistens mit einer Wiederholung der Befreiungstricks zu rechnen ist. Im Durchschnitt kann man jedoch erwarten, daß sich ein Fohlen nach einigen Übungsrunden mehr oder weniger anstandslos bereits von einer Person ohne Helfer führen läßt, wobei das Vorwärtsgehen im Bedarfsfall durch Antippen mit einer Gerte an der Hinterhand angeregt werden kann. Apfelstücke, die das Fohlen allerdings vorher schon als wohlschmeckend kennengelernt haben sollte, können als Belohnung im Erfolgsfall die Mitarbeits-Bereitschaft des „Schülers" deutlich steigern. Andererseits darf man deren Verteilung jedoch nicht übertreiben, da es ja darum geht, ein widerstandsloses Folgen am Halfter in jedem Falle – auch ohne Lockfutter – sicherzustellen.

Führen am Halfter

Zu den zunächst instinktiv als furchterregend empfundenen Umwelt-Erscheinungen gehören auch die mit der späteren Nutzung des Pferdes verbundenen Hilfsmittel und Geräte, wie Zaumzeug, Sattel und Sattelgurt, Fahr-Geschirr und daran hängende Ketten, Wagen, Schleppen oder sonstige Lasten. Auch diese müssen den Fohlen möglichst frühzeitig als ungefährlich bekanntgemacht werden. Naturgemäß geht dies wieder am einfachsten in Gesellschaft von ruhigen, mit diesen Dingen vertrauten Herdengenossen. Auch die Anwesenheit des vertrauten Pflegers kann dem jungen Pferd die Verarbeitung der neuen Eindrücke sehr erleichtern. In dieser Phase wie bei allen weiteren Abschnitten der Ausbildung müssen Geduld und Ruhe oberstes Gebot für die damit befaßten Menschen sein. Die Nervosität eines Ausbilders überträgt sich in kürzester Frist auf das auszubildende Tier und läßt dessen vertrauensvolle Bereitschaft zur Zusammenarbeit schnell schwinden.

Sattel, Geschirr

Wie bereits mehrfach betont, gelingt die Überwindung der Furchtreaktion auf bis dahin unbekannte Erscheinungen, Berührungen und Geräusche normalerweise um so einfacher, je jünger die Tiere sind. Es erscheint deshalb empfehlenswert, Fohlen bereits im Alter von etwa zwei Jahren mit Sattel und Sattelgurt und/oder Fahrgeschirr mit daran hängenden Tauen, Ketten oder ähnlichem in Berührung zu bringen. Selbstverständlich darf in diesem Alter noch keine echte Belastung der Tiere durch höheres Reitergewicht oder ernstzunehmende Zuglast stattfinden. Andererseits zeigen Beispiele, z. B. das Anreiten jugendlicher Rennpferde oder das Anspannen von Zweijährigen vor leichtrollenden Wagen, daß dies ohne größere Schwierigkeiten oder Beeinträchtigungen der physischen und psychischen Entwicklung möglich ist.

Damit wird eine weiterer Faktor angesprochen, an den die Fohlen möglichst bereits während der Aufzuchtphase gewöhnt werden sollten, nämlich der Mensch als Reiter. Verständlicherweise fährt fast jedem Pferd, das zum erstenmal einen Reiter auf seinem Rücken spürt bzw. sieht, der Schreck in die Glieder. Offensichtlich sitzt die Erinnerung an die Raubtiere der Steppe, die den Urpferden an der Wasserstelle auflauerten und auf den Rücken sprangen, instinkthaft noch immer im Gehirn unserer heutigen Pferde verankert. Um so mehr müssen wir uns bemühen, sie mit Ruhe und Geduld in möglichst jugendlichem Alter daran zu gewöhnen, daß ein Mensch auf dem Rücken kein lebensbedrohender Löwe ist, sondern der vertraute Herdengenosse, den sie zu Fuß bereits zu akzeptieren gelernt haben. Nach eigenen Erfahrungen geht auch dies um so einfacher, je jünger die Tiere sind. Wer also kleine Kinder hat, d. h. solche mit einem Gewicht unter ca. 40 kg, kann diese durchaus auch schon mal auf den Rücken von einjährigen Fohlen heben, die dabei von einer zweiten Person gehalten und beruhigt werden. Wenn das Kind von oben mit Stimme und ruhig klopfender Hand seine Freundlichkeit deutlich macht, wird dieser Vorgang sehr bald ohne Erregung akzeptiert werden.

Erstes Aufsitzen

Als nächste Stufe kann dann das Führen mit einem Kind auf dem Rücken, das sicherheitshalber von der Seite gehalten wird, geübt werden. Sind diese Vorstufen planmäßig erreicht, so ist nach der bereits oben erwähnten Gewöhnung an Zaumzeug und Sattel die schließlich normalerweise im Alter von ca. 3 Jahren erfolgende „Erstbesteigung“ durch einen erwachsenen Reiter meistens nur noch eine mehr oder weniger harmlose Angelegenheit. Je mehr es gelingt, das Anreiten ohne Gewalt, explosionsartige Buckelsprünge, Raserei und Verletzungen abzuwickeln, um so größer ist die Chance, daß das betreffende Pferd oder Pony sich auch später willig und freudig reiten läßt. Für das erstmalige Anspannen gilt natürlich dasselbe. Das gewaltsame „Einbrechen“ nach Cowboy-Manier führt vielleicht in kürzerer Zeit zum Ziel, gefährdet jedoch das Vertrauen zum Menschen und läßt im allgemeinen zumindest in der Psyche des so ausgebildeten Pferdes Narben zurück, die sich während seines späteren Lebens immer wieder einmal – auch für seinen Reiter – schmerzhaft bemerkbar machen können.

Führen mit leichtem Reiter

Zum Abschluß des Abschnittes „Gewöhnung“ sei noch darauf hingewiesen, daß Fohlen so früh wie möglich, d. h. in den ersten Lebenswochen, an Fell- und Hufpflege gewöhnt werden sollten. Sobald das Stillstehen in angebundenem Zustand sicher erreicht ist, muß durch Berühren aller Körperteile mit der Bürste, durch Kämmen der Mähne usw. in möglichst häufiger Wiederholung die Harmlosigkeit dieser Vorgänge fest im Gehirn des Fohlens eingeprägt werden. Naturgemäß werden sich dabei Unterschiede in der Empfindlichkeit zwischen verschiedenen Fohlen zeigen, die durch unterschiedliche Intensität des Bürstens usw. zu berücksichtigen sind. Auf jeden Fall sollte man jedoch nicht aufgeben, wenn sich ein Fohlen z. B. gar nicht unter dem Bauch putzen lassen will, sondern dies mit der nötigen Vorsicht, Geduld und Belohnung solange üben, bis es anstandslos ertragen wird.

Fell- und Hufpflege

Mit der Gewöhnung der Fohlen an das Putzen läßt sich ohne weiteres die Gewöhnung an das Aufheben der Hufe zur Reinigung und Hufpflege als Vorübung für einen später eventuell erforderlichen Hufbeschlag verbinden. Versucht man dies erst beim Jährling oder

Aufheben der Hufe

Aufheben und Halten eines Vorderbeines (Halten kann durch Einstecken der Vorderröhre zwischen die Oberschenkel des Halters erleichtert werden).

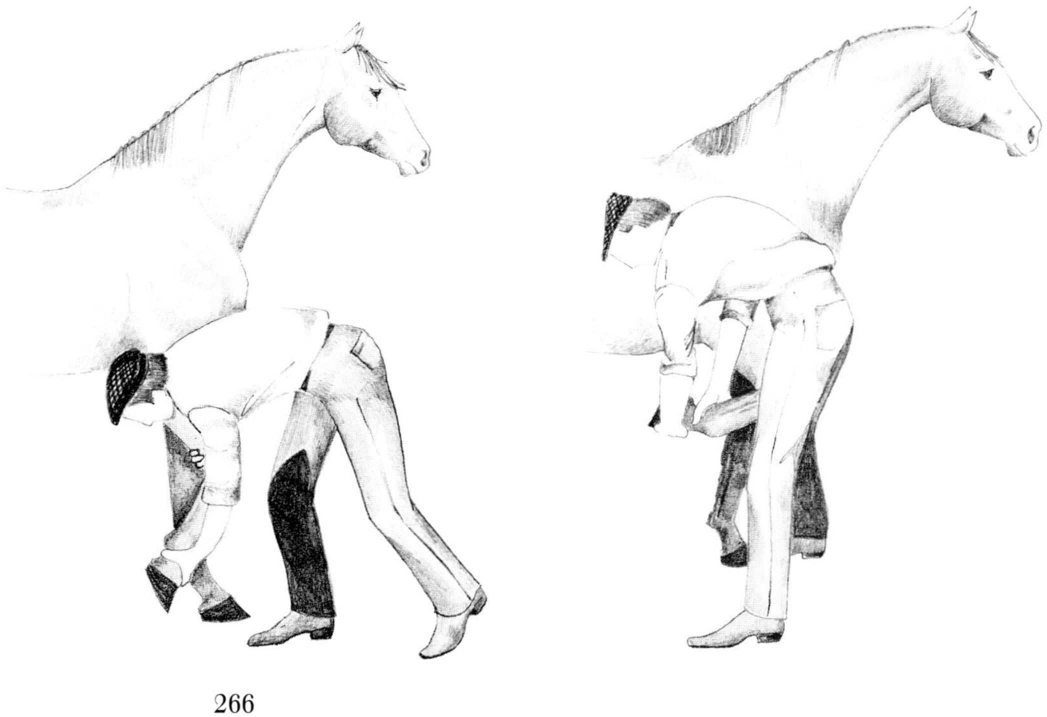

noch später zum erstenmal, dann sind gefährliche „Ringkämpfe“ häufig unvermeidlich. Wer diese jemals selbst hat durchstehen müssen, wird die Notwendigkeit frühzeitiger Gewöhnung an diese unvermeidliche Prozedur sicher unterstreichen. Je jünger die Fohlen sind, um so besser ist man ihnen noch kräftemäßig gewachsen, und beim Hufeaufheben geht es eben oft erst einmal um ein Kräftemessen. Die Technik des richtigen Aufhebens der Hufe sollte man sich am besten von einem erfahrenen Fachmann zeigen lassen. Wenn heftiger Widerstand nicht nachläßt und schließlich Menschen in Gefahr bringt, darf man nicht vor energischen Maßnahmen zurückscheuen. Oft wirkt eine richtig aufgesetzte Nasenbremse in solchen Fällen sehr hilfreich, so daß sie vielleicht beim nächsten Versuch gar nicht mehr benötigt wird. Pferde, bei denen man in dieser Beziehung nicht früh genug energisch durchgreift, stellen für den Hufschmied immer wieder ein ernsthaftes Problem dar. Wer sich einen guten Hufschmied als zuverlässigen Partner erhalten will, tut gut daran, die Gewöhnung seiner Tiere an die Hufbehandlung früh und energisch genug durchzuführen.

Nasenbremse

Links: Aufheben eines Hinterbeines (notfalls mit Schulterdruck-Hilfe).
Rechts: Halten eines Hinterbeines zur Hufpflege (Unterschenkel in der Achselhöhle, Fesselkopf auf dem Oberschenkel des Halters).

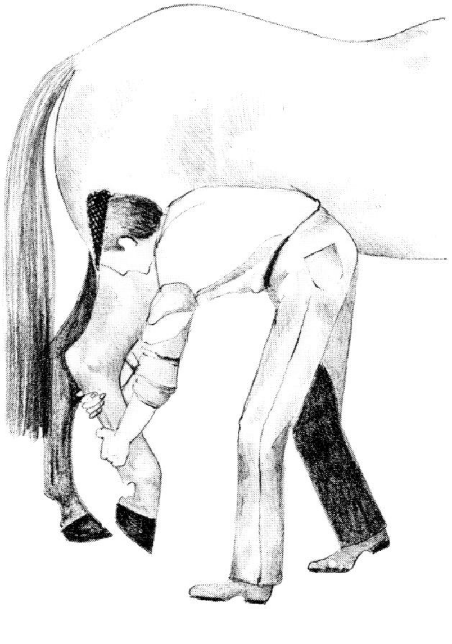

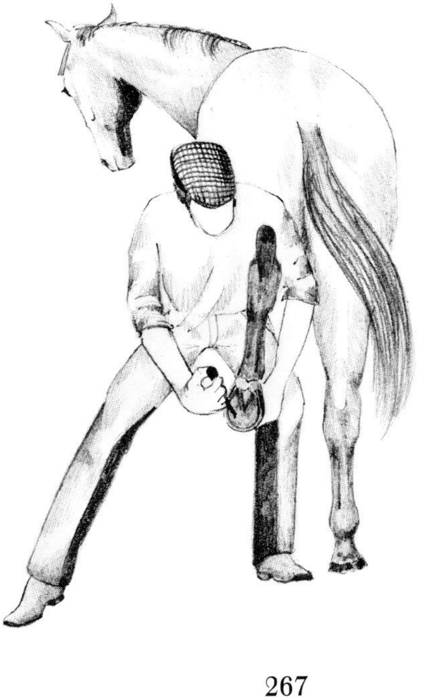

2.7.5 Training

Grundausbildung

Wie bereits erwähnt, ist es für einen Absatz zu lohnenden Preisen heute im allgemeinen erforderlich, Pferde bzw. Ponys zumindest „angeritten", d. h. mit einer ausbaufähigen Grundausbildung anzubieten. Die bereits besprochenen Punkte „Erziehung" (Vertrauen und Respekt) und „Gewöhnung" (Verkehr, Angebundensein, Führenlassen, Zaumzeug, Sattel, Reiter usw.) müssen zu diesem Zweck ergänzt werden durch ein Mindestmaß an Training. Dieses soll dem jungen Pferd bzw. Pony die Kraft geben, welche zur Bewältigung der in der weiteren Ausbildung geforderten Leistung ohne Überanstrengung nötig ist. Viele Schwierigkeiten in der Ausbildung eines jungen Pferdes sind dadurch bedingt, daß es ihm an der nötigen Kraft zum Tragen des Reitergewichts bzw. zum Anheben der Vorhand für die Vorwärtsbewegung in höherer Geschwindigkeit fehlt. Wird dies trotzdem von ihm verlangt, so sind auch bei guter Gewöhnungs-Vorbereitung Reaktionen wie plötzliches Stehenbleiben oder Weglaufen mit dem Versuch, den Reiter loszuwerden, zu erwarten. Im Anschluß an die Gewöhnungsphase, teilweise auch bereits in Verbindung damit, ist deshalb ein vorsichtig aufbauendes Muskel-Training – bei gleichzeitig entsprechend gesteigerter Fütterung – einzuleiten. Früher wurden dazu in größeren Aufzuchtbetrieben die Jungpferde vor dem Anreiten mehr oder weniger systematisch in „Laufgärten" bei häufigem Richtungs- und Gangartwechsel von berittenen Wärtern getrieben. Heute ist diese Methode aus Kostengründen wohl allgemein verschwunden.

Muskel-Training

Als gleichwertige Trainingsarbeit zur Entwicklung der Bewegungs-Muskulatur – zunächst noch ohne Reiter – ist zu empfehlen, die in Frage kommenden Jungpferde gesattelt und genügend lang ausgebunden neben Führpferden auf Ausritte mitzunehmen, deren Länge und Durchschnittstempo der Entwicklung angepaßt, d. h. nach und nach gesteigert werden können. Mit dieser Mitnahme an der Hand zu Ausritten durch Wald und Flur wird einerseits die Gewöhnungsphase fortgesetzt, nämlich die Gewöhnung an Sattel und Zaumzeug, aber auch an Verkehr auf den Straßen, unbekannte Wege, wenn es geht sogar Pfützen und flache Teiche sowie auf der Erde liegende Baumstämme, die die Jungpferde, von ihren Gefährten ermuntert, sehr schnell überwinden und als harmlos erkennen werden. Andererseits kräftigt sich die Bewegungs-Muskulatur dabei derart, daß das erwünschte Vorwärtsgehen beim Anreiten ohne Muskelschmerzen zu schaffen ist und dann lediglich das zuerst noch ungewohnte Reitergewicht als neue Belastung hinzukommt.

Mitnahme an der Hand

Longieren

Natürlich kann man auch durch Longieren der Jungpferde versuchen, die zunächst noch wenig ausdauernde Bewegungs-Muskulatur zu kräftigen. Neben dem Nachteil der verhältnismäßig engen Zirkelgröße mit entsprechend hohen Anforderungen an das kaum ausreichend entwickelte Biegungsvermögen der Jungpferde in der Körper-Längsachse sowie an die Belastbarkeit der Gelenke gegenüber den Zentrifugalkräften fällt beim Longieren auch der weitere Nachteil ins Gewicht, daß es für Pferd und Longierer doch im allgemeinen mehr oder weniger langweilig ist. Für ältere Reitpferde, die sich ausreichend biegen können und in den Gelenken gefestigt sind, erscheint das Longieren als Korrektur-Mittel, als schonende Bewegungsmöglichkeit bei Satteldruck o. ä. sowie als lösende Vorbereitung einer Reitstunde durchaus empfehlenswert. Bei jungen Pferden sollte es dagegen nur im Notfall und mit äußerster Vorsicht angewendet werden. Dabei ist zu fordern, daß stets eine deutlich sichtbare Zirkelumgrenzung vorhanden ist.

Sowohl das Mitführen bei Ausritten als auch das Longieren können in der nächsten Trainingsphase mit einem leichten, geschickt mitgehenden Reiter im Sattel fortgesetzt werden. Je nach den Umständen des Einzelfalles wird man dann früher oder später den Führzügel bzw. die Longe lösen und zum selbständigen Reiten des jungen Pferdes übergehen können, zunächst noch neben anderen Pferden, später auch in entgegengesetzter Richtung und von diesen weg. Ein Versuch des „Lehrlings", nur neben oder hinter den anderen Pferden herzulaufen und das Einschlagen jeder anderen Richtung zu verweigern, ist verständlich und nicht unerwartet. In diesem Fall muß der Reiter jedoch entschieden seinen Richtungswunsch durchsetzen, selbst wenn es auch vielleicht nur im Schritt oder unter häufigem Stehenbleiben und sehnsüchtigem Wiehern gelingt.

Gegenseitiges **Vertrauen** zwischen Mensch und Pferd, diese wichtige Voraussetzung erfolgreicher Zucht, Aufzucht und Ausbildung von Pferden oder Ponys, kann am besten schon in früher Jugend begründet werden – wie hier bei dem Reitpony-Stutfohlen v. Forge Fandango – Tanrallt King Edward WB – Wickenden Plover WB.

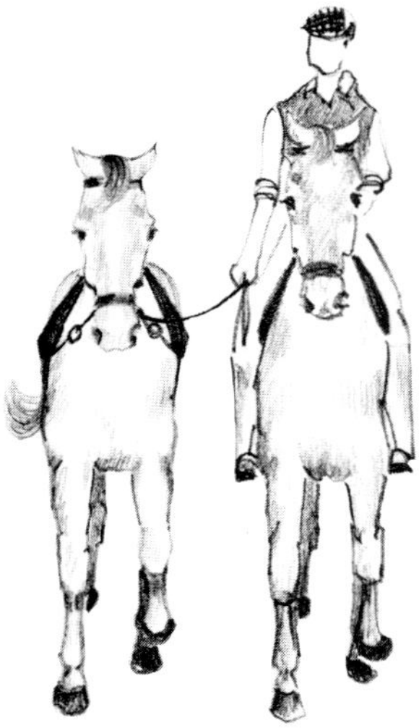

Gewöhnung eines jungen Pferdes an unbekannte Umwelteindrücke durch Mitnahme als Handpferd (gesattelt und leicht ausgebunden).

Sind die bisher geschilderten Stadien mit gewisser Sicherheit erreicht, so kann das betreffende Pferd oder Pony als „angeritten“ bezeichnet werden. Seine daran anschließende dressurmäßige Ausbildung für den Reitsport geht häufig über die Möglichkeiten eines Zuchtbetriebes hinaus und soll deshalb auch nicht Gegenstand weiterer Ausführungen in diesem Buch sein.

Will man Pferde oder Ponys für den Fahrsport anbieten, so sind die oben geschilderten Trainingsstufen zunächst in gleicher Form am Führzügel oder an der Longe durchzuführen. Ersatzweise kann ein Jungpferd natürlich auch, wie bereits beim Abschnitt „Gewöhnung“ erwähnt, neben einem erfahrenen Genossen angespannt und durch Steigerung von Fahrstrecke und -tempo in seiner Bewegungs-Muskulatur für höhere Leistungsanforderungen trainiert werden. Analog zur weiteren Bearbeitung beim Reitpferd folgt auch hier dann

Fahren

eines Tages der Übergang zum einspännigen Fahren, das allerdings wegen der geringeren Einwirkungsmöglichkeit des Fahrers im Vergleich zum Reiter ein erheblich höheres Maß an Verkehrssicherheit, Nervenstärke und Zuverlässigkeit beim Pferd voraussetzt als das

Doppellonge

Reiten eines Einzelpferdes. Erwähnt sei noch der Nutzen einer Doppellonge zur Vorbereitung von Fahrpferden auf das Anspannen, da mit dieser die Hinterbeine ähnlich wie durch die Stränge beim Fahren berührt werden und übermäßige Empfindlichkeit auf ungefährliche Weise abgebaut werden kann.

Wer ein junges Pferd oder Pony auf diese Weise als Zwei- oder Einspänner trainiert hat, darf allerdings noch nicht glauben, damit sei die Ausbildung eines Fahrpferdes abgeschlossen. Auch für ein Gespannpferd gilt, wenn es gehorsam sein und sich nicht vorzeitig verschleißen soll, eine solide dressurmäßige Ausbildung, am besten auch unter dem Reiter, als unumgänglich. Da auch sie die Möglichkeiten eines Züchters in den meisten Fällen übersteigt, wird hierauf nicht näher eingegangen.

2.8 Vorbereitung für Schauen

Zur sinnvollen, zielgerichteten Pferdezucht gehört die Teilnahme an Zuchttier-Wettbewerben, d.h. Hengst-, Stuten- und Fohlen-Schauen. Nur im direkten Vergleich mit einer möglichst großen Zahl von Rasse-, Geschlechts- und Alters-Genossen aus anderen Zuchtbeständen kann ein Züchter seine eigenen Zuchttiere genügend sicher bzw. objektiv beurteilen oder beurteilen lassen. Eine solche fundierte Beurteilung aber ist Voraussetzung der unumgänglichen Selektion, der Herausnahme jener Zuchttiere bzw. -produkte aus der weiteren Zuchtverwendung, die den Anforderungen des Zuchtziels hinsichtlich Form- und Leistungseigenschaften nicht genügen.

Selektion

Zuchttier-Wettbewerbe, bei denen die zu bewertenden Tiere normalerweise lediglich an der Hand vorgestellt werden, erlauben nur eine begrenzte Aussage zur Leistungsveranlagung. Aus diesem Grunde ist die Beteiligung auch an Wettbewerben unter dem Reiter oder im Gespann, in der Form von Hengst- bzw. Stuten-Leistungsprüfungen speziell für Zuchttiere entwickelt und durchgeführt, zur Beurteilung der letzten Endes als Ziel aller züchterischen Bemühungen angestrebten Leistungsveranlagung dringend zu empfehlen. Die Vorbereitung auf Prüfungen dieser Art greift jedoch sehr weit in den Bereich der allgemeinen Reit- bzw. Fahr-Ausbildung hinein, deren Behandlung den Rahmen dieses Buches sprengen würde. Aus diesem Grunde beschränken wir uns im folgenden auf die Vorbereitung von Zuchttieren für Wettbewerbe, bei denen sie an der Hand vorgestellt werden.

Bei der Bewertung und Rangierung von Pferden bzw. Ponys auf Zuchtschauen sollen zwar grundsätzlich Umwelt-Einflüsse, also vor allem solche der Aufzucht, Fütterung, Pflege und Vorführtechnik, nach Möglichkeit außer Betracht bleiben. Man ist bemüht, die vorgestellten Tiere nach ihrem wahrscheinlichen Zuchtwert, d. h. nach ihrer erblichen Veranlagung für die bei der Bewertung von Körperform und Bewegungsmechanik zu erfassenden Eigenschaften, zu klassifizieren. Leider ist es jedoch in vielen Fällen unmöglich, Erb- und Umwelteinflüsse bzw. deren Auswirkungen auf die zu bewertenden Kriterien deutlich voneinander zu trennen. So ist es dem beurteilenden Richter z. B. unmöglich, bei der Bewertung eines kümmerlich entwickelten, mageren, langhaarigen Zuchttieres zu entscheiden, ob diese Mängel lediglich auf fehlerhafte Aufzucht, Fütterung, Haltung und/oder Pflege zurückzuführen oder im wesentlichen durch ungünstige Erbanlagen bedingt sind. Selbst bei ungeschickter Vorführung eines Pferdes oder Ponys an der Hand im Trabe ist es oft sehr schwierig zu beurteilen, ob mangelhafter Schwung erblich bedingt ist oder die Entfaltung eventuell vorhandener guter Anlagen lediglich durch schlechtes Vorführen verhindert

Trennung von Erb- und Umwelteinflüssen

wird. Wer an solchen Zuchtschauen teilnimmt, muß also davon ausgehen, daß eine „gerechte" Bewertung der von ihm vorgestellten Tiere im Vergleich mit den Konkurrenten nur zu erwarten ist, wenn sich seine Tiere in möglichst günstig wirkendem Futter- und Pflegezustand sowie nach entsprechender Schulung von Pferd und Vorführer unter voller Entfaltung der gegebenen Bewegungsanlagen bzw. ohne deren Behinderung durch den Vorführer präsentieren.
Welche Möglichkeiten gibt es nun, ein optimales, d.h. der Idealvorstellung des jeweiligen Zuchtziels möglichst nahekommendes Erscheinungsbild der bei Zuchtschauen präsentierten Pferde bzw. Ponys zu erzielen?

2.8.1 Aufzucht, Fütterung und Pflege

1. **Aufzucht.** Diese spielt besonders bei der erstmaligen Vorstellung junger Tiere (z. B. Hengstanwärter oder zwei- und dreijährige Stuten) eine wesentliche Rolle. Sie sollte sich nach den in Kap. 2.7 genannten Grundsätzen richten, wobei ausreichende Bewegung zur optimalen Entwicklung der erwünschten Bemuskelung besonders beachtet werden muß.
2. **Fütterung.** Eine gute Bemuskelungsanlage kann nur bei zweckmäßiger Fütterung optimal ausgeprägt werden. Die Fütterung soll angepaßt sein an den Bedarf (s. Kap. 2.3), dabei in Wirkstoff- und Fettanteilen der Ration möglichst etwas vorhalten (z. B. etwas erhöhte Karotin-Zufuhr sowie Fütterung von Leinsamen oder Mischfutter mit hohem Leinsamen-Anteil), um dem Fell und Langhaar Glanz zu verschaffen. Jede übermäßige Verfettung sollte vermieden werden, da sie das erwünschte, trocken-plastische Hervortreten der Konturen von Skelett (Kopf, Widerrist, Gelenke), Muskeln und Sehnen verwischt und einen unklaren, „schwammigen" Eindruck hervorruft, der als Zeichen ungenügender „Härte", d. h. Zähigkeit und Ausdauer im sportlichen Einsatz, gewertet wird.
3. **Pflege.** Zur Vorbereitung auf eine Schau gehört das regelmäßig über mehrere Wochen täglich wiederholte Putzen, um Schmutz aller Art (Erde, Einstreu- und Heureste, Staub u. ä.) gründlich aus dem Fell zu entfernen und den durch entsprechende Fütterung vorbereiteten Fettglanz (produziert in den Talgdrüsen an den Haarwurzeln) auf das gesamte Haarkleid zu verteilen. Gleichzeitig ist durch Kämmen und Bürsten der Mähne sowie durch Waschen und „Verlesen" der Schweifhaare (Auflösen der ineinander hängenden Haarbüschel durch vorsichtiges Trennen mit der Hand, nicht mit Kamm oder Bürste!) dafür zu sorgen, daß auch das Langhaar gepflegt und glänzend wirkt. Als weiterer Teil der Pflege zwecks Vorbereitung auf eine Schau ist das eventuell notwendige „Berunden" der Hufe (Abraspeln zu lang gewachsener

Putzen

Verlesen der Schweifhaare

Berunden der Hufe

bzw. ausgebrochener Tragerand-Kanten) zu erwähnen, das an sich Routine-Bestandteil der normalen Pflegearbeiten sein sollte. Selbstverständlich sind auch die Hufe gleichzeitig gründlich von Erde und Mistresten zu säubern.
Die Vortäuschung guter Pflege durch Verwendung von Öllappen zur Erzeugung eines glänzenden Felles kann im Einzelfall vielleicht Erfolg bringen, ist jedoch im allgemeinen nicht zu empfehlen, da die verstärkte Staubhaftung auf einem derart künstlich

Putz- und Pflege-Gerät.
1. Striegel (aus Metall, Kunststoff oder Gummi, auch in ovaler Form) – zum Aufrauhen von Schmutzkrusten (nur auf fleischgepolsterter Haut!) sowie zur Reinigung der Bürsten. 2. Bürste, „Kardätsche“. 3. Hufraspel. 4. Wurzelbürste zur Hufreinigung, in ähnlicher Form (grobe, lange Borsten) zur Langhaar-Pflege. 5. Mähnenkamm; mit kürzeren, schmalen Zinken (evtl. mit Stiel) auch zum „Verziehen“ der Mähne. 6. Schwamm zum Reinigen empfindlicher Stellen. 7. Hufkratzer zum Entfernen von Schmutz aller Art aus den Eckstreben der Hufsohle (stets in Zehenrichtung!), hier mit Stollenschlüssel zum Eindrehen bzw. Abnehmen von Hufstollen (Gleitschutz in den Hufeisen).

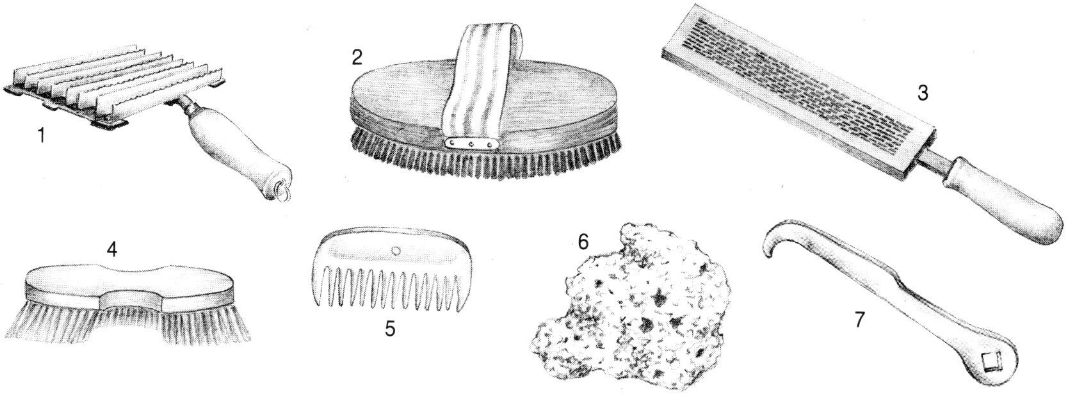

Verlesen der Schweifhaare (nach gründlicher Wäsche).

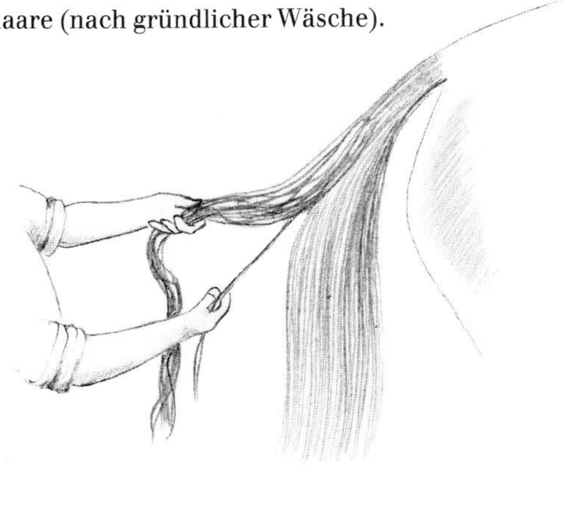

eingefetteten Haarkleid eher nachteilig wirkt. Ähnlich ist Schwärzen der Hufe (mit schwarzem Huffett) zu beurteilen, das manchmal auch nur ungenügende Hufreinigung vertuschen soll. Einfetten der Hufe mit farblosem Fett erzeugt zwar im Moment ansprechenden Glanz, läßt jedoch Erde bzw. Staub stärker haften als auf ungefetteten Hufen, so daß der schöne Glanz auf sandigen oder staubigen Vorführplätzen sehr schnell verlorengeht.

2.8.2 Frisur

Zur Erzielung eines möglichst günstigen Eindrucks auf die Bewertungskommission kann eine korrekte, d. h. zweckmäßige und optisch günstig wirkende Frisur wesentlich beitragen. Hierzu gehören: Verkürzen oder Einflechten der Mähne, Einflechten, Scheren oder Auszupfen der Schweifhaare am Unter- bzw. Seitenteil des Schweifansatzes sowie Verkürzen übermäßig langer Haare in den Ohren, unter den Ganaschen und Unterkieferästen sowie an den Fesselköpfen („Kötenzöpfe").

Grundsätze

Bei der Frisur von Schaupferden sind gewisse Grundsätze zu beachten:
- soviel wie möglich Natur belassen, möglichst wenig künstlich wirkender Aufputz;
- Berücksichtigung landesüblicher Bräuche und rassetypischer Besonderheiten unter Betonung der im Zuchtziel-Modell angestrebten Konturen;
- Vermeidung nachteiliger Folgen, z. B. durch Entfernung von Schutzhaaren, Hautreizung infolge stacheliger Schnittborsten u.ä.

Zur näheren Erläuterung dieser Frisur-Grundsätze folgen nachstehend einige Hinweise:

Scheren

Die Verzierung eingeflochtener Mähnen oder Schweife mit bunten Papier- oder Feder-Büscheln, Wollfäden o. ä. wirkt im allgemeinen „zirkusmäßig" und sollte bei einem normalen Zuchttier-Wettbewerb nach Möglichkeit vermieden werden. Auch das radikale Scheren des Mähnenkamms am Genick bzw. der Schweifansatz-Seiten bewirkt einen unnatürlichen Eindruck. Völlig abzulehnen ist das Abscheren der gesamten Mähne, das immer den Verdacht auf mangelhaften Pflegeaufwand oder Erkrankung an Sommer-Ekzem aufkommen läßt.

Einflechten der Mähne

Als landesüblicher Brauch ist in Deutschland z. B. bei Warmblutpferden, die an Zuchtschauen teilnehmen, das Einflechten der Mähne anzusehen. Dabei wird die vorher auf ca. 12 bis 15 cm verkürzte Mähne in Zöpfe eingeflochten, die einmal umgeschlagen und mit normalerweise weißem, nicht zu breitem Klebeband umwickelt bzw. festgehalten werden. Je nach Halslänge sind dabei schmalere Zopf-Abstände (bei genügend langem Hals) oder weitere Abstände (um einen kurzen Hals optisch zu „verlängern“) zu empfehlen. Wichtig ist, daß nach allgemeiner Auffassung der Stirnschopf ebenfalls in einem Zopf eingeflochten sein sollte, wenn die Mähne eingeflochten ist. Neben dem Einflechten mit umgeschlagenen Zopfenden und Klebeband sieht man vereinzelt auch das in England übliche Vernähen der schleifenartig von vorn nach hinten in den jeweils nächsten Zopf gesteckten Zopfenden, bei dem man auf kontrastierendes Klebeband verzichtet, um so einen gekünstelten Eindruck noch mehr zu vermeiden.

Sofern es nicht aus Gründen der Einheitlichkeit erforderlich ist, kann auch bei Warmblutpferden auf das Einflechten der Mähne verzichtet werden. In diesem Falle ist eine gleichmäßige, den Konturen der Hals-Oberlinie angepaßte Verkürzung („Verziehen“) der Mähne auf das oben bereits genannte Maß von 12 bis 15 cm Länge bzw. Breite zu empfehlen, und zwar mit Hilfe eines Reißkammes, mit dem man kleine Büschel der über die angestrebte Länge hinausragenden Mähnenhaare umwickelnd erfaßt und ausrupft. Auf diese Weise wird gleichzeitig eine gewisse Ausdünnung erzielt, die die Mähne feiner erscheinen und glatter liegen läßt.

Verziehen der Mähne

In diesem Zusammenhang ist darauf hinzuweisen, daß bei edlen Pferde- bzw. Ponyrassen die Mähne stets nur nach einer Seite liegen sollte. Eine sogenannte „Doppelmähne“, die nach beiden Halsseiten fällt, wirkt bei diesen Rassen im allgemeinen ungepflegt und läßt den Hals unerwünscht dick erscheinen. Das gleichmäßige Liegen der Mähne nach einer Seite erzielt man am besten durch regelmäßiges Bürsten bereits im Fohlenalter. Widerstrebende, d. h. zur anderen Seite kippende Mähnenteile lassen sich durch häufiges Naß-Bürsten, notfalls auch durch vorübergehendes Feucht-Einflechten oder durch Festhalten mit einem um den Hals gewickelten feuchten

Doppelmähne

Einflechten der Mähne. Verziehen auf ca. 10–12 cm Länge, d. h. Verkürzen durch Auszupfen der über die gewünschte Länge hinausragenden Haare mit Hilfe eines Reißkammes; Einflechten mit Befestigung der Zopfenden durch Gummiringe; Umschlagen der Zopfenden (einfach oder doppelt, je nach Zopflänge) und Festhalten durch Klebeband.

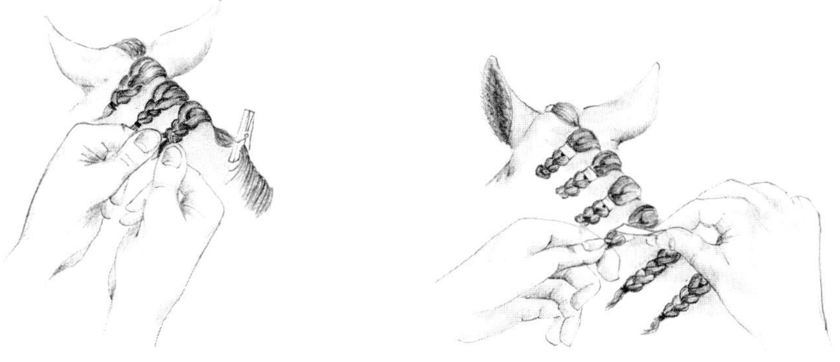

Tuch oder Sack bändigen. Je später man anfängt, eine nach beiden Seiten fallende Mähne in dieser Weise zu behandeln, um so schwieriger wird es, eine glatte Mähnenlage nach einer Seite zu erzielen. In solchen Fällen hilft dann oft nur noch das Einflechten am Tage der Schau. Übrigens muß noch betont werden, daß Mähnenzöpfe nach der Schau-Vorstellung möglichst umgehend wieder gelöst werden sollten. Bleiben sie länger befestigt, so besteht die Gefahr, daß ein Scheuern des Mähnengrundes an Balken, Kanten o. ä. zum Abbrechen ganzer Haarbüschel und damit zur Verunstaltung der Mähne führt.

Bei Spezialrassen wie z. B. den Arabern wird die Mähne normalerweise nicht eingeflochten. Hier besteht auch eine Tendenz, die Mähne möglichst lang wachsen zu lassen. Allerdings wirkt auch bei schönstem Seidenglanz eine zu lange Mähne störend, wenn sie die unteren Konturen des Halses verdeckt.

Ebenfalls nicht eingeflochten wird die Mähne üblicherweise bei allen Ponyrassen mit Ausnahme der aus Kreuzungen entstandenen, dem Reitpferd-Typ ähnelnden Reitponys. Dabei akzeptiert man bei besonders urwüchsig erscheinenden Rassen, wie Shetlandponys, Isländern und Haflingern, auch eine „Doppelmähne", die auf dem Kamm gescheitelt ungefähr gleichmäßig geteilt nach beiden Seiten fällt. Unschön wirkt allerdings auch bei diesen Rassen eine Mähne, die an einem Teil des Halses ganz nach der einen, an einem anderen Teil nach der anderen Seite liegt.

Stehmähne

Als Sonderfall der Mähnenfrisur ist das bei Fjordpferden übliche Bescheren bzw. Beschneiden zu nennen, das die an sich wie bei anderen Rassen hängende Mähne zur „Stehmähne" werden läßt. Der bei der rassetypischen Falbfärbung mit Aalstrich deutlich ausgeprägte Farbkontrast zwischen dem dunklen (schwarzen oder rotbraunen) Mähnenhaar und dem gelblichen Fellhaar, das am Mähnenkamm seitlich lang heranwächst, wird durch entsprechendes

Bei Fjordpferden übliche Stehmähnenfrisur.

Beschneiden besonders zur Geltung gebracht. Dabei ist es in Deutschland üblich, die dunklen Mähnenhaare auf ca. 10 cm Höhe (gemessen an der Halsmitte) zu stutzen und den seitlich heranwachsenden hellen Haarstreifen einige Zentimeter kürzer zu halten. Im übrigen wird die Höhe der Stehmähne zu den Ohren und zum Widerrist hin verjüngt, wobei man bemüht ist, die Hals-Oberlinie durch entsprechende Mähnen-Schnitthöhe möglichst günstig gewölbt erscheinen zu lassen. Der Mähnenschopf bleibt bei dieser Frisur normalerweise ab Kopfstücklage des Halfters bzw. Zaumzeuges unbeschnitten, soll allerdings nur zwischen den Ohren nach vorn heraustreten.

Grundsätzlich ist ein Herumschneiden an der Mähne außer im Sonderfall der Fjordpferd-Stehmähne unbedingt zu vermeiden. Eine statt durch den Reißkamm mit der Schere gekürzte Mähne wird dick und steif, legt sich nicht glatt an die Halsseite und gilt allgemein als deutliches Zeichen mangelnder Fachkenntnis.

Schweifansatz

Wie an der Mähne sollte auch am Schweifansatz Scherengebrauch vermieden werden. Bei Warmblutpferden ist es zwar gegendweise üblich, die erwünschte edle, also etwas von den Konturen der Hinterhand abgesetzte Schweifhaltung durch Abschneiden der Seitenhaare am Schweifansatz optisch zu unterstützen. Dabei wird am oberen Ende der Schweifrübe, also direkt am Schweifansatz, das Langhaar bis auf die obere Lage, die in Schweifrübenbreite erhalten bleibt, abgeschoren. Die seitliche Scherfläche läuft dann nach unten bei ca. 25 bis 30 cm Länge in die unbehaarte Unterseite der Schweifrübe aus. Dieses Verfahren ist jedoch nicht zu empfehlen, da es in kurzer Zeit durch Nachwachsen der dann besonders stachelig-steifen Haare den Schweifansatz wie eine Bürste aussehen läßt. Beim Einsatz des Schweifes zur Fliegenabwehr ist mit Reizung der nackten Hautflächen neben dem Schweifansatz durch die stacheligen Borsten zu rechnen. Einzige Abhilfe gegen diese Nachteile wäre eine in kurzen Abständen vorzunehmende Wiederholung der Scher-Prozedur, die im allgemeinen unterbleibt.

Scheren

Zupfen

Etwas mühseliger als das Scheren ist das ersatzweise zu empfehlende Auszupfen der seitlichen Schweifhaare, am Ansatz bis zu etwa ¾ der Schweifrüben-Seitenfläche hochreichend, nach unten hin schmaler werdend und nach etwa 25 bis 30 cm in die unbehaarte Schweifrüben-Unterseite auslaufend. Dieses Zupf-Verfahren kann zwar manchmal nur bei energischer Ruhigstellung des Pferdes durchgeführt werden, hat jedoch bei gleicher optischer Wirkung wie das Scheren den Vorteil, daß die Haare an den gezupften Flächen nur langsam und auch nur fein und weich nachwachsen. Ein gründliches Zupfen im Frühjahr reicht normalerweise für die ganze nächste Schau-Saison.

Wer auf die Erhaltung der Schutzwirkung einer breiten Schweifhaar-Abdeckung von After und Scheide Wert legt, andererseits aber

Einflechten der Schweifansatz-Haare.

auch gern die Schweifhaltung edel und stolz erscheinen lassen möchte, kann das in England sehr verbreitete Einflecht-Verfahren anwenden. Dabei werden die bei den vorher genannten Methoden abzuscherenden oder auszuzupfenden Langhaare stattdessen von beiden Seiten in möglichst feinen Strähnen zu einem auf der Mitte der Schweif-Oberseite liegenden Zopf geflochten, der mit ca. 40 bis 50 cm Länge ausläuft, am Ende umgeschlagen und mit Klebeband oder Faden befestigt wird.

Einflechten

Bei Ponys – von der Zuchtrichtung „Reitpony" abgesehen – kann normalerweise auf die hier erwähnten Frisuren des Schweifansatzes verzichtet werden. Dabei ist auch zu berücksichtigen, daß für weitgehend im Freien gehaltene Pferde die seitlichen Haare am Schweifansatz eine gewisse Schutzwirkung gegen das Eindringen von Nässe und Schmutz in die After- und Scheidengegend bieten.

Schweifende

Während bei Mähne und Schweifansatz Scherengebrauch – von den geschilderten Ausnahmen abgesehen – möglichst vermieden werden sollte, ist der Einsatz der Schere erforderlich, um dem Schweifende, besonders bei Warmblutpferden, aber auch bei Ponys, ein gefälliges und gepflegtes Aussehen zu geben. Dieses ist vor der Teilnahme an Schauen nach gründlicher Reinigung des Schweifes – falls nötig durch Waschen – so zu beschneiden, daß es bei normaler Schweifhaltung (in der Bewegung) eine stumpfe, parallel zum Boden verlaufende Kante bildet. Das so beschnittene Schweifende sollte – je nach Geschmack – in getragenem Zustand auf 10 bis 20 cm unterhalb des Sprunggelenkhöckers hinabreichen. Beim Beschneiden der Schweifkante am stehenden Pferd ist zu beachten, daß es den Schweif in diesem Zustand normalerweise nicht wie bei schwungvoller Bewegung trägt, sondern hängen läßt. Man sollte in diesem Fall also in der Länge ca. 10 cm zugeben und den Schnitt von

hinten nach vorn deutlich ansteigen lassen. Ersatzweise kann auch ein Helfer die Schweifrübe so hochstützen, wie sie normalerweise in der Bewegung getragen wird, so daß dann so geschnitten werden kann, wie man sich das Schweifende optisch wünscht. In diesem Zusammenhang muß betont werden, daß ein besonders langer Schweif nur selten vorteilhaft wirkt. Im allgemeinen pendelt ein solcher „Super-Schweif" oft zwischen den Hinterbeinen des Pferdes, hängt sich dort leicht mit einigen Haaren an den Kastanien fest und wirkt dann störend oder fängt übermäßig viel Schmutz ein.
Als Besonderheit sei erwähnt, daß man bei Arabern den Schweif gern spitz auslaufend, also nicht stumpf geschnitten sieht. Bei Pferden dieser Rasse wird im allgemeinen auch am Schweifansatz auf besondere Frisur-Methoden – außer Verlesen und Bürsten – verzichtet.

Fesselbehang

Neben der Behandlung von Mähne und Schweif zur Erzielung günstiger optischer Effekte ist eine solche manchmal – vor allem bei etwas gröberen Warmblutpferden – auch an den Fesselköpfen wünschenswert, wenn diese mit starker „Befederung", d. h. lang nach unten wachsender Behaarung an der Hinterkante der Röhrbeine, der Fesselköpfe und der Fesselbeugen besetzt sind. Die Verkürzung dieser einen groben Eindruck erweckenden Behaarung geschieht manchmal durch Abschneiden mit der Schere. Dabei lassen sich Schnitt-Stufen im Haar kaum vermeiden. Außerdem führen die kurz geschnittenen und dadurch stacheligen Haare unter dem Fesselkopf oft zu Hautreizungen in der Fesselbeuge. Aus diesen Gründen empfiehlt sich statt des Abschneidens mit der Schere auch in diesem Fall eher das Auszupfen der zu lang gewachsenen Haare an Röhrenhinterkante, Fesselkopf und Fesselbeuge. Es ist zur Zeit des Frühjahrs-Haarwechsels im allgemeinen recht einfach durchzuführen und läßt das verkürzte Haar an den betroffenen Partien besonders naturbelassen erscheinen.

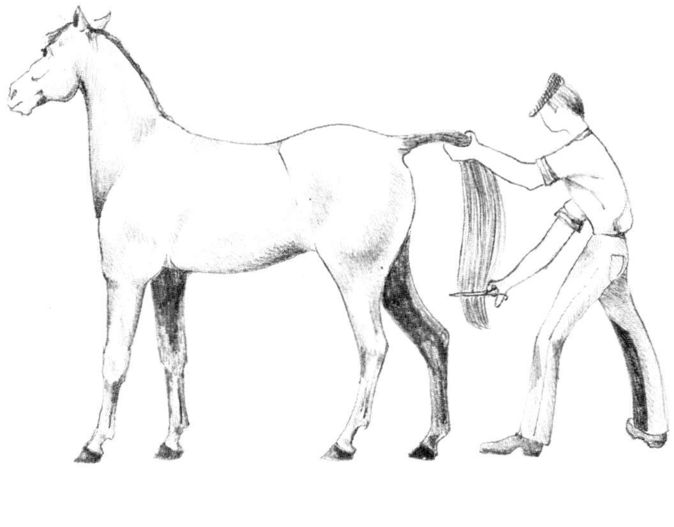

Stumpfes Abschneiden des Schweifendes (nach dem Verlesen).

Die hier beschriebene „Veredelung“ der Fesselbehaarung empfiehlt sich im allgemeinen nur für Warmblutpferde und betont edle Reitponys. Sonstige Ponyrassen sollten ruhig mit natürlicher Fesselbehaarung vorgestellt werden, um die erwünschte Fundamentstärke nicht optisch zu beeinträchtigen.

Als letzter Punkt der Frisur im Rahmen der Vorbereitung einer Schau-Teilnahme ist die Verkürzung übermäßig langer Haare an Ohren und Unterkiefer zu besprechen. Aus den Ohren wachsen im allgemeinen in der Mitte der Ohren-Öffnung etwas längere Haarbüschel heraus, die als Teil der Schutzbehaarung das Eindringen von Fremdkörpern verhüten sollen. Diese Haarbüschel können die Ohren manchmal etwas groß bzw. derb erscheinen lassen. Deshalb werden sie üblicherweise mit der Schere derart gestutzt, daß man den Ohrenrand am Ohrengrund zusammendrückt und die über den Rand hinausragenden Haare glatt abschneidet. Auf jeden Fall sollte vermieden werden, die Haare tiefer in das Ohr hinein abzuschneiden, um ihre Schutzwirkung zu erhalten.

Ohren und Unterkiefer

Die für eine „Veredelung“ der Fesselbehaarung in Frage kommenden Rassen (vor allem Warmblut und edle Reitponys) haben häufig auch auf und zwischen den Unterkieferästen sowie an den Ganaschenrändern aus dem Fell herauswachsende, lange Haare, welche die unteren Konturen des Kopfes verwischen und unnötig grob erscheinen lassen. Zur optischen Betonung des edlen Kopf-Ausdrucks werden diese langen Haare üblicherweise durch Absengen mit einer Kerze entfernt. Das bei vorsichtiger Kerzenanwendung schmerzlose Absengen, bei dem sich ein wenig Brandgeruch und Geknister natürlich nicht vermeiden lassen, hat gegenüber dem

Absengen

Links: Abschneiden der aus der zusammengedrückten Ohrmuschel herausragenden Haare.
Rechts: Absengen der langen „Bart“-Haare am Unterkiefer.

Abschneiden (mit der Schere) den Vorteil, daß es keine Schnitt-Stufen hervorruft und nach gründlichem Abputzen das Fell an den abgesengten Stellen völlig naturbelassen erscheint.

Zusammenfassend ist zum Thema „Frisur" festzustellen, daß die zu empfehlenden Maßnahmen sich jeweils nach der Idealvorstellung des Zuchtziel-Modells richten und die optische Unterstützung des gewünschten Ausdrucks, vor allem hinsichtlich des Merkmals „Adel", zum Ziel haben. Bei sonst gleicher Qualität wird ein fachmännisch frisiertes Pferd gegenüber einem nicht oder ungeschickt frisierten Konkurrenten mit Sicherheit höher bewertet, sowohl bei einer Schau als auch bei einer sonstigen Vorstellung, z. B. für Kaufinteressenten. Es lohnt sich deshalb für jeden Züchter, die Grundsätze fachgerechter Frisur zu erlernen bzw. sich bei erfahrenen Kollegen die Feinheiten zeigen zu lassen. Schließlich ist noch zu betonen, daß auch die nicht gerade für eine Schau vorzubereitenden Zuchtpferde auf Besucher einen besseren Eindruck machen, wenn Mähne und Schweif durch ein Mindestmaß an Frisur bzw. Pflege der Qualität von Körperbau und Bewegungsmechanik entsprechen. Kein Fachmann wird sich z. B. bei auf der Weide gehaltenen Zuchtpferden oder -ponys durch Erdreste im Fell, wie sie nach dem Wälzen auf der Weide manchmal haften bleiben, in der Beurteilung stören lassen. Wenn dagegen das Langhaar an Mähne und Schweif zottelig, zu wirren Zöpfen zusammengedreht, ungleichmäßig lang oder zerrupft und womöglich teilweise abgescheuert ist, wird ein sonst positiver Eindruck mit ziemlicher Sicherheit mehr oder weniger stark beeinträchtigt.

2.8.3 Verladen

Das Verladen von Pferden bzw. Ponys ist zwar auch bei anderen Anlässen nötig, dann jedoch normalerweise nicht unter Zeitdruck. Dagegen laufen Schauen aller Art nach einem bestimmten Zeitplan ab. Deshalb ist rechtzeitiges Eintreffen der vorzustellenden Tiere am Schauplatz eine wichtige Voraussetzung dafür, daß man die an Ort und Stelle erforderlichen letzten Vorbereitungen in Ruhe treffen kann. Fehlt die dazu nötige Zeit, so tritt der Vorführer womöglich nervlich verkrampft zur Vorstellung an und überträgt seine eigene Unruhe auf das vorzustellende Pferd, dessen Präsentation dann sicher nicht optimal ausfällt. Aber auch ein Pferd oder Pony, welches nur unter erheblichen Schwierigkeiten verladen werden konnte und stark verschwitzt bzw. erregt auf dem Schauplatz ankommt, wird vor der Bewertungskommission benachteiligt sein. Aus diesen Gründen lohnt es sich, im Rahmen der Vorbereitungen auf eine Schauteilnahme mit bisher noch nicht an das Verladen gewöhnten Tieren auch diesen Vorgang ebenso wie das Vorführen zu üben.

Grundsätzlich ist festzustellen, daß die Verladung in größere Lastwagen mit geräumiger Stellfläche im allgemeinen keine Schwierigkeiten bereitet. Normalfall ist jedoch die Verladung in einen verhältnismäßig kleinen, engen Transporter, der als Pkw-Anhänger ein oder zwei Pferde aufnehmen kann. Um Pferde bzw. Ponys an das Betreten von Transportern dieser Art zu gewöhnen, empfiehlt sich die Beachtung der folgenden Hinweise:

1. Der zu benutzende Transporter soll den zu verladenden Pferden bekannt sein. Er ist also rechtzeitig (spätestens einige Tage vor dem Termin) in deren Sichtweite aufzustellen. Ist dies nicht möglich, kann man die betreffenden Tiere auch einige Tage an dem Transporter vorbeiführen, wobei sie Gelegenheit haben sollten, ihn zu beschnuppern und seine Ungefährlichkeit zu erkennen.
2. Besonders sensible oder ängstliche Tiere sollten vor dem Verladetag Gelegenheit haben, den in ihrer Weide bzw. im Auslauf stehenden, offenen Transporter aus Neugierde oder, um an das dort in einem Netz aufgehängte Heu zu gelangen, zu betreten.

Ist diese erste Vorbereitungsphase zufriedenstellend abgelaufen, geht es an das eigentliche Üben des Verladens. Hierzu haben sich in der Praxis bestimmte Verfahrensweisen entwickelt, die im folgenden dargestellt werden.

Üben des Verladens

Eine mit dem zu verladenden Tier vertraute Person führt das Pferd bzw. Pony am Halfterstrick in ruhigem Schritt ohne Zögern geradeaus auf die Verladeklappe des Transport-Anhängers zu, nach Möglichkeit unterstützt durch einen Helfer, der mit dem Futtereimer

Stufen der Verlade-Technik (je nach Erfordernis). Heranführen mit Lockfutter; Aufsetzen eines Vorderbeines auf die Laderampe; Nachschieben durch zwei Helfer mit unterhalb der Sitzbeinhöcker verschränkten Armen; Nachschieben mit Hilfe von zwei unterhalb der Sitzbeinhöcker um die Hinterhand angezogenen Stricken bzw. Longen.

lockend vorausgeht. Der Transporter soll dazu vorn offen oder beleuchtet sein, damit das Wageninnere nicht als dunkles Loch wirkt und beim Pferd Angstgefühle hervorruft. Als weitere Unterstützung eines reibungslosen Aufladens empfiehlt es sich, den Transporter direkt vor einer Stalltür oder einem Weidetor zu placieren, um die Versuchung auszuschalten, seitlich daran vorbeizulaufen. Der gleiche Zweck kann auch durch die Verwendung von Hindernisfängen oder -stangen links und rechts neben der Ladeklappe erzielt werden.
Einem kurzfristigen Zögern des Pferdes vor Betreten der Laderampe ist mit Geduld zu begegnen. Häufig genügt ein beruhigendes Zureden und Klopfen am Hals, um diesen Moment des Mißtrauens zu überwinden. Bleibt das Pferd längere Zeit stehen, ohne sich überreden zu lassen, besteht die nächste Stufe der „Nachhilfe" darin, ein Vorderbein aufzuheben und auf die Verladerampe zu setzen. Unterstützt durch die gleichzeitige Aufforderung zum Vortreten reicht diese Maßnahme oft schon aus, und das Pferd tritt anstandslos in den Hänger hinein.

Nachhilfe

Bei stärkerem Sträuben des Pferdes sind dann nacheinander in Anpassung an die Stärke des Widerstandes folgende Möglichkeiten der „Nachhilfe" anzuwenden:
Nachschieben durch zwei links und rechts neben der Hinterhand des Pferdes stehende Personen, die jeweils einen Arm mit dem des Partners hinter dem Pferd verschränken und damit schieben;
Zughilfe mit Seilen (ersatzweise Longe o. ä.), die links und rechts am Transporter befestigt sind und hinter dem Pferd (oberhalb der Sprunggelenke) herumgeführt und allmählich – ohne loszulassen! – angezogen werden.
Bei immer noch widerspenstigen Pferden, deren „Dickkopf" oder Ängstlichkeit durch die bisher beschriebenen Maßnahmen nicht überwunden werden kann, ist schließlich auch eine Drohung mit

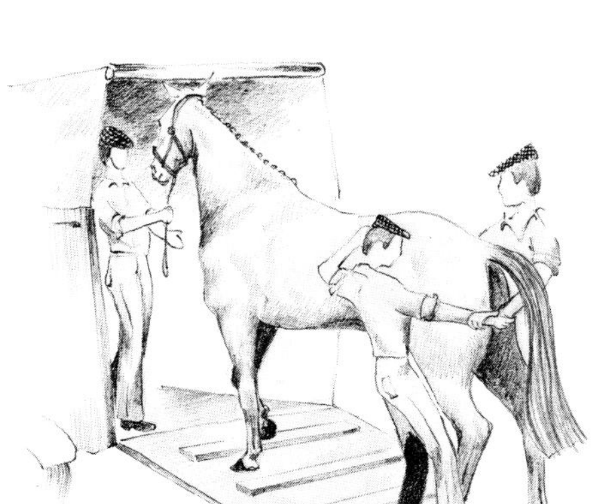

dem Stallbesen oder einer Reitgerte angebracht, die dann das Betreten des Transporters vielleicht als das kleinere Übel erscheinen läßt.

Wenn die aufgeführten Verfahren nicht zum Ziel führen, muß ganz von vorn mit der ersten Stufe der Vertrauensbildung bzw. Überwindung des Mißtrauens begonnen werden. Lautes Schreien oder wiederholte Peitschenstrafen sind jedenfalls unangebracht, da sie die negativen Eindrücke beim Pferd verstärken und jeden weiteren Verladeversuch nur erschweren.

Belohnung

Hat sich ein Pferd übungsweise aufladen lassen, so sollten deutliches Loben und eine Belohnung mit Kraftfutter oder Leckerbissen anderer Art folgen. Auf diese Weise werden positive Vorstellungs-Verbindungen erweckt bzw. gefestigt, die jedes weitere Aufladen leichter ablaufen lassen.

Transport-Schutzmaßnahmen

Zum Transport selbst sind bestimmte Schutzmaßnahmen zu empfehlen, nämlich die Anbringung von Transportgamaschen, die bis über den Kronenrand reichen (Schutz vor Tritt-Verletzungen in Kurven), Kopfpolster (für den Fall des Hochschlagens gegen Decke oder Tür-Rand) und Schweifbandage (gegen Aufscheuern des Schweifansatzes an der hinteren Sicherungsstange oder Ladewand). Als selbstverständlich sollte es gelten, daß man mit einem Pferdetransporter besonders vorsichtig fährt und jedes heftige Bremsen bzw. Anfahren sowie schnelles Kurvenfahren vermeidet.

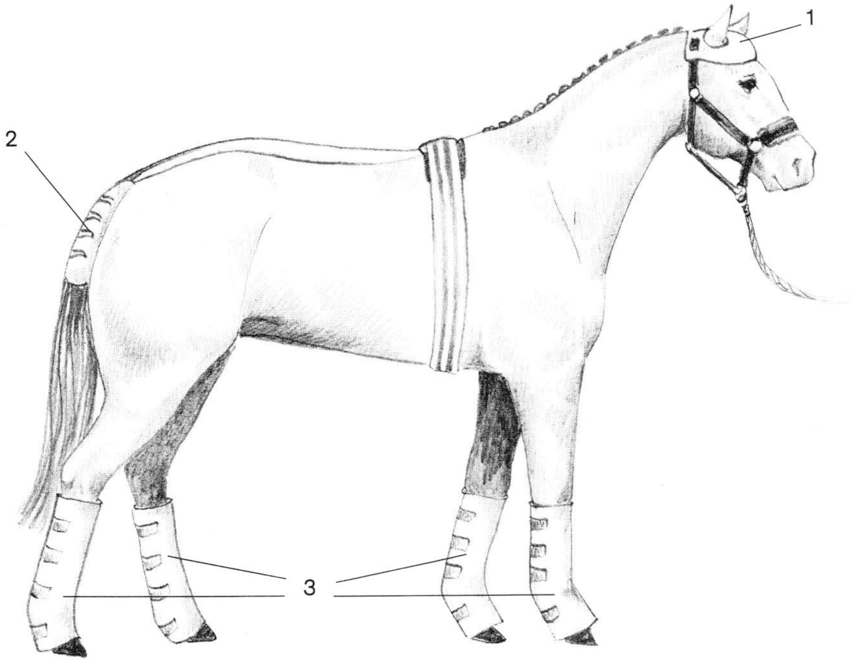

Transport-Schutzausrüstung. 1 = Kopfpolster 2 = Schweifschoner 3 = Transportgamaschen (bis über den Kronenrand)

Hat man mehr als ein Pferd bzw. Pony zu verladen, so ist grundsätzlich das leichter zu verladende Tier zuerst aufzuladen. Dann erleichtert der Herdentrieb das Aufladen weiterer Tiere. Bei Stuten mit Fohlen soll das Fohlen immer zuerst in den Transporter gebracht werden, da dies normalerweise am einfachsten, eventuell „mit sanfter Gewalt", zu bewerkstelligen ist und die Stute dann im allgemeinen willig folgt. Ist die Stute dagegen zuerst aufgeladen und das vielleicht widerspenstige Fohlen noch längere Zeit draußen, so wird auch die Stute unruhig und versucht wieder zu ihrem Fohlen zu gelangen. Zerrissene Halfter oder Stricke, Verletzungen und/oder vermehrte Auflade-Schwierigkeiten können die Folge sein.
Abschließend ist zu betonen, daß auch die sorgfältigste Beachtung aller Vorbereitungs-Empfehlungen sonstiger Art für eine Schau-Teilnahme nutzlos ist, wenn sich am Schautage ernsthafte Verladeprobleme zeigen. Das rechtzeitige Üben des Verladens darf deshalb bei allen Bemühungen um gutes Füttern, Pflegen, Frisieren und Vorführen nicht vergessen werden.

2.8.4 Vorführen

Die Erfüllung aller sonstigen Voraussetzungen für eine günstige Wirkung von bei einer Zuchtschau vorzustellenden Pferden oder Ponys bleibt ohne Erfolg, wenn die betreffenden Tiere während der Vorführung ihre Vorzüge im Stand und in der Bewegung nicht optimal präsentieren.

Vorführungsregeln

Eine solche Vorführung erfolgt in Deutschland im allgemeinen nach bestimmten Regeln:
Die Richterkommission läßt sich das zu beurteilende Pferd, Pony oder Fohlen üblicherweise zuerst im Stand – mit einem Abstand von ca. 5 m, quer zur Blickrichtung der Kommission – und anschließend im Schritt sowie im Trabe vorführen. Dabei wird im Schritt vor allem die Korrektheit von Huf-, Fessel- und Beinstellung bzw. -bewegung von vorn und von hinten geprüft, aber auch z.B. die Bemuskelung der Hinterhand und die Brustbreite. Die Schritt-Vorführung erfolgt vorzugsweise auf einer geraden Linie, von den Richtern weg und auf die Richter zu. Die gleiche Prüfung erfolgt dann noch einmal im Trabe. Dabei werden zusätzlich Energie des Antritts, Schwung, Elastizität und Raumgriff sowie Bewegungsmanier („Aktion") bewertet.

Dreiecksbahn

Für die Vorführung im Trabe wird normalerweise eine Dreiecksbahn mit jeweils ca. 30 m Kantenlänge (bei Ponys auch weniger) benutzt. Dabei stehen die Richter an einer Ecke des Dreiecks, so daß sie die Korrektheit der Bewegung von hinten und von vorn, die übrigen Kriterien der Bewegungsmechanik zusätzlich auch noch von der Seite beurteilen können. Der links neben dem Kopf des Pferdes laufende Vorführer führt dieses auf der Dreiecksbahn im Uhrzeigersinn, also rechtsherum („auf der rechten Hand"). Zum Abschluß

Grundriß eines Vorführdreiecks (Kommission steht nach Möglichkeit in der Mitte der langen Seite des Rechtecks – Sonnenstand beachten!)

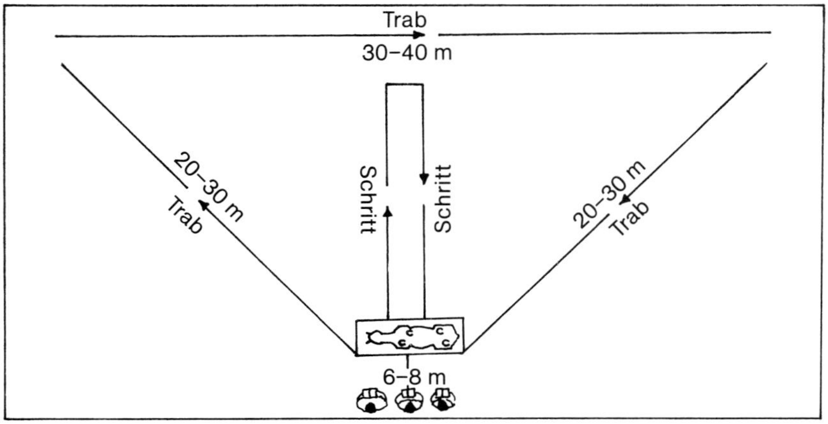

Vorführring

einer jeden zu beurteilenden Klasse von Rasse-, Geschlechts- bzw. Altersgenossen werden im allgemeinen alle Konkurrenten hintereinander im Schritt auf einem Vorführring geführt, wobei nach Überprüfung und Ergänzung der Beurteilung durch Bewertung der Bewegungsmechanik im Schritt die endgültige Rangierung, meistens unter entsprechendem Platzwechsel der Tiere, vollzogen wird.

Zur Zeiteinsparung wird das Vorführ-Verfahren manchmal dergestalt verkürzt, daß die Konkurrenten bereits beim Betreten des Richtringes im Schritt geradeaus auf die Richter zugeführt werden und die Vorführung auf der Dreiecksbahn zunächst mit ca. 10 m Schritt beginnt. Dadurch wird ein gesondertes Hin- und Herführen im Schritt überflüssig. Außerdem kann die Endrangierung sehr erleichtert und beschleunigt werden, wenn nach Prüfung der einzelnen Tiere im Stand und in der Bewegung diesen bereits eine vorläufige Rangierung unter den Mitbewerbern ihrer Klasse, die zweckmäßigerweise an einer Innen- oder Außen-Kante des Richtringes Aufstellung nehmen sollten, zugewiesen wird. Man verringert damit auch sehr weitgehend die Notwendigkeit zum oft nicht ganz ungefährlichen Vorbeiführen in engem Abstand an den Klassengefährten bei der Endrangierung auf dem Ring.

Zur optimalen Präsentation eines Pferdes oder Ponys gehört ein bestimmtes Auftreten bzw. Verhalten von Vorführer und Tier, das normalerweise bereits zu Hause genügend eingeübt sein muß, wenn es klappen soll:

1. Leise bzw. unauffällige Hilfen müssen zur Aufstellung bzw. Vorführung am gewünschten Platz oder auf der vorgeschriebenen Bahn genügen. Jedes laute und grobe Dirigieren, Anschreien, Herumreißen mit den Zügeln an der Trense u. ä. stört und wirkt negativ.

2. Die gründliche Beurteilung von Größe, Skelett-Mechanik usw. im Stand entscheidet sehr weitgehend über eine bessere oder schlechtere Placierung des betreffenden Pferdes oder Ponys. Es kommt daher in diesem Moment besonders darauf an, jede ungünstige Wirkung zu vermeiden und die vorhandenen Vorzüge deutlich ins Licht zu rücken. Negativ wirken in jedem Falle auf der Seite des Pferdes Nervosität, Hin- und Hertreten, ständiges Vorwärts-Drängeln, ängstliches Beiseitespringen bei irgendeiner Bewegung in der Richter-Kommission usw. Aber auch der Vorführer kann durch zu spätes oder zu heftiges Anhalten, anschließende, oft mißglückende Versuche des Zurückdrückens, ständiges Hin- und Herzerren des Kopfes bzw. des ganzen Tieres, Hoch- und Zusammendrücken des Halses sowie durch Aufstellung in falscher Beinstellung den Richter-Eindruck negativ beeinflussen. Wünschenswert ist vor allem innere Ruhe des Pferdes. Diese soll sich in gelassener, ausbalancierter Aufstellung vor den Richtern, einem bei genügender Aufrichtung gestreckten, eventuell leicht zu den Richtern gewendeten Hals, aufmerksamem, aber ruhigem Blick und genügend langem, bewegungslosem Stillstand äußern.

Beurteilung im Stand

„Offene“ **Aufstellung zur Beurteilung**, d. h. dem Betrachter zugewandtes Beinpaar weiter auseinandergestellt als das abgewandte, alle Beine für Betrachter sichtbar, Mitte Pferd in Höhe Mitte der Richter-Kommission; hier der französische Angloaraber Caid, geb. 1968, v. Aviso – Nautile – Vlan, eingesetzt in der Weser-Ems-Reitponyzucht.

Offene Stellung

Als korrekte Form der Beinstellung gilt in Deutschland die „offene“ Aufstellung, bei der das den Richtern zugewendete (linke oder rechte) Beinpaar weiter auseinandersteht als das gegenüberliegende, so daß alle vier Beine sichtbar sind. Zweckmäßigerweise tritt der Vorführer, nachdem er sich durch einen Blick schräg von vorn von der korrekten Beinstellung überzeugt hat, vor den Kopf des Pferdes und verhindert durch leichten Zügelkontakt sowie eventuelle Stimmhilfe weitere Bewegungen. Falls nötig bzw. wünschenswert erreicht man eine Streckung des Halses durch Anbieten kleiner Leckerbissen, Grasbüschel o. ä. aus der im passenden Abstand vorgehaltenen Hand. Bei sehr temperamentvollen Pferden kann es ratsam sein, eine Gerte oder ein Stöckchen mitzuführen. Mit deren Hilfe (Zeigen bzw. Hochheben) kann der zum Stillstehen nötige Respekt manchmal besser deutlich gemacht werden. Im übrigen sollte man in unebenem Gelände stets vermeiden, die Vorderbeine tiefer zu stellen als die Hinterbeine, da sonst die gesamte Oberlinie und die Harmonie des Seitenbildes verzerrt werden.

Führen im Schritt

3. Beim Führen im Schritt ist äußerste Gelassenheit erwünscht, wobei das Einhalten einer geraden Linie, die genau auf die Richter zuführt, sehr wichtig erscheint. Hin- und Herschlängeln, Zackeln in Schrägstellung oder Vorführen abseits der Blickrichtung der Richter erregen den Verdacht auf Unkorrektheit und erschweren die Bewertung. Der Versuch, die Richter dadurch absichtlich über Fehler hinwegzutäuschen, mißlingt in den meisten Fällen.

Vorstellung im Trab

4. Wie beim Schritt kommt es auch bei der Vorstellung im Trabe auf Gelassenheit an. Der Antritt soll zwar nach leiser Aufforderung energisch und schwungvoll erfolgen, ein unkontrolliertes „Explodieren“ mit übertrieben forcierten Trabtritten, die leicht in das unerwünschte Angaloppieren übergehen, ist jedoch unbedingt zu vermeiden. Bei einer solchen, häufig durch übermäßigen oder

Aufstellung zur Beurteilung im Stand. Links: Streckung, insbesondere des Halses, durch Lockfutter. Rechts: Verhinderung des Vortretens durch respektgebietend erhobene Hand.

Vorführung im Trab zur Beurteilung, Vorführer etwa in Höhe der Pferdeschulter, leichte am rechten Zügel etwas straffere Verbindung zum Pferdemaul, Kopf des Pferdes geradeaus gestellt; hier der Welsh-B-Hengst Heideparks Roeland, geb. 1970, v. Cusop Colonel – Chirk Caractacus, in mustergültiger Manier mit „stolzer" Selbsthaltung, d. h. aufgerichtet getragenem Kopf und Hals sowie schöner Genickwölbung, bei energisch-schwungvollem Ausgreifen des Vorderbeines und gleich aktivem Abfußen und Untertreten des Hinterbeines.

ungeschickten bzw. zu groben Peitschengebrauch verursachten Vorstellung fehlen die erwünschten Eigenschaften Takt und Gleichgewicht in der Bewegung, was normalerweise negativ bewertet werden muß.
Auch bei der Vorführung im Trabe ist großer Wert darauf zu legen, gerade von den Richtern weg und gerade wieder auf die Richter zuzuführen. Es wird als grober Fehler angesehen, wenn Vorführer nach der Musterung im Stand vor den Richtern zunächst mehrere Meter geradeaus anführen, ehe sie auf die Dreiecksbahn abwenden. Um den Richtern eine exakte Beurteilung der Bewegungsmechanik von hinten zu ermöglichen, ist es unbedingt erforderlich, sofort aus dem Halten in einer Rechtswendung (Richtung nächste Ecke der Dreiecksbahn) anzuführen.
Ein weiterer häufig zu beobachtender Vorführfehler besteht darin, daß versucht wird, unter Entfaltung aller Raumgriff-Reserven von Pferd und Vorführer auch die letzte Dreiecksseite in höchster Fahrt zu absolvieren, wobei aber vor lauter Schwung an

den Richtern vorbeigelaufen wird anstatt auf sie zu. In diesem Fall vergißt der Vorführer, daß es auf der letzten Dreiecksseite – ebenso wie auf der ersten – neben Takt und Elastizität in erster Linie um die Bewertung der Korrektheit in der Bewegungsmechanik geht, während Schwung und Raumgriff vor allem zwischen der ersten und zweiten Ecke (den Richtern gegenüber) von der Seite bewertet werden. Wer nichts zu verbergen hat, tut gut daran, es durch korrekte Vorführung deutlich erkennen zu lassen. Will man dagegen Fehler – z. B. in der Korrektheit – auf diese Weise kaschieren, wird ein geübter Richter schnell Verdacht schöpfen und diesem dann auch in geeigneter Weise nachspüren.

In diesem Zusammenhang sei darauf hingewiesen, daß das breite Auseinanderweichen der Hinterbeine zur Seite im Trabe bei vielen Tieren nur dann auftritt, wenn ihre Trabvorstellung übermäßig forciert wird. In solchen Fällen ist ein ruhiges Vorführ-Tempo mit Ausnutzung des natürlichen Schwunges ohne übermäßiges Treiben besonders dringend zu empfehlen.

Vorführtechnik

Zur Vorführtechnik ist noch zu bemerken, daß der Vorführer mit seiner nach rechts ausgestreckten Hand den linken Zügel ca. 15 cm unterhalb des Trensenringes zwischen Daumen und Zeigefinger, den rechten – etwas kürzer gefaßt – zwischen Mittel- und Ringfinger erfaßt und die restliche Zügellänge zu einer Schleife gelegt in der vollen rechten Hand trägt. In der Bewegung hält er sich etwa auf Schulterhöhe des Pferdes. Wichtig ist vor allem, dem Pferd bei leichtem Zügelkontakt genügend Freiheit am Kopf zu geben, so daß es diesen geradeaus tragen kann. Das Festhängen des Vorführers am Maul, verbunden mit dem Herumziehen des Kopfes nach links, beeinträchtigt die volle Entfaltung der Bewegungsmöglichkeiten des Pferdes und macht eine gerechte Bewertung unmöglich.

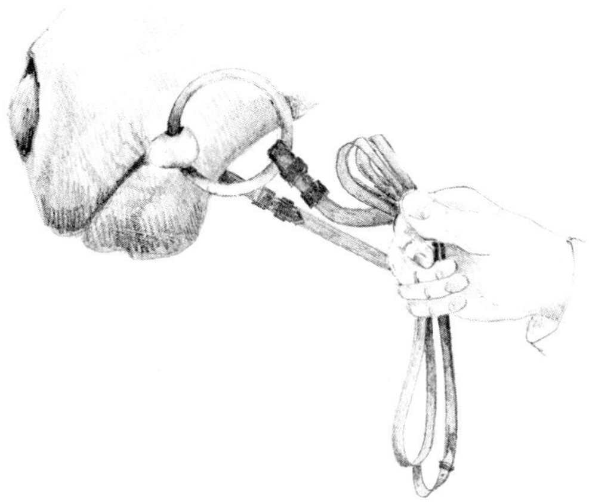

Zügelhaltung beim Vorführen.

5. Die Vorstellung schwungvoll tretender Großpferde im Trabe verlangt vom Vorführer ein hohes Maß an Lauf-Vermögen. Um dieses nicht übermäßig zu strapazieren, sollte man es sich zur Regel machen, in der ersten und zweiten Ecke der Dreiecksbahn jeweils zum Schritt durchzuparieren und nach Passieren der Wendung im Schritt erneut anzutraben. Auf diese Weise vermeidet man die Notwendigkeit, daß der auf der „Außenbahn" laufende Vorführer mit seinem notwendigerweise längeren Weg in den Ecken schneller laufen muß als das Pferd. Außerdem kommt es dann nicht so leicht zum Verlust von Takt und Gleichgewicht, wie er sonst beim Traben um die Ecken des Dreiecks häufig zu beobachten ist. Voraussetzung für das Vorführ-Verfahren mit Durchparieren in den Ecken ist das sofortige, energische Wiederantreten zum Trabe auf entsprechendes Kommando des Vorführers. Gerade dies ist durch ausreichendes Üben leicht zu erreichen.

Ausrüstung

Zur Ausrüstung bei der Vorstellung von Zuchtpferden bzw. -ponys an der Hand ist folgendes zu empfehlen:
Großpferde sind bereits 2jährig, Ponys ab 3jährig nach Möglichkeit auf Trense (dickes Mundstück) gezäumt vorzustellen. Sperrhalfter sollten nur verwendet werden, wenn ein etwas groß erscheinender Kopf optisch verkleinert werden soll. In diesem Falle ist allerdings ein englisches und keinesfalls ein hannoversches Sperrhalfter angebracht. Bei Verwendung von Stall-Halftern für mehr oder weniger ausgewachsene Tiere zeigt sich häufig, daß die Einwirkungsmöglichkeit des Vorführers nicht ausreicht, wenn die Tiere in ungewohnter Umgebung plötzlich sehr viel weniger willig folgen als zu Hause.
Die Verwendung von Gurten, Ausbindezügeln und Bandagen ist in Deutschland bei Zuchtschauen normalerweise nicht zulässig.

Vorführen im Trabe.

Als Hilfsmittel bei etwas ungebärdigen Tieren erweist sich, wie bereits erwähnt, ein Bambusstock oder eine kurze Reitgerte in der Hand des Vorführers manchmal als sehr nützlich. Weniger günstig sind lange Dressurgerten zu bewerten, mit denen sehr leicht unbeabsichtigte Wirkungen erzielt werden, da sie eine große Reichweite haben und manchmal, wenn der Vorführer beide Hände braucht, im Wege sind. Ihre Benutzung als Antrittshilfe bei der Trabvorführung sollte auf das Üben zu Hause beschränkt bleiben. Bei der Vorstellung im Richtring weichen Pferde häufig ängstlich aus und gehen schräg, wenn mit einer solchen langen Gerte an ihrer Seite herumgefuchtelt wird. Dies fällt besonders auf, wenn der Vorführer nur mit rudernden Armen Schritt halten kann.

Nachtreiben

Das Nachtreiben durch einen sogenannten „Peitschenführer" hat den Vorteil, daß „laue" bzw. schlecht vorbereitete Pferde dadurch besser in Gang kommen. Allerdings gibt es eine Reihe von Punkten, die gegen eine derartige Unterstützung durch lange, womöglich mit Knallen und Knattern eingesetzte Peitschen sprechen. Erfolgt diese Unterstützung durch einen Gehilfen des jeweiligen Besitzers, so ist die Gleichbehandlung aller Konkurrenten in Frage gestellt. Wird dagegen vom Veranstalter ein (oder mehrere) Peitschenführer bereitgestellt, kann dieser sich nur sehr schwer auf die unterschiedliche Sensibilität der vorgestellten Tiere einstellen und dabei durch zuviel bzw. zuwenig Peitschengebrauch oder durch den Einsatz der Peitsche im falschen Moment häufig Ärger bei Vorführern und Besitzern hervorrufen sowie die Beurteilung der Bewegungsmechanik erschweren. Umgekehrt wird guter Gehorsam und sofortiges, schwungvolles Antreten ohne Peitschenhilfe immer positiv bewertet. Es liegt deshalb im Interesse jedes Züchters, seine Schau-Tiere so zu erziehen und vorzubereiten, daß sie ohne lautes Knallen, Klappern mit „Klöterbüchsen", Rascheln mit belaubten Zweigen u. ä. auf Kommando schwungvoll und energisch antreten.

Der Vorführer selbst sollte nicht nur sauber und ansprechend, sondern auch so gekleidet sein, daß sein Laufvermögen nicht behindert wird. Im allgemeinen empfehlen sich also lange Hosen und Laufschuhe, nicht Stiefelhosen und Stiefel. Besonders unpraktisch oder sogar unbrauchbar sind Gummi-Arbeitsstiefel, Holzschuhe oder

Vorführkleidung

Sandalen. Falls keine einheitliche Vorführkleidung üblich oder vorgeschrieben ist, wirken weiße Hosen und Blusen bzw. Hemden oder Pullover stets besonders attraktiv. Eine Vorführung von Zuchttieren im zum Arbeitsanzug degradierten Zweireiher mit Nadelstreifen kann nur als Mißachtung der Veranstaltung bzw. der vorgestellten Tiere betrachtet werden und sollte bei ernsthaften Züchtern nicht in Frage kommen.

Wer die hier genannten Punkte der Vorbereitung von Zuchtpferden bzw. -ponys für die Teilnahme an Zuchttier-Wettbewerben sorgfältig beachtet und erfüllt hat, erreicht damit noch keine Garantie einer guten Placierung. Allerdings kann er insofern mit gutem Gewissen zur Schau gehen, als er seinem Tier die von der erblich bedingten Qualität her gegebenen Chancen erhalten und außerdem durch fachmännisches Herausbringen eine günstige Werbegelegenheit für seine Zucht und den wünschenswerten Absatz genutzt hat. Daß man ein schlecht veranlagtes Tier auch durch noch so viel Sorgfalt bei der Schau-Vorbereitung nicht besser machen kann, steht auf einem anderen Blatt. Ein cleverer Züchter wird es nach Möglichkeit vermeiden, ein solches Tier überhaupt vor Publikum zu zeigen. Der vorstehend beschriebene, nicht unerhebliche Aufwand für die Vorbereitung von Tieren zur Vorstellung auf Schauen lohnt sich nur bei wirklich zeigenswerter Qualität. Eine kritische Vor-Auswahl im eigenen Bestand, eventuell mit Hilfe anderer Fachleute, sollte also am Anfang jeder Schau-Vorbereitung stehen.

2.9 Nutzung von Zuchtstuten für Sportzwecke (Reiten und Fahren)

Noch vor ca. 30 Jahren war die Nutzung von Zuchtstuten als Zugkraft in landwirtschaftlichen Betrieben weit verbreitet und mehr oder weniger selbstverständlich. Die körperliche Beanspruchung tragender Stuten vor Pflug, Egge und Ackerwagen hat ihre Fruchtbarkeitsleistung – von Unfällen und unbeabsichtigten Überlastungen abgesehen – im allgemeinen nicht beeinträchtigt. Nach dieser Erfahrung kann festgestellt werden, daß Arbeit in Form von Bewegung vor der Kutsche oder unter dem Reiter – von Spitzenleistungen aller Art abgesehen – für Zuchtstuten sicher nicht schädlich ist. Dies wird auch dadurch bestätigt, daß auf ländlichen Turnieren früher oft Stuten mit vollem Euter – also mit einem säugenden Fohlen – zu sehen waren, die an Prüfungen aller Art teilnahmen, obwohl sie inzwischen auch wieder gedeckt und wahrscheinlich tragend waren.

Die Nutzung von Zuchtstuten zu Sportzwecken – heute in den meisten Fällen die einzige Nutzungsmöglichkeit neben dem Zuchteinsatz – kann bei richtiger Bemessung wesentliche **Vorteile** bringen. Sie erlaubt zunächst eine genauere Einschätzung der Erbanlagen in sportlicher Hinsicht. Eine Zucht von Sportpferden bzw. -ponys, bei der die weiblichen Zuchttiere überhaupt nicht sportlich genutzt und ausprobiert werden, ist mit einem erheblichen Unsicherheitsfaktor behaftet und verzichtet auf ein wichtiges Selektionskriterium. Dabei ist selbstverständlich, daß ein sportlicher Test von Zuchtstuten nicht bis zum Turnier-Einsatz auf höherem Niveau gehen muß, sondern

Selektionskriterium

Das **Fahren** mit Zuchtpferden, in diesem Falle Ponys aus einer Spezial-Graufalben-Zucht, kann bei richtiger Ausbildung von Fahrern und Pferden bzw. Ponys als Verbindung des Angenehmen mit dem Nützlichen den Pferden Bewegung und Abwechslung, den Menschen Freude und Entspannung verschaffen.

auch in reiterlicher Nutzung für Freizeit-Zwecke durch den Besitzer, dessen Familienangehörige oder Mitarbeiter bestehen kann. Als weiterer Vorteil bei sportlicher Nutzung von Zuchtstuten ist die Tatsache anzusehen, daß den Stuten damit eine gewisse Abwechslung im sonst oft doch sehr eintönigen Lebenslauf geboten wird, die zu einer Verbesserung ihrer psychischen Ausgeglichenheit beiträgt. Darüber hinaus kann auch erwartet werden, daß der beschränkte Einsatz von Zuchtstuten zu Sportzwecken ganz allgemein deren Kreislauf fördert, der Gefahr der Verfettung entgegenwirkt und somit die Gesundheit der Tiere positiv beeinflußt. Daß ein Züchter mit Pferdepassion, der im Rahmen seiner Freizeit gern selbst reitet oder mit der Kutsche fährt, sich dafür seiner Stuten bedienen kann und nicht unbedingt spezielle Reit- oder Fahrpferde zusätzlich halten muß, dürfte wohl auch allgemein als Vorteil gewertet werden.

Abwechslung

Gesundheit

Den genannten Vorteilen stehen auch in diesem Fall gewisse **Nachteile** gegenüber, die aber nicht allzu schwer wiegen. Zunächst ist natürlich das höhere Unfallrisiko für tragende Stuten zu erwähnen, welches beim Einsatz zu Reit- oder Fahrzwecken etwas größer einzuschätzen ist als bei ausschließlicher Stall- bzw. Weidehaltung.

Unfallrisiko

Außerdem muß beachtet werden, daß häufiges oder hohes Springen mit der Gefahr anschließender Stürze bei tragenden Stuten, vor allem im fortgeschrittenen Stadium der Trächtigkeit, sicher nicht gerade fruchtbarkeitsfördernd wirkt. Die Gefahr der früher beim landwirtschaftlichen Einsatz so gefürchteten Deichselschläge gegen den Bauch hochtragender Stuten ist im Einsatz als Kutschpferd auf ebenen Straßen normalerweise auszuschließen. Ein gewisses Risiko für die Erhaltung der Trächtigkeit kann auch noch dadurch entstehen, daß tragende Stuten übermäßig schnell über längere Strecken gehetzt und dabei ausgepumpt werden. Allerdings sollte ein derartiges Verhalten bei verständigen Reitern oder Fahrern sowieso nicht vorkommen.
Grundsätzlich ist der Einsatz von Zuchtstuten zu Reit- und Fahrzwecken im Rahmen vernünftig begrenzter Anforderungen sehr zu empfehlen, als Selektions-Test sogar dringend erforderlich.

2.10 Staatliche Förderungsmaßnahmen

Die Zucht von Sportpferden wird in der Bundesrepublik Deutschland traditionsgemäß auf verschiedene Weise staatlich gefördert. Dabei handelt es sich einmal um direkte Förderungsmaßnahmen, die speziell die Pferdezucht betreffen. Zum anderen bewirken auch Maßnahmen der allgemeinen Förderung der Landwirtschaft für die Pferdezucht als Zweig der landwirtschaftlichen Tierzucht einen deutlichen Unterstützungeffekt.
Da die Förderung der Landwirtschaft Sache der Bundesländer ist, weichen die Einzelmaßnahmen teilweise von Land zu Land etwas voneinander ab. Zu den bekanntesten Einrichtungen im Rahmen der Pferdezucht-Förderung gehören die sogenannten Landgestüte, staatliche Hengstdepots, deren Hengste während der Decksaison auf im Lande verteilten Stationen den Stutenbesitzern für ein verhältnismäßig günstiges Deckgeld zur Verfügung stehen. Neben den Stadtstaaten und dem Saarland hat das Land Schleswig-Holstein als einziger Flächenstaat der Bundesrepublik kein Landgestüt mehr. Allerdings befinden sich dort mehr als 50 % der Zuchthengste der Holsteiner Rasse im Besitz des betreffenden Züchterverbandes, der diese während der Decksaison auf bestimmten Stationen aufstellt und damit praktisch die Funktion eines Landgestüts übernommen hat. Ebenfalls gänzlich ohne staatliche Hengsthaltung arbeitet der Verband der Züchter des Oldenburger Pferdes in seinem engeren Zuchtbereich, dem ehemaligen Verwaltungsbezirk Oldenburg des Landes Niedersachsen. Außerdem gibt es auch in anderen Zuchtbezirken neben der staatlichen Hengsthaltung Privathengsthalter,

Landgestüte

Hengstparaden der staatlichen Landgestüte haben sich aus den Vorführungen der Hengste für interessierte Züchter vor Beginn der Deckzeit entwickelt. Sie stellen heute als Kombination zwischen Züchterinformation und Demonstration der vielfältigen Leistungsanlagen der Hengste einerseits sowie teils nervenkitzelnden, teils nostalgischen Schaunummern mit historischen Uniformen, Equipagen u. ä. andererseits eine Publikumsattraktion ersten Ranges dar; hier eine Dressurquadrille mit Hengsten des Landgestütes Warendorf.

Hengsthaltungs-Prämien

die im allgemeinen bei Erfüllung bestimmter Bedingungen in den Genuß staatlicher Förderungsmittel in Form von Hengsthaltungs-Prämien gelangen.

Hauptgestüte

Während der Staat die Hengsthaltung, vor allem in der Warmblutzucht, nach wie vor mit erheblichen Beträgen stützt, hat er sich aus der eigentlichen Zucht, die früher ebenfalls in ziemlich bedeutendem Umfang auf staatlichen Gestüten mit eigenen Stutenherden, den sogenannten Hauptgestüten, betrieben wurde, weitgehend zurückgezogen. Lediglich Baden-Württemberg und Bayern betreiben in den Hauptgestüten Marbach an der Lauter und Schwaiganger noch Pferdezucht in Staatsregie. Dabei haben diese staatlichen Zuchtbetriebe vor allem die Aufgabe, mit hochqualifizierten Stuten männliche Zuchttiere, also Hengstanwärter, zu erzeugen. Die früher ebenfalls als Aufgabe der Hauptgestüte angesehene „Filter-Funktion“, nämlich die versuchsweise Hereinnahme fremdrassigen Erbguts mit nachfolgender, strenger Selektion vor eventueller Weitergabe an die Landeszucht, ist heute kaum noch von Bedeutung.

Wie erwähnt betreiben die Bundesländer Baden-Württemberg und Bayern in landeseigenen Gestüten Zucht und Aufzucht – speziell von Hengstanwärtern – und unterstützen auf diese Weise die Landes-Pferdezucht. Das Land Niedersachsen hat mit der Einrichtung einer staatlichen Hengstaufzucht-Anstalt in Hunnesrück bei Einbeck eine ähnliche Art der Zuchtförderung aufgebaut. In diesem Aufzuchtbetrieb werden vom Landstallmeister, dem Leiter des Landgestüts Celle, angekaufte Hengstfohlen bis zum Alter von ca. 33 Monaten aufgezogen. Die besten Junghengste jedes Jahrgangs werden dann bei einer internen „Körung" ausgewählt und in den Bestand des Landgestüts eingestellt. Auf diese Weise wird das hohe Risiko der Aufzucht von Hengstanwärtern für diesen Teil des Nachschubbedarfs vom Staat übernommen, was wiederum als Förderung der Landeszucht zu bewerten ist.

Hengstaufzucht

Die an Privat-Aufzüchter in verschiedenen Bundesländern gezahlten staatlichen Hengstaufzucht-Prämien – vergeben nach Vorschlag der zuständigen Züchterverbände und mit gewissen Auflagen verbunden – stellen eine weitere Form der Risikominderung bzw. der Pferdezucht-Förderung dar.

Hengstaufzucht-Prämien

In ähnlicher Weise wird auch die Aufzucht und Haltung hochwertiger weiblicher Zuchttiere durch staatliche Förderungsmittel unterstützt, und zwar in Form von Fohlenaufzucht-Prämien sowie mit den sogenannten Staatsprämien. Diese werden an wertvolle Jungstuten vergeben und sind verbunden mit der Verpflichtung zur Ablegung einer Mindestleistungs-Prüfung, mehrjähriger Zuchtbenutzung und regelmäßiger Vorführung auf Stutenschauen.

Fohlenaufzucht-Prämien
Staatsprämien

Als weitere Form der staatlichen Pferdezucht-Förderung ist die Unterhaltung von staatlichen Prüfungs-Anstalten für Zuchthengste zu nennen. Derartige Anstalten bestehen beim Landgestüt Celle (Niedersachsen) in Adelheidsdorf, an der Bayerischen Landes-Reit- und Fahrschule in München sowie beim Haupt- und Landgestüt Marbach (Baden-Württemberg). Für Nordrhein-Westfalen sind kürzlich weitere Hengstprüfungsanstalten beim Verbands-Absatzzentrum Münster-Handorf sowie beim Landgestüt Warendorf eingerichtet worden. – Eine private Anstalt gleicher Art betreibt Herr E. Wahler in Medingen bei Bevensen (Niedersachsen). – Die Errichtung bzw. Unterhaltung derartiger Anstalten, in denen Junghengste der verschiedenen Sportpferde-Rassen bzw. -Zuchtgebiete der für diese Zuchtrichtung gesetzlich vorgeschriebenen, über einen Zeitraum von mindestens 100 Tagen laufenden Leistungsprüfung unterzogen werden, ist mit einem erheblichen Kostenaufwand verbunden. Dieser wird durch die von den Hengstbesitzern zu zahlenden Gebühren normalerweise kaum gedeckt. Im übrigen wird dieser Teil der Zuchtarbeit vom Staat darüber hinaus auch noch dadurch gefördert, daß für die Teilnehmer an diesen Leistungsprüfungen im allgemeinen gewisse Zuschüsse gezahlt werden. Teilweise werden

Prüfungs-Anstalten für Zuchthengste

Zuschüsse

auch Hengstleistungsprüfungen anderer Art, z. B. für in der Ponyzucht eingesetzte Hengste, in gewissem Umfang aus öffentlichen Mitteln bezuschußt.

Neben diesen speziell auf die Pferdezucht zugeschnittenen, z. T. bereits seit Jahrhunderten bestehenden Förderungs-Maßnahmen müssen auch Auswirkungen der allgemeinen Landwirtschaftsförderung auf der Grundlage von Gesetzen verschiedener Art als Unterstützung der Pferdezucht anerkannt werden. Sieht man einmal von der auch von Pferdezüchtern zu nutzenden Förderung von bodenverbessernden Maßnahmen, Flurbereinigung, Küstenschutz u. ä. ab, dann verbleibt als wesentlicher Beitrag der öffentlichen Hand die personelle Unterstützung durch Bereitstellung von Fachberatern bzw. Organisationshilfen aller Art im Rahmen der staatlichen Landwirtschaftsverwaltung oder der landwirtschaftlichen Selbstverwaltung. So werden z. B. manchen Zuchtverbänden in der tierzüchterischen Fachberatung tätige Beamte oder Angestellte der Landwirtschafts-Verwaltung im Rahmen einer genehmigten (und auch gewünschten) Nebentätigkeit als Zuchtleiter oder Zuchtwart zur Verfügung gestellt. Auf diese Weise ergibt sich eine wechselseitige Förderungswirkung, die nicht nur den so begünstigten Züchterverbänden zugutekommt, sondern auch die vom Gesetzgeber gewünschte Beratungstätigkeit sowie die Erfüllung von Hoheitsaufgaben (Überwachung gesetzlicher Auflagen usw.) durch Schaffung und Vertiefung der nötigen Kontakte und Kenntnisse wesentlich fördert und erleichtert.

Allgemeine Landwirtschaftsförderung

Personelle Unterstützung

Die vorstehend dargelegten Förderungsmaßnahmen fallen generell in die Zuständigkeit der Bundesländer und kommen deshalb vor allem den als Landeszuchten anzusehenden Warmblutrassen bzw. -zuchtverbänden zugute. Über das ganze Bundesgebiet verbreitete Spezialrassen, wie die des englischen Vollbluts, der Araber und auch der Trakehner, gelangen nur in begrenztem Umfang oder gar nicht in den Genuß einer solchen Unterstützung, wenn man von der Bereitstellung von Hengstprüfungsanstalten einmal absieht, die auch von Trakehner- und Araber-Züchtern genutzt werden. Auch die Aufrechterhaltung einer staatlichen Zuchtstätte für arabisches Vollblut in Marbach (Baden-Württemberg) muß als Stützung dieser Rassezucht aus öffentlichen Mitteln angerechnet werden.

Neben den hier genannten Spezialzuchten kommen auch die Züchter der verschiedenen Ponyrassen im allgemeinen nur in verhältnismäßig geringem Maße für staatliche Förderungsmaßnahmen in Frage, da es bei diesen – mit Ausnahme der Haflingerzucht einiger Bundesländer und der Reitponyzucht in Nordrhein-Westfalen – keine staatliche Hengsthaltung gibt und auch Hengsthaltungs- bzw. Zuchterhaltungsprämien für Ponys nicht allgemein üblich sind.

2.11 Gesetze und Vorschriften für Pferdezüchter

Wie die staatliche Förderung ist auch die gesetzliche Regelung der Pferdezucht auf die Tatsache zurückzuführen, daß noch zu Beginn dieses Jahrhunderts Wirtschaft und Verkehr, Landwirtschaft und Landesverteidigung auf das Pferd in Zug- und Reit-Nutzung und damit auf eine leistungsfähige Pferdezucht angewiesen waren. Diese Abhängigkeit wurde inzwischen durch die Motorisierung auf allen Gebieten beseitigt. Als Hauptargument für die Aufrechterhaltung des in langer Tradition überlieferten staatlichen Einflusses auf dem Gebiet der Pferdezucht wird heute das Bestreben angeführt, dem Pferdekäufer durch Sicherung einer gewissen Mindest-Qualität der Zuchtprodukte zu dienen sowie die Wirtschaftlichkeit der Zucht zu fördern. Das mit diesem Argument – in allgemeiner Form auch für andere Nutztierarten – begründete Tierzuchtgesetz schreibt vor, daß nur solche Hengste zur Zucht benutzt werden dürfen, die zuvor durch eine staatliche Kommission bei einer offiziellen Körveranstaltung nach Abstammung, Erscheinungsbild (Körperform und Bewegung) und voraussichtlichem Zuchtwert für geeignet zur Verbesserung der Zucht befunden wurden.

Tierzuchtgesetz

Körveranstaltung

Derartige Körveranstaltungen werden von der landwirtschaftlichen Verwaltung in Zusammenarbeit mit den Züchterverbänden organisiert und finden in der Regel im Herbst jeden Jahres statt. Dabei werden normalerweise Junghengste im Alter von etwa zweieinhalb Jahren zur Begutachtung vorgestellt. Hengste dieses Alters sind jeweils nur unter Vorbehalt zu „kören“, d. h. zur Zuchtbenutzung zuzulassen, da zur vorgeschriebenen Beurteilung des voraussichtlichen Zuchtwertes die Ablegung einer Leistungsprüfung gehört. Diese kann jedoch frühestens im Alter von drei Jahren erfolgen, bei spätreifen Rassen (Araber, Islandpony) ein Jahr später. Eine endgültige Bestätigung der Körung hängt also für die Junghengste vom erfolgreichen Bestehen der Leistungsprüfung ab. Ältere Hengste haben die Prüfung vor der Vorstellung zur Körung oder – im Falle von Import-Tieren – innerhalb eines Jahres nach ihrer Körung abzulegen. Die Mindestanforderungen dieser Hengst-Prüfung sind je nach Zuchtrichtung (Zugpferd, Reitpferd, Reitpony usw.) unterschiedlich und gesetzlich festgelegt. Als Besonderheit ist zu erwähnen, daß Hengste unter 118 cm Widerristhöhe (Stockmaß) von der Vorschrift zur Ablegung der Leistungsprüfung befreit sind.

Leistungsprüfung

Mindestanforderungen

Die bei einer Hengstkörung im Vordergrund stehende Beurteilung des voraussichtlichen Zuchtwertes basiert – wie bereits erwähnt – auf den drei Kriterien Abstammung (Qualität der Vorfahren nach Form, Leistung und Vererbung), Erscheinungsbild und Eigenleistung. Damit ergibt sich als weitere Mindest-Anforderung für eine

Abstammungs-Nachweis · Anerkennung von Züchterverbänden · Zuchtbuchführung · Fristen · Identifizierung

Körung die Vorlage eines Abstammungs-Nachweises, der – soweit der Hengst in der Bundesrepublik gezüchtet wurde – von einer „anerkannten“ Züchtervereinigung ausgestellt sein muß. Aus diesem Grunde sind auch Vorschriften über die staatliche Anerkennung von Züchterverbänden gesetzlich festgelegt. Dabei geht es im wesentlichen um die Sicherung der Korrektheit aller Angaben in den von diesen Verbänden ausgestellten Abstammungsnachweisen. Die diesbezüglichen Vorschriften verlangen unter anderem eine Mindest-Ausstattung an Büro- und Personalkapazität, die Geschäftsführung bzw. Übernahme der Verantwortung für korrekte Zuchtbuchführung durch eine dafür ausgebildete Person, die Einhaltung bestimmter Fristen bei der Meldung von Zuchtvorgängen an die Geschäftsstelle sowie die einwandfreie Identifizierung der Zuchtprodukte. Als besonders wichtig sind in diesem Zusammenhang die Vorschriften über die rechtzeitige Geburtsmeldung an die Verbands-Geschäftsstelle (im allgemeinen 28-Tage-Frist nach der Abfohlung) sowie über die genaue Eintragung aller Bedeckungen eines jeden Zuchthengstes durch den jeweiligen Hengsthalter, d. h. die Führung eines sogenannten Deckregisters, zu nennen. Durch die Einsendung der Deckregister aller Privathengste an den zuständigen Züchterverband nach Abschluß der Saison erhält dieser die Möglichkeit, Zweifelsfälle bei der Abfohlung des nächsten Jahres zu prüfen und eventuell zu klären. Selbstverständlich ist jeder Hengsthalter auch verpflichtet, dem Besitzer einer auf seiner Station gedeckten Stute eine ordnungsgemäße Deckbescheinigung mit genauer Identitäts-Angabe der Stute und Eintragung sämtlicher Bedeckungen auszuhändigen. Teilweise dient diese Deckbescheinigung gleichzeitig als Fohlenmeldungs-Formular für das eventuell daraus fallende Zuchtprodukt.

Verbands-Brandzeichen

Die genaue Registrierung der für eine Identifizierung nötigen Kennzeichen (Farbe, Abzeichen, „Fohlenbrand“) erfolgt im allgemeinen durch einen qualifizierten Beauftragten des Züchterverbandes in Verbindung mit der Markierung des Fohlens mit dem jeweiligen Verbands-Brandzeichen („Fohlenbrand“) als Heißbrand auf dem linken Oberschenkel in Höhe der Kniefalte. – Bei Vollblütern, Arabern und einigen Spezialrassen wird z. Zt. kein Brandzeichen vergeben.

Nummernbrand · Lebensnummer

Zur weiteren Identifizierung setzen die in Schleswig-Holstein tätigen Pferdezucht-Verbände seit einigen Jahren links und rechts neben dem unteren Rand des Brandzeichens einen Nummernbrand, dessen beide Ziffern den Endziffern der im Abstammungsnachweis aufgeführten Register-Nummer des betreffenden Jahrgangs, der sogenannten Lebensnummer, entsprechen. Andere Züchterverbände experimentieren z. Zt. mit weiteren Methoden der zusätzlichen Kennzeichnung (Tätowierung, Gefrierbrand mit Nummer u. ä.). Wieweit es einmal zu einer einheitlichen, über die Vergabe des Verbands-Brandzeichens hinausgehenden Kennzeichnung kom-

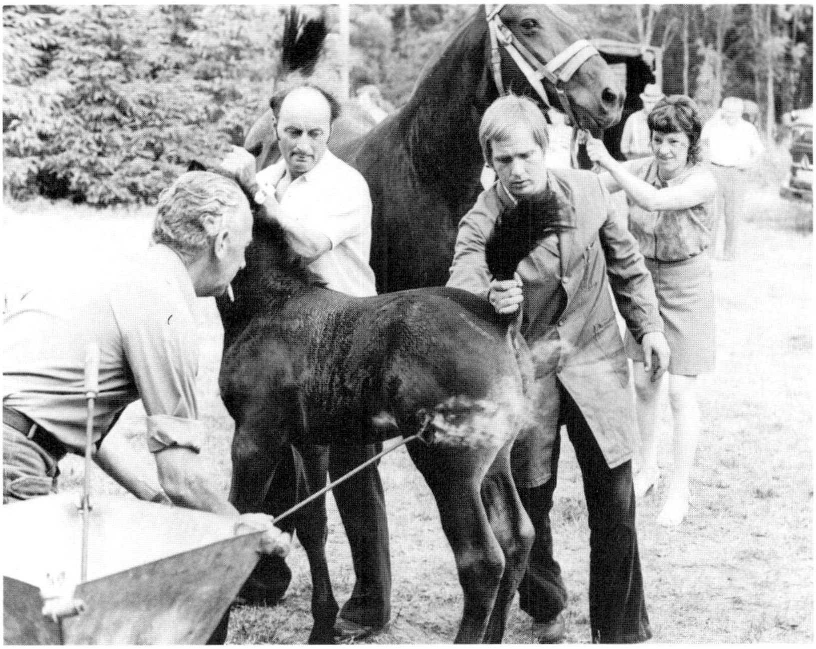

Das Fohlenbrennen, d. h. das Anbringen des Verbands-Brandzeichens als Heißbrand, im allgemeinen am linken Oberschenkel in Höhe der Kniefalte, als Nachweis der Registrierung des Fohlens im Zuchtbuch des betreffenden Züchterverbandes, erfolgt normalerweise vor dem Absetzen des Fohlens von der Mutter im Sommer des Geburtsjahres. Bei richtiger Handhabung von Fohlen und Brenneisen ist der dadurch verursachte, unvermeidbare Schmerz nur kurz und schnell vergessen; allerdings sollten Helfer bei solchen Veranstaltungen,wie die Dame, die hier die Mutterstute hält, lieber festes Schuhwerk tragen, da Pferdehufe bloße Füße schnell und schmerzhaft verletzen können.

men wird, bleibt abzuwarten. Allgemein kann festgestellt werden, daß die bisher üblichen Brandzeichen sich von einem reinen Registrierungsmerkmal mehr und mehr zu einem Qualitätszeichen entwickelt haben, welches man nicht ohne Not aufgeben sollte. Dagegen stellen weitergehende Markierungen für viele Betrachter eine gewisse Verunstaltung dar, auf die man gern verzichten würde.

Die peinlich genaue Aufnahme der Abzeichen sowie der Haarwirbel, insbesondere an Stirn und Hals, und deren Einzeichnung in vorgedruckte Umrisse, wie sie beim Pferdepaß der Vollblüter üblich ist, scheint sich einerseits ohne erheblichen Mehraufwand durchführen zu lassen und dürfte andererseits Fälschungen und Unterschiebungen erheblich erschweren. Pferdepaß

Von einigen Zuchtverbänden wird außerdem bei der Vorstellung von Hengsten und Stuten zur Zuchtbuch-Eintragung ein „Eintragungsbrand" auf der linken Halsseite angebracht. Während der Fohlenbrand als Nachweis dafür gilt, daß die Mutter des betreffenden Tieres bei einem bestimmten Züchterverband eingetragen ist oder war, gibt der Eintragungsbrand zu erkennen, bei welchem Züchterverband das betreffende Tier als Zuchthengst oder -stute registriert ist. Teilweise wird durch unterschiedliche Brandzeichen auch noch angezeigt, in welchem der verschiedenen Register für Stuten (je nach Abstammung und Qualität – Vorbuch, Stammbuch oder Stutbuch, Hauptstammbuch oder Hauptstutbuch) ein weibliches Zuchttier registriert ist. Dementsprechend sind bei einigen Verbänden auch die Fohlenbrand-Zeichen je nach Eintragungsregister der Mutter unterschiedlich. Genauere Hinweise hierzu sind den Zuchtbuch- und Brennordnungen der jeweiligen Züchterverbände zu entnehmen.

Eintragungsbrand

Verschiedene Register für Stuten

Bei Erfüllung der vorstehend erörterten Bedingungen
- Vorlage des Abstammungsnachweises einer anerkannten Züchtervereinigung,
- überdurchschnittliche Qualität nach Körperform und Bewegungsmechanik im Vergleich mit Jahrgangsgefährten der gleichen Rasse bzw. Zuchtrichtung sowie
- erfolgreiche Ablegung der jeweils vorgeschriebenen Leistungsprüfung

kann ein Hengst durch die für seinen Standort zuständige Körbehörde gekört und damit zur Zuchtverwendung zugelassen werden. Nach Fortfall der früher zusätzlich vorgeschriebenen Verpflichtung zur regelmäßigen Wiedervorstellung und erneuten Körung wird heute häufig davon gesprochen, daß ein Hengst, der die endgültige Körung erreicht hat, damit „auf Lebenszeit" gekört sei. Dieser Schluß erscheint jedoch unzulässig, da ein überdurchschnittlich guter Zuchtwert als Hauptkriterium der Körung gilt und bei Fortfall oder Nichterfüllung einer wesentlichen Voraussetzung die Körung bzw. Zuchtzulassung widerrufen werden muß. Stellt sich also nach einigen Jahren heraus, daß ein gekörter Hengst in seinem zunächst irrtümlich als positiv eingeschätzten Zuchtwert auf Grund mangelhafter Qualität der Nachzucht negativ zu beurteilen ist, so ist die jeweilige Körbehörde berechtigt bzw. verpflichtet, diesem Hengst die Zulassung zur Zuchtbenutzung zu entziehen. Generell wird dies jedoch nicht nötig sein, da ein derartiger Hengst in beratender Abstimmung zwischen dem zuständigen Züchterverband und seinem Besitzer normalerweise sowieso aus der Zucht genommen wird.

Zuchtwert

Als entgegengesetzter Fall ist der eines zunächst – vielleicht wegen ungenügenden Entwicklungsstandes oder vorübergehender Bewegungsstörung – nicht gekörten Hengstes denkbar. Ein solcher Hengst darf, wenn die Ursache seiner ungenügenden Bewertung in Körperform oder Bewegungsmechanik entfallen ist, erneut einer staatlichen Körkommission zur Begutachtung vorgestellt werden. Allerdings ist, wie oben bereits erwähnt, bei Überschreitung eines bestimmten Lebensalters (im allgemeinen 3, bei Arabern und Isländern 4 Jahre) vor der erneuten Vorstellung zur Körung die erfolgreiche Ablegung der vorgeschriebenen Leistungsprüfung nachzuweisen. Im übrigen können Warmblut-Hengste diese Leistungsprüfung ersetzen durch Erfolge im Turniersport, wobei eine bestimmte Zahl von Placierungen in schweren Dressur-, Spring- und/oder Vielseitigkeitsprüfungen nachzuweisen ist.

General-Ausgleichs-Gewicht

Bei Vollbluthengsten, die in der Reitpferdezucht eingesetzt werden sollen, wird als Leistungsprüfung normalerweise eine bestimmte Rennleistungs-Einstufung nach dem sogenannten „General-Ausgleichs-Gewicht“ (GAG) verlangt, und zwar eine Mindest-Einstufung von 80 kg. Zum Vergleich sei erwähnt, daß für Deckhengste in der Vollblutzucht ein GAG von mindestens 95 kg vorgeschrieben ist. Die Spitzenpferde des bundesdeutschen Galopprennsports werden im allgemeinen mit einem GAG von 100 bis 105 kg eingestuft. Berechnet wird dieses Gewicht, das – rein theoretisch – bei einem Start verschiedener Pferde gegeneinander durch unterschiedliche Belastung die Gewinnchancen für alle Starter in etwa gleich halten würde, durch besonders qualifizierte Fachleute nach den Rennleistungen eines Pferdes im abgelaufenen Rennjahr unter Berücksichtigung von Qualität der Konkurrenten, Sieger- bzw. Placierten-Abstand, Bodenzustand, Witterungsverhältnissen und sonstigen rennbeeinflussenden Momenten. Im Laufe mehrerer Rennjahre ist also eine Verschiebung des jeweils gültigen Generalausgleichsgewichtes möglich, wobei für die Erfüllung der gesetzlichen Auflagen das einmalige Erreichen der geforderten Mindestmarke genügt.

Neuerdings ist es auch bei Araberhengsten möglich, die gesetzlichen Auflagen zur Leistungsprüfung durch Erfolge (Placierungen) in dafür ausgewählten Rennen zu erfüllen.

Sonderbestimmungen für künstliche Besamung

Für die in den letzten Jahren auch in der Pferdezucht eingeführte „künstliche Besamung“, besser als instrumentelle Samenübertragung zu bezeichnen (s. auch Seite 230), sind in einem speziellen Teil des Tierzuchtgesetzes Sonderbestimmungen aufgeführt. Diese fordern für die Auswahl der zur Besamung einzusetzenden Vatertiere einen über die normalen Körungs-Anforderungen hinausgehenden Qualitäts-Nachweis. Außerdem unterwerfen sie die Behandlung und Verwendung des Spermas besonderen hygienischen und identitätssichernden Vorschriften. Am Rande ist zu bemerken, daß einzelne Züchterverbände darüber hinaus noch weitere Bedingungen für die Anerkennung und Registrierung von Fohlen aus künstlicher Besamung stellen, z. B. die Durchführung der Samenübertragung an einer zentralen, speziell dafür eingerichteten Stelle.

Neben den vorstehend erörterten Vorschriften, die sich aus dem Tierzuchtgesetz und seinen Durchführungsverordnungen ergeben,

Landerwerb- und Bau-Vorschriften

sind für Pferdezüchter natürlich noch eine Reihe weiterer Gesetze und Verordnungen von Bedeutung, die bei landwirtschaftlicher Tierhaltung zu beachten sind und z. B. Landerwerb, Stallbau, Weideeinzäunung und ähnliche Punkte berühren. Eine eingehende Besprechung aller daraus resultierenden Vorschriften würde den Rahmen dieses Buches sprengen. Erwähnt werden soll lediglich noch eine Allgemein-Vorschrift des Tierschutzgesetzes, die es verbietet, Tieren unnötig Schmerzen zuzufügen. Darüber hinaus verlangt das Tierschutzgesetz für jede Tierart eine artgemäße Haltung, worunter bei Pferden ein Mindestmaß an Futter, Bewegungsmöglichkeit und Frischluft sowie eine trockene, d. h. vor Feuchtigkeit von oben und unten geschützte Liegefläche zu verstehen sind. Diese Vorschriften sind zwar für jeden ernsthaften Pferdezüchter, der die Zucht mit dem notwendigen Verantwortungsbewußtsein betreibt, mehr oder weniger Selbstverständlichkeiten. Leider gibt es aber immer wieder Anlaß, pferdezüchterische Laien sowie verantwortungslose „Auch-Züchter“ auf diese Paragraphen hinzuweisen.

Tierschutzgesetz

2.12 Zuchtorganisation

Pferdezüchter der verschiedenen Rassen und Zuchtrichtungen haben sich – teilweise bereits seit mehr als 100 Jahren – in Verbänden zusammengeschlossen, die im allgemeinen nach den Regeln des Vereinsrechts organisiert und im Vereinsregister eingetragen sind. Als einzige Ausnahme ist der Verband der Züchter des Oldenburger Pferdes zu erwähnen, der noch heute nach einem Gesetz aus großherzoglicher Zeit als Körperschaft öffentlichen Rechts organisiert und mit entsprechenden Sonderrechten ausgestattet ist, z. B. Zwangsmitgliedschaft, Beitragseinzug durch öffentliche Kassen, Zuschußpflicht des Staates bei nicht ausreichender Finanzierung durch Beiträge und Gebühren o. ä.

Sofern die im Tierzuchtgesetz vorgeschriebenen Bedingungen erfüllt sind, kommt zur steuerlich wichtigen Anerkennung als Berufsverband noch die tierzuchtrechtlich-staatliche Anerkennung hinzu, die diese Züchterverbände einer gewissen Fach-Aufsicht unterstellt und ihnen andererseits in den meisten Fällen monopolähnliche Rechte verleiht.

Aufgaben der Züchterverbände

Wesentliche Aufgaben der Züchterverbände sind:

1. **Stutbuchführung,** also Registrierung aller Zuchtvorgänge, Identifizierung der Zuchttiere und -produkte sowie Herausgabe einwandfreier Abstammungsnachweise;

2. **Züchterberatung** mit Hilfe von Schauen, deren Ergebnisse als Selektionshilfen bzw. -maßstäbe zu verwenden sind, aber auch durch allgemeine Aufklärung in Fragen von Zucht und Aufzucht;
3. **Absatzförderung** durch direkte Vermittlung verkäuflicher Tiere an Interessenten, aber auch durch Organisation von Märkten bzw. Auktionen oder durch Beschickung von werbewirksamen Ausstellungen aller Art.

freiwillige Mitgliedschaft

Abgesehen von der Ausnahme des Oldenburger Pferdezüchterverbandes ist die Mitgliedschaft in allen übrigen Zuchtverbänden in der Bundesrepublik Deutschland freiwillig. Andererseits besteht für jeden Züchter, welcher selbst männliche Zuchttiere erzeugen will, praktisch ein Zwang zur Mitgliedschaft in dem für ihn rassemäßig bzw. regional in Frage kommenden Züchterverband, und zwar aus folgendem Grund: Vatertiere dürfen nur gekört und zur Zucht benutzt werden, wenn für sie ein Abstammungsnachweis einer staatlich anerkannten Züchtervereinigung vorliegt (Ausnahme: Importtiere). Anspruch auf Ausstellung eines solchen Abstammungsnachweises haben aber nur Mitglieder der betreffenden Vereinigung. Diese monopolähnliche Stellung der offiziell anerkannten Züchterverbände gibt ihnen einerseits großen Einfluß auf die Fortentwicklung der Zucht jedes einzelnen Mitgliedes, erlegt ihnen andererseits aber auch die Verpflichtung auf, innerhalb des durch Satzung und Zuchtprogramm gesteckten Rahmens einer Entfaltung individueller Initiativen bzw. Zucht- oder Geschmacksrichtungen ausreichenden Raum zu gewähren.

Satzung – Zuchtprogramm – Zuchtbuchordnung

Als Richtlinien für die Tätigkeit sowohl des einzelnen Züchters als auch der Verbandsleitung gelten in allen Züchtervereinigungen die schriftlich niedergelegten und bei der staatlichen Anerkennung überprüften Satzungen, Zuchtprogramme und Zuchtbuchordnungen. Ein genaues Studium dieser teilweise etwas unterschiedlich gefaßten Vorschriften ist allen Züchtern, besonders natürlich den Anfängern, sehr zu empfehlen, da sich daraus die normalerweise unvermeidbaren Maßnahmen einschränkender Art erklären lassen, welche bei manchen Betroffenen immer wieder Unwillen erregen. In diesen Unterlagen sind z. B. auch die Bestimmungen zur Eintragung von Hengsten und Stuten aus anderen Zuchtgebieten, zur Eintragung von Stuten ohne Abstammungsnachweis sowie zur Einstufung in die verschiedenen Register des Stutbuchs (Vorbuch, Stammbuch, Hauptstammbuch bzw. Hauptstutbuch) nachzulesen. Generell gilt folgende Regelung:

Eintragungsberechtigung von Zuchttieren

Entscheidend für die Eintragungsberechtigung von Zuchttieren in die verschiedenen Register ist die Anzahl der vom jeweiligen Zuchtverband anerkannten männlichen Vorfahren in aufsteigender weiblicher Linie (d. h. also Mutter-Vater, Mutter-Mutters-Vater usw.). Als „anerkannt" gelten einerseits Hengste, die selbst beim betreffenden

Verband registriert sind bzw. waren, andererseits aber auch Hengste aus anderen Zuchtgebieten oder Rassen, sofern diese Rassen oder Zuchtrichtungen zur Eintragung im aufnehmenden Verband zugelassen sind.

Für die Eintragung von Hengsten in das Zuchtbuch (nach vorangegangener – amtlicher – Körung) werden zunächst bestimmte Anforderungen an die Form-Qualität der Mutter (im allgemeinen mindestens Hauptstammbuch), teilweise auch Prämiierungs-Anforderungen und die Forderung einer bestandenen Leistungsprüfung gestellt. Außerdem muß eine mehr oder weniger große Zahl von bei einem anerkannten Zuchtverband registrierten Vorfahren-Generationen bzw. anerkannten Hengsten in aufsteigender Mutterlinie nachgewiesen werden.

Abstammungs-Voraussetzung

Für Stuten sind die abstammungsmäßigen Voraussetzungen zur Zuchtbuch-Eintragung nicht so hoch gesetzt wie für Hengste. Sie liegen für die Eintragung in das Hauptstammbuch oder Hauptstutbuch am höchsten (je nach Verband 2 bis 4 anerkannte Hengste in aufsteigender Mutterlinie) und sinken dann über das Stammbuch oder Stutbuch (1 bis 3 anerkannte Hengste in aufsteigender Mutterlinie) beim Vorbuch noch weiter ab. Dabei gibt es Verbände mit einem geteilten Vorbuch, dessen höhere Stufe neben einem anerkannten Vater teilweise auch einen anerkannten Muttervater verlangt, während in die untere Stufe auch Stuten ohne Vorfahren-Nachweis aufgenommen werden können. Diese Form des Vorbuchs – als Register für Zuchtstuten ohne Abstammungsnachweis – wird bei anderen Verbänden noch ohne Teilung angewendet.

Neben den vorstehend kurz skizzierten Abstammungs-Voraussetzungen zur Eintragung in die verschiedenen Register des Zuchtbuches gelten außerdem allgemein gewisse Form-Qualitäts-Ansprüche. Bei zu diesem Zweck durchgeführten Schauen (Aufnahme-Terminen) werden die einzelnen Stuten von einer dazu bestimmten Kommission begutachtet und teilweise nach Punkten, teilweise nach Qualitäts-Klassen eingestuft. Für die Eintragung in das oberste Stutenregister, das Hauptstammbuch bzw. Hauptstutbuch, gelten im allgemeinen gewisse Mindest-Forderungen hinsichtlich der Punkt- oder Klassen-Bewertung. Darüber hinaus verlangen einige Zuchtverbände ein Mindestmaß an Widerristhöhe (Stockmaß) für das oberste Register, teilweise nach Alter abgestuft, z. B. für 3jährige Warmblut-Stuten 158 bzw. 160 cm WH, für 4jährige und ältere 2 cm mehr. Ähnliches gilt bei einigen Verbänden auch für die Zuchtrichtung „Deutsches Reitpony", wobei in einem Fall 135 cm WH als Untergrenze angesetzt sind.

Form-Qualitäts-Ansprüche

Die großen Zuchterfolge alter Verbände wie in Hannover, Westfalen, Holstein und Oldenburg lassen überzeugend deutlich werden, daß die verschiedenen Vorschriften hinsichtlich Zuchtanerkennung, Einstufung usw. dem Fortschritt der Gesamt-Zucht des betreffenden

Verbandes dienen und damit über die im Einzelfall vielleicht einmal behinderten Interessen eines Einzelzüchters zu stellen sind.
Während die Züchterverbände einerseits jeden Züchter aufnehmen müssen, der Tiere der in Frage kommenden Rasse bzw. Zuchtrichtung besitzt und seine Gebühren ordnungsgemäß bezahlt, sind sie andererseits verpflichtet, diejenigen Züchter durch Ausschluß zu bestrafen, die sich bei Angaben zur Zuchtbuchführung eines Betruges schuldig gemacht haben. Dabei geht es vor allem um Vortäuschung unrichtiger Abstammung, z. B. bei Eigenhengsthaltung oder Benutzung eines nicht gekörten Hengstes durch falsche Vaterangabe, aber auch durch Angabe einer falschen Mutter, wenn diese infolge gleichen Aussehens für den mit der Fohlenkennzeichnung Beauftragten von einer anderen nicht zu unterscheiden ist.

Ausschluß von Züchtern

In Fällen begründeten Zweifels an der Richtigkeit einer Abstammung, bei Bedeckung durch zwei verschiedene Hengste innerhalb einer Rosse, aber auch zur routinemäßigen Überprüfung von Stichproben kann durch Blutgruppenbestimmung bei Hengst, Stute und Fohlen – eventuell Vergleich der Blutgruppenformel mehrerer in Frage kommender Väter – eine Klärung herbeigeführt werden. Allerdings gibt es bei dem augenblicklichen Stand der Blutgruppen-Forschung immer noch Fälle, in denen von mehreren möglichen Vätern keiner ausgeschlossen werden kann. Die meisten Züchterverbände haben die Durchführung von Blutgruppentests zur Abstammungssicherung dadurch erleichtert, daß sie von allen oder einem großen Teil der eingetragenen Hengste sofort bei der Zuchtbuch-Eintragung die Blutgruppenformel feststellen lassen. Zum Beweis der Richtigkeit ihrer Abstammungsnachweise lassen manche Verbände auch zur Körung angemeldete Junghengste stichprobenartig überprüfen, wobei deren eigene Blutgruppenformel mit denen ihrer Mutter und ihres Vaters verglichen wird.

Blutgruppenbestimmung

Die in der Bundesrepublik Deutschland tätigen, staatlich anerkannten Pferdezüchtervereinigungen haben sich in der Abteilung „Zucht“ der Deutschen Reiterlichen Vereinigung (FN) zusammengeschlossen und stehen somit als Pferdeerzeuger in enger organisatorischer Verbindung zu den Verbänden des Reitsports als Vertretern der Pferdekäufer. Ziel dieses Zusammenschlusses ist einmal eine möglichst ausgewogene Vertretung der Züchterinteressen gegenüber denen der Pferdesportler, zum anderen aber auch eine gewisse Abstimmung organisatorischer Maßnahmen zwischen den einzelnen Zuchtverbänden sowie eine geschlossene Vertretung der Zucht-Interessen gegenüber nationalen bzw. übernationalen Behörden und gesetzgebenden Körperschaften, deren Wirken die Pferdezucht in irgendeiner Form berührt.

Deutsche Reiterliche Vereinigung (FN)

Als weiterer organisatorischer Zusammenschluß ist die Arbeitsgemeinschaft Deutscher Ponyzuchtverbände zu erwähnen, der alle mit Ponyzucht befaßten, offiziell anerkannten Verbände der Bundesre-

Arbeitsgemeinschaft Deutscher Ponyzuchtverbände

publik angehören. Neben der gegenseitigen Abstimmung in Organisations- und Zuchtziel-Fragen gehört die Vertretung der Ponyzüchter-Interessen gegenüber den nicht immer gleichgerichteten Bestrebungen der Großpferde-Zuchtverbände zu den Hauptaufgaben dieser Dachorganisation.
Wie bereits an anderer Stelle erwähnt, werden die verschiedenen Ponyrassen in der Bundesrepublik nicht von rassenspezifischen Zuchtverbänden, sondern nach Regionen aufgeteilt im Rahmen von Gemeinschafts-Zuchtverbänden betreut, in denen sehr verschiedene, teilweise miteinander konkurrierende Rassen vertreten sind. Aus diesem Grunde ist den offiziellen Zuchtverbänden eine rassespezifische, d. h. die Vorzüge einer bestimmten Rasse besonders hervorhebende Werbung nicht möglich. Dieser Aufgabe haben sich die in den letzten Jahren von Liebhabern bestimmter Rassen ins Leben gerufenen Interessengemeinschaften angenommen. Diese arbeiten auf Bundesebene, organisieren Spezial-Ausstellungen, Schau-Beteiligungen u. ä. und bringen Werbematerial heraus, um weitere Interessenten für die von ihnen bevorzugte Rasse zu gewinnen und auf diese Weise den Absatz für ihre Zuchtprodukte zu fördern. Sie erfüllen damit eine Aufgabe, die bei Großpferde-Zuchtverbänden mit jeweils nur einer Rasse bzw. Zuchtrichtung von diesen selbst erledigt wird, und stellen bei sachlicher Zusammenarbeit mit den offiziellen Ponyzuchtverbänden auf der Basis gegenseitiger Anerkennung und klarer Kompetenz-Abgrenzung eine wertvolle Ergänzung der Zuchtorganisation dar.

Interessengemeinschaften

2.13 Absatzmöglichkeiten

Die Frage, wie bzw. wo man Produkte der eigenen Zucht verkaufen kann, liegt für manchen Zuchtanfänger scheinbar in weiter Ferne, vor allem, wenn die ganze Familie mit großer Passion an den Früchten eigener Züchter-Arbeit hängt und jeden Verkaufs-Gedanken zunächst weit von sich weist. Früher oder später kommt dann jedoch auch für den passioniertesten Pferdeliebhaber der Moment, in dem diese Frage akut wird, dann nämlich, wenn Ausbau- und Erweiterungsmöglichkeiten bei Stallraum, Weidefläche oder verfügbarer Arbeitskraft erschöpft sind. Für erfahrene Züchter ist die abwägende Beurteilung der Absatzmöglichkeiten ein selbstverständlicher Bestandteil ihrer Überlegungen. Die Behandlung dieses Themas dient hier also lediglich der Information des Neulings auf dem Gebiete der Pferdezucht.
Die Möglichkeiten, überzählige Produkte der eigenen Pferdezucht zu verkaufen, sind verhältnismäßig vielfältig. Je höher die Qualität dieser Produkte ist, desto umfangreichere Wahlmöglichkeiten bie-

Fohlenschauen dienen in gleicher Weise wie Stutenschauen als Selektionshilfe für die Besitzer und wichtige Informationsquelle für die Zuchtleiter. Sie sind außerdem – ebenso wie andere Zuchttier-Schauen – ein Teil der Absatzförderung, da hier Verkäufer und Kaufinteressenten zusammentreffen. Allerdings ist die Beurteilungssicherheit infolge starker Einflüsse nicht-erblicher Faktoren, wie Geburtsdatum, Futter- und Gesundheitszustand usw., gegenüber der Bewertung mehr oder weniger ausgewachsener Zuchttiere stark eingeschränkt. Hier eine Oldenburger Stute v. More Magic xx mit Fohlen v. Admiral (Hann.).

ten sich. So kann man bei Verkaufsabsichten für Spitzenpferde oder -ponys, gleichgültig welchen Alters, mit Nachfrage sowohl seitens einzelner Züchterkollegen oder Händler als auch vom zuständigen Züchterverband rechnen. Die Verbandsleitung ist im allgemeinen für eine möglichst werbewirksame Repräsentation bei regionalen oder überregionalen Absatzveranstaltungen an der Bereitstellung erstklassiger Verkaufstiere interessiert oder vermittelt diese an beim Verband anfragende Interessenten.

Absatzveranstaltungen

Für Zuchtprodukte mittlerer Qualität gibt es neben der Beteiligung an regionalen, vom jeweiligen Verband oder privaten Auktionatoren veranstalteten Auktionen für Reitpferde, Zuchtstuten und Fohlen die Möglichkeit des Absatzes über den Handel (einschließlich der mancherorts noch üblichen Märkte) sowie über eine Verkaufs-Anzeige in örtlichen Zeitungen und regionalen oder überregionalen Fachblättern.

Handel
Verkaufs-Anzeige

Neuerdings haben verschiedene Verbände auch Ausbildungs- und Absatz-Zentralen aufgebaut, die Zuchtprodukte in reitfähigem Alter

Ausbildungs- und Absatz-Zentralen

Stutenschauen, ein wichtiges Mittel der Züchterberatung und Zuchtverbesserung. Sie sind eine Selektionshilfe, weil die Besitzer über die relative Formbewertung ihrer Tiere im Rahmen der Gesamtpopulation der betreffenden Gruppe oder Rasse, zumindest innerhalb des jeweils zuständigen Züchterverbandes, unterrichtet werden. Aber sie dienen auch der Information des Publikums über die aktuellen Zuchtziel-Vorstellungen der Richter-Kommission – vor allem, wenn ein öffentlicher Kommentar die Placierung erläutert – und nicht zuletzt der Information der mit der Zuchtlenkung beauftragten Personen über den Qualitätsstandard bestimmter Regionen, Zuchtbetriebe oder Einzeltiere sowie die Vererbungsrichtung von Vorfahren der zu beurteilenden Tiere. Hier wird gerade die Welsh-B-Stute Coed Coch Emma vorgestellt, geb. 1970, v. Coed Coch Berwynfa – Chirk Crogan – Coed Coch Berwynfa.

bei Erfüllung gewisser Mindestforderungen gegen Gebühr zur Ausbildung übernehmen und nach Möglichkeit dann auch verkaufen.
Bei Zuchtprodukten, deren Qualität als unterdurchschnittlich einzuschätzen ist, bestehen nur noch geringe Wahlmöglichkeiten in den Absatzwegen. Für diese sind Zeitungsannoncen und Händler-Vermittlung sowie einige Privat-Auktionen praktisch die einzigen Verkaufsmöglichkeiten.
Die Palette der vorstehend genannten Absatzmöglichkeiten gilt in vollem Umfang allerdings nur für Großpferde. Bei Ponys ist ein Absatz über Verbands-Auktionen nur in bestimmten Gebieten und normalerweise auch nur in geringer Zahl möglich. Deshalb versuchen verschiedene Zuchtverbände, über „Pony-Märkte", bei denen für einen gewissen Qualitäts-Standard gesorgt wird, eine Absatz-Alternative zu schaffen.

Pony-Märkte

Ganz allgemein ist festzustellen, daß ein preislich interessanter Absatz von Fohlen nur noch bei Spitzenqualität oder bei besonders gefragten Rassen möglich erscheint. Das gleiche gilt für den Absatz von Zuchtstuten. Geringere Qualitäten lassen sich normalerweise besser in ausgewachsenem und nach Möglichkeit auch mehr oder weniger weit ausgebildetem Zustand an den Mann bringen. Aus diesem Grunde empfiehlt es sich, Stuten geringer Qualität, die zum Verkauf vorgesehen sind, nicht decken zu lassen, sondern als Gebrauchspferde oder -ponys anzubieten.
Grundsätzlich wird jeder Züchter bestrebt sein, den von ihm zu verkaufenden Tieren durch Auswahl des Käufers eine artgerechte Haltung, Behandlung und Nutzung zu sichern. Leider besteht jedoch sowohl im Falle des Auktions-Verkaufs als auch beim Verkauf über den Handel keine Möglichkeit der Einflußnahme in dieser Beziehung, und auch bei einem privaten Verkauf „in gute Hände" weiß man nie, wohin das betreffende Pferd von dort aus vielleicht einmal weiterverkauft wird. Die beste Chance für ein „pferdewürdiges" Dasein kann man seinen Tieren dadurch sichern, daß man erstklassige Qualität erzeugt und zu entsprechenden Preisen verkauft, denn mit einem teuren Pferd, das gute Leistungsanlagen zeigt, gehen Käufer im allgemeinen behutsamer um als mit einem, das für einen geringen Preis zu haben war. – Daß auch diese Regel ihre Ausnahmen hat, sei hier jedoch ausdrücklich betont!

2.14 Erzeugungskosten und Rentabilität

Jedem Zuchtinteressierten ist wohl klar, daß die Pferde- bzw. Ponyzucht – vor allem in der Aufbauphase – Geld kostet. Erhebliche Unklarheiten zeigen sich jedoch sehr häufig bei der Frage nach der Höhe dieser Kosten bzw. den beim Vergleich von Aufwand und Ertrag zu erwartenden Überschüssen. In den letzten Jahren sind von wissenschaftlicher Seite, aber auch aus den Reihen der Praktiker verschiedene Kalkulations-Unterlagen und -Modelle veröffentlicht worden. Diese weichen in gewissen Einzelpunkten voneinander ab, was bei den individuell sehr unterschiedlichen Gestaltungsmöglichkeiten der Zuchtpraxis nicht überrascht. Allen Darstellungen gemeinsam ist das Fazit, daß die Pferdezucht nur unter äußerst günstigen Umständen, insbesondere bei Erzielung überdurchschnittlich hoher Preise, rentabel sein kann.

Modellrechnung

Um dem Leser einen Überblick über die zu berücksichtigenden und nach seinen speziellen Verhältnissen eventuell abzuwandelnden Kostenfaktoren zu geben, wird nebenstehend eine Modellrechnung für verschiedene Zuchtrichtungen dargestellt, die auf praktischen Erfahrungen im norddeutschen Zuchtgebiet und den dort 1980/81 geltenden Preisen basiert.

Diese Modellrechnung erhebt keinen Anspruch auf generelle Gültigkeit, geht jedoch von allgemein akzeptierten Durchschnittssätzen aus und läßt bestimmte Tendenzen klar erkennen. Bei ihrer Aufstellung ist bewußt auf die Einbeziehung der Gebäudekosten sowie der Kosten für die Arbeitserledigung verzichtet worden, und zwar aus folgenden Gründen:

Die Gebäudekosten unterliegen je nach Alter, Bauweise und Haltungs- bzw. Raum-Aufwand erheblichen Schwankungen. Sofern es sich um Neu- oder Umbauten handelt, können deren im Einzelfall festzustellende Kosten mit Sätzen zwischen 10 und 15% für Reparaturen, Abschreibung und Versicherung auf die Zahl der gehaltenen Pferde verteilt und den hier angegebenen Werten zugeschlagen werden.

Die Kosten der Arbeitserledigung sind ebenfalls sehr unterschiedlich, da sie bei der Versorgung durch familieneigene Kräfte als Freizeitbeschäftigung ohne besondere Entlohnung praktisch = Null sind, dagegen bei Beschäftigung bezahlter Kräfte unter Umständen sehr hohe Beträge erreichen. Auch in diesem Punkt richtet sich also die Einsetzung bestimmter Summen nach den Verhältnissen des Einzelfalles.

Grundsätzlich ist festzuhalten, daß die in der Modellrechnung angegebenen Endbeträge jeweils ohne Berücksichtigung der Kosten für Gebäude und Arbeitserledigung errechnet sind, theoretisch also jeweils noch erheblich höher liegen müßten.

Durchschnittliche Kosten (Angaben in DM)	Warmblut	Reitpony (ca. 145 cm WH)	Welsh-A-Pony
Differenz Ankaufspreis/ Schlachtpreis Zuchtstute	9000,–	3000,–	1500,–
Nutzungsjahre	10	12	15
Abschreibung Stute/Jahr	900,–	250,–	100,–
Deckgeld, Gebühren	500,–	200,–	120,–
Tierarzt, Medikamente	160,–	120,–	80,–
Hufschmied	120,–	100,–	60,–
Transporte	100,–	100,–	100,–
Kraftfutter	600,–	330,–	110,–
Spezialfutter, Lecksteine u. ä.	160,–	120,–	50,–
Heu	300,–	200,–	150,–
Stroh	100,–	80,–	60,–
Weidegeld bzw. -kosten	450,–	270,–	180,–
Strom, Wasser	60,–	40,–	30,–
Geräte-Kosten	50,–	30,–	30,–
Versicherung	300,–	120,–	60,–
Verzinsung Tierkapital	400,–	140,–	70,–
Summe **Haltungskosten einer Zuchtstute pro Jahr** (ohne Gebäude- u. Arbeitskosten)	4200,–	2100,–	1200,–
Fruchtbarkeitsquote (Fohlen pro Jahr)	0,6	0,7	0,8
Erzeugungskosten Absatzfohlen (ohne Gebäude- u. Arbeitskosten)	**7000,–**	**3000,–**	**1500,–**
Aufzuchtkosten bis 3jährig (in Anlehnung an Stutenhaltungskosten)	6600,–	3300,–	2000,–
Erzeugungskosten bis 3jährig (ohne Gebäude- u. Arbeitskosten)	**13600,–**	**6300,–**	**3500,–**
Ausbildungskosten (2 Monate) + Haltungskosten bis 4jährig (12 Monate)	3000,–	1500,–	1000,–
Erzeugungskosten bis 4jährig mit Grundausbildung (ohne Gebäude- u. Arbeitskosten)	**16600,–**	**7800,–**	**4000,–**

Ein Vergleich der angegebenen Kosten für Zuchtprodukte verschiedener Alters- bzw. Ausbildungsstufen mit dem nach derzeitigen Marktverhältnissen in Norddeutschland zu erzielenden Preisen für Durchschnittsqualität ergibt folgendes Bild:

Preis-Kosten-Vergleich (Angaben in DM)	Warmblut	Reitpony	Welsh-A-Pony
Absatzfohlen			
Durchschnittliche Kosten	7000,–	3000,–	1500,–
Durchschnittlicher Erlös	3000,–	1000,–	500,–
Verlust	4000,–	2000,–	1000,–
Dreijährig ohne Ausbildg.			
Durchschnittliche Kosten	13600,–	6300,–	3500,–
Durchschnittlicher Erlös	8000,–	2000,–	1000,–
Verlust	5600,–	4300,–	2500,–
Vierjährig mit Grundausbildg.			
Durchschnittliche Kosten	16600,–	7800,–	4000,–
Durchschnittlicher Erlös	12000,–	3000,–	1500,–
Verlust	4600,–	4800,–	2500,–

Vergleich – Kosten und Erlöse

Der vorstehende Vergleich von Kosten und Erlösen für Tiere durchschnittlicher Qualität unter derzeitigen Marktverhältnissen führt zu folgendem Ergebnis:

1. Bei sämtlichen dargestellten Zuchtrichtungen und Alters- bzw. Ausbildungsstufen sind die Zuchtprodukte nur mit erheblichem Verlust für den Erzeuger am Markt abzusetzen. Der Umkehrschluß lautet, daß sich ein ungefährer Ausgleich von Kosten und Erlösen – ohne Berechnung des Aufwandes für Gebäude und Arbeit – nur ergibt, wenn aufgrund hervorragender Qualität der angebotenen Tiere erheblich über dem Durchschnitt liegende Preise erzielt werden, wie sie z. Z. nur in Ausnahmefällen oder bei Elite-Absatzveranstaltungen der Hochzuchtgebiete zu erreichen sind.
2. Der vom Erzeuger zu tragende Verlust ist bei Warmblütern im Stadium des Dreijährigen ohne Ausbildung am höchsten und läßt sich durch Haltung über ein weiteres Jahr, verbunden mit sachgemäßer Grundausbildung, deutlich senken. Ursache dieser allgemein bekannten Tendenz ist die Tatsache, daß die Mehrheit der Großpferdekäufer ausgebildete Pferde sucht und bereit ist, dafür einen Aufpreis zu zahlen, der die zusätzlichen Kosten übersteigt.

3. Die von Ponykäufern gezahlten Preise stehen in einem sehr viel krasseren Mißverhältnis zu den Erzeugungskosten als die vergleichbaren Preise von Großpferden. Während bei 3- bis 4jährigen Warmblütern unter den hier angenommenen Voraussetzungen im Durchschnitt ca. 60 bis 70% der Kosten durch die Erlös gedeckt werden, beträgt dieser Anteil bei 3- bis 4jährigen Ponys im Durchschnitt nur ca. 30 bis 35%. Die Ursachen dieser Erscheinung sind nicht klar erkennbar, doch dürfte dabei der höhere Laien- bzw. Liebhaber-Anteil unter den Ponyzüchtern eine gewisse Rolle spielen. Immer wieder ist festzustellen, daß ausgesprochene „Hobby-Züchter" lange gar nicht ans Verkaufen denken, dann aber plötzlich überstürzt und ohne Rücksicht auf Verluste ihre Zuchtprodukte zu Schleuderpreisen anbieten.

Ganz allgemein ergibt sich aus der vorstehenden Übersicht, daß die Ponyzucht zwar absolut gesehen einen geringeren Aufwand verlangt, andererseits aber relativ höhere Verluste erwarten läßt als die Zucht von Sportpferden.

Bei Betrachtung der Aufwand- und Ertragsverhältnisse in der Pferdezucht, die – wie hier gezeigt – eine sehr negative Rentabilität der Zucht von Tieren mit Durchschnittsqualität deutlich werden läßt, stellt sich jeder normale Züchter die Frage, wo Ansatzpunkte für eine Änderung dieser ungünstigen Lage zu finden sind. Dazu ist auf folgende Möglichkeiten der Aufwandsminderung bzw. Ertragsverbesserung hinzuweisen:

Möglichkeiten der Ertragsverbesserung

1. **Steigerung der Erlöse** durch **Erzeugung von Spitzenqualität** (bereits oben erwähnt), zu erreichen durch Verzicht auf die Zuchtverwendung von Stuten, die in ihrer Vererbung enttäuschen, sorgfältige Auswahl der Hengste nach Abstammung, Leistungsanlage, Formeinstufung und Vererbung, sachgerechte Aufzucht und Ausbildung der Produkte nach „allen Regeln der Kunst" (s. Kap. 2.1–2.8).
2. **Senkung des Aufwandes** durch
   a) **Steigerung der Abfohlquote** mit Hilfe verbesserter Hygiene und Fruchtbarkeitsvorsorge einschließlich Haltung und Fütterung; eine Erhöhung der Jahres-Abfohlquote bei Warmblutstuten von 0,6 auf 0,8 würde in unserer Rechnung zu einer Senkung der Fohlenerzeugungskosten um 1750,– DM führen!
   b) **Steigerung der Zahl der Nutzungsjahre,** ebenfalls zu erreichen durch besonders sorgfältige Gesundheitsvorsorge, Haltung und Fütterung; die Erhöhung der Zuchtbenutzungsdauer einer Warmblutstute von 10 auf 15 Jahre führt zu einer Senkung der Fohlen-Erzeugungskosten um 500,– (Abfohlquote 0,8) bis 667,– DM (Abfohlquote 0,6).

Alle anderen Kostenfaktoren unserer Modellrechnung bieten nur geringe Einsparungsmöglichkeiten, wenn auch naturgemäß in Zuchtbetrieben mit eigener Futter- und Stroherzeugung etwas geringere Futter-, Einstreu- und Weide-Kosten angesetzt werden können. Derartige Kostenminderungen dürften bei Warmblütern für die Erzeugungskosten eines Absatzfohlens etwa in der Größenordnung von 300,– bis 500,– DM liegen.

Ob er seine Tiere versichert oder nicht, ist jedem Züchter überlassen. Wird keine Versicherungsprämie fällig, so muß ein diesem Kostenfaktor in etwa entsprechender Betrag zur Risiko-Abdeckung eingesetzt werden. Auch die Verzinsung des in den Zuchttieren investierten Kapitals ist ein reiner Kalkulationsfaktor, der aber bei einer solchen Rechnung nicht fehlen darf.

Ein weiterer Punkt, der eine Versuchung zur Kostensenkung darstellt, ist der Anschaffungspreis der Zuchtstute. Bei Lieferung aus eigener Zucht kann hier natürlich auch ein geringerer Wert angesetzt werden. Muß man jedoch eine Stute kaufen, so sollte bei deren Preis nicht zu sehr gespart werden, um sich die nötige Zuchtqualität zu sichern.

Im übrigen ist zu bemerken, daß die oben genannten Möglichkeiten zur Rentabilitäts-Verbesserung im wesentlichen die Sportpferdezucht betreffen, bei Ponys jedoch kaum zu realisieren sind, da unsere Modellrechnung für die Zuchtrichtungen Reitpony und Welsh-A-Pony bereits von recht günstigen, kaum noch zu verbessernden Werten für Nutzungsdauer und Abfohlquote ausgeht.

Faßt man die hier aufgezeigten Möglichkeiten zur Kostensenkung einschließlich eigener Futter- und Stroherzeugung zusammen, so ergibt sich bei den Erzeugungskosten eines Warmblutfohlens im günstigsten Falle eine Senkung um ca. 2750,– DM. Der daraus resultierende Kostenbetrag von 4250,– DM liegt schon eher im Bereich der erzielbaren Preisklasse bei guter Zuchtqualität. Aus dieser Rechnung läßt sich klar erkennen, daß eine rentable Pferdezucht – von Ausnahmefällen abgesehen – nur dort möglich ist, wo sie als Ergänzungszweig eines landwirtschaftlichen Betriebes mit natürlichem Grünland in Anpassung an vorhandene Baulichkeiten eingeordnet ist und unter Ausnutzung aller Möglichkeiten zur Erzielung eines hohen Zucht-Standards mit vollem Einsatz und großer Passion der damit befaßten Menschen betrieben wird. Wer dagegen Sportpferde oder Ponys „mit der linken Hand" oder unter Einsatz bezahlter Hilfskräfte züchten will, muß sich entweder auf ein ständiges Verlustgeschäft einstellen oder auf dieses kostspielige Hobby verzichten.

Wenn trotz aller hier aufgezeigten Probleme und Belastungen eine große Zahl von Züchtern ihren Pferden der verschiedensten Zuchtrichtungen und Rassen die Treue hält und für die Erhaltung und Verbesserung der Zucht freudig Geld und Zeit, Arbeits- und Gedankenkraft opfert, dann nur, weil ihnen aus echter Passion für das Pferd als eines der schönsten Geschöpfe der Erde im täglichen Umgang mit ihren Schutzbefohlenen und in dem alljährlich wiederkehrenden Reiz der Schaffung neuer, vielleicht noch besserer Pferde immer wieder Glück und Befriedigung erwächst.

Die Züchterin begrüßt ihr gerade geborenes Fohlen, – ein freudiger Augenblick, der das Herz jedes Pferdezüchters höher schlagen läßt.

Bildquellen

Bernhagen S. 14, 15, 19, 20, 30, 31, 45, 52
Brutzer S. 40
Dohna S. 44
Drygala Titelfoto
Ernst S. 17, 24, 29, 35, 36, 47, 49, 50, 57, 61, 80, 81, 89, 93, 133, 141, 149, 150, 151, 181, 185, 189, 198, 225, 229
Grelle S. 55
Huck S. 289
Kaup S. 296
Menzendorf S. 74
Sangmeister S. 26
Schamper S. 86
Schön S. 59, 62, 65, 67, 68, 71, 72, 73, 77, 78, 87, 269, 287, 301, 309, 317
Simon-Schön S. 237
Terdenge S. 27
Tschoepke S. 69
Weckmüller S. 246 (2), 247
Wulf S. 310
Archiv Feldmann S. 83, 84
Archiv Gaede S. 294
Archiv Pferdezuchtverband Baden-Württemberg S. 39
Archiv Pferdezuchtverband Rheinland-Pfalz/Saar S. 37
Archiv Pferdestammbuch Weser-Ems S. 75
Archiv Schön S. 63, 66, 70

Sachregister